노인상담

이준원 · 박성실 · 이명희 · 고영희 · 장인영 · 황선민 공저

COUNSELING FOR THE ELDERS

학지사

머리말

우리 사회는 고령화의 급속한 진행 속에서 노인의 삶의 질과 정신건강에 대한 관심이 그 어느 때보다 높아지고 있다. 평균 수명의 연장은 단순히 삶의 연장이 아닌, 보다 의미 있고 존엄한 삶을 살아갈 수 있는 기반을 마련하는 것이어야 한다. 이러한 배경 속에서 노인상담은 노인의 삶을 이해하고 그들이 보다 나은 내일을 살 수 있도록 지원하는 방법을 모색하므로 고령화 사회에서 중요한 역할을 한다. 노인들은 나이가 들어감에 따라 신체적, 정신적, 사회적 변화가 나타나므로 여러 가지 어려움을 겪게 된다. 가족 및 친구와의 관계 변화, 은퇴 후의 정체성 혼란, 만성질환과 치매 등의 건강 문제는 노인의 삶의 질을 크게 저하시킬 수 있으므로, 전문적인 상담을 통해 감정적인 지원과 문제에 적절히 대처하도록 도우며, 향후 발생할 수 있는 문제 예방과 해결의 길을 제공하는 것이 필요하다.

노인상담은 단순히 심리적 지원을 넘어, 노인의 삶의 의미와 자존감을 되찾고, 사회적 연결망을 재구성하며, 삶의 질을 향상하는 데 중요한 역할을 하므로 노인상담자는 노인의 개인적인 경험과 고유한 가치관을 존중하고, 그들이 겪는 문제를 깊이 이해하며, 맞춤형 해결책을 제시하는 것이 필요하다. 따라서 노인상담은 단순히 상담의 기술적 측면을 넘어, 노인의 삶에 대한 깊은 공감과 이해를 바탕으로 이루어져야 한다. 이를 통해 노인들이 더욱 건강하고 의미 있는 노후를 보낼 수 있도록 단순한 정보 제공이나 문제 해결의 차원을 넘어, 노인의 정서적 지지와 자아실현, 삶의 통합을 돕는 전문적인 실천 영역으로 자리매김해야 한다.

이 책은 노인에 대한 올바른 이해와 노인의 심리적 특성 및 상담적 접근을 체계적으로 정리하고, 실제 상담 현장에서 적용할 수 있는 이론과 기법들을 제공하고자 하였다. 전체 3부 13개 장으로 구성하여, '제1부 노인의 이해'에서는 현대사회와 노인문제, 노년기 발달 특징에 대하여 노인과 노년기에 대한 기본적인 이해를 담았다. '제2부 노인상담의 이해'에서는 노인상담의 기본이 되는 내용들을 다루어, 노인상담의 기초와 기법, 그리고 여러 가지 활용 가능한 심리검사들을 소개하였다. 또한 상담사가 직접 노인 문제를 해결하기 위한 노인상담 과정에 대하여 자세히 서술하였다. '제3부 노인상담의 실제'에서는 노년기에 흔히 나타나는 우울, 고부(장서)갈등, 치매, 학대, 자살, 죽음 및 건강한 가족관계에 대하여 노인들을 위한 상담 활동에 실질적인 도움이 되고자 상담 기술 및 개입 방법을 논의하였다.

이 책이 노인상담을 공부하는 학생과 실무자, 그리고 노인의 삶을 보다 깊이 이해하고자 하는 모든 이에게 도움이 되기를 바란다. 무엇보다도 이 책을 통해, 노인 개개인의 삶이 가진 고유한 가치와 이야기에 진심으로 귀 기울이는 상담 문화가 더욱 확산되기를 기대한다. 글을 마무리하면서, 부족하고 다듬어지지 않는 부분이 있다는 점을 시인하지 않을 수 없다. 저자들은 훈련하고 더 배우고 연구하면서, 또한 독자들의 진심 어린 비판과 가르침을 통하여 수정하고 보완해 갈 것이다.

끝으로, 이 책이 세상에 빛을 볼 수 있도록 출판을 흔쾌히 허락해 주신 학지사 김진환 대표님과 관계자 여러분께 진심으로 감사를 드린다.

2025년 6월

저자 일동

차례

제1부

노인의 이해

제1장

현대사회와 노인문제

현대사회의 노인문제는 다양한 측면에서 다뤄져야 한다. 인구고령화가 급속히 진행됨에 따라 노인과 관련된 여러 가지 사회적, 경제적, 그리고 심리적 문제들이 대두되고 있으며, 이러한 문제들은 상호 연관되어 있어 종합적이고 체계적인 접근이 필요하다. 정부와 지역사회, 가족, 그리고 개인이 함께 노력하여 노인들이 건강하고 안정된 노후를 보낼 수 있도록 지원하는 것이 중요하다. 노인상담에 있어 고령화사회의 특징과 변화를 이해함으로써 노인 내담자의 주 호소를 이해하고 공감할 수 있으며, 이러한 현대사회와 노인문제의 현황을 파악함으로써 상담 현장에서 다양한 노인문제를 다룰 수 있는 역량을 키워야 한다.

이 장에서는 급속한 인구고령화와 그에 따른 사회 경제 구조 변화로 인구고령화 현상과 원인, 고령화사회의 가족 문화에 대해 살펴보고, 마지막으로 고령화사회의 문제에 대하여 살펴보고자 한다.

1. 고령화사회의 이해

1) 인구고령화 현상

우리나라는 산업화 · 도시화 · 현대화로 인하여 보건의료기술이 발달하고 영양 · 안전 · 위생 환경이 개선되어 생활수준이 크게 향상되었다. 이에 따라 국민의 평균수명이 늘어나 노인인구가 크게 증가하였으며, 노동력이 경제적 부와 직결되던 농경사회에서 산업사회로 변화되면서 소자녀(少子女) 가치관이 확산되어 노인인구의 상대적 비율이 증가하게 되었다. 이러한 시대적 배경 속에서 고령자의 인구 비율이 점차 높아져 가는 현상 또는 그러한 상태를 '고령화'라고 한다. 구체적으로 정의하면 고령화(aging)란 일반적으로 전체 인구 중에서 노인이 차지하는 비중이 높아지면서 '젊다'라는 측면보다는 '나이 들다'라는 이미지가 강하다. 사전적으로도 '한 사회에서 노인의 인구 비율이 높은 상태로 나타나는 일'로 정의된다.

고령화는 한 사회의 출생률과 사망률의 저하가 장기간 지속되는 결과이며, 최근에는 사망률의 저하로 인한 고령인구의 증가보다는 오히려 출생률의 저하로 총인구의 증가율이 감소되었다는 데 원인이 있다.

이러한 현상으로 고령화가 진행하여 총인구 중 고령 인구 비율이 점점 높아가는 사회 혹은 현저하게 높아진 사회를 고령화사회(aging society)라고 하는데 국제연합(United Nations: UN)은 전체 인구 중 65세 이상 노인인구가 차지하는 비율이 7% 이상이면 고령화사회, 14%이상 고령사회(aged society), 20% 이상 초고령사회(super-aged society)로 구분하고 있다.

- 고령화사회(aging society): 전체 인구에서 노년층의 비율이 7%로 이상인 사회
- 고령사회(aged society): 전체 인구에서 노년층의 비율이 14%로 이상인 사회
- 초고령사회(super-aged society): 전체 인구에서 노년층의 비율이 20%로 이상인 사회

우리나라는 2000년 노인인구 비율이 7.2%로 '고령화사회'로 진입한 이래 2017년 65세 이상 노인인구가 14.9%를 차지하면서 '고령사회'로 진입했다고 볼 수 있으며, 2025년에는 20.6%를 넘어 '초고령사회'로 진입되었다고 볼 수 있다. 이후 2030년 25.5%, 2040년 34.4%, 2050년 40.1%, 2060년 43.8%, 2070년 46.4%로 급속하게 증가할 전망이다. 향후 40년 후에는 우리나라 총인구가 1,000만 명 이상

이 감소되는 반면, 65세 이상 노인인구가 최고치로 증가하게 되어 우리나라 전체 인구 2명 중 1명이 노인이 된다는 것이다. 한편 2023년 지역별 고령인구 비중이 20% 이상 지역은 전남(25.5%), 경북(23.9%), 전북(23.4%), 강원(23.3%), 부산(22.2%), 충남(20.4%) 6곳이나, 2028년 세종(13.4%)을 제외한 우리나라 모든 지역이 초고령사회에 진입하고, 2038년에는 모든 지역이 초고령사회에 도달할 것으로 보인다(통계청, 2023b).

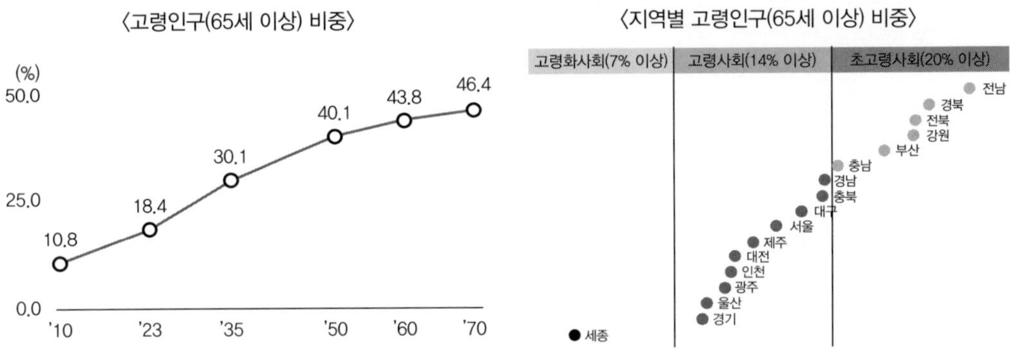

[그림 1-1] 고령인구 추이

출처: 통계청(2023b).

2023년 성별 고령인구 비중을 보면, 여자 20.6%, 남자 16.2%로, 여자의 고령인구 비중이 남자보다 4.4%p 높음을 알 수 있다. 이러한 추세는 65세 이상 여자 고령인구 100명당 남자 고령인구가 2023년 78.4명에서 계속 증가하여 2050년 86.2명으로 증가할 전망이다.

또한 2023년 전체 인구의 18.4%인 65세 이상 고령인구의 연령대별 구성비를 보면, 65~69세 6.3%, 70~74세 4.3%, 75세 이상 7.7%이다. 이는 2023년 65~74세 인구는 551만 4천 명으로 75세 이상 인구보다 152만 8천 명 더 많으나, 2037년부터는 75세 이상 인구가 더 많아질 것으로 전망된다(통계청, 2023b).

〈표 1-1〉 성 및 연령대별 고령인구(65세 이상) 추이

(단위: 천 명, %, 여자 고령인구 100명당 명)

	65세 이상	성별				연령별						
		남자	고령 비중[1)]	여자	고령 비중[1)]	성비[2)]	65~69세	구성비[3)]	70~74세	구성비[3)]	75세 이상	구성비[3)]
2010	5,366	2,194	8.8	3,172	12.9	69.2	1,878	3.8	1,540	3.1	1,948	3.9
2020	8,152	3,521	13.6	4,631	17.9	76.0	2,662	5.1	1,990	3.8	3,499	6.8
2023	9,500	4,174	16.2	5,326	20.6	78.4	3,274	6.3	2,240	4.3	3,986	7.7
2025	10,585	4,694	18.3	5,891	22.9	79.7	3,685	7.2	2,533	4.9	4,367	8.5
2030	13,056	5,901	23.1	7,156	27.9	82.5	4,027	7.9	3,532	6.9	5,497	10.7
2037	16,177	7,414	29.4	8,763	34.4	84.6	4,272	8.4	3,789	7.5	8,116	16.0
2040	17,245	7,928	31.8	9,317	36.9	85.1	4,172	8.3	3,980	7.9	9,093	18.1
2050	19,004	8,795	37.4	10,209	42.8	86.2	3,709	7.8	3,619	7.6	11,676	24.7
2060	18,683	8,816	41.6	9,867	46.0	89.3	3,500	8.2	3,099	7.3	12,084	28.4
2070	17,473	8,403	44.7	9,070	48.1	92.7	2,614	6.9	3,288	8.7	11,571	30.7

출처: 통계청(2023b).

주: 1) 성별 고령비중 = {성별 고령인구(65세 이상) ÷ 성별 인구} × 100

2) 성비 = {남자 고령인구(65세 이상) ÷ 여자 고령인구(65세 이상)} × 100

3) 연령별 구성비 = {고령 연령대별 인구 ÷ 총인구} × 100

인구고령화 현상은 한 사회의 전체 인구 중 노인인구 비율이 증가하는 현상으로 인구학적 측면에서는 인구피라미드로 나타나는 인구구조가 역삼각형으로 변해가는 현상을 의미한다. [그림 1-2]에서 보이듯이 1960년에는 출생률과 사망률이 동시에 높아 인구가 증가하는 피라미드형이었지만, 2022년에는 30~50대 인구가 많은 두터운 항아리형이며, 2072년에는 60세 이상이 점차 두터워지는 역삼각형 구조로 변화될 전망이다(통계청, 2023b).

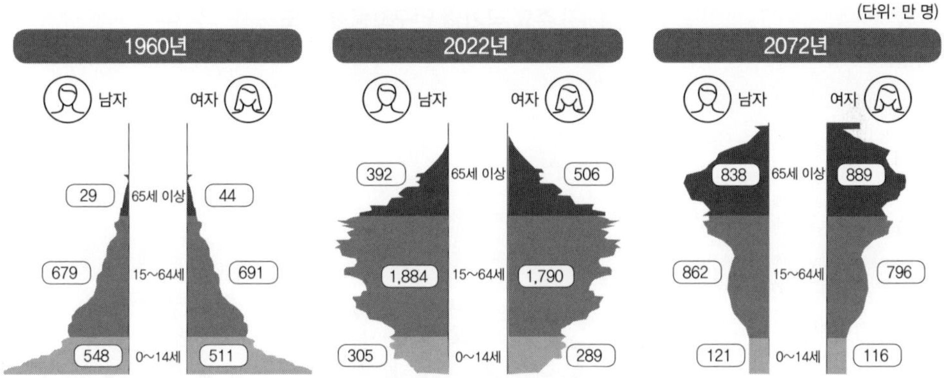

[그림 1-2] 인구피라미드, 1960~2072년

출처: 통계청(2023b).

2) 인구고령화 속도

우리나라 고령화 속도는 세계에서 유래가 없을 정도로 빨라 현재의 경제수준이나 사회복지 제도로는 감당하기 어려운 사회적 부담을 초래하여 사회 발전의 저해 요인이 될 수 있다. 고령화는 국가경제, 일상생활, 가족, 의료, 연금, 주택, 고용, 복지제도 등 사회 전반에 걸쳐 큰 영향을 미칠 것이다. 이는 인구고령화 속도가 사회적 문제로 거론되는 중요한 이유라고 할 수 있다. 왜냐하면 노인인구의 비율이 증가할지라도 그 속도가 더디면 발생하는 사회적 요구에 대비할 시간적 여유가 허락되지만, 급속도로 진행될 경우 이에 대비할 시간적 여유가 부족하기 때문이다.

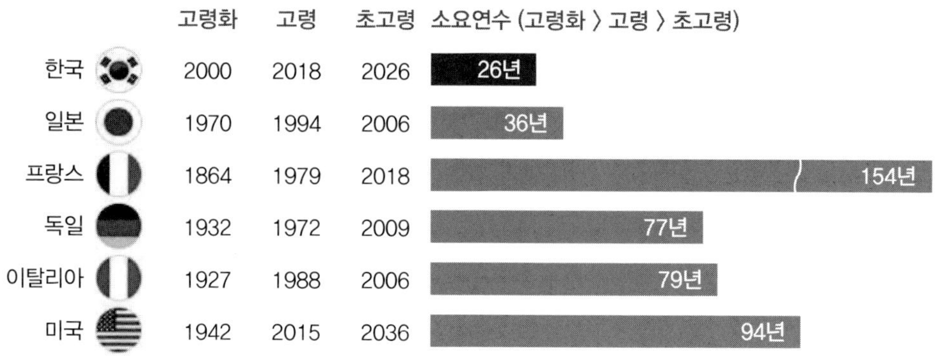

[그림 1-3] 주요 국가별 인구고령화 속도

출처: 통계청(2019).

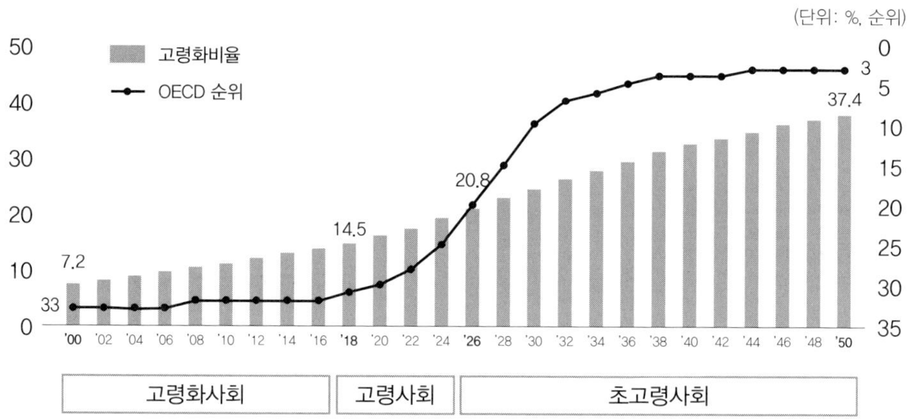

[그림 1-4] 한국의 고령화 비율 및 OECD 수위 변화 추이

출처: 한국경제연구원(2021).

현재 4차 산업이 진행된 선진국의 대부분에서 인구고령화가 진행되고 있으나 [그림1-3, 1-4]에서 보이듯이, 우리나라는 2000년 고령화사회에 진입했고, 2018년 고령사회로 진입하기까지 18년 걸렸다. 초고령사회로의 진입 예상 기간은 8년으로 다른 선진국 대비 가장 빠르게 고령화가 진행되고 있다. 일본의 경우 고령사회로 진입하는 데 24년, 프랑스 115년, 독일 40년, 이탈리아 61년, 미국 73년이 소요된 반면, 우리나라의 고령화 속도가 얼마나 빠른지 실감할 수 있으며, 우리나라의 고령화 속도는 세계에서 가장 높은 일본을 제치고 최고령 국가가 되는 데 20년

이 채 걸리지 않을 수 있다는 우려가 일각에서 제기되고 있다.

향후 사회적 보호가 필요한 노인들을 위해 기본적 생활을 보장하는 한편 건강하고 여유 있는 노인들의 삶의 질을 향상시키기 위해서는 먼저 출산 환경 개선을 통해 출산율을 증대하고, 부양 연령층의 부양능력 제고 및 세대별로 노후준비의 필요성을 인식시켜 적절한 노후준비 방법에 관한 가이드라인 및 컨설팅이 필요하다. 또한 노년층의 자립성을 제고하여 고령화로 인한 현재와 미래 사회적 변화와 위험을 정확히 예측한 후 예방 또는 단기적인 해결책보다는 장기적인 전략으로 인구고령화의 부정적인 영향을 완화하고, 지속 가능한 사회를 구축하는 데 기여할 종합적이고 체계적인 정책적 대응이 요구된다.

3) 인구고령화 원인

(1) 베이비붐 세대

우리나라의 베이비붐 세대는 일제 강점기와 한국전쟁이라는 격동의 시기 직후 사회 재건을 통한 안정기로 일컬어지는 1955년부터 1963년에 태어난 세대를 지칭한다(김진후, 이재수, 조강현, 2019; 손기복, 2014; 윤정윤, 2021). 현재 생존하는 베이비붐 인구수는 약 700만 명(2022년) 정도이며, 우리나라 전체 인구의 3분의 1을 차지하는 최대 인구 세대이다(통계청, 2020). 이들의 은퇴 시점인 2015년부터 노인세대로 진입하기 시작하면서 매년 베이비붐 세대의 진입으로 고령화의 증가 속도는 더욱 빨라졌으며, 이로 인해 우리나라 고령화사회의 진입에 지대한 영향을 미쳤다(김왕기, 2019; 신학진, 2019).

베이비붐 세대의 특성 첫째로, 이들 세대는 한국전쟁 종전 직후의 경제성장 이전 시기에 1950년대와 1960년대 초반 유년기를 보내며 빈곤의 위험에 노출되어 있었다. 10대와 20대에 해당하는 청소년기와 청년기인 1960년대 후반에서 1970년대에는 권위주의적 정치체제하에 살았지만, 1980년대 이후 중년기 및 장년기에는 우리나라 역사상 최대의 경제성장 및 민주화의 경험과 함께 IMF 외환위기와 글로벌 금융위기를 겪고 현재에 이르렀다(진주영, 2017).

또한 성장 과정에서는 치열한 입시 경쟁과 취업 전쟁을 겪으며 사회구성원으로 자리 잡았으며, 5 · 16 군사 쿠데타를 겪고 민주화 운동을 주도한 장본인이며, 한국의 경제적 부흥을 온몸으로 경험한 경제 근대화의 주역으로 활동했다(김성숙, 2015). 이처럼 한국의 베이비붐 세대는 전 생애에 걸쳐 급격한 경제 및 사회 변화의 요동을 경험했으며, 자신보다 국가 발전을 우선 순위에 두고 고군분투하며 노력해 온 성장 동력의 주역이라 할 수 있다(노수희, 2022).

이처럼 베이비붐 세대는 한국 사회의 경제성장에 중추적인 역할을 한 인구 세대이므로, 이전 노인세대와는 다르게 전통과 혁신의 양면적 가치관을 지니고 있으며, 부모 부양에 대한 책임을 강하게 느끼는 동시에 자녀지원에 대한 책임감도 큰 특성을 보인다(정순둘, 이현희, 2012). 그러나 자신의 노후는 자식의 부양을 기대하기 어렵고 스스로 노후를 준비해야 하는 세대이다(나일주 외, 2008).

베이비붐 세대의 특성 둘째는, 교육수준이다. 고졸(44.7%), 대졸 이상(27.7%), 중졸(17.3%), 초졸 이하(10.3%) 순으로 조사되어(통계청, 2017), 고졸 이상이 70% 이상으로 이전 세대에 비해 교육수준이 상대적으로 높은 특징이 있다. 이는 우리나라의 문맹률이 줄어들고 교육 수준이 높아지기 시작하며 이전 세대보다 비약적으로 높은 교육적 성취를 이루어 냈다(김희정, 천혜정, 2016). 이로 인해 베이비붐 세대 내에서도 연령이 낮을수록 교육 수준이 높고, 직업에서도 관리 · 전문 · 사무직의 비중이 높아지는 경향으로 파악되었다(통계청, 2016).

마지막 특성인 셋째는, 기존 노인세대와는 여러 면에서 차이를 보이는데 특히 노후를 위해 중요하다고 인식하는 것으로는 건강(45.1%)과 경제적 안정, 여유(40.6%)를 들고(권오정, 2021), 은퇴 이후의 시간을 자기실현의 기회와 제3의 인생으로 인식하고 있는 세대의 특성을 가지고 있으며, 기존 세대와 달리 인터넷 사용과 정보화 능력이 높다(두인철 외, 2012).

베이비붐 세대의 스마트폰 사용률은 서울시 기준 97.3%(서울복지재단, 2022)로 가장 높게 나타났으며, 전체인구 중 스마트폰 보유 현황에서는 50대가 94.9%, 60세 이상은 91.0%로 나타났다(한국인터넷진흥원, 2015a). 이들은 인터넷을 통해 여가활동, 커뮤니케이션, 자료와 정보획득을 하는 것으로 나타났다(한국인터넷진흥원, 2015b). 이처럼 기존의 노인세대와는 다른 특성을 지닌 베이비붐 세대는 고령화사회에서 향후 몇 10년 이상 한국 사회에 가장 큰 영향을 미칠 인구집단으로 여겨지고 있다(통계청, 2016).

(2) 평균수명과 기대수명 증가

평균수명은 한 국가나 지역에서 특정 연도에 태어난 사람들의 평균 기대수명을 의미한다. 이는 보통 출생 시 기대수명을 기준으로 하며, 질병, 사고, 생활수준 등 여러 요인에 따라 달라질 수 있다. 즉, 어떤 사회가 있다고 가정할 경우, 출생한 가상의 사람들이 다른 연령의 모든 사람과 같은 사망위험 요인이 주어진 상태에서 기대할 수 있는 평균 사망 연령을 말한다. 또한 평균수명은 건강평균수명과 의존평균수명으로 구분될 수 있다. 건강평균수명이란 개인마다 건강하게 생활하는 기간의 평균수명을 말하며, 의존평균수명이란 건강 약화, 질병, 사고 등으로 가족이나 제3자 등 타인에게 의존해 생활하게 되는 기간의 평균수명이다.

세계 평균수명은 나라별, 성별, 건강 및 의료 개선 상태에 따라 다를 수 있다. 최근 통계에 따르면, 2024년 현재 세계 평균수명은 약 72세에서 73세 사이로 추정된다. 이는 매년 조금씩 변동되고 있으며, 구체적인 데이터는 국제 보건 기구나 국가의 보건 통계에 따라 다를 수 있으나 선진국에서는 평균수명이 80세를 넘는 반면, 개발도상국에서는 상대적으로 짧은 수명을 보이는 경우가 많다. 이는 의료 접근성, 생활수준, 교육, 식습관 등 다양한 요인에 의해 영향을 미친다고 할 수 있다.

2024년 우리나라의 평균수명은 남성 평균수명이 86.7세, 여성이 90.7세로 5년 전 대비 각각 2.8세, 2.2세씩 늘어났다(통계청, 2024a). 우리나라 남성과 여성 간의 평균수명 격차는 4.4년으로 남성의 평균수명이 빠르게 증가하고 있음을 알 수 있다. 앞으로 평균수명이 계속해서 증가할 것으로 예상하고 있다. 특히 2030년에는 한국 여성이 세계에서 가장 오래 사는 국가가 될 것으로 예측하고 있다. 이러한 원인은 [그림 1-5]에 기술한 것처럼 의료기술 향상, 안전, 위생환경 개선, 건강에 대한 관심과 관련 서비스 증가, 생활수준 향상 및 산업화로 인한 소자녀 가치관 확산의 요인으로 사망률이 개선된 것으로 분석된다. 특히 과거에 비해 평균수명 증

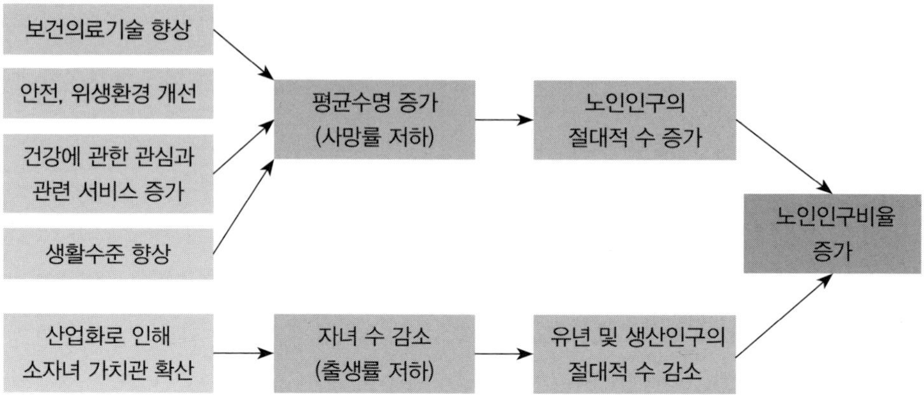

[그림 1-5] 노인인구의 절대 수와 노인인구 비율 증가 배경

가속도는 둔화되었다. 이처럼 남녀 간의 평균수명 차이는 점차 줄어드는 것으로 나타났다.

(3) 저출산

고령화사회의 주요 원인은 1960년대부터 1990년대 중반까지 우리나라에서 인구 문제 해결을 목표로 내놓은 '가족의 건강과 행복한 생활을 위하여 계획을 세워 출산을 인위적으로 조절'하는 '가족계획' 정책 때문이었다. 인구 증가의 위험성을 인식하여 실시한 '가족계획' 정책이 산업화의 전진과 여성의 경제활동 참여 등에 따른 다양한 요인들과 합세하여 '적게 낳아서 잘 기르자'는 소자녀 가치관을 정착시켰고, 이는 자발적인 산아제한에까지 이르렀다(위키백과, 2023).

또한 우리나라는 1980년대부터 출산율이 급격하게 하락하여 미래의 인구감소 위기가 시작되었음에도 불구하고, 고령화로 인하여 전체 인구가 계속해서 증가하는 현상 탓에 출산율 저하를 심각하게 느끼지 않았다(최윤식, 2014). 그리하여 저출산으로 인해 인구고령화의 비율이 높아졌지만 심각한 인구변화를 인식하지 못했으며, 저출산에 대한 대응도 미리 시작하지 못했다.

출산율(Total Fertility Rate: TFR)은 일반적으로 출산이 가능한 여성이 가임기간 15세에서 49세 동안 낳을 것으로 예상되는 평균 출생아 수를 나타내는 국제적인

지표이며, 저출산은 합계출산율이 인구 대체가 가능한 수준인 평균 2.1명보다 낮은 경우를 말한다.

그런데 2024년 통계청이 발표한 자료([그림 1-6])에 의하면, 2018년 0.98명, 2020년 0.84명, 2022년 0.77명 이하로 감소했으며, 2024년 합계출산율은 0.70명으로 집계되었다(통계청, 2024b). 이는 경제협력개발기구(OECD) 회원국 중 꼴찌이자 평균(1.6명)의 절반에도 못 미치는 수준으로 20년 전의 출생률의 반 토막인 25만 명 이하 수준이다.

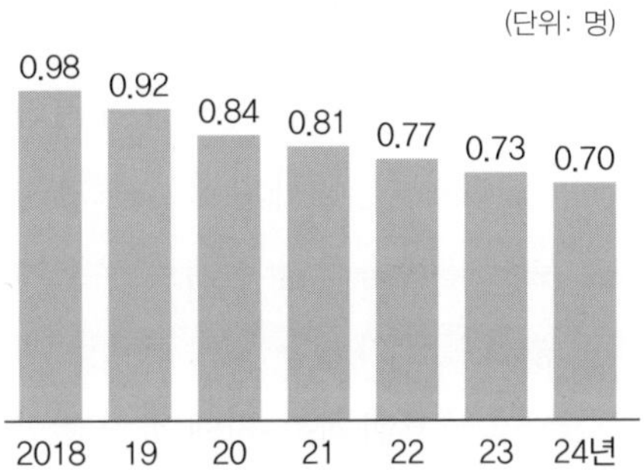

[그림 1-6] 출산율 추이
출처: 통계청(2024b).

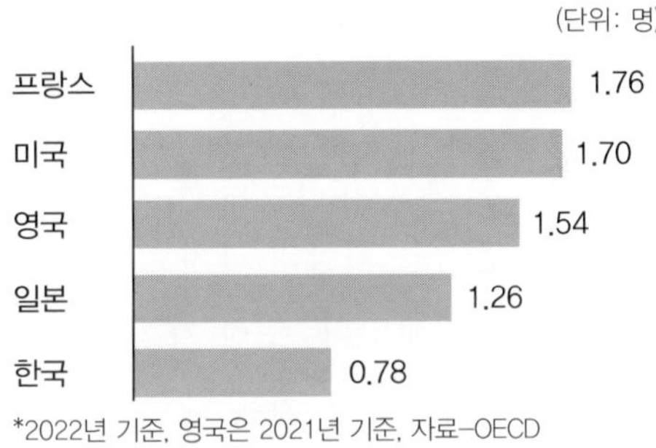

[그림 1-7] OECD 주요 국가 출산율
출처: 매일경제, OECD 주요 국가 출산율.

이처럼 저출산 현상은 우리나라뿐만 아니라 이미 많은 국가들이 겪고 있는 현상이다. OECD의 주요 국가 출산율 추이를 보면([그림 1-7]), 프랑스 1.76명, 미국 1.70명, 영국 1.54명(2021년), 일본 1.26명으로 집계되었다(통계청, 2022). 우리나라는 OECD 회원국 중 가장 낮은 출산율을 기록한 나라이다. 더 걱정스러운 점은 출산율 감소 속도가 예상보다 빠르다는 것이다.

그러나 우리나라 사망자 수는 합계출산율과는 달리 매우 완만하게 증가하는 추세를 보인다. 해마다 출생아 수와 사망자 수 격차가 줄어들고 있다. 그런데도 아직은 10만여 명 이상의 출생 인구가 사망 인구 규모보다 큰 상황이므로 인구 감소 추세가 나타나지 않고 있다. 여전히 출생아 수가 사망자 수보다 많은 현상은 저출산 문제로 사회가 떠들썩하지만, 아직 대도시를 중심으로 주변에서 인구 감소를 체감할 수 없는 이유이기도 하다.

2. 고령화사회의 가족문화

1) 노인 가족구조의 변화

가족은 결혼, 혈연 또는 입양에 의해 결합되고 동거동재(同居同財)하는 1차적 사회집단이라고 규정할 수 있다. 가족은 구성원 각자에게 부여된 사회적 역할을 수행하는 과정에서 상호작용과 의사소통을 하면서 공통의 문화를 창출·유지하고 영구적 관계를 유지하는 속성을 지닌다(최규련, 1999). 전통사회에서는 가문의 유지와 존속을 최상의 가치로 보고 자식 또한 부모의 종속적인 존재로 부모에게 예속된다고 보았다. 또한 가족은 부계 혈연을 중심으로 가계를 영속적으로 계승·발전시켜야 하며, 가족 내 부자(아버지와 아들) 및 부부관계는 지배와 복종의 불평등한 관계를 형성하고 있었다(신수진, 1993).

그러나 국가나 경제적인 면에서 가족은 생산과 상속의 단위이며 소비를 하고 노동력을 재생산하는 편리한 조직이다. 따라서 국가가 처한 사회문화적 환경이나 역사적 환경이 변화하면 가족의 모습과 기능도 변화할 수밖에 없다.

우리나라는 1960년대와 1970년대에 걸쳐 급속한 경제개발과 산업화, 도시화와 같은 사회변화로 인해 가족구조가 점차 핵가족으로 전환되었다. 핵가족은 부부와 자녀로 구성되어 있으며, 개인의 자립을 강조하는 현대사회에서 더 일반적이다. 이러한 구조의 변화는 가족 구성원 간의 의사소통 및 상호 의존성에 영향을 미친다. 최근 들어 소가족 및 1인 가구의 비율이 증가하고 있는 실정이다. 이는 결혼을 늦게 하거나 하지 않는 사람들이 증가하여 출산율도 감소하고 있으며, 또한 고령화사회로의 진입과 함께 노인 1인 가구가 증가하고 있기 때문이다.

2023년 기준 가구주 연령이 65세 이상 고령자 가구는 549만 1천 가구로 전체 가구의 25.1%를 차지하며, 가구 유형별로 보면 1인 가구가 36.3%로 가장 많고, 부부 35.3%, 부부와 미혼자녀 9.2%, 부 또는 모와 미혼자녀 5.5% 순으로 나타났다(통계청, 2023b).

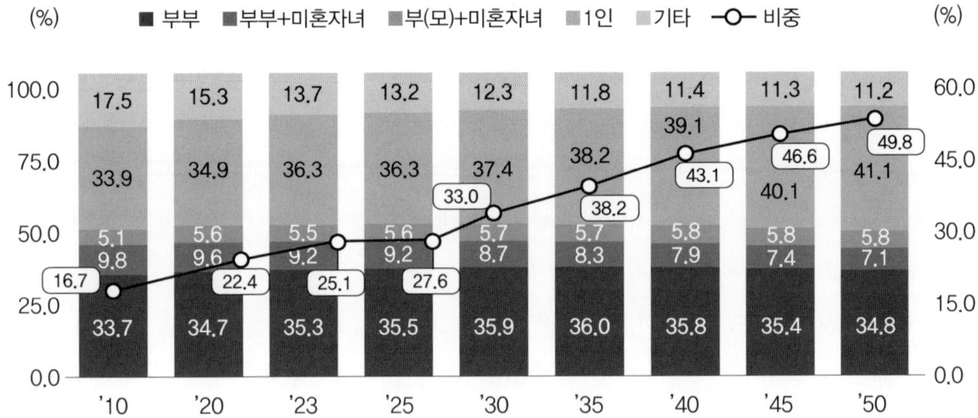

[그림 1-8] 고령자 가구 비중 및 가구 유형별 구성비

출처: 통계청(2023b).

〈표 1-2〉 고령자 가구

(단위: 천 가구, %)

	총가구	고령자 가구[1)]	비중	고령자 가구 유형 및 구성비									
				부부	구성비	부부+미혼자녀	구성비	부(모)+미혼자녀	구성비	1인 가구	구성비	기타	구성비
2010	17,495	2,923	16.7	985	33.7	286	9.8	149	5.1	991	33.9	512	17.5
2020	20,731	4,640	22.4	1,610	34.7	443	9.6	259	5.6	1,618	34.9	710	15.3
2023	21,834	5,491	25.1	1,936	35.3	505	9.2	305	5.5	1,993	36.3	752	13.7
2025	22,309	6,147	27.6	2,180	35.5	563	9.2	344	5.6	2,248	36.6	812	13.2
2030	23,180	7,654	33.0	2,746	35.9	669	8.7	435	5.7	2,861	37.4	943	12.3
2035	23,709	9,054	38.2	3,263	36.0	751	8.3	518	5.7	3,458	38.2	1,064	11.8
2039	23,870	10,103	42.3	3,632	36.0	808	8.0	581	5.8	3,925	38.9	1,157	11.4
2040	23,866	10,290	43.1	3,688	35.8	811	7.9	592	5.8	4,023	39.1	1,176	11.4
2045	23,572	10,984	46.6	3,885	35.4	815	7.4	632	5.8	4,410	40.1	1,243	11.3
2050	22,849	11,375	49.8	3,958	34.8	812	7.1	658	5.8	4,671	41.1	1,276	11.2

주: 1) 가구주의 연령이 65세 이상인 가구

출처: 통계청(2023b).

또한 〈표 1-2〉에서 제시한 65세 이상 고령자 가구는 계속 증가하여 2039년에는 천만 가구를 넘어서고, 2050년에는 우리나라 전체 가구의 절반인 49.8%로 전망될 것이다(통계청 2023b). 앞으로 노인으로 형성된 가구는 늘어나고 있는 반면, 자녀와 동거하는 노인 가구는 점차 감소 추세를 보일 것으로 예측된다.

우리나라 노인가구의 일반적 특성을 살펴보면 노인독거(1인 가구) 또는 노인부부로 구성된 노인 단독가구가 주된 형태를 취하고 있다.

첫째, 노인 독거가구(1인 가구)는 상당수로, 전체 가구 중 36.3%(2023년)가 노인 독거가구로 나타났으며, 65세 이상 인구 대비 노인 독거가구의 비율은 2010년 33.9%, 2020년 34.9%로 독거가구의 비율이 지속적으로 증가하고 있는 상황이다(통계청 2023b). 이는 평균수명의 연장과 가속화되는 고령화, 결혼적령기 지연, 출산율 감소, 이혼율 증가, 교육 및 일자리의 도시 집중 등 사회적 변화의 비자발적 요인과 노인부부세대로 부부만이 함께 살다가 배우자의 죽음으로 인해 노인 홀로 남게 되는 경우가 대부분이다. 이러한 배우자의 상실은 노인의 인생을 통해 경험하는 상실 가운데 가장 심각한 위기나 스트레스를 유발시키기도 한다.

또한 혼자 사는 독거노인 가구는 소득 활동이 활발하지 않고 정서적 어려움과 고립감에 노출될 위험이 있으며 고독사로 이어질 수 있어 사회적 안전망이 필요하다. 혼자 사는 노인들은 비정기적인 소득활동으로 인한 경제적 어려움에 처하는 경우가 많은데 노인들의 빈곤은 자존감을 낮추고 생활의 어려움을 유발하면서 정서적인 문제로 연결될 수 있다. 이러한 정서적 고립감이 심각한 경우 노인자살로 이어질 수 있기에 그 위험성이 더 크다고 할 수 있다. 그러므로 노인들의 사회참여를 활성화하여 사회적 역할 제고와 노동시장 참여를 통해 급여소득을 확보할 수 있도록 구조적인 개선도 병행되어야 한다.

둘째, 노인 단독가구는 사회 · 경제 · 문화적인 변화로 인하여 지난 25년간 노년기 부부끼리 생활하는 노인 단독가구가 2010년 33.7%, 2020년 34.7%, 2023년 35.3%로 꾸준히 증가해 왔다. 이는 도시, 농어촌과 많은 차이가 있지만 노인의 절반 정도가 자녀의 결혼이나 타 지역 이주와 같은 인구학적 변화에 따른 자연스러운 과정이며, 부부만의 생활을 누리기 위해 현재 거주지를 떠나기 싫어서 등 자발적인 선택도 중요한 이유 중 하나이다(정경희 외, 2014).

노인 단독가구는 평균수명 증가와 함께 부부가구의 규모가 증대하고 부부만 생활하는 기간이 확장되었음에도 불구하고 노년기의 부부가구에 대한 사회적 관심이 높지 않은 것이 사실이다. 또한 자식이 부모 부양을 책임지는 전통적 가치관 반영과 자녀동거 노인 가구 감소 등 노인 단독가구가 증가하는 현실을 감안한다면 노인 부양가구를 지원하는 방식을 탈피하여 노인 가구에 대한 직접 지원이 필요하지만 노년기 부부가구의 생활과 욕구에 관심을 둔 접근은 이루어지지 못하고 있는 실정이다(천현숙, 오민준, 2013).

정책적으로 노인 부양가구에 대한 지원이 대부분이며, 노인 단독가구의 증가율이 높은 상황을 감안한다면 노인 단독가구에 대한 지원을 강화하는 것이 바람직하다. 최근 들어 노인은 경제적 안정, 개인생활 향유 등 자립적 요인을 이유로 주체적이고 독립적인 노인 단독가구를 형성하고자 한다(이윤경 외, 2020). 이러한 노인 단독가구의 증가 추세는 꾸준히 지속될 것으로 예상된다.

또한 노인은 건강에 문제가 발생했을 때 도움을 받을 수 있는 사람이 부족하다. 특히 80대 부부가구는 배우자의 수발 부담이나 가구 내의 신체적 의존성 증대에 따른 삶의 활기 저하, 낙상, 질병 악화, 화재 등의 위험에 처했을 때, 도움을 받기 어려운 상황이 발생할 가능성이 높기 때문에 긴급 상황에서 적절한 지원과 사회적 관심이 중요하며, 이러한 문제들을 해결하기 위해서는 정책적인 지원과 지역사회의 도움이 필요하다.

2) 부양책임의 변화

부양(扶養)은 봉양, 수발, 돌봄, 케어, 지원 등 다양한 용어와 함께 사용되는데(송다영, 2003), 사전적 정의로 '개인 스스로 일상생활 능력이 없는 사람의 생활을 돌봄'이라 한다. 이는 동거 여부와 상관없이 도움을 필요로 하는 사람에게 정서적 지원, 필요한 자원 제공, 인간관계 형성, 그 밖의 모든 생활을 하는 과정에 각종 도움을 줌으로써 일상생활을 원활하게 수행할 수 있도록 지원하는 모든 행위를 포함한다.

전통적인 사회에서는 노부모 부양의 주체는 가족에게 책임을 전가하였으나 산업화와 근대화의 과정에서 사회구조의 변화로 인한 전통적인 가족주의, 가치관의 갈등, 핵가족화 등의 가족구조 변화는 가족 구성원의 역할에 대한 가치관의 변화를 초래하였다. 또한 노인부양세대의 사고도 과거와는 다르게 변화되어 가고 있다. 가족이라는 집단을 먼저 생각하기보다 개인의 가치를 중요시하면서 부모 부양의식이 약화되고 부모와 동거를 기피하는 현상이 증가하였다. 이로 인해 노부모 부양의 책임을 가족만이 아닌 사회의 문제로 보는 시각도 많아지고, 노부모 부양의 주체나, 부양의 형태에 대해 다각적인 견해가 제시되고 있다.

우리나라 대부분의 베이비붐세대는 전통적인 가족중심제도와 부양체계에서 성장하면서 부모부양과 자녀양육을 책임지고 있었지만 가족부양에 대한 인식이 약해지면서 정작 자신의 노후는 스스로 책임지는 세대가 되었다(신의수, 2006). 이처럼 베이비붐세대는 부모의 부양과 자녀양육과 더불어 교육비 지출 부담이 매우 높아 자신의 노후를 준비하지 못하고 은퇴를 맞이하고 있다(권중돈, 조주연, 2000).

또한 우리나라는 중 · 장년층이 미혼 성인 자녀와 노부모를 동거 여부와 상관없이 동시에 부양을 하는데 이러한 현상을 이중부양이라 한다(김유경 외, 2018). '돌봄과 미래 재단'에서는 1960년대생(만 55~64세) 980명을 대상으로 웹 · 모바일 조사를 실시한 결과, 우리나라 인구의 16.4%를 차지하며, 2025년부터 노인 연령인 65세에 진입하는 이들은 부모를 부양하는 마지막 세대이자, 자녀에게 처음으로 부양받지 못하는 세대라고 한다. 설문 응답자의 15%가 현재 부모와 자녀 양쪽 모두를 부양하는 것으로 나타났다. 이들은 월평균 164만 원을 부모와 자녀를 위해 지출하고 있었다. '부모만 지원한다'는 응답자는 19%로 월평균 73만 원을 지출하는 것으로 나타났으며, '자녀만 지원한다'는 응답자는 22%로 월평균 86만 원을 지출하는 것으로 나타났다. 부모와 자녀가 모두 없거나 지원하지 않는다는 이들은 44%로 절반에 못 미쳤다(한국리서치, 2024).

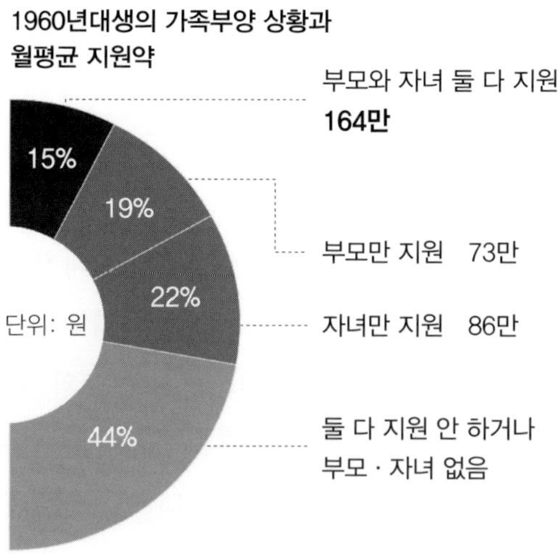

[그림 1-9] 부모-자녀 이중부양

출처: 한국리서치(2024).

1960년대 인구 대부분은 자신은 자녀로부터 부양을 받지 못할 것이라고 생각하고 있었다. '노후 책임을 누가 져야 한다고 보느냐'는 질문에는 89%가 '본인'이라고 답했다. 그러나 '노후를 준비하고 있다'고 응답한 비율은 62%에 불과했다. 또 응답자의 81%는 '퇴직 후 연금 수급이 시작되는 만 65세 전까지 소득이 없는 기간이 걱정된다'고 응답했다(동아일보, 2024. 6. 4.). 따라서 노년기 사회 진입은 노동시장뿐 아니라 노후소득보장, 사회복지서비스 등 사회 전반에 미치는 파급효과가 클 것으로 보이며 고령화에 따른 다양한 문제가 표면화되는 계기가 될 수 있다(박명아 외, 2018).

현대사회는 가족의 지속적인 소규모화로 인한 사적 부양의 공백을 증가시키고 부양 욕구를 가진 가족구성원은 더욱 증가할 것으로 예상되기 때문에 부양에 대한 사회화의 요구는 더욱 증가할 것이다. 이와 같이 이중부양은 가족 갈등을 초래하고 경제적 하위계층이 되어 빈곤에 노출될 가능성이 높지만 사회적 지원체계가 미흡하기 때문에 정부와 지역사회의 복지 시스템이 노인을 지원하는 역할이 커지면서 가족의 직접적인 부양이 줄어들기도 하지만, 여전히 많은 가정에서 부양이 중요한 문제가 될 것으로 예상된다.

3) 세대 간 관계 변화

세대(世代)란 사회적 · 역사적 비슷한 경험을 공유하는 30년의 연령 단위를 일반적으로 의미한다. 그러나 최근 급속한 사회적 변화는 이러한 세대 개념 자체를 흔들었고, 이제는 30년이라는 숫자 기준을 떠나 같은 시대적 · 사회적 · 역사적인 경험을 공유하는 비슷한 연령층을 뜻하는 개념으로 해석되고 있다.

또한 우리 사회가 급격한 산업사회로 진입하면서 종래의 생활양식과 가족문화도 달라지고, 가족구조도 한 가정 안에서 노부모가 중심을 이루며 3세대가 함께 살아가던 전통적 형태가 아닌 세대별로 각자 독립되어 생활하는 핵가족의 형태로 거의 변화되었다. 현대화에 따른 핵가족의 정착은 종래의 대가족제도하에서 형성되어 있었던 가족 중심주의 문화가 서서히 해체되고 자녀와 부모 간의 세대관계도 예전과 다르게 많이 변화되었음을 나타낸다(김두섭, 박병진, 2000).

현대사회에서 세대 간 관계의 변화는 다양한 측면에서 나타나며, 이는 가족 구조, 경제적 부담, 기술의 발전, 그리고 사회적 가치 변화 등과 관련이 있다. 이러한 변화들은 세대 간의 가치관과 생활 방식을 형성하는 데 중요한 역할을 한다. 예를 들어, X세대는 전통적인 핵가족에서 다문화가족, 동거 커플 등 다양한 가족 형태를 경험하였으며, 사회적 관계와 가치관에 영향을 미친 밀레니얼과 Z세대는 가족과 친구뿐만 아니라 온라인 커뮤니티와 소셜 네트워크를 통해 상호작용을 한다. 이러한 요인들은 세대 간의 차이를 형성하며, 각 세대가 처한 시대적 배경과 경험에 따라 서로 다른 가치관과 행동 양식을 만들어 낸다.

이처럼 세대 구분은 사회나 문화적, 경제적 요인에 따라 사람들을 나누는 방식이다. 이 구분은 특정 시기에 태어난 사람들 간의 공통된 경험과 가치관을 바탕으로 정의되지만 일반적으로 다음과 같은 주요 세대로 나눌 수 있다.

이러한 세대 구분은 대체로 시기와 환경에 따른 공통된 특징을 강조하지만, 개인마다 차이가 있을 수 있으며, 각 세대의 경계를 명확하게 정의하는 것은 어려울 수 있다.

한편, 인구 고령화는 단순히 고령인구의 양적 증가뿐 아니라 노인과 다른 세대

〈표 1-3〉 세대별 특징과 시대 변화

구분	출생기간	특징
베이비붐 세대 (Baby Boomers)	1946~ 1964년	제2차 세계대전 후 경제 호황과 인구 증가로 인해 출생률이 급증했던 시기. 이들은 경제성장을 경험했고, 안정된 직장과 평생직장 개념에 익숙하다.
X세대 (Generation X)	1965~ 1980년	디지털 혁명과 글로벌화의 초기 단계에 자라난 세대이다. 자립적이며, 기술과 인터넷의 초기 발전을 경험했으며 경제적 불확실성과 사회적 변화가 특징이다.
밀레니얼 세대 (Millennials), Y세대	1981~ 1996년	기술의 급격한 발전과 인터넷의 보편화, 소셜미디어의 출현 등을 경험했으며 다양성과 포용성, 사회적 책임을 중요시하며, 디지털 네이티브로 불리기도 한다.
Z세대 (Generation Z)	1997~ 2012년	스마트폰과 소셜미디어가 일상에 깊이 뿌리내린 세대이다. 디지털 환경에서 자라나면서 온라인과 오프라인 경계를 넘나드는 삶을 살고 있으며, 사회적 정의와 환경 문제에 대한 인식이 높다.
알파 세대 (Generation Alpha)	2013년 이후	최신세대로, 기술이 더욱 진화한 시대에 태어난 만큼 디지털 환경에 더욱 익숙할 것으로 예상된다. 교육과 정보 접근성이 높고, 인공지능과 자동화 기술의 발전을 경험하게 될 것이다.

와의 관계에서도 큰 영향을 미친다. 노인의 수명 연장은 연령 폭을 확대시킴으로써 다세대공존사회로의 이행을 촉진시키고 그럼으로써 기본적으로 서로 다른 세대들이 다양한 장면에서 자주 접촉하게 될 것이다. 또한 핵가족화로 자녀와 동거하는 노인인구 비율 감소, 노인 1인 가구 증가, 자녀들의 부모에 대한 부양 책임감 약화 현상(김경희, 2013; 김유경, 2018; 이여봉, 2017) 등에 관심을 갖고, 효, 규범의식이 날로 퇴조해 가는 시대적 흐름 앞에서 부모부양 문제로 인해 세대 간에 다가올 갈등과 문제로 세대 관계의 큰 변화를 염려했다.

이렇듯 가족주의가 붕괴된 현대화의 부작용은 정신의 가치보다 물질의 비중이 우위에 서게 되고, 자녀세대들의 가치관의 변화는 세대 간에 갈등의 원인으로 떠오르고 있다. Bengtson, Furlong과 Laufer(1974)은 세대 간 갈등 현상을 각 세대의 가치관과 생활양식의 차이에서 기인하는 것으로 보았다. 세대 간에 간격이 좁혀

지지 않고 사회 구성체 안에서 각 세대 관계가 원만하게 유지되기 힘들 때 세대 간 갈등이 발생하게 된다는 것이다(박재홍, 2001; 원영희, 한정란, 2019). 이와 같은 세대갈등은 사회뿐 아니라 가족 내에서도 중요한 문제로 대두되고 있다.

오늘날 급격한 고령화로 인한 자녀세대들의 사회적 부담 증가와 함께 자녀들의 부모 부양부담 비용 증가, 세대 간 갈등의 증폭 등 많은 사회적 문제들이 파생될 것이지만(이준복, 2008), 아직도 이에 대한 대안 마련이 준비되지 않은 우리 사회는 앞으로 심각한 세대 간 갈등 문제, 부모에 대한 효, 부양문제에 부딪히게 될 것이다(성미애, 옥선화, 1997; 송현애, 이정덕, 1995; 조경자, 한동희, 조은희, 1996).

따라서 가족과 사회 중 어느 하나가 전적으로 노인부양을 책임지기보다는 상호보완의 관계로 연결될 때 노인부양의 복지제도를 궁극적으로 달성할 수 있을 것으로 본다.

4) 노인 가족의 역할 변화

노년기 가족의 역할 변화는 사회적, 경제적, 문화적 변화에 따라 다양하게 나타나고 있다. 특히 노년기 부부 관계는 많은 도전과 동시에 깊은 의미를 지닌 시기다. 이 시기에 부부는 서로의 든든한 지원군이 되며, 오랜 시간 동안 쌓아온 사랑과 신뢰를 바탕으로 새로운 삶의 변화를 겪으면서, 서로를 더욱 깊이 이해하고 지지하는 관계를 형성하면서 건강과 행복도 챙기고, 종종 각자의 가족과 친구들, 그리고 지역사회와도 밀접하게 연결되어 있다.

또한 노인 부부는 자녀들과 손자 손녀들에게 인생의 교훈을 전달하고, 가족 내에서 중요한 역할을 하는 경우가 많다. 이러한 노인 부부의 경험과 지혜는 가족과 사회에 큰 가치를 제공하며 많은 사람들에게 따뜻한 영감을 만들어 줄 것이다.

여기에서는 노년기 가족 역할의 주요 변화를 살펴보고자 한다.

(1) 성 역할의 변화

성 역할은 보통 남성과 여성의 역할을 엄격히 분리시키는 '전통적 태도(traditional attitude)'와 부부의 역할을 성별에 고정시키지 않고 성 역할의 융통성을 지향하는 '평등적 태도(egalitarian attitude)'로 나뉜다(Corrigall & Konrad, 2007). 대부분의 문화권에서 남성이 여성에 비해 더 많은 권력을 향유함에 따라 남성들이 기존 사회구조에서 자신에게 이미 인정된 역할을 고수하려는 경향으로 이해될 수 있다(이신숙, 1997; Stickney & Konrad, 2007).

우리나라는 과거에는 노인이 가정의 권위자로서 중요한 역할을 하면서 전통적인 태도를 추구했지만, 현대사회는 바깥일과 집안일을 남녀의 일로 구분하지 않고 서로 공유할 수 있다고 생각하는 노인의 역할이 평등적인 태도로 유연해졌다. 이로 인해 부모나 조부모가 전통적인 권위의 상징에서 벗어나, 자녀와 손자녀와의 평등한 관계를 유지하고, 상호지원과 존중의 관계를 구축하는 경향으로 나아가고 있다.

또한 기대수명의 연장으로 배우자와 함께 살아가는 기간이 연장되면서 퇴직과 자녀의 분가 이후 배우자와의 새로운 관계의 재설정이 매우 중요해졌다. 남편은 퇴직 후 집에 있는 시간이 많아지면서 가정에서 부부가 함께하는 시간을 어떻게 보낼 것인가 하는 문제가 발생할 수 있으며, 특히 부인이 가정에 경제적인 기여를 하는 경우 또는 독립적인 생활을 해온 경우에 요리와 세탁, 청소와 같은 가사노동을 남편과 나누고자 하는 욕구가 강하다.

과거 여성들이 주로 가정생활과 노인 부양을 맡아왔지만, 현대에는 남성의 역할도 점차 확대되고 있으며, 최근 가족의 돌봄 서비스가 증가하면서 부부간 돌봄 역할이 활성화되고 있다. 이러한 변화는 가족의 가치관, 문화, 경제적 상황에 따라 다르게 나타날 수 있어, 개인적인 상황에 맞는 가족 역할의 조정이 이루어진다고 할 수 있다.

(2) 경제적 책임의 변화

노인의 경제활동이란 일이나 직업을 통하여 재화와 서비스를 획득하고 소비하는 일련의 모든 과정을 의미한다(김현옥, 2022). 이는 노인의 경제활동이 소득을 통하여 경제적인 지지를 얻는 것뿐만 아니라 사회에 참여할 수 있는 기회를 가지게 되고, 무위나 고독 등의 노인문제의 예방책이 될 수 있다. 정부 또한 노인 일자리 사업 등과 같은 정책을 통해 노인의 경제활동을 장려하기 위해 노력하고 있다(박상우, 2022).

하지만 노년기에 당면하는 가장 큰 문제는 직업적 역할 상실로 가정에서 생계유지자 또는 경제적 공급자로서의 지위를 상실하게 되고, 이러한 요인은 소득상실로 인한 경제적인 어려움이다. 노인들은 은퇴를 기점으로 일선에서 물러나는데 노후 생활이 준비되어 있지 못하면 경제적 어려움에 직면하게 된다.

특히, 남편의 은퇴를 경험하면서 여성노인들은 가정 영역과 경제적 영역에 대한 이중적인 부담을 가지게 되면서도 당당하게 자신의 목소리를 내지 못했던 결혼생활의 불공평한 관계가 노년기 부부 갈등의 요인으로 나타난다(김미혜, 문정화, 신은경, 2012; 권민재, 2016). 노년기는 빈약한 경제적 자원 속에서 신체적 · 심리적 기능의 감퇴 등으로 오랫동안 누적된 복합적인 부부간의 갈등구조를 해결해야 하는 재조정이 요구되는 시기로 볼 수 있다(박성희, 2006).

과거에는 노인이 경제적 지원을 제공하거나 가계의 주요 수입원이 되는 경우가 많았지만, 현대사회는 노년기 부부관계가 가장 중심적이고 생활의 기본이 되는 시기이며, 길어지는 생애 주기 변화로 노년기 부부관계의 질이 어떠한가에 따라 노년기의 적응 만족도와 행복한 노후를 예측할 수 있다(손정연, 한경혜, 2015). 또한 노년기의 경제적 문제는 연금이나 사회보장제도에 의존하기도 하고, 자녀가 직장 생활을 하면서 노인을 부양하는 상황으로 변화되고 있는 추세다.

(3) 노인의 주거 형태 변화

노인 주거는 노인의 삶의 질을 높이기 위해 설계된 다양한 형태의 주거 옵션을 포함한다. 이들 주거 형태는 여러 가지가 있으며, 개인의 건강 상태, 생활수준, 가족과의 관계 등에 따라 적합한 형태를 선택할 수 있으나, 최근 몇 년 동안 많은 변화를 겪어왔다.

Wiseman(1980)은 노인의 주거이동을 이동 동기에 따라 편익 이동(amenity moves), 환경적 압력(environmental push), 조력 이동(assistant moves)의 세 가지로 분류한다. 첫째, 편익 이동은 노인이 삶의 질 향상을 위해 스스로 이동을 선택한 경우에 해당한다. 예를 들어, 미국의 경우 기후가 온화한 지방으로의 이주(Sun Belt Migration)나 고향으로 되돌아가기 위한 이동이 이에 해당한다. 둘째, 환경적인 압력에 의한 이동은 노인을 포함한 모든 연령집단에서 발생한다. 현재보다 저렴한 주택, 좋은 근린 환경 등을 이유로 이동하는 경우이다. 셋째, 조력 이동은 건강 상태가 악화된 개인이 시설 혹은 친·인척의 집으로 이동하는 경우에 해당한다. 또한 수입의 감소, 배우자 상실, 이혼과 같은 혼인상태의 변화 역시 조력 이동의 원인이 될 수 있다(Binstock & Shanas, 1985).

과거 노인의 주거 이동에 관한 국내 연구는 노인들을 위한 시설로의 이동에 관한 내용이 주를 이루었다(진미윤, 이현, 1995; 최열 외, 2007). 그러나 노인들이 시설로의 이동으로 인한 문제점들이 발견되기 시작한 이후 노인 주거정책의 방향이 노인 시설 중심에서 지역사회로 전환되었다. 현재 재택에서 '생활'하는 것의 중요성이 강조되게 된 것이다. 또한 고령자가 가능한 한 오랫동안 자신이 살던 집과 지역에 남아 있는 것이 시설에서 케어를 받을 때 발생되는 개인적 혹은 사회적 비용을 절감시키는 데 유리하다(권오정, 김진영, 2019).

국내 노인 주거 형태를 살펴보면 다음과 같다.

- **자택에서의 독립적 생활**: 건강이 좋고 자립적인 노인들이 자택에서 혼자 살면서 필요한 서비스만 이용하는 형태이며, 가정에서 필요한 지원 서비스(예: 가사 도우미, 방문 간호 등)를 외부에서 제공받을 수 있다.
- **노인 복지 주택**: 노인 전용 아파트나 복지 주택으로, 일반 아파트와 비슷하지만 노인의 생활에 맞춘 특화된 시설과 서비스를 제공하며, 안전장치나 공동생활 공간이 마련되어 있어 노인의 편의를 고려한 환경이다.
- **요양원**: 일상생활에 도움이 필요하거나 건강 상태가 좋지 않은 노인을 위한 시설로, 전문적인 의료 및 간호 서비스 제공이 가능하며, 24시간 돌봄 서비스

가 용이하다.

- **실버타운**: 노인을 위한 대규모 주거 단지로, 다양한 생활 편의 시설과 프로그램을 제공한다. 독립적인 생활과 공동체 생활이 결합된 형태로, 노인들에게 여러 가지 활동과 사회적 교류의 기회를 제공할 수 있다.
- **종합재가 서비스**: 자택에서 독립적으로 생활하면서 필요할 때마다 간호, 의료, 복지 서비스를 방문형태로 제공받는 서비스이다.
- **양로원**: 주로 노인을 대상으로 하는 시설로, 장기적으로 입소하여 생활하는 곳이며, 다양한 서비스와 프로그램을 통해 노인의 사회적, 정서적, 신체적 요구를 충족시킨다.

이러한 주거 형태의 변화들은 노인의 주거환경을 보다 안전하고 편리하게 하여 생활의 질을 높이고, 독립성을 유지하면서도 필요한 지원을 받을 수 있도록 돕기 위한 노력의 일환이라고 할 수 있다.

(4) 문화적 변화

100세 시대에 건강하고 활동적인 노년기를 보내기 위해서는 문화적 환경이 굉장히 중요하기 때문에 건강한 고령자뿐 아니라 몸이 아픈 고령자도 문화 활동을 할 수 있도록 국내외 변화가 이어지고 있으며, 다양한 문화 활동이 건강하고 행복한 노년에 중요한 요소라는 것이 강조되고 있다. 이러한 변화는 노인의 삶의 방식, 가치관, 취미 등 여러 측면에서 나타나고 있는데, 주요한 문화적 변화는 다음과 같다.

- **정보통신 기술의 사용 증가**: 디지털 기기와 인터넷의 확산으로 노인은 정보에 접근하거나 소통하는 방법이 크게 변화하였다. 특히 스마트폰, 컴퓨터, 소셜 미디어를 이용하여 자녀나 친구들과 연락을 유지하고, 온라인 쇼핑, 금융 거래 등을 할 수 있는 등 생활의 많은 부분이 디지털화되고 있다.
- **문화적 다양성 수용**: 글로벌화와 문화의 교류로 인해 노인은 다양한 문화적

경험을 접하게 되며, 이는 그들의 가치관과 생활방식에 영향을 미친다. 예를 들어, 국제적인 음식, 음악, 영화 등에 대한 관심이 증가하고, 전통적인 문화와 현대적인 문화를 동시에 경험하는 경우가 많은 것이 특징이다.

- **여가 및 취미 활동의 변화**: 노인의 여가 활동은 과거보다 더 다양화되고 있으며, 전통적인 취미 외에도 여행, 온라인 게임, 요가, 예술 활동 등 다양한 취미와 활동에 참여하고 있다. 이는 노인의 삶에 활력을 주고, 사회적 연결망을 확장하는 데 기여한다고 할 수 있다.
- **사회적 지위와 역할의 변화**: 과거에는 노인이 사회적 지혜와 경험의 상징으로 여겨졌지만, 현대사회에서는 노인의 역할이 점차 변화하고 있다. 그럼에도 노인의 경험과 지혜는 여전히 중요한 자원으로 인정받으면서 다양한 사회적 역할을 통해 기여한다.
- **건강과 웰빙에 대한 관심 증가**: 건강과 웰빙에 대한 인식이 높아지면서, 노인은 보다 건강한 라이프스타일을 추구하고 있다. 이로 인해 식습관, 운동, 정신적 건강 등 다양한 측면에서 웰빙을 중시하고, 이러한 변화는 그들의 삶의 질에 긍정적인 영향을 미친다.
- **전통과 현대의 융합**: 노인은 전통적인 가치와 문화적 전통을 유지하면서도 현대적인 생활방식에 적응하는 모습을 보이고 있다. 이는 가족 및 지역사회와의 연계를 유지하면서도 현대적인 변화를 수용하는 방법 중 하나이다.

이러한 문화적 변화는 65세 이상 노인이라고 해서 한 집단으로 묶어 같은 경향을 가지고 있다고 보는 것이 아니라 사는 곳, 사는 방식, 사는 사람도 다 다른 다양한 개인으로 봐야 한다는 것이다. 따라서 고령자를 대상으로 하는 문화여가 프로그램 지원, 정책 등이 이들의 다양성을 세분화해서 반영하여 노인들에게 긍정적 영향을 미칠 수 있도록 해야 한다.

3. 고령화사회의 노인문제

현대사회에서 노인들이 직면한 문제는 많고 다양하다. 이러한 문제들은 고령화가 진행되고 있는 현대사회의 특징적인 현상 중 하나로, 노인들의 삶과 질에 직접적인 영향을 미치고 있다. 이를 효과적으로 이해하기 위해 노인상담의 측면에서 경제적 문제, 건강관리, 사회적 고립과 우울감 등 미래 노인들이 직면할 가능성이 높은 주요 문제들을 살펴보고자 한다.

1) 경제적 어려움

현재 우리나라의 대부분 노인세대들은 매일매일의 생활유지에 급급한 정도의 소득으로 궁핍했던 시기를 어렵게 보내온 사람들이다. 또한 이 시대 노인들의 가치관은 자신들의 부모, 자식, 가문 등 대가족을 위한 물질적 희생에 있었기에 이들은 자신의 노후를 위한 대책을 마련하지 못하게 되었다. 이러한 세대들이 나이가 들어감에 따라 신체적 노화 현상 또는 정년퇴직으로 인하여 유일한 수입원인 직업을 상실하게 되고, 노년기에는 일반적으로 만성 질병에 따른 의료비의 지출부담이 증가하게 되어 심각한 경제적 어려움에 처하게 되었다.

그러나 OECD 회원국들에 비하면 우리나라 노인들이 가장 늦게까지 노동시장에 참여하고 있으며, 질 낮은 일자리로 인하여 노인빈곤율이 제일 높은 수준이라는 불명예스러운 상황과 노인자살률 1위라는 심각한 실태에 노출되어 있다(이희성, 권순호, 2020). 이러한 우리나라 노인들의 문제를 인식하여 미래 초고령사회의 소득보장체계 구축은 현재 우리가 직면하고 있는 높은 노인빈곤율은 감소시키고, 세대 간 상생을 통하여 노인자살률을 낮추며 노인 개개인의 욕구를 충족시킬 수 있도록 노인의 경제와 건강의 특성을 감안하여 정책을 단계적으로 발전시켜 나가야 할 것이다.

이러한 노인을 위한 빈곤대응은 세 가지 축에서 검토해 볼 수 있다.

첫째, 소득이 낮은 빈곤노인에 대해서는 공공부조제도인 기초생활보장제도를 통한 보호이다.

둘째, 노인에 대해서는 기초연금과 공적연금이 주요한 빈곤 완화 기능을 수행하고 있다.

셋째, 노인의 사회적 역할 제고와 건강증진, 일자리 제공을 통한 복지 차원에서 노인 빈곤 완화를 검토할 수 있다.

더불어 노인들의 능력과 환경에 따라 최저생활의 보장, 일자리 마련, 여가활동 및 자원봉사활동 등의 기회 제공, 재가복지서비스의 제공 등 모든 소득계층 노인의 다양한 욕구 및 문제를 해결하는 방향으로 이끌어 가야 할 것이다. 또한 노인 정책의 기본적 우선순위는 사회, 경제적으로 어려운 처지에 있는 노인 빈곤 및 자살에 대한 상담과 다양한 서비스를 제공할 수 있어야 하며 이러한 노후준비 정보시스템 구축 등을 국가차원에서 주요 사업으로 하여 지속적인 관심과 대책 마련을 해야 한다.

2) 질병과 건강 문제

오늘날 우리 사회는 평균수명이 늘어남에 따라 점점 더 많은 사람들이 노년기의 건강에 관심을 가지게 되었다. 노인 건강관리의 활성화는 현대사회에서 매우 중요한 주제로 떠오르고 있다. 노인들은 건강을 유지하고 증진하는 방법에 대한 관심과 노후 생활을 단순히 여유로운 시간이 아니라, 신체적 · 정신적 건강을 함께 고려해야 하는 복합적인 관점에서 접근하고 있다. 하지만 우리나라의 65세 이상 노인의 약 87%가 치매, 중풍 등 만성질환을 앓고 있으며, 3.5%가 독립적인 일상생활이 불가능하다. 2023년 '건강보험통계연보'에 따르면 2022년 65세 이상 노인 진료비는 45조 7,647억 원으로, 2021년보다 10.6% 늘었다. 또한 2022년 말 만성질환의 진료실 인원으로는 고혈압(727만 명), 관절염(514만 명), 정신 및 행동장애(398만 명)순으로 나타났다(국민건강보험공단, 2023).

노인문제에 있어서는 단순한 건강관리의 차원을 넘어 적절한 예방과 관리로 많은 문제를 해결할 수 있다.

첫째, 의료적인 측면에서는 질병이 생겨서 치료할 때 가급적 일상생활을 하는데 지장이 없도록 신체적, 정신적으로 기능이 회복될 수 있게 종합적인 치료계획을 수립해야 한다. 이를 위해서는 노인 전문의사가 많이 배출되어야 하고, 의사, 간호사, 물리치료사, 영양사, 노인상담사 등 노인 진료팀의 협진제도나 방문간호가 활성화되어야 한다.

둘째, 노인에게 생기는 건강문제는 이미 젊어서부터 주의해야 한다. 노인에게 흔한 심장, 혈관 질환, 치매를 예방하고, 골다공증의 발생을 줄이기 위해 올바른 생활습관이 제일 중요하다. 나이가 들었다고 집안에 가만히 앉아 지내기보다는 꾸준한 운동, 균형 잡힌 식단, 정기적인 건강 검진, 그리고 사회적 활동을 통해 노인 건강을 지키는 중요한 부분임을 알고 꾸준히 실천해야 한다.

셋째, 가족과의 정서적 지지는 노인의 심리적 건강을 위해 매우 중요한 요소다. 가족과의 따뜻한 대화와 지지는 노인들의 삶을 더욱 풍요롭게 만들고 심리적 건강에 긍정적인 영향을 미친다.

넷째, 심리적 건강은 노인 건강의 또 다른 중요한 측면이다. 우울증이나 불안 같은 심리적 문제는 노인들 사이에서 흔히 발생하는 문제이므로 전문가와 상담을 통해 심리적 안정을 찾을 수 있으나, 개인의 상황에 따라 단기적일 수도 있고 장기적으로 진행될 수도 있다.

우리나라 노인들의 질환은 대부분 만성적이기 때문에 재활과 치료가 필요하고, 장기간의 입원은 노인 의료비 상승의 원인이 되며, 가정에서 장기요양을 해야 할 경우 가족들의 케어 부담이 가중된다. 이러한 문제를 효과적으로 대처하기 위해서는 저소득 또는 장기요양보호 노인을 중심으로 한 보건복지서비스의 강화가 시급하다. 또한 예방적이고 종합적인 서비스 제공을 위한 공급체계를 구축하고, 노인복지시설을 확충하며, 가까운 곳에서 간병 및 케어가 가능하도록 민간부문에서도 활성화될 수 있도록 해야 한다.

3) 사회적 고립

노년기는 다른 생애주기와 비교하여 사회적 고립이 높은 시기로 알려져 있으며(이은희, 이양수, 2023), 이러한 사회적 고립은 사회적 관계에 있는 사람들과의 접촉 수준, 사회적 소속감, 관계에 대한 만족도가 낮은 상태를 의미한다(이상철, 조준영, 2017; Ibrahim, Abolfathi Momtaz & Hamid, 2013).

노년기에는 은퇴, 주변 지인 또는 배우자의 사망 등으로 인해 사회적 관계망이 위축되고 사회활동 참여가 감소하여(박현춘 외, 2014; Courtin & Knapp, 2017) 사회적 교류 욕구가 있음에도 불구하고 사회적 고립의 위험성이 증가한다. 이 밖에도 신체적 한계나 지역사회 자원 부족, 사회 환경적 요인 등 여러 요인에 의해 사회적으로 고립될 수 있다(박미진, 2013). 특히 독거노인은 비독거노인에 비해 가족과 사회로부터 고립될 가능성이 더욱 높다(서인균, 조혜정, 2013). 이처럼 노인의 사회적 고립은 사회지지체계의 부족으로 이어져 노인 빈곤, 노인자살 등과 같은 사회문제로 이어지게 된다(김성아, 2022).

2023년 '국민 삶의 질 보고서'에 의하면 연령대가 높을수록 사회적 고립 수준이 증가하는 추세를 보였으며 60세 이상(40.7%)이 가장 높은 것으로 나타났는데, 60세 이상의 고립 수준은 전체 평균(33.0%)보다 7.7% 더 높은 것으로 확인되었다. 통계청의 2023년 '사회조사' 보고서에서도 사회적 고립은 나이가 들수록 심해져 60대 이상이 가장 높은 것으로 나타났다(통계청, 2023c).

사회적 고립은 노인의 삶에 다양하게 영향을 미친다. 사회적 고립이 심화될수록 노인의 삶의 만족도와 생활만족도가 저하되며(박미진, 2010; Chappell & Badger, 1989) 신체적 건강뿐 아니라 우울 및 정신건강에도 부정적 영향을 미치며, 노인의 기억력, 주의력, 언어능력과 같은 인지기능에도 영향(DiNapoli, Wu & Scogin, 2014)을 미치게 되어 노인의 삶의 질을 저하시키는 요인으로 작용한다.

또한 사회적 고립에 놓인 노인들의 경우 지역사회 서비스 이용 의사가 낮고 사각지대에 있을 가능성이 높기 때문에 사회적으로 고립된 노인들을 찾아내는 것은 쉽지 않은 일이다(Minear & Crose, 1997).

이러한 사회적 고립을 예방하기 위하여 ① 노인들이 사회적으로 활발히 참여할 수 있는 다양한 프로그램 및 커뮤니티 활동 지원, ② 노인들을 위한 동아리, 자원봉사 기회를 통해 사회적 연결망 형성, ③ 온라인 플랫폼과 디지털 기술을 활용하여 노인들이 사회와 연결될 수 있는 방법 제공, ④ 노인이 새로운 기술을 배우고 사회에 계속 참여할 수 있도록 다양한 교육 프로그램 제공, ⑤ 정기적인 개인 및 그룹상담을 통해 심리적 지원 제공 등 사회적으로 고립감을 경감시킬 수 있도록 사회적 연결을 강화해야 한다.

요점 정리

- 인구고령화란 사망률과 출생률이 저하되면서 한 사회의 전체 인구 중 노인인구 비율이 증가하는 현상을 의미한다. 일반적으로 인구의 평균 연령이 높아지거나 고령층의 인구 비율이 늘어나는 것을 포함하며, 이는 출생률의 감소와 평균수명의 증가로 인해 발생한다.
- 우리나라의 고령화 속도는 세계에서 유래가 없을 정도로 빠르며, 전반적으로 인구의 고령화를 대비하기 위한 사회적 노력이 미흡하고, 고령화사회에 대비할 수 있는 기간도 짧아 우리 사회의 위기를 야기할 수 있다.
- 출생률이 계속해서 감소함에 따라 젊은층이 서서히 감소하고 상대적으로 전체 인구에서 차지하는 고령자 비율이 높아간다. 또한 사망률이 저하되어 결과적으로 평균수명이 신장하면 고령자 인구가 증가하여 고령화가 진행된다.
- 전통적으로 노인들은 대가족 내에서 여러 세대와 함께 살았으나, 현대에는 핵가족화가 진행되면서 노인이 자녀와 떨어져 사는 경우가 많아졌다. 이로 인해 노인 1인 가구 및 노인부부 가구가 꾸준히 증가하고 있다
- 과거에는 가족 구성원과 자녀들이 노인의 돌봄을 책임졌으나, 경제적 부담과 가족구조의 변화로 부양책임의 역할이 감소하고 있다. 이러한 요인으로 사회적, 공적 지원 시스템의 필요성이 대두되고 있다.
- 세대 간의 관계는 긴밀해지기도 하지만, 동시에 갈등이 발생하기도 한다. 자녀들이 부모를 돌보는 방식이나 부모의 기대와 자녀의 가치관 차이가 갈등의 원인이 되므로 가족 내에서 서로의 역할에 대한 기대와 의무를 재조정하는 과정이 필요하다.
- 현대 가족은 전통적인 역할 분담에서 벗어나 다양한 역할을 수행하고 있다. 성역할, 경제적 책임, 주거형태 변화, 문화적 변화 등 부부는 서로의 든든한 지원군이 되며, 사랑과 신뢰를 바탕으로 서로를 더욱 깊이 이해하고 지지하는 관계로 변화한다.
- 노인은 경제적 자립이 어려워지는 경우가 많으며, 연금, 사회보장제도, 개인저축 등 노후 생활을 보장하는 데 필수적이지만, 이를 충분히 준비하지 못한 경우 생활이 어려울 수 있다.
- 노인들은 일반적으로 만성질환이나 신체적, 정신적 건강문제를 겪을 수 있다. 노인 스스로 건강 문제를 관리하고 적절한 의료 서비스를 제공받는 것이 중요하다.
- 친구나 가족과의 교류가 줄어들거나, 이동이 어려워지면서 사회적 활동이 제한될 수 있으며 이러한 이유로 노인들은 자주 사회적 고립을 경험한다.

연습문제

1. 현대사회에서 노인인구가 증가하는 주요 원인은 무엇인가?

2. 노인 빈곤 문제를 해결하기 위한 정책이나 제도가 무엇인지 조사하고, 그 효과와 한계를 설명하라.

3. 노인들이 자주 겪는 건강 문제와 이를 예방하기 위한 방법에 대해 설명하라.

4. 노인들이 사회적 고립과 외로움을 겪는 이유와 이를 완화하기 위한 사회적 방안에 대해 논의하라.

5. 세대 간 갈등이 노인문제에 어떤 영향을 미치는지 논의하고, 이를 해결하기 위한 방법을 제안해 보라.

참고문헌

국민건강보험공단(2023). 건강보험통계연보.

권민재(2016). 베이비붐 세대 여성의 결혼생활 불공평성이 부부관계 만족도에 미치는 영향. 성균관대학교 일반대학원 석사학위논문.

권오정(2021). 베이비붐 세대, 노후에는 어디에서 살까. 저출산고령사회위원회.

권오정, 김진영(2019). 장노년층의 Aging in Place 의사 여부와 이에 따른 관련 변인 특성 차이. 한국주거학회논문집, 30(3), 77-85.

권중돈, 조주연(2000). 노년기 삶의 만족도에 영향을 미치는 요인. 한국노년학, 20(3), 61-76.

김경희(2013). 특정성별영향분석평가 과제 발굴 및 전략개발. 여성가족부.

김두섭, 박병진(2000). 현대사회와 효의 실천방안. 사단법인 한국노인문제연구소.

김미혜, 문정화, 신은경(2012). 베이비부머의 부부관계 특성이 노후준비에 미치는 영향 연구-예비노인과 비교를 중심으로. 한국가족관계학회지, 17(3), 211-239.

김성숙(2015). 베이비붐 세대의 특성에 따른 주거 선택에 관한 연구: 이항순서형, 로짓프로빗 모형을 이용. 영산대학교 대학원 박사학위논문.

김성아(2022). 고립의 사회적 비용과 사회정책에의 함의. 보건복지포럼, 2022(3), 74-86.

김왕기(2019). 베이비부머의 노후준비 중요도 및 실행도와 은퇴불안. 한서대학교 대학원 박사학위논문.

김유경 외(2018). 중·장년층가족의 이중부양부담 구조 변화와 대응방안 연구. 한국보건사회연구원.

김유경(2018). 성인자녀 부양 특성과 정책과제. 보건복지포럼, 6, 79-98.

김진후, 이재수, 조강현(2019). 베이비부머의 사회경제적 특성과 주거특성 변화 연구-가구 특성에 따른 서울시와 수도권 베이비부머의 2006-2018년 변화. 서울도시연구, 20(4), 23-44.

김현옥(2022). 초고령사회 대비 노인의 경제적 배제 극복을 통한 인간관계만족도의 향상에 관한 연구: 사회관계망의 매개효과 중심으로, 세한대학교 대학원 박사학위논문.

김희정, 천혜경(2016). 1차 베이비붐세대, 2차 베이비붐세대와 에코세대간 일 가치관, 여가태도 및 은퇴준비행동 비교. 여가학연구, 14(3), 17-41.

나일주, 임찬영, 박소화(2008). 한국 베이비붐 세대의 은퇴 대비를 위한 정책방향. 노인복지연구, 42, 151-174.

노수희(2022). 베이비붐세대의 노화태도가 행복감에 미치는 영향. 신라대학교 대학원 박사학위논문.

동아일보(2024. 6. 4.). 보도자료. 부모-자녀 이중부양 '마처세대'.

두인철, 이노환, 김영범(2012). 베이비붐 세대의 고령사회대응 여가문화 미디어 콘텐츠 개발을 위한 기초연구. 인문콘텐츠, 24, 177-206.

박명아 외(2018). 베이비붐세대의 재무적 노후준비가 삶의 만족도에 미치는 영향: 전·후기 베이비붐세대 비교연구. 보건사회연구, 38(2), 133-166.

박미진(2010). 빈곤노인의 사회적 고립이 생활만족도에 미치는 영향. 한국노년학, 30(3), 895-910.

박미진(2013). 지역사회거주 노인의 사회적 고립 예측요인에 관한 연구. 지역사회연구, 21(3), 91-110.

박상우(2022). 세대 간 인식 차이가 노인부양 비용 부담 수용성에 미치는 영향: 노인부양 인식의 매개효과를 중심으로. 중부대학교 대학원 박사학위논문.

박성희(2006). 노년기부부의 관계향상을 위한 교육프로그램에 참가한 노년기부부의 학습과정에 대한 질적 연구. 한국노인복지학회, 31, 161-179.

박재홍(2001). 세대 연구의 이론적·방법론적 쟁점. 한국인구학, 24(2), 47-78.

박현춘 외(2014). 중 · 노년기 은퇴자의 은퇴 전후의 사회적 관계망 변화. 한국콘텐츠학회논문지, 14(12), 753-763.

서울복지재단(2022). 노인실태조사.

서인균, 조혜정(2013). 노인의 스트레스와 자살생각 간의 관계에 대한 우울의 매개효과: 독거노인과 비독거노인 비교연구. 노인복지연구, 61, 135-162.

성미애, 옥선화(1997). 효규범에 대한 사적인 고찰: 호혜성 및 공정성을 중심으로. 대한가정학회지, 35(3), 245-257.

손기복(2014). 베이비부머 세대의 라이프스타일, 건강상태 및 여가활동이 노후준비에 미치는영향. 대구한의대학교 대학원 박사학위논문.

손정연, 한경혜(2015). 베이비붐 세대의 사회경제적 · 심리적 · 관계적 특성이 결혼만족도 및 결혼안정성에 미치는 영향. 보건사회연구, 34(4), 185-216.

송다영(2003). 가족부양자의 재가복지서비스 이용의사에 영향을 미치는 요인. 한국사회복지학, 53(1), 105-128.

송다영(2004). 부양의식을 통해 본 노인부양지원정책 방향성: 기혼여성의 부양경험을 중심으로. 사회복지정책, 19, 207-233.

송현애, 이정덕(1995). 시부모 부양스트레스에 관한 연구: 부양자원과 부양 스트레스 인지 간의 관계를 중심으로. 한국가정관리학회지, 13(3), 115-123.

신수진(1993). 성인 초기 자녀의 부모 부양의식에 관한 연구-사회교환론과 상징적 상호작용론적 접근. 이화여자대학교 대학원 석사학위논문.

신의수(2006). 베이이붐 세대의 실버타운 입지 및 주거유형 선호에 관한 연구: 수도권 거주자를 중심으로. 단국대학교 대학원 석사학위논문.

신학진(2019). 베이비부머의 자본역동과 삶의 질의 구조모형: 출생코호트의 조절효과. 디지털융복합연구, 17(8), 429-437.

원영희, 한정란(2019). 세대갈등과 세대통합에 대한 고찰: 노년교육학적 관점을 중심으로. 노년교육연구, 5(1), 63-85.

위키백과(2023). https://ko.m.wikipedia.org › wiki.

윤정윤(2021). 노년기의 출생코호트별 다차원적 빈곤 연구. 서울대학교 대학원 박사학위논문.

이상철, 조준영(2017). 다차원적 사회적 고립이 신체적 정신적 건강에 미치는 효과. 한국사회정책, 24(2), 61-86.

이신숙(1997). 노인의 성역할 태도와 부부 적응에 관한 연구. 한국노년학, 17(2), 70-85.

이여봉(2017). 여성 베이비부머의 부양지원 제공과 우울. 한국가족관계학회지, 21(4), 51-74.

이윤경 외(2020). 2020년도 노인실태조사. 보건복지부.

이은희, 이양수(2023). 생애주기별 사회적 고립감의 영향 요인 연구. **지역정책연구**, 34(1), 133-158.

이준복(2008). 노인장기요양보험에 관한 법적 연구. **세계헌법연구**, 14(3), 329-360.

이희성, 권순호(2020). 초고령화사회의 노인복지제도의 문제점 및 개선방안. **노동법논총**, 50, 1-29.

정경희 외(2014). 노인 단독 가구의 생활 현황과 정책 과제. 한국보건사회연구원.

정순둘, 이현희(2012). 베이비붐세대의 삶의 만족도: 1998년과 2008년의 비교. **노인복지연구**, 55, 105-131.

조경자, 한동희, 조은희(1996). 노부모와 기혼자녀의 동거관계에서 발생하는 세대 간 갈등과 대처행동에 관한 연구. **대한가정학회지**, 34(6), 261-273.

진미윤, 이현(1995). 노인가구의 주거소비행태에 따른 노인주택 개발방향에 관한 연구. **주택연구**, 3(1), 49-73.

진주영(2017). 베이비붐 세대의 환경적 특성이 은퇴 후 경제활동 지향성에 미치는 영향 연구. 호서대학교 대학원 박사학위논문.

천현숙, 오민준(2013). 노인주거문제와 지원방안. 국토연구원. **국토정책 Brief**, 417.

최규련(1999). 실직자 가족의 문제와 대처, 우울감 및 심리문제 해결지원요구도. **한국가정관리학회지**, 17(3), 47-61.

최열, 최진아, 김지현(2007). 노인주거 이주 및 입지 결정요인 분석. **부동산학보**, 29, 12-22.

최윤식(2014). **2020 · 2040 한국교회 미래지도**. 생명의말씀사.

통계청(2016). 한국의 사회동향.

통계청(2019). 장래가구추계: 2020~2050년.

통계청(2020). 고령자 통계.

통계청(2022). 고령자 통계.

통계청(2023a). 국민 삶의 질 보고서.

통계청(2023b). 장래인구추계: 2020~2070년.

통계청(2023c). 사회조사.

통계청(2024a). 고령자 통계.

통계청(2024b). 생명표.

한국경제연구원(2021). 한국, 연평균 저출산 · 고령화 속도 OECD 37개국 중 가장 빨라. 보도자료.

한국리서치(2024). 부모-지녀 이중부양.

한국인터넷진흥원(2015a). '모바일인터넷이용실태조사' 요약보고서.

한국인터넷진흥원(2015b). 언론수용자 의식조사.

Bengston, V., Furlong, M. J., & Laufer, R. (1974). Time, aging and the continuity of social structure: Themes and issues in generational analysis. *Journal of Social Issues, 30*, 1-30.

Binstock, R. H., & Shanas, E. (1985). *Handbook of aging and the social sciences* (2nd ed.). New York, NY: Van Nostrand Reinhold Co.

Chappell, N. L., & Badger, M. (1989). Social isolation and well-being. *Journal of Gerontology, 44*(5), 169-176.

Corrigall, E. A., & Konrad, A. M. (2007). Gender role attitudes and careers: A longitudinal study. *Sex Roles, 56*(11-12), 847-855.

Courtin, E., & Knapp, M. (2017). Social isolation, loneliness and health in old age: A scoping review. *Health & social care in the community, 25*(3), 799-812.

DiNapoli, E. A., Wu, B., & Scogin, F. (2014). Social isolation and cognitive function in Appalachian older adults. *Research on Aging, 36,* (2), 161-179.

Ibrahim, R., Abolfathi Momtaz, Y., & Hamid, T. A. (2013). Social isolation in older Malaysians: prevalence and risk factors. *Psychogeriatrics, 13*(2), 71-79.

Minear, M., & Crose, R. (1997). Identifying barriers to services for low-income frail elders. *Journal of Gerontological Social Work, 26*(3-4), 57-64.

Stickney, L. T., & Konrad, A. M. (2007). Gender-role attitudes and earnings: *A multinational study of married women and men.* *Sex Roles, 57*(11-12), 801-811.

Wiseman, R. F. (1980). Why Older People Move: Theoretical Issues, *Research on Aging, 2*(2), 41-154.

제2장

노년기 발달 특성

노년기 발달과 특성은 인간의 삶에서 중요한 단계 중 하나로 신체적, 심리적, 사회적 변화의 여러 가지 측면에서 이해할 수 있다. 이 시기는 일반적으로 65세 이상을 지칭하며, 발달 과정은 신체적, 인지적, 정서적, 사회적 변화로 나눈다. 먼저 생물학적 변화에서 노인은 신체적 노화를 경험하고, 심리적 변화에서는 자신을 노인이라고 인지하는 주관적 자각에 기반한다. 또한 사회적 변화에서 중년기까지 지속되던 주된 사회적 역할, 특히 일을 그만두고, 노령 연금을 수급하거나, 조부모라는 새로운 역할을 습득하는 시기라고 할 수 있다. 이러한 발달 특성으로 노인은 신체적 · 심리적 · 사회적 변화에 대한 이해와 노년기의 긍정적인 삶과 성공적인 노화에 대한 전문적인 상담이나 치료에 대한 요구도 점차 증가할 것으로 보인다.

이 장에서는 노년기 발달을 이해하기 위해 발달 이론 및 노화 이론에 대하여 살펴본 후 노년기의 신체적, 심리적, 사회적 발달 특성에 대하여 살펴보고자 한다.

1. 노년기 발달의 이해

발달이란 신체적 성숙과 개인적 노력 및 사회적 기대를 기초로 삶의 한 시기에 개인이 성취해야 하는 지식, 태도, 기술 및 기능을 의미한다(Havinghurst, 1948). 일반적으로 노년기는 인생의 후반부를 의미하며, 다른 발달단계와 달리 매우 긴 시기에 해당된다. 이는 현대 의학의 발전으로 인간의 평균수명이 연장되면서 노인으로 살아야 하는 시기가 점점 길어졌기에 노년기는 65세를 시작으로 생을 마감하는 날까지라고 할 수 있다(Berk, 2010).

따라서 이 시기에는 신체적, 정신적, 사회적 변화가 급격하게 일어나므로, 노화로 인한 건강 문제나 사회적 역할 변화 등이 큰 특징이다. 또한 노년기에는 은퇴 후의 삶, 사회적 관계, 건강관리, 여가활동 등 다양한 측면에서 삶의 질을 유지하고 향상시키는 시기이며, 그동안의 경험과 지혜를 바탕으로 새로운 취미를 시작하거나 가족과의 시간을 더욱 소중히 여기기도 한다. 하지만 노년기는 단순히 나이 많은 시기를 넘어서 삶의 다양한 측면에서 중요한 변화를 겪는 시기라고도 할 수 있다.

1) Erikson의 자아발달 이론

Erik Erikson은 인간 발달의 심리사회적 이론을 제안한 심리학자로, 그의 이론은 생애 전반에 걸쳐 발달하는 심리적 갈등을 설명한다. Erikson은 인생을 여덟 개의 주요 단계로 나누었으며, 각 단계마다 해결해야 할 심리적 갈등이 존재한다고 보았다. 특히 노년기는 그의 이론에서 마지막 단계에 해당하며, '통합 대 절망(Integrity vs. Despair)'이라는 갈등을 겪는 시기다.

그러나 노년기는 자신의 내면세계와 외부에 존재하는 고통스러운 감정이나 결함을 수용하여 삶의 가치와 의미를 재발견하는 시기라고도 한다(Erikson, 1982). Erikson은 마지막 단계를 보통 65세 이후로 규정하였으며, 이 단계에서는 인생을 돌아보며 자신이 어떻게 살아왔는지에 대한 평가가 이루어지는 주요한 시기이다.

마지막 단계는 다음과 같다.

- **통합(integrity)**: 통합 상태에 도달한 사람들은 자신의 삶을 긍정적으로 평가하고, 삶의 의미와 목적을 찾으면서 자신이 선택한 행동에 대해 만족감과 자신의 지혜 및 경험을 받아들인다. 이는 삶의 전반적인 과정을 가치 있게 여기므로 심리적으로 안정감과 평화로 이어진다.

- **절망(despair)**: 절망을 경험하는 사람들은 자신의 삶이 실패했다고 느끼면서 절망에 빠져 남은 삶에 대한 후회와 불만족감을 느끼며, 자신의 선택과 행동을 부정적으로 평가한다. 이 시기 자신이 달성하지 못한 목표나 기회를 떠올리며, 인생을 회피적이고 비극적으로 바라볼 수 있으므로 감정은 불안, 우울, 절망감으로 이어질 수 있다.

이처럼 Erikson의 노년기 이론은 노화와 관련된 심리적 과제를 이해하는 데 유용하며, 인생의 마지막 단계를 긍정적이고 의미 있게 보낼 수 있도록 돕는 통찰을 제공한다.

2) Peck의 발달 이론

Robert Peck은 발달 심리학에서 성인기의 발달을 탐구한 심리학자로 그의 이론은 주로 성인기의 발달단계를 설명하는 데 초점을 맞추고 있다. 이는 Erikson의 7단계와 8단계를 통합하여 7단계 모델을 제시하면서, 7단계인 노년기를 의미 있고 만족스럽게 보내기 위해서는 일, 신체적 안녕, 자아 및 인생의 목적에 대한 광의적 이해의 토대가 중요하다고 보았다.

Peck은 다음의 세 가지 차원에서 심리적 적응을 해야 한다고 제안하였다.

- **자아분화 대 직업역할몰두**: 직업역할몰두에서 자기분화로 전환하는 과정에 잘 적응하는 것이다. 은퇴 후에는 직업적 역할이 사라지므로 새로운 역할이나 활동을 통하여 자아정체감을 유지하는 것이 무엇보다 중요하다. 즉, 직업역할을 초월하고 인간으로서의 자기 가치를 재정의하는 단계가 필요하다(정옥분, 2008). 이는 직업역할 이외의 다양한 역할을 통해 자아를 잘 분화시키는 노력이 필요하며, 나아가 그들에게 직장보다 훨씬 다양하고 풍부한 일이 열려 있음을 인식하는 것이 필요하다.
- **신체초월 대 신체몰두**: 신체몰두에서 신체초월로 이동하는 것을 의미한다. 이

단계에서는 노화로 인한 자연스러운 신체쇠약 및 외모의 변화를 받아들이고 정신적, 사회적 능력을 함양하는 것이 중요하다(홍현방, 2002). 또한 이 시기에 자기 신체에 몰두할수록 대인관계나 사회적 활동에 자신감을 상실하기가 쉽기 때문에 노년기에는 신체나 외모를 초월하여 다른 만족스러운 사회적 관계나 창조적인 활동을 함으로써 삶의 의미와 행복을 추구하는 것이 필요하다.

- **자아초월 대 자아몰두**: 자아몰두는 자신의 삶, 성취, 실패와 부족함에 집착하고, 자신에 대해 지나치게 집중하여 부정적인 감정을 느끼는 상태이다. 이때 노인은 자신의 인생에 대해 부정적인 시각을 가지거나, 자신이 이루지 못한 것들에 대해서 집착을 느끼는 감정 상태이므로 노인들은 심리적 고통과 스트레스를 초래할 수 있어 삶의 질을 저하시킬 수 있다.
  자아초월은 현실적인 자아를 뛰어넘는 것을 의미하며, 불안이나 두려움 없이 삶의 의미와 가치를 이해하고, 자신의 삶이 다른 사람들에게 긍정적인 영향을 미쳤다고 느끼는 상태로 노인의 삶에 대한 만족도와 행복감을 높이는 데 도움이 된다.

이처럼 Peck의 이론은 전반적으로 성인기 발달에 대한 심층적인 통찰을 제공하며, 특히 노화와 성숙에 관한 이해를 돕는 데 중점을 두었다. 그의 이론은 개인의 성숙한 자아 형성과 삶의 의미를 찾고, 다양한 도전에 적응하는 과정을 설명하는 데 중요한 상담 기초를 제공한다.

3) Levinson의 발달 이론

Levinson은 단계 횡단법을 이용하여 인생 계절론을 제시하였다. 인생 계절론의 핵심개념은 '생의 구조', 즉 일정한 시기에 있어 개인의 생에 내제된 양식과 설계이다. 이것은 개인과 환경과의 관계를 형성해 주며, 중요한 구성 요인으로 배우자, 자녀, 직장상사, 동료 등 다양한 사람들과의 관계뿐만 아니라 교회나 동호회 같은 중요한 집단이나 사회 구조와의 관계를 포함한다(정민승 외, 2006). 이러한 인생 주기를 네 개의 계절로 구분하고, 각 계절은 약 20년간 지속되며, 대략 5년간의 전환기와 연결되어 있다고 설명했다.

Levinson의 이론에서 노년기에 해당하는 성인 후기 전환기(60~65세)와 노년기(65세 이상)의 발달을 살펴보면 다음과 같다.

- **성인 후기 전환기(60~65세)**: 60대 초반은 중년기를 끝내고 노년을 준비하는 단계이다. 이때는 신체적으로 질병에 걸리기 쉽고, 사회적, 심리적, 신체적 능력의 변화에 대한 인식이 강화되며, 신체 쇠약 및 다양한 감각기관, 우울증과 같은 질병에 걸릴 확률이 높아진다. 성인 후기 전환기는 자기 자신뿐만 아니라 동료들과의 관계 및 노화를 확인하는 시기이기도 하다.
- **노년기(65세 이상)**: 노인들은 사회 활동에서 물러나게 된다. 이는 인정, 권력, 권위에 손상을 가져오므로 정신적으로 큰 상처를 받게 된다. 그러나 이 시기는 새로운 활동(예: 자원봉사, 취미)이나 가족 역할(예: 손자 돌보기) 등을 통해 새로운 의미와 목적을 찾고, 신체적 · 심리적 건강관리를 통해 웰빙을 유지하는 것이 중요하다. 또한 커뮤니티 활동 및 사회적 지지를 통해 노화와 관련된 스트레스, 상실의 경험 등에 적절히 대응하고 심리적 회복력을 유지하는 것이 필요하다.

이처럼 Levinson의 성인 후기, 노년기 이론은 노년기의 복잡한 발달 과정을 이해하는 데 도움을 주며, 성인 후기, 노년기의 발달적 요구와 도전에 효과적으로 대응할 수 있는 방법을 제시한다. 또한 노년기는 삶의 다양한 의미를 찾고 새로운 역할을 탐색하며, 사회활동을 통하여 자신만의 길을 찾는 중요한 시기로 여겨진다.

4) Harvighurst의 발달 이론

Havighurst의 발달 이론은 인생의 각 단계에서 중요한 발달 과제를 수행해야 한다고 설명하는 이론이다. 이 이론은 인간 발달을 6단계로 구분하고 있으며, 각 단계마다 그 시기에 이루어야 할 발달 과업이 있다고 본다. 특히 인간의 발달이 개인의 생애 주기 동안 직면하는 다양한 사회적, 정서적, 심리적 요구와 도전 과제를 의미하기도 하지만 이러한 과제를 잘 이루어 낼 경우 행복감과 성취감을 누릴 수 있고, 그렇지 못한 경우 불행을 초래하거나 패배감, 사회적 불만, 장애 등 후일 겪게 될 다른 과업에도 영향을 미치게 된다(Harvighurst, 1948).

Havighurst의 노년기 발달 이론의 주요 내용은 다음과 같다.

- **신체적 변화에 대한 적응**: 신체 능력의 쇠퇴로 인한 질병에 대처하기
- **사회적 역할 변화**: 은퇴로 인한 수입 감소 및 자녀 독립, 역할 변화 적응하기
- **사회적 관계 유지**: 가족, 친구 등 사회적 관계 유지, 동년배 집단과 친밀한 관계 형성하기
- **정신적 적응**: 배우자 죽음으로 인한 상실에 대응하기, 죽음을 수용하며 남은 삶의 목적 찾기
- **성공적인 노년기**: 긍정적인 태도와 적극적인 자세로 사회적 역할 받아들이기

이처럼 Havighurst의 발달 이론은 인간 발달의 다양한 측면을 이해하는 데 유용하고, 발달적 과업을 통해 개인이 경험하는 도전과 성취를 이해할 수 있게 해 준다. 이러한 이론은 교육, 상담, 심리치료 등 다양한 분야에서 실질적인 지침을 제공하는 데 활용될 수 있다.

2. 노화와 노화이론

인생의 마지막 단계인 노년기에 일어나는 변화의 대부분은 감퇴나 감소를 포함하기 때문에 노화기 또는 노쇠기라고 하며, 인생주기의 모든 단계에서 그러하듯이 노년기에도 그만의 발달과업인 노화 과정을 거치게 된다. 이러한 노화 과정은 평생에 걸쳐 일어나며, 성인이라는 것이 무엇을 의미하는지 알 때쯤 사람들은 급

속히 중년기에 접어들고 이때부터 자신의 노화 과정을 피부로 느끼게 되어 상당한 불안을 경험하게 된다. 그러나 노화는 그 누구도 피해갈 수 없는 필연적인 과정이다.

1) 노화의 정의

노화(aging)란 시간의 흐름에 따라 유기체의 세포, 조직, 기관 또는 유기체 전체에서 일어나는 점진적인 변화이며, 인간이 출생하여 죽음에 이르기까지의 전반적인 변화라고 정의하였다(Beaver, 1983). 이것은 사람이라면 누구나 겪는 과정으로 유기체가 환경 속에 살아가면서 시간의 흐름에 따라 자연히 겪게 되는 변화의 총합이라고 할 수 있다(김정희, 1998). 과거에는 기계적인 과정으로 인간을 환경의 영향에 수동적으로 반응하는 존재로 바라보았기 때문에 노화를 신체적, 지적 쇠퇴 과정으로 이해하였으나, 최근에는 유기체적 관점으로써 노화를 유전적으로 정해진 발달 패턴에 따라 성장, 성숙하는 과정으로 이해하고 있다.

또한 노화는 인간의 정상적인 성장과 발달과정 전체의 한 부분이며 적어도 세 가지 측면에서 변화과정을 포함하는 것으로 이해되어야 한다. 즉, 생물학적 노화, 심리사회적 노화, 사회적 노화 과정을 포함하는 넓은 뜻으로 이해되어야 한다는 것이다(Birren, 1959). 그러므로 노화는 생리학적 변화가 일어나면서 생명체가 시간이 지남에 따라 점차 노쇠해지고 기능이 감소하는 과정이라 할 수 있다.

이러한 노화의 일반적 특징을 요약하면 다음과 같다(유정화, 2010).

- 모든 생명체와 세포는 노화한다.
- 노화가 일어나는 속도는 개인에 따라 다르다.
- 연령이 증가할수록 노화의 개인 간 차이가 증가한다.
- 신체적 계통에 따라 노화의 속도가 다르다.
- 신체적 기관들은 서로 반 의존적으로 노화한다.
- 노화에 따라 체내의 의학적 조정이 변화한다.

- 노화로 인하여 질병에 대한 감수성이 증가한다.
- 노화로 인하여 환경의 변화에 대한 적응력이 감소한다.
- 나이가 증가함에 따라 기능적 능력이 감소한다.

이와 같은 특징은 인체의 다양한 측면에서 이해할 수 있으나, 개개인의 차이가 크기 때문에 명확하게 설명하기에는 한계가 있다. 그러나 노화는 모든 사람에게 일생 동안 지속적으로 일어나는 정상적인 과정이므로 나이가 들어서도 건강하고 활기차게 '성공적인 노화'를 유지할 수 있으며, 이는 단순히 오래 사는 것이 아니라, 삶의 질을 높이고 긍정적인 태도를 유지하는 것이다. 즉, '성공적인 노화'를 위해 건강한 생활 습관, 균형 잡힌 식사, 규칙적인 운동, 스트레스 관리, 정신적 자극, 사회적 관계, 건강검진 등 각자의 상황과 필요에 맞게 이러한 요소들을 조화롭게 실천하고 실현될 때 건강하고 긍정적인 삶을 유지할 수 있다.

2) 노화의 원인

노화의 원인은 아직 정확하게 밝혀지지 않았으나 현재까지 알려진 바에 의하면, 생물의 생리적 기능을 점진적으로 저하시키는 유전체, 세포, 환경적, 심리적 요인들의 복잡한 상호작용을 포함한다.

(1) 유전체의 요인

노화는 자외선이나 X선, 각종 화합물, 활성산소 때문에 유전체가 손상되는 현상이다. DNA가 손상되면 우리 몸속 단백질이 제대로 만들어지지 않거나 이상한 단백질(돌연변이)이 만들어진다. 단백질은 호르몬을 만들고, 외부에서 나쁜 물질이 들어왔을 때 이를 퇴치하고, 유전자 손상을 감시하는 역할을 한다. 또한 유전자의 손상이 감지되면 즉시 DNA 손상을 복구시켜 안정성을 유지하기도 한다. 그러나 나이 든 사람의 체세포에는 이상한 단백질(돌연변이)을 비롯한 다양한 형태의 DNA와 염색체의 손상이 축적되어 세포의 기능에 심각한 장애를 일으켜 질병에 대한 취약성을 증가시킨다. 이러한 경우 세포의 변형을 유발하는 노화의 근본적인 원인이 될 수 있다.

(2) 세포의 요인

정상적이지 못한 세포들이 제거되지 않고 비정상적으로 계속 활동하는 현상이다. 세포가 분열할 때 모든 유전정보가 새로운 세포로 전달된다면, 세포의 비정상적인 활동은 나타나지 않는다. 하지만 유전정보를 담은 DNA에 변형이 생기면 세포 손상이 유발된다. 따라서 노화 세포는 시간이 지남에 따라 축적되어 염증 신호를 방출하여 주변 조직을 교란시키고 노화와 관련된 질병의 원인으로 나타난다.

(3) 환경적 요인

노화를 촉진시키는 원인은 여러 가지가 있으며, 주로 외부 환경 요소들이 피부와 신체에 미치는 영향을 포함한다. 이는 공해와 오염, 기후변화, 잘못된 식단, 신체 활동 부족, 만성 스트레스와 같은 요인들이 노화를 가속화하고 건강문제를 악화시켜 노화를 촉발하게 된다. 이와 반대로 노화를 지연시키는 긍정적인 환경적 요인으로는 규칙적인 운동, 균형 잡힌 식단, 스트레스 관리, 정기적인 의료 검진, 사회적 활동이 중요하며, 노화에 대해 제대로 이해하고 적극적으로 대처함으로써 자신의 삶을 보다 풍요롭게 만들 수 있다.

(4) 심리적 요인

노화를 촉진시키는 다양한 요인들로 인해 발생하며, 이러한 요인들은 개인의 삶과 질 또는 정신적 건강에 깊은 영향을 미친다. 심리적 원인으로 건강문제와 질병, 사회적 고립과 외로움, 감정의 변화, 기억과 인지 기능의 변화, 우울과 불안으로 인한 감정변화, 삶의 의미와 목표 상실, 스트레스와 대처 능력 부족은 노화를 촉진시키는 부정적인 요인이다.

이러한 심리적 원인들은 서로 연결되어 있으며, 개인의 전반적인 심리적 웰빙에 복합적으로 작용하기 때문에, 이를 이해하고 적절한 대처 방법을 찾는 것이 노화 과정에서의 심리적 건강을 유지하는 데 중요한 요인이 될 수 있다.

3) 노화 이론

노화 이론은 사람이 늙는 원인에 대한 이론적 접근을 말한다. 노화 이론은 크게 생물학적인 차원, 심리적 차원, 사회문화적 차원에서 설명하고 있다.

(1) 생물학적 차원

생물학적 차원의 노화 이론에서는 신체적 변화에 중점을 두고 노화를 자연적이고 본래적인 현상임을 강조하나 그 원인을 설명하는 데 매우 자연적인 현상임을 강조하고 있다(이호선, 2012).

① 분자 수준의 노화 이론

◈ 유전자 이론

유전자 이론(gene theory)은 살아서 활동하는 유기체 내에 있는 어떤 해로운 유전자가 노년기에 활성화되면서 유기체의 생존이 불가능해져 노화를 발생시킨다는 이론이다(Busse, 1971). 이는 다음의 두 가지 유형으로 나눌 수 있다.

- 인간의 젊음과 활기, 성장과 성숙을 촉진시키는 유전자로 세포의 분열과 증식, 손상된 세포의 복구, 새로운 세포의 생성 등을 촉진하여 노화를 지연시키는 역할을 한다.
- 노쇠 유전자로 기능을 쇠퇴시키고, 구조를 파괴하는 유전자로 세포의 노화를 촉진하여 노화를 가속화하는 역할을 한다.

두 유형의 주장에 따르면 하나의 유전자가 초기에는 생산과 활동의 측면에서 작용하고, 중년기 이후에는 쇠퇴의 측면을 활성화시키는 이중 역할을 한다. 예를 들면, 에스트로겐이 여성의 생산기에는 정상 생산주기를 촉진시키지만 폐경기에 이르면 에스트로겐이 감퇴되어 고혈압 위험이 증가된다.

◈ 유전자 손상 이론

유전자 손상 이론(mutation accumulation theory)은 시간이 지남에 따라 유전자에 누적되는 손상이나 변이가 노화의 원인이라고 한다. 이러한 유전자 손상은 생리적 기능의 저하를 초래하며, 특히 노화에 영향을 미치는 유전자들이 축적되어 신체 기능이 감소된다고 주장한다.

◈ 프로그램 이론

프로그램 이론(program theory)은 '생체시계이론'이라고 불리는 것으로 노화 과정이 미리 짜여 있는 유전적 계획에 따라 일어나는 것이므로 노화 과정이 이미 우리 몸속에 '프로그램'되어 있는 생리적 과정의 결과라고 주장한다. 즉, 신체의 노화는 유전자에 의해 일정한 시점에 시작되도록 '프로그램'되어 있으며, 이러한 유전자 프로그램이 생리적 기능의 감소를 초래한다고 주장한다. 이는 유전적 근거에 따라 피할 수 없는 과정이다.

② 세포 수준의 노화 이론

◈ 마모 이론

마모 이론(wear-and-tear theory)은 노화의 원인을 세포, 조직, 기관의 마모라고 설명한다. 즉, 마모에 의하면 세포, 조직, 기관도 기계와 같아서 많이 사용하면 그 부품이 마모되어 그 기능이 약화되고 정지되는 것처럼 신체기관도 오래 활동한 결과 기계처럼 점진적으로 퇴화된다는 것이다(Weismann, 1891). 퇴행성관절염의 원인은 관절의 과부하로 인한 관절의 손상이라는 사실은 마모 이론을 적용할 수 있는 좋은 사례라고 볼 수 있다.

◈ 교차연결 이론

교차연결 이론(cross-linkage theory)은 화학적 반응에 의하여 정상적으로 분리되어 있어야 하는 분자 구조가 연결 구조를 형성하면서 노화가 진행된다는 것이다. 나이가 들면 세포 내의 단백질 중 가장 많은 콜라겐의 분자들이 서로 교차연결되는데, 이러한 작용은 세포 조직의 유연성이 감소되고 노화가 촉진된다고 할 수 있다(Bjorksten, 1974).

◈ 활성산소 이론

Harman(1956)은 유기체의 신진대사 과정 중에 생기는 활성산소의 영향이 축적되어 신체적 노화를 초래한다고 주장한다. 활성산소는 일반적 산소보다 한두 개의 전자를 더 가지고 있어 반응성이 높은 산소나 일반 산소보다 에너지가 높은 단일 상태 산소를 말한다. 이는 신체 세포에 손상을 줄 수 있으며, 산화 스트레스가 가중되면 노화가 촉진된다.

③ 기관계통 수준의 이론

◈ 면역 시스템 이론

면역 시스템 이론(immunological theory)은 노화가 면역 시스템의 기능 저하와 관련이 있다고 주장한다. 나이가 들수록 면역 시스템의 효율이 감소하여 감염과 질병에 대한 저항력이 악화되고, 또한 면역 시스템이 제대로 기능하지 않으면 신체가 세포 이상을 감지 및 제거하는 능력도 저하되어 노화가 가속화된다.

◈ 호르몬 이론

호르몬 이론(hormonal theory)은 노화가 호르몬 분비의 변화와 관련이 있다고 보며, 나이가 들면서 호르몬 분비가 감소하거나 불균형이 발생하여 신체 기능의 저하와 노화가 진행된다고 주장한다. 예를 들어, 성장 호르몬, 테스토스테론, 에스트로겐 등의 호르몬이 감소하면 신체의 근력, 피로 회복 능력, 신진대사 등이 직간접적으로 영향을 받게 된다.

(2) 심리적 차원

심리적 차원의 노화는 사람들이 나이가 들면서 겪는 심리적 변화와 과정을 설명하려는 이론이다. 이는 개인의 인지적, 정서적, 사회적 상호작용 및 자아 인식이 어떻게 변화하는지를 이해하려고 한다. 일반적으로 노화의 심리적 차원은 감각, 지각, 학습, 기억, 정서, 태도, 사회적 관계 등의 변화를 의미한다. 노화의 심리적 차원은 분리 이론, 인지적 변화 이론, 지속 이론으로 분류한다.

◈ 분리 이론

분리 이론(disengagement theory)은 노화가 진행됨에 따라, 개인은 사회적 역할과 활동에서 점점 더 멀어지는 경향이 있다고 제안한 이론이다. 이는 은퇴, 자녀의 독립, 친구나 가족의 사망 등으로 인해 사회적 네트워크가 줄어들 수 있음을 의미한다. 이처럼 분리 이론은 노인들이 왜 사회의 중심에서 이탈하는지를 설명하기 위해 개발되었다(Cumming & Henry, 1961). 이 이론에 따르면, 노인과 다른 사회구성원들 사이의 상호작용이 점차 감소하게 되고, 자신의 내적 삶에 더욱 열중하여 사회와 분리되는 과정을 거치는 자연스러운 과정이며, 개인이 점차적으로 사회적 활동에서 물러나면서 새로운 생활 방식에 적응하는 것이 긍정적일 수 있다고 주장한다. 즉, 노인이 점진적으로 사회적 역할에서 물러나면서 심리적 안정과 내적 평화를 찾을 수 있다는 점에 중점을 둔다.

◈ 인지적 변화 이론

인지적 변화 이론(cognitive change theories)은 노화에 따라 인지적 능력(예: 기억, 문제 해결 능력)의 변화가 심리적 경험에 어떻게 영향을 미치는지를 설명한다. 이 이론은 연령 증가에 따라 모든 사람이 겪게 되는 자연스러운 현상이며, 특히 지각 능력은 급격한 쇠퇴를 보이나 어휘력은 상대적으로 보존되고 있고, 작업 및 언어, 기억은 지각보다는 완만하나 시간이 지나면서 지속적 감소를 보인다. 이러한 변화는 노화에 따른 공통적 속도 저하와 인지적 변화가 감정적 반응과 생활의 질에 영향을 미칠 수 있으므로 인지적 훈련이나 새로운 기술 습득이 건강한 생활 습관을 유지하고 가족과 사회의 지지를 받는다면, 심리적 적응에 도움을 줄 수 있다.

◈ 지속 이론

지속 이론(continuity theory)은 개인의 성격이나 행동 패턴이 시간에 따라 안정적으로 유지된다고 가정하며, 노년기의 성격은 젊을 때의 성격 특성을 유지한다고 보는 관점이다(Watson, 1982). 이 이론에 따르면 개인의 특수한 습관, 성향, 감정, 기질, 기호, 기술 등이 성격의 일부가 되고, 이러한 특성들이 은퇴 후 생활패턴에 영향을 주기 때문에 노화 과정을 예측할 수 있다고 주장한다(Onega & Tripp-Reimer, 1997).

또한 지속 이론은 자아의 연속성으로 노화 과정에서 개인은 자아의 일관성을 유지하고자 하며, 이는 자아의 연속성을 위한 다양한 전략을 채택하게 된다. 예를 들어, 노인은 자신의 과거 경험과 지식을 활용하여 새로운 역할과 도전에 적응한다. 이처럼 새로운 사회적 역할을 받아들이거나 기존의 역할을 조정할 수 있으며, 생활 방식이나 일상적인 활동을 변화시킨다.

따라서 노년기라고 해서 성격이 변화는 것은 아니지만 과거 방식과 새로운 환경 간에 갈등이 있을 수 있고 이러한 갈등에서 이전의 방식을 억제하면 마치 성격이 변화된 것처럼 보이지만 사실상 기본적 성격은 변하지 않는다.

(3) 사회문화적 차원

개인의 연령이 높아지면서 사회적 역할, 지위, 관계, 그리고 사회적 기대가 변화하는 과정을 설명한다. 이는 단순히 생물학적 노화가 아니라, 사회적 상호작용과 환경의 영향을 받으며, 노화 과정에서의 사회적 위치와 경험을 이해하려는 이론적 접근이다. 노화의 사회적 차원은 사회적 교환 이론, 활동 이론, 현대화 이론으로 나눈다.

◈ 사회적 교환 이론

사회적 교환 이론(social exchange theory)은 개인과 집단 사이에 교환이 이루어지는 경우 교환에 참여하는 사람이 그 상호작용에서 이득을 얻는 한 교환 활동이 지속된다고 본다(Homans, 1967). 즉, 개인은 가능한 한 대등한 입장에서 교환관계를 형성하고 유지하려고 하지만 동등하지 않은 입장에서 이루어지는 경우가 많다. 이처럼 교환이 불가피하게 이루어져야 하는 관계의 경우, 교환 자원(지식, 기술, 금전, 사회적 승인, 존경 등)의 가치가 높거나 풍부한 교환 자원을 소유한 사람이 낮은 가치의 교환 자원을 소유한 사람을 지배하게 된다.

이러한 현상으로 노인 또한 사회적 자원과 지원을 얻기 위해 다양한 전략을 사용할 수 있으며, 이 과정에서 사회적 관계 및 개인적 건강, 경제적 수입 등 권력의 원천이 줄어들어 사회와 노인 사이에 교환의 불균형이 일어나므로 노인의 사회 내 상호작용은 감소하거나 단절된다. 이는 노인이 사회적 환경에서 어떻게 변화를 경험하고, 그에 따라 사회적 정체성과 삶의 질이 어떻게 영향을 받는지를 이해하는 데 도움을 준다.

◈ 활동 이론

활동 이론(activity theory)은 나이가 들더라도 사회적으로 분리될 것이 아니라 활동을 유지하며, 이를 통해 노화라는 현재 상황에 잘 적응해 가는 것이 성공적 노화라는 것이다. 다시 말하면 노년기에 잘 적응하기 위해서는 노화에 대한 수동적인 태도 대신 적극적인 사회참여를 통해 활동 수준을 유지해야 한다는 것이다(Atchley, 1980).

이러한 이론은 노화가 개인의 활동 수준과 사회적 참여와 밀접하게 연관되어 있으며, 노인이 계속해서 사회적 활동에 참여하고 신체적, 정신적 활동을 유지하면 더 건강하고 행복하게 노후를 보낼 수 있다고 보며, 활동의 감소는 노화의 부정적인 측면으로 여겨질 수 있다고 할 수 있다. 그러므로 노화 과정에서 발생하는 개인적 활동과 역할의 감소를 새로운 역할로 대체할 때 삶의 만족도가 높아지고, 사회적 활동은 노화 과정에서 긍정적인 자아 이미지와 사회적 통합, 그리고 생활에 있어서 만족을 성취하고 성공적인 노화를 맞이한다는 것이다. 이는 노화를 미루고 노년기 개체가 행복하고 만족스러운 삶을 살 수 있도록 돕는다고 본다.

◈ 현대화 이론

현대화 이론(modemization theory)은 현대화가 사람들의 기본 관념을 변화시키고 노인의 지위와 역할에도 영향을 미친다는 이론이다. 현대화가 되면서 노인의 낮은 사회 경제적 지위와 관련되는 것은 의료기술의 발달로 인한 고령화, 과학기술의 발달, 공교육체계로의 전환, 도시화 현상과 관련이 깊다는 것이다(Cowgill, 1974). 이는 전통적 농경사회에서는 노인이 전문직업인, 전통문화의 전수자, 전문 정치가 및 종교가로 군림하였으나, 산업화 사회에서는 노동력이나 인력보다는 고도의 기술이 생산을 지배하게 되었다. 또한 노인이 독점하던 지식도 젊은이들에게 이전되었으며, 과거 노인이 경제활동에 참여하였던 전문가의 역할도 교육받은 의사, 교사, 기타 전문가에게 이관되어 노인의 권위가 도전을 받고 있다.

전통적인 사회에서 현대적인 사회로의 또 다른 변화는 개인의 가치관, 가족 구조, 교육 수준, 정치 시스템 등 여러 사회적 측면에서 변화가 일어난다는 것을 알 수 있으며, 이로 인해 현대화 과정에서 발생할 수 있는 불평등과 사회적 부작용에 대한 고려가 부족하다는 비판도 있다. 이처럼 현대화 이론은 노인의 사회적 노화를 이해하는 데 중요한 토대를 제공하고 있다.

3. 노년기 발달의 특성

노화는 20세가 지나면서 서서히 시작되어 40세 이후부터 본격적으로 진행된다고 보는 것이 일반적이나, 빠른 사람은 약 40세부터, 늦은 사람이라 해도 50대 후반부터 몸의 노화를 느끼기 시작한다. 이러한 노화에 따른 발달과제는 노인이 당면하게 되는 발달적 시각에서 조명하고, 노인의 생각과 감정 및 행동을 개인의 발달 특성에 맞추어 조력 방법을 다르게 적용하는 것을 말한다. 이는 상담과정에서 노인의 발달 특성과 그 시대적 환경을 고려하여 노인을 이해해야 함을 의미한다.

이와 같이 노년기 발달 특성은 개인의 경험과 건강 상태에 따라 다양한 방식으로 나타날 수 있으므로, 일반적으로 신체적, 심리적, 사회적 발달 특성을 이해함으로써 노인상담에 도움이 될 수 있다.

1) 노인의 신체적 변화

신체적 노화는 인간 유기체의 생물학적 퇴화 과정이 재생성 과정을 능가하여 인간 유기체의 파괴가 일어나는 것을 의미한다. 이러한 신체적인 현상은 개인에 따라 차이가 있기 때문에 신체적인 변화의 시점만으로는 노인을 규정하기 어렵다. 생물학적 노화에 의해 나타나는 신체적 변화의 특성을 신체 구조적인 측면과 신체 기능적인 측면으로 나누어 보면 다음과 같다.

(1) 신체 구조적인 측면

① 신장 및 체중

노화가 진행되면서 척추에 있는 디스크가 수분을 잃고 압축되고, 근육량이 줄어들어 자세가 변하므로 신장이 줄어들 수 있다. 일반적으로 노년기에는 30~50세에 신장이 약 1/2인치 감소하고, 50~70세는 3/4인치 가량 감소한다. 그러므로 여성의 신장은 평균적으로 2인치 작아진다(Hoyer & Roodin, 2003). 노년기의 신장 감소는 척추에서 뼈의 상실에 기인하지만 개인에 따라 많은 차이를 보인다.

또한 나이가 들수록 성장 호르몬의 분비가 감소하여 근육이 저하되기 때문에 60세 이후 체중도 감소한다. 이로 인해 근력과 지구력이 저하되고 일상생활에 지장을 줄 수 있지만, 꾸준한 운동으로 근육량의 감소를 막고 젊은 날의 외모를 유지할 수 있도록 노력해야 한다.

② 피부 및 모발

피부는 연령이 증가하고 노화가 진행되면서 수분과 피하지방이 감소하여 거칠고 건조하며, 탄력성의 저하로 주름이 생긴다. 또한 노년기가 되면 피하조직의 손실과 피부의 신경 세포 감소로 체온을 일정하게 유지할 수 있는 능력이 감퇴하기 때문에 노인들은 추위를 쉽게 탄다.

모발은 중년기부터 색의 변화가 시작되나 유전적 소인이 크게 좌우된다. 그러나 노화가 진행되면 모발은 회색이나 흰색으로 변하고 윤기를 잃게 되면서 쉽게 빠져 탈모 현상이 나타난다.

③ 치아

치아 및 잇몸 문제는 노년기에 흔한 질환으로 치아의 색이 탁해지고 잇몸이 축소되며, 골밀도가 감소하는 것은 정상적 노화의 과정이다. 하지만 치아는 연령 증가에 따라 점차 빠지게 되고 45세를 경계로 이러한 경향이 현저하게 증가한다. 일반적으로 60대에 14개, 70대에 11개, 80대에 6개 정도의 치아가 남게 되며, 치아 건강은 타고난 치아 구조와 후천적인 식습관 및 치아 건강 습관과 관련이 있다.

(2) 신체 기능적인 측면

① 뇌 기능

신경자극이 뇌에서 신체의 근육조직으로 전달되는 속도는 일생 동안 약 10% 감소하는데, 신경의 감소가 뇌의 기능에 반드시 영향을 주지는 않지만 시간의 흐름에 따라 뇌의 무게를 감소시키고 정신착란과 치매의 주요 원인이 되기도 한다(Kalat, 1992; Scheibel, 1992).

노년기의 뇌 무게 감소는 주로 대뇌피질부 뇌세포의 손상 때문인 것으로 알려지고 있지만, 뇌세포의 손상은 대체로 세포 수가 줄어드는 것이 아니라 세포의 위축 때문에 나타난다. 또한 노년기에는 시냅스 전달기제의 둔화로 인해 뇌의 기능이 느려지며 이는 정보처리 속도를 떨어뜨리는 주요 원인이 된다. 하지만 뇌는 경험 학습에 반응하여 변화할 수 있고 전 생애를 통하여 개인 차이는 있지만 새로운 능력을 발달시킬 수 있다는 것이다.

② 혈액순환 기능

연령이 증가함에 따라 심장조직이 딱딱해지고 탄력과 심박력 및 혈액의 양이 감소한다. 이와 달리 심장의 중량은 늘어나는 편이나, 심장근육의 힘이 감소하고 심장판막의 석회화로 인해 심장 질환에 걸릴 가능성이 높아진다. 노년기가 되면 심장근육의 힘이 약해지거나 심장벽이 두꺼워지는 등 심장 구조에 변화가 생길 수 있으며, 이로 인해 심장 박출량이 감소하여 혈액을 효율적으로 펌프질하는 능력이 떨어질 수 있다. 또한 동맥벽에 지방이 축적되어 혈관이 좁아지고 혈류가 방해받을 수 있어 동맥경화, 고혈압, 뇌졸중의 원인이 된다.

③ 호흡 기능

나이가 들면서 폐의 탄력성이 감소하고, 폐포의 표면적이 줄어들어 산소와 이산화탄소 교환의 효율성이 떨어질 수 있다. 호흡기능은 공기를 최대한 들이마실 수 있는 전폐용량과 들이마신 공기를 교환하여 밖으로 방출하는 폐활량은 연령 증가에 따라 감소한다. 그러나 방출하지 못하고 폐에 남아 있는 잔기량은 70세 이후 35~40% 차지하므로 폐 속에 나쁜 공기가 남는 잔기량이 많아져 기관지 및 호흡기 질환이 증가한다(최성재, 장인협 2003).

④ 소화 기능

소화액 생성이 감소되고 소화기 계통의 기능이 저하되어 내용물을 아래쪽으로 밀어주는 수축 운동인 연동운동이 감소한다. 또한 치아의 결손, 침 분비의 감소, 위산 분비의 감소, 소화 효소의 감소, 장운동의 저하로 변비나 숙변, 각종 장 질환에 걸릴 가능성이 있다.

⑤ 면역능력 저하

노인의 면역능력 저하는 나이가 들면서 자연스럽게 나타나는 현상이다. 나이가 많아짐에 따라 면역 체계의 기능이 감소하고 잠재되어 있던 질병이 나타나거나 질병이 발생할 경우 급격하게 상황이 악화되어 죽음을 맞기도 한다. 이처럼 면역 체계의 효능성 감소는 감기와 같은 감염성 질환은 물론 심혈관 질환, 류머티스성 관절염, 당뇨병과 같은 자가 면역 장애에 걸릴 위험성을 증가시킨다(장휘숙, 2006).

2) 노인의 심리적 변화

심리적 노화이론들은 연령이 증가하면서 감각기관의 기능저하 및 상실로 인지, 성격, 정서 그리고 행동의 변화를 동반한다는 가정에서 출발하면서 감각 기능의 변화, 성격의 변화, 위기극복 태도 등에서 나타나는 심리적 과정을 연구하였다(권중돈, 2016: 이근홍, 2018). 노인의 신체적 변화가 다르듯이 노인의 심리적 변화와 특성에도 개인차가 있다는 것을 인정하면서 노인의 심리적 변화와 관련된 감각기능, 인지적 측면, 성격의 변화에 대해서 살펴보면 다음과 같다.

(1) 감각적 측면

① 시각

노인의 시각 변화는 나이가 들면서 발생하는 자연스러운 생리적 변화로, 시각적 기능의 저하를 초래한다. 노년기 시력의 감퇴 현상은 시력이 나빠져서 사물을 정확히 보지 못하는 측면도 있지만, 눈의 수정체 조절능력이 쇠퇴하여 가까운 문자가 잘 보이지 않는 노안이 오고, 어두운 곳에 대한 적응능력, 색체 지각도 감퇴된다. 일반적으로 노인의 시력은 40세부터 악화되고 70세 이후는 교정해도 정상시력으로 회복하기 어려워질 수 있다.

노인에게는 백내장과 녹내장의 발병률도 높다. 백내장은 수정체가 혼탁해지면서 근거리의 물체를 잘 구별하지 못하고, 녹내장은 안압이 높아져 시신경의 기능이 부분적으로 저하되어 실명에 이르는 경우도 생긴다. 이는 모두 치료를 받지 않고 그대로 두면 위험할 수도 있다.

또한 연령 증가에 따라 색깔감지 능력이 크게 변하게 되는데, 수정체의 색체가 노란색 안경을 쓰고 주위의 물체를 보는 것과 같은 황화현상이 나타나기도 한다. 황화현상은 노인이 단파장(보라, 남색, 파랑)보다는 장파장(노랑, 주황, 빨강)에서 색채를 더 잘 식별한다(Botwinick, 1978), 이는 동공의 지름이 줄어들게 되어 60세 노인은 20세의 젊은 사람이 받아들이는 빛의 1/3정도밖에 받아들이지 못한다는 연구를 뒷받침하고 있다(Acthley, 1980). 이처럼 노인은 빛을 받아들이는 능력이 저하되므로 어두움에 대한 감지와 적응능력이 약해지기 때문에 노인이 밤에 운전을 하는 데 어려움이 많고 상당한 위험이 따를 수 있다.

② 청각

청각은 소리의 주파수 · 파장 · 강도를 감시하는 기능을 하는데, 노후에는 특히 주파수와 강도를 구분하는 능력이 감소한다(Olsho er al., 1985). 대부분의 사람들이 60세 이후 청각세포와 세포막 손상으로 점진적으로 청각기능의 약화를 느끼기 시작한다. 특히 60대부터 고음 영역에 있어 급격한 감퇴가 일어나기 시작하여 연령이 높아질수록 점차 저음으로 진행되어 간다. 즉, 나이가 들면 높은 주파수의 소리를 듣기 어려워지고 반사음에 대한 분별이 낮아져 노인성 난청이 발생한다.

노년기에는 소리에 대한 감각이 둔화되어 젊은 사람보다 큰 소리를 필요로 하며, 노인이 말을 잘 알아듣지 못하게 되면 사회적 고립감, 우울증 등 정서장애가 나타날 수 있다.

③ 미각

노인의 미각은 짠맛, 쓴맛, 단맛, 신맛이 전부 둔화하는 것으로 알려져 있다(Aldwin & Gilmet, 2004). 노인들은 강하게 양념이 된 음식을 애호하는 경우가 있으며 짜거나 단 음식을 좋아한다. 노년기에는 미뢰 수가 축소하며, 특히 짠맛과 단맛을 인지하는 미뢰가 좀 더 빨리 줄어들기 때문에 음식을 더 짜게, 커피를 더 달게 만들게 된다. 노인이 미각의 장애를 갖게 되는 다른 근거로는 타액의 양이 축소해 음식 속에 있는 분자의 배출이 줄어들기 때문에 미뢰가 맛을 느끼기 힘들게 된다. 미각의 변모는 노인의 음식 관련 행복감을 축소해 음식 도취에 대한 여유를 하락시켜 영양 섭취를 저해할 수 있다.

④ 후각

후각은 65세 이후 퇴보하기 시작하여 80세 이후는 대부분 후각 기능이 떨어진다. 콧속의 후각 돌기가 감소할 뿐 아니라 후각 상피세포의 퇴행성 변화와 중추신경의 노화로 나이가 들면서 점차 축소한다(Rosenfeld, 2005). 노화로 인한 후각의 하락은 식욕 부진을 초래할 수 있다. 후각의 민감성이 떨어진 노인은 위기의 경고가 될 수 있는 상하거나 타는 냄새를 인지하지 못해 일상 활동에 지장을 줄 수 있다(Mclnnis-Dittrich, 2009). 또한 알츠하이머, 파킨슨병으로 인한 약물복용이나 비염, 축농증과 같은 호흡기 질환도 후각을 저하시킬 수 있으며, 정신적으로 우울이나 스트레스 문제도 후각 인지에 영향을 미칠 수 있다.

⑤ 촉각

노인의 촉각 변화는 여러 요인에 의해 발생할 수 있다. 나이가 들면서 첫째, 피부의 감각 수용체가 줄어들고 둘째, 신경이 퇴화하면서 촉각의 민감도가 떨어지며 셋째, 혈액순환의 변화로 피부의 온도 감지 능력이 저하될 수 있다.

이러한 변화는 일상생활에서 여러 가지 영향을 미칠 수 있는데, 예를 들어 온도나 압력에 대한 반응이 둔해져 화상을 입거나 상처를 알아차리지 못하는 경우가 발생할 수 있으며, 노인의 안전한 생활과 자립적인 생활에도 영향을 줄 수 있다. 촉각 변화를 관리하기 위해서는 정기적인 피부 건강 체크와 함께 적절한 보습이 중요하며, 주변 환경을 안전하게 유지하는 것이 도움이 된다.

(2) 인지적 측면

① 지능

지능은 '새로운 것을 학습하는 능력' 또는 환경에 적응할 수 있는 인지능력을 말한다. 일반적으로 노화에 따라 지능이 전체적으로 저하되는 것은 아니다. 지능의 변화는 노인의 교육 수준, 세대 간의 차이, 사회경제적 지위, 건강 상태 등을 고려해야 하는 복잡한 측면이 있다. Horn과 Cattell(1966)은 지능을 유동적 지능과 결정화된 지능으로 분류하였다.

- 유동적 지능(fluid intelligence): 추리력, 논리적 추론, 사고와 판단 등을 통해 새로운 것을 학습할 수 있는 능력을 말한다.
- 결정적 지능(crystallized intelligence): 지식, 언어, 경험과 관련된 능력을 포함하며, 시간이 지남에 따라 증가할 수 있다.

일반적으로 노화가 진행되면 새로운 것을 학습하는 유동적 지능은 저하되는 반면에 경험이나 교육, 훈련을 통해 획득한 지식과 능력은 상대적으로 유지되거나 오히려 상승하는 양상을 보인다.

② 기억력

기억이란 주어진 시간과 장소에서 발생했던 구체적인 사건에 대한 정보를 유지할 수 있는 능력을 의미한다. 즉, '정보 입력 → 저장 → 인출' 과정을 거친다. 또한 기억의 구조는 장·단기 기억 능력을 포함하며 사실 또는 정보를 저장하고 검색하는 과정이다.

- 단기 기억(Short-term memory): 정보를 잠시 동안 저장하는 시스템으로, 일반적으로 15초에서 30초 동안 지속된다.
- 장기 기억(Long-term memory): 정보를 오랜 기간 저장할 수 있는 시스템으로, 몇 분에서 수십 년까지 지속될 수 있다.

노년기에 접어들면서 기억력이 서서히 감퇴하는 경향을 보인다. 이는 노인으로 하여금 새로운 것을 기억하고 학습하는 것을 어렵게 만들며, 노인의 사고와 행동에도 큰 영향을 미친다. 또한 최근 기억의 상실이 과거의 기억상실보다 심한 편이다.

③ 학습능력

학습은 연습이나 경험을 통하여 정보나 기술을 습득하는 것인데, 노인은 연령이 높아질수록 학습능력, 사고능력, 문제해결능력이 저하되는 경향이 있다. 하지만 효과적인 학습방법과 충분한 시간이 주어지면 학습의 효과를 높일 수 있고, 학습에 대한 동기와 흥미가 높으면 나이에 관계없이 효과적으로 배울 수 있다. 따라서 노인은 다양한 시각적, 청각적, 체험적 접근 방식과 적절한 학습 환경 및 방법을 제공한다면 노인들도 효과적으로 학습할 수 있다.

④ 창의력

창의성은 새롭고 독특한 것을 생각해 내고 실행에 옮기는 능력이며, 자아실현이나 어떤 문제에 부딪혔을 때 이를 성취하고 해결하는 과정에서 보통 사람과는 다르게 드러나는 독창적인 지적 능력을 말한다. 노인은 일반적으로 문제해결능력이 뛰어나고, 독창적인 접근 방식을 통해 새로운 아이디어를 제시할 수 있으며, 취미 활동이나 사회적 상호작용을 통해 더욱 발휘될 수 있다. 예를 들어, 그림 그리기, 글쓰기, 음악 연주 등 다양한 창작 활동은 그들의 감정과 생각을 표현하는 좋은 방법이 된다.

또한 창의성은 나이에 따라 일정한 변화를 겪지만, 경험과 지식이 풍부한 노인은 여전히 독창적인 사고를 할 수 있는 잠재력이 크다. 이를 통해 노인은 사회에 기여하고, 개인적으로도 만족감을 느낄 수 있다. 그러나 노인의 창의성을 촉진하기 위해서는 그들이 편안하게 자신의 아이디어를 표현할 수 있는 환경이 필요하다.

⑤ 사고능력

사고능력은 학습과 지각을 통하여 받아들인 정보를 구별하고 분류하여 개념화하는 과정이지만, 일반적으로 연령이 증가함에 따라 사고능력이 떨어진다고 할 수 있다. 그러나 사고능력은 교육 수준, 지능 및 직업 등의 영향을 받게 된다. 또한 노인들은 경험과 지혜를 바탕으로 복잡한 문제를 해결하는 데 강점을 보이는 경우가 많다. 하지만 기억력, 반응 속도, 그리고 정보 처리 속도는 젊은 세대에 비해 느려질 수 있다.

(3) 성격적 측면

① 우울증 경향의 증가

우울증 경향은 노년기 전반에 걸쳐 증가한다. 이는 가장 흔한 기능적 정신질환으로 전 세계적으로 노인인구의 약 15% 정도가 경험하고 있는 것으로 나타났다. 우울증은 노화에 따른 신체적 질병, 배우자의 죽음, 퇴직에 의한 경제적인 어려움, 사회와 가족으로부터의 고립과 소외, 지나온 세월에 대한 회환 등이 원인으로 작용하여 일상생활 기능에 지장을 초래한다.

〈우울증의 심리적 특성〉

- 우울증에 빠진 노인들은 불면증, 식욕부진, 체중감소 등과 같은 신체적인 증상을 호소하고 기억력이 저하되고, 흥미와 의욕을 상실하는 등 심리적 증상을 겪게 된다.
- 주변 사람들에게 적대적으로 대하거나 타인을 비난하는 등의 행동을 보이기도 한다.

② 내향성의 증가

나이가 들면서 사람들은 사회적 활동이 감소하고 위축감을 느껴 내적인 세계에 더 집중하게 되면서 내향성이 증가한다. 예를 들어, 노인은 경험이 쌓이면서 자신만의 가치관과 취향이 확고해지고, 새로운 사람들과의 관계를 맺는 것보다 기존의 관계를 유지하는 것을 선호할 수 있다. 또한 체력적인 문제나 외부 환경에 대한 스트레스가 줄어들기를 원하기 때문에 보다 안정적이고 익숙한 상황을 찾게 되는 경우도 많다. 하지만 모든 노인이 내향적으로 변하는 것은 아니며, 개인의 성격, 환경, 건강 상태에 따라 다를 수 있다.

〈내향성의 심리적 특성〉

- 청장년기에는 심적 에너지가 바깥 사회생활로 향해 있다가 노년기에 접어들면서 내면으로 향하기 때문에 내향성이 나타난다.
- 사회적 활동이 감소하고, 타인과 만나는 것을 기피할 뿐 아니라 내향적인 성격이 되어간다.

③ 조심성의 증가

노인은 자신의 감각 및 심신 기능의 쇠퇴를 느끼고 있으며, 이로 인해 낙상과 같은 사고를 피하기 위해 행동이 더욱 조심스러워진다. 심리적 반응으로 망설임의 특징이 있다. 예를 들어, 어떤 물건을 구입하기 위해 오랫동안 망설이고 생각을 바꾸며, 상대하는 사람의 인내력의 한계까지 진을 빼놓은 경우가 많다. 또한 주변 사람들과의 관계나 사회적 환경에 있어 안전하고 안정적인 선택을 더 중시하게 된다.

〈조심성의 심리적 특성〉

- 나이가 들수록 조심성이 증가하는데, 조심성이 증가하는 원인에는 여러 가지가 있다. 일의 결과를 중시하기 때문에 조심스럽게 행동한다는 의견과, 시청각 및 지적 능력이 감퇴하고, 자신감이 감퇴하기 때문에 조심성이 증가한다는 의견도 있다.
- 나이가 들수록 질문이나 문제에 대해 대답을 할지 망설이거나 하지 못하며, 때에 따라서는 중립을 지키곤 한다.
- 결단이나 행동이 느려지고 매사에 신중해진다.

④ 경직성의 증가

경직성은 어떤 태도, 의견 그리고 문제해결 장면에서 그 해결방법이나 행동이 옳지 않거나 이득이 없음에도 불구하고 옛날과 같은 방법을 고집하고 이를 여전히 계속하려는 행동 경향을 말한다.

〈경직성의 심리적 특성〉

- 노인은 자신에게 익숙한 습관적인 태도나 방법을 고수한다.
- 매사에 융통성이 없어지고, 새로운 변화를 싫어하며, 도전적인 일을 꺼리는 경향을 보인다.
- 새로운 기구를 사용하거나 새로운 방식으로 일을 처리하는 데에 저항한다.

⑤ 생에 대한 회고의 경향

노년기에는 지나온 과거를 회상하고 마음의 안락과 만족을 느끼게 된다. 비록 자기의 주변 세상과 세월은 많이 변하였지만 자신과 자신의 주변은 변하지 않고 일정한 방양으로 유지되고 있다는 느낌을 갖게 한다(Butler, 1963).

〈생에 대한 회고 경향의 심리적 특성〉

- 자신이 지나온 일생의 여러 요인들, 즉 가족구성, 신체적 조건, 결혼, 취업, 직장 생활, 부부생활, 성생활, 성역할 등을 떠올려 보게 된다.
- 지난 생에 대한 회상은 응어리졌던 감정을 해소하고, 실패와 좌절에 담담해져 자아통합을 가능하게 하며, 다가오는 죽음을 평온한 마음으로 맞을 수 있게 한다.
- 새로운 기구를 사용하거나 새로운 방식으로 일을 처리하는 데에 저항한다.

⑥ 친근한 사물에 대한 애착심

노년기에는 그동안 살아왔던 집, 추억이 깃든 가재도구, 사진, 기념물 등에 대해 감정적 가치를 두게 된다. 이와 같은 친숙한 물건들을 통해 자신의 삶의 줄거리를 파악하고, 비록 주변 세상은 변화하지만 자신과 주변은 변화하지 않음을 인식하는 경향이 있다.

〈친근한 사물에 대한 애착심의 심리적 특성〉

- 오랫동안 자신이 사용해 오던 친근한 사물에 대해 애착이 강하다.

- 애착은 지나온 과거를 회상하거나 마음의 안락을 찾는 데 도움을 준다.
- 친근한 사물에 애착을 보이는 이유는 자기 자신과 주변이 변하지 않고 유지되고 있다는 안도감, 정서적 안정감을 느끼고, 세월의 흐름 속에서 자아정체감을 유지하려는 것이다.

⑦ 유산을 남기려는 경향

노인들은 사후에 이 세상에 다녀갔다는 흔적을 남기려는 욕구가 강한 편이다. 예를 들면, 재산과 유물, 토지, 골동품을 자손이나 사회에 남기려 한다든가, 독특한 기술을 전수해 자신의 대를 이을 제자를 배출하여 후대 무엇인가를 남기려는 것이다.

〈유산을 남기려는 경향의 심리적 특성〉

- 노인은 죽음의 필연성을 인식하고 생명이 유한하다는 것을 자각하면서 자신이 이 세상에 다녀갔다는 흔적을 후세에 남기고자 한다.
- 자신이 가치 있는 삶을 살았다는 것을 인정받고자 한다.
- 노인들은 혈육, 물질적 재산, 창조적 업적, 전통과 가치 등을 남기고자 한다.

⑧ 의존성의 증가

노년기에는 자기중심성과 타인에 대한 의존성이 증가한다. 이때 가족들 간의 감정적 유대관계를 중시하고 의지할 수 있는 사람을 찾는다.

〈의존성 증가의 심리적 특성〉

- 신체적 기능이 저하되면서 신체적으로 의존하게 된다.
- 임금 노동자로서의 역할을 상실함에 따라 경제적으로 의존하게 된다.
- 중추신경조직이 퇴화됨으로 인해 정신적으로 의존하게 된다.
- 중요한 사람을 상실하게 되면서 사회적, 심리적, 정서적으로 다른 사람에게 의존하게 된다.

3) 노인의 사회적 변화

노인의 사회적 변화는 경제적 측면뿐 아니라 직장에서의 은퇴로 중요한 대인관계가 줄어들고, 문화적 차이나 사회적인 유동성으로 사회적 접촉이 감소하여 노인들은 점점 외로움과 고독감을 느끼게 된다(신종태, 2000). 또한 새로운 기술과 적응 방식을 사용해야 하는 역할 변화로 스트레스를 초래하기도 한다. 이러한 노인의 사회적 변화는 다음과 같다.

(1) 역할 상실

노년기 퇴직으로 인한 직업의 상실은 가정에서 생계유지자 또는 경제적 공급자로서 지위상실을 초래하여 가족 내에서 영향력을 약화시키게 된다. 한편 노화로 인한 역할 감소는 남자가 여자보다 더 심각한데, 남성노인은 가사 관련 일이 생소하고, 퇴직자로서의 역할이 확립되어 있지 않아 여러 가지로 어려움을 겪게 되지만, 여성노인은 자녀 양육의 책임에서 벗어나 자녀를 출가시키면서 '빈 둥지 시기(empty-nest period)'를 경험하기 쉬운데 이때 우울증이나 무기력감을 느끼므로 심리적으로 위축되기도 한다.

(2) 경제적 빈곤

노인은 대부분 자신이 일하던 직장에서 퇴직하여 여가생활이나 새로운 일을 수행하게 된다. 그러나 노후 소득을 위한 연금이나 노후자금이 없는 경우에는 경제적 빈곤에 놓이게 되는 경우가 있으며, 한국은 OECD 국가 중 빈곤율이 가장 높은 나라이다.

(3) 유대감의 상실

노인은 직장에서 퇴직하면서 사회적 관계도 줄어들게 된다. 친척이나 친구 관계도 소원해지고, 그들과의 유대감도 줄어들거나 없어지게 된다. 또한 노인들은 가족, 이웃의 비공식적 관계망 내에서 삶의 문제와 욕구를 해결해 왔기 때문에 비공식 관계망의 지지는 매우 중요하지만 이러한 관계망이 붕괴되면서 노인은 고독감과 우울감이 증가하게 되고, 자살까지 발생하기도 한다.

(4) 사회적 관계 위축

노인은 신체적 노화를 경험하면서 복합적이고 만성적인 질환을 갖게 된다. 고혈압, 당뇨 등의 만성질환은 다른 질환과 복합되어 나타나면서 신체적 기능을 쇠퇴시키고, 사회적 관계에서도 부정적으로 작용한다.

(5) 조부모 역할

노년기에는 자녀의 결혼과 더불어 손자녀를 얻게 됨으로써 조부모 역할을 맡게 된다. 자녀양육에 대한 직접적인 책임이 없는 조부모들은 자녀 때와는 달리 손자녀에게 온화하고 관대한 태도를 지니게 되지만 조부모가 된다는 것은 즐거운 일인가의 여부는 여러 가지 상황적 요인에 따라 달라진다.

요점 정리

- 노년기는 인간의 발달에서 매우 중요한 단계 중 하나로, 신체적, 심리적, 사회적 변화가 매우 빠르게 일어나는 시기이다. 이 시기에는 자신의 삶과 사회에 대한 평가, 인생의 결실, 죽음에 대한 이해 등이 포함되어 있다.
- 노화는 인간이 출생하여 죽음에 이르기까지 나타나는 전반적인 변화이며, 이는 시간의 흐름에 따라 유기체의 세포, 조직, 기관조직, 또는 유기체 전체에 일어나는 점진적인 변화라고 정의할 수 있다.
- 신체적 노화는 세포와 조직의 기능이 시간이 지남에 따라 저하되는 과정을 말하며, 이 과정에서 DNA 손상으로 인해 신체적 구조와 기능의 쇠퇴로 비가역적이고 점진적으로 변화된다.
- 심리학적 노화는 인지, 정서, 사회적 기능이 나이에 따라 변화하는 과정을 의미한다. 이 과정에서는 기억력, 의사결정 능력, 감정 조절 등이 영향을 받으며, 개인의 경험과 환경이 중요한 역할을 한다.
- 사회학적 노화는 노인이 사회 내에서의 역할, 관계, 그리고 사회적 기대가 어떻게 변화하는지를 연구하는 분야다. 이는 사회적 고립, 역할변화, 유대감 상실 그리고 경제적 빈곤과 관련이 있다.

연습문제

1. 최근 다양한 노인 관련 제품이 출시되고 있다. 신체적으로 활용 가능한 복지 용구에 대하여 조사한 후 이 장에서 다룬 이론적 관점에서 생각할 때 제품들이 노화 기능에 적합한지 생각해 보라.

2. 신체적, 심리적, 사회적 노화 이론 중 각 측면에서 가장 설명력이 높다고 생각되는 이론은 무엇이며, 각 이론의 장점과 단점에 대해 설명하라.

3. 자신은 미래에 어떤 삶의 방식을 적용하여 성공적인 노화를 경험하고 싶은지 자신의 70, 80, 90세(인생 그래프)의 모습을 그려보고 설명해 보라.

참고문헌

권중돈(2016). 노인복지론. 학지사.

김정희(1998). 성인의 노화과정에 관한고찰. 중앙대학교 사회개발대학원 석사학위논문.

신종태(2000). 노인의 심리사회적 문제에 따른 사회복지서비스 방안에 관한 연구. 대구대학교 사회복지개발대학원 석사학위논문.

유정화(2010). 노인집단에서 일상생활능력의 제한이 우울에 미치는 영향: 노화에 대한 태도의 매체 및 조절효과 검증. 충북대학교 대학원 석사학위논문.

이근홍(2018). 노인복지론. 공동체.

이호선(2012). 노인의 성과 성문화. 시그마프레스.

장휘숙(2006). 성인심리학: 성인발달 • 노화 • 죽음. 박영사.

정민승 외(2006). 생애발달과 교육. 한국방송통신대학교출판부.

정옥분(2008). 발달심리학: 전생애 인간발달. 학지사.

최성재, 장인협(2003). 노인복지학. 서울대학교출판부.

홍현방(2002). 성공적 노화 개념정의를 위한 문헌연구. 이화여자대학교 대학원 미간행 박사학위논문.

Acthley, R. C. (1980). *Social Forces in late life* (2nd ed.). Belmont, CA Wadsworth.

Aldwin, C. M., & Gilmer, D. F. (2004). *Health, illness, and optimal aging: Biological and psychosocial perspectives*. Thousand Oaks, CA: Sage.

Atchley, R. C. (1989). A continuity theory of normal aging. *The Gerontologist, 29*(2), 183-190.

Beaver. M. L. (1983). *Human service practice with the dlderly*. Englewood Cliffs, NJ: Prentice-Hall.

Berk, L. F. (2010). *Child development* (5th ed.). Boston: Allyn & Bacon.

Birren, J. E. (1959). Principles of Research on Aging. In J. E. Birren (Ed.) *Handbook of Aging and the Individual* (pp. 3-42). Chicago: University of Chicago Press.

Bjorksten, J. (1974). Crosslinkage and the aging process. In M. Rockstein, M. L. Sussman, & J. Chesky (Eds,), *Theoretical aspects of aging*. New York: Academic Press.

Botwinick, J. (1978). *Aging and behavior* (2nd ed.). New York Springer.

Busse, E. W. (1971). Biologic and sociologic changes affection adaptation in mid and late life. *Annals of Intemal Medicine, 15*(7), 115-120.

Butler, R. N. (1963). The Life Review: An Interpretation of Reminiscence in the Aged. *Psychiatry, 26*(1), 65-76.

Cowgill, D. (1974). Summary and conclusions: The theory in review. In J. Gubrium (Ed.), *Later life: Community and environmental policies* (pp. 305-323). NY: Basic.

Cumming, E,. & Henry, W. E. (1961). *Growing old: The process of disengagement.* Basic Books.

Erikson, E. K. (1982). *The Life Cycle Completed.* New York: Norton.

Harman, P. S. (1956). Biophysical basis of physical medicine. *JAMA, 169*(3).

Havighurst, R. J. (1948). *Developmental tasks and education.* University of Chicago Press.

Homans, G. C. (1967). *The nature of social science.* New York: Harcourt, Brace & World.

Horn, J., & Cattel, R. B. (1966). Refinement and Tests of the Theory of Fluid and Crystal-Lised Intelligence. *Journal of Educational Psychology, 57*, 253-270.

Hoyer, W. J., & Roodin, P. A. (2003). *Adult development and aging* (5th ed.). New York: McGraw-Hill.

Kalat, J. W. (1992). *Biological Psychology* (4th ed.). Belmost, CA: Wadworth.

Mcinnis, K., & Dittrich, K. (2009). Social work with older adults: *A biopsychosocial approach to assessment and intervention* (3rd ed., pp. 1-317). Boston: Allyn & Bacon.

Olsho, L. W., Schoon, C., Sakai, R., Turpin, R., & Sperduto, V. (1985). Auditory frequency discrimination in infancy. *Developmental Psychology, 21*(5), 794-799.

Onega, L. L., & Tripp-Reimer, T. (1997). Expanding the scope of continuity theory: Application to gerontological nursing. *Journal of gerontological nursing, 23*(6), 29-35.

Rosenfeld, M. J. (2005). A critique of exchange theory in mate selection. *American Journal of Sociology. 110*(5), 1284-1325.

Rosenfeld, M. J., & Kim, B. (2005). The independence of young adults and the rise of interracial and same-sex unions. *American Sociological Review, 70*(4), 541-562.

Scheibel, A. D. (1992). structural changes in the aging brain. In J. E. Birren, R. B. Sloane & G. D. Cohen (Eds.), *Handbook of mental bealtb and agng.* San Diego,

CA: Academic Press.

Watson, W. H. (1982). *Aging and Social Behavior.* Monterey, C. A: Wadsworth.

Weismann, A. (1891). *Essays an heredity and kindred biological problems* (2nd ed.). Oxford: Clarendon press.

제2부

노인상담의 이해

제3장

노인상담의 기초

현재 여러 노인복지기관 등 관련 기관에서 노령인구에 대한 상담 지원 등이 제공되고 있으나, 노령인구의 비율이 급격하게 늘어나는 상황과 더불어 노령인구의 높아진 경제활동, 혼자 사는 노령층의 증가 등 노인과 관련된 급격한 변화를 따라잡기는 쉽지 않은 상황이다. 국가에서 노령인구의 비중이 높아지고 생활환경이 변하면 노인에 대한 사회에서의 기대와 개념들이 변화할 수밖에 없으며, 이러한 급격한 변화에 성공적으로 적응하기 위해 노인 대상으로 상담 서비스를 제공하는 것은 매우 중요하다고 할 수 있다. 이 장에서는 노인상담의 필요성을 알아보고 노인상담이 어떤 역할을 할 수 있는지를 알아볼 예정이며 노인상담의 특징, 주의할 점, 상담자에게 요구되는 역량 등을 안내하고자 한다.

1. 노인상담의 필요성과 역할

1) 노인상담의 필요성

과거 2000년대 초반부터 노령인구의 증가되는 추세 관련하여 개입의 필요성이 논의된 바 있으나, 현재 노령인구의 증가 추세는 20년 전의 예측보다 더 빠른 추세로 증가하고 있으며, 이와 더불어 그 삶의 형태 및 특징도 급격히 변하고 있다. 통계청의 2024 고령자 통계에 따르면 65세 이상의 고령인구 비중은 현재 총인구의 19.2%를 차지하고 있는 것으로 나타났으며, 2030년에는 25.3%로 전체 인구의 1/4 이상, 2072년에서는 47.7%로 전 국민의 절반에 가까운 비율이 고령인구로 구성될 것이라 예측하였다(통계청, 2024). 마찬가지로 통계청에서는 총인구의 수는 점차 줄어들 것으로 예측되는 상황에서 고령인구의 수는 2050년까지 두 배 가깝게 늘어날 것으로 예측되고 있어 과거 총인구 대비 소수의 집단으로 생각되었던 고령인구가 소수가 아닌 과반을 넘어설 것으로 예측되고 있다.

이러한 사회적인 변화에 대한 적응은 국민 모두에게 필요할 수 있지만 특히 당사자인 노인들에게는 단순한 적응 그 이상의 의미를 가진다 할 수 있다. 이러한 변화에 대한 노인들의 적응은 필수적이 되어 가고 있는 은퇴 이후의 경제활동과 더불어 사람들과 소통 목적의 사회활동 등 사회에서 도태되는 것을 피하고 생존을 위해서 필수적이라 볼 수 있다. 특히 혼자 사는 고령자의 비율은 2018년 34.1%에서 2023년 37.8%로 매년 증가하는 추세를 보이고 있으며, 혼자 사는 고령자의 취업 비중도 2021년 30%에서 2023년 32.8%로 증가 추세를 보이고 있다. 이렇듯

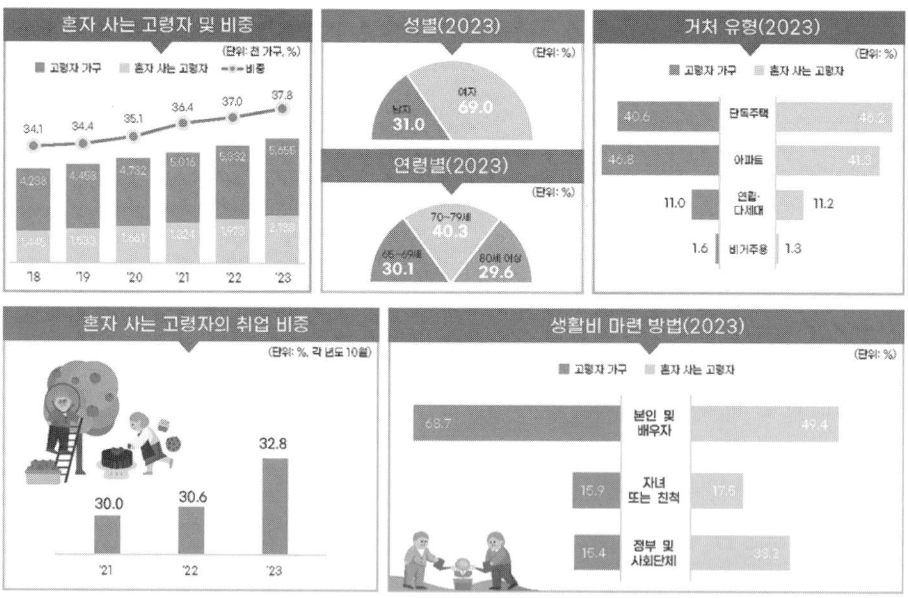

[그림 3-1] 혼자 사는 고령자의 생활과 의식

출처: 통계청(2024).

노인의 삶의 변화와 적응에 대한 지원은 앞으로 차차 대응해야 하는 문제가 아닌 지금 바로 그 개입 방법을 논의해야 하는 시점에 와 있다 할 수 있다.

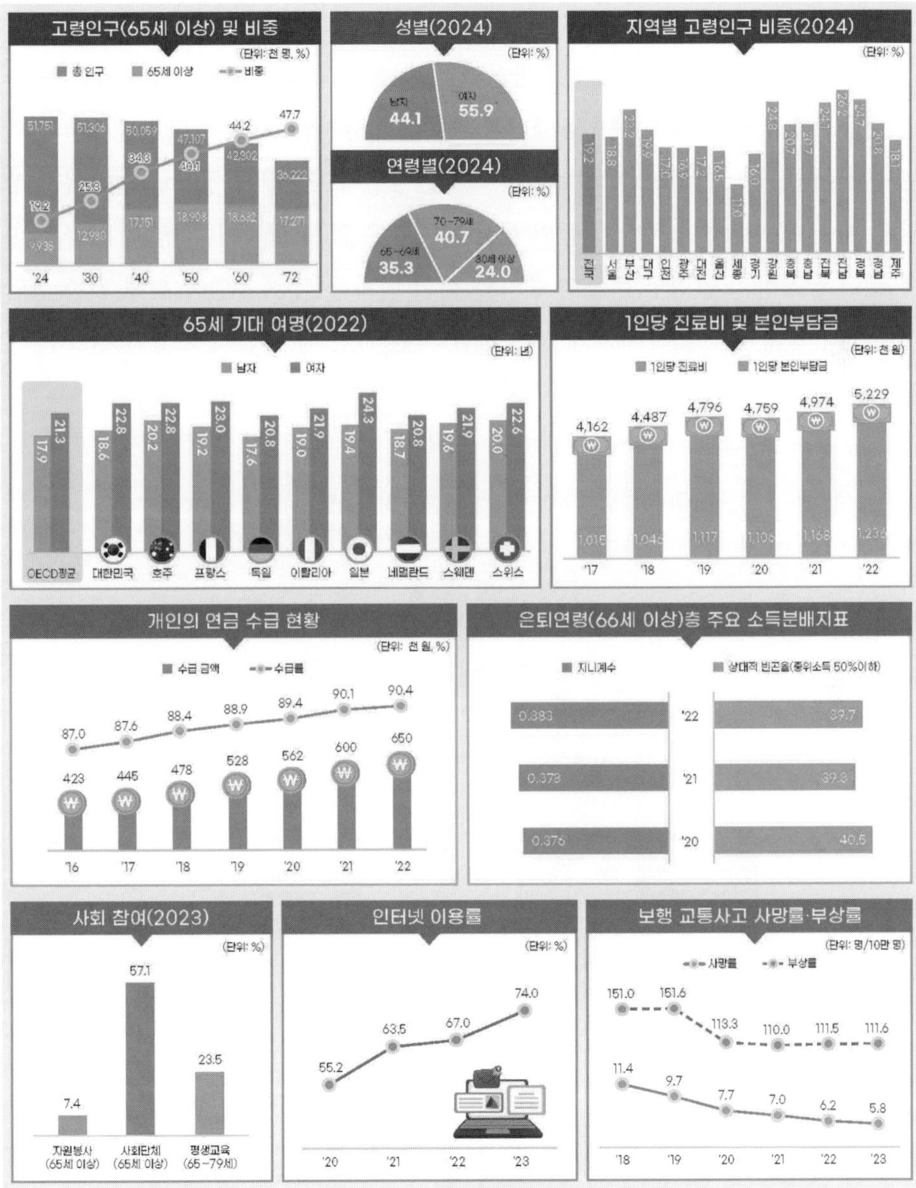

[그림 3-2] 2024 고령자 통계

출처: 통계청(2024).

이러한 급격한 노령인구에서의 변화에 따라 심리적 지원이 필수적이라 할 수 있으며, 청소년 및 청년 대상 상담 서비스 제공, 전국민 마음 투자 지원 사업 등 국가적으로도 국민의 정신건강을 지원해 주는 제도들이 점차 도입되고 있는 실정이나 노인을 대상으로 특화된 서비스는 부족한 실정이다. 물론 주요 시도에서 서울시어르신상담센터, 경기도 노인종합상담센터, 부산광역시 노인종합복지관 등 노인 대상으로 상담을 제공하는 공공기관들이 존재하지만, 사설 상담기관에서 상담받는 것에 대한 노인 특화된 지원이나 청소년상담복지센터의 청소년을 찾아가 상담을 제공하는 청소년 동반자 등의 상담적 지원은 없는 실정이다. 앞서 언급된 바와 같이 급격한 노인인구 비율의 증가와 삶의 변화에 적응 지원을 위해 기존 상담서비스의 확대와 더불어 새로운 노인상담 지원 관련 정책 등의 도입이 필요한 시점이다.

[그림 3-3] 서울시어르신상담센터 홈페이지

2) 노인상담의 정의 및 상담사의 역할

심리상담은 일반적으로 상담 전문가인 상담사와 어려움을 가진 내담자가 서로 상호작용하며 전문적인 조력을 제공하는 전문적인 서비스로 정리할 수 있다. 이에 추가하여 노인상담의 경우는 노인의 특성 및 노인문제에 대한 전문적인 지식에 대한 교육 및 훈련을 받은 상담사가 노인이 당면하고 있는 문제를 같이 이야기하고 해결할 수 있도록 전문적인 조력을 제공하는 종합적인 서비스라고 할 수 있다. 이는 노인상담이 노인문제만을 해결하는 것에 국한되는 것이 아닌 예방 및 교육적 역할도 겸하며 노인 개인 내적인 어려움을 포함하여 가족과의 관계, 사회적인 관계에도 개입을 하는 종합적인 개입임을 의미한다. 노인상담에서 다루는 주제 또한 정서적인 내용, 진로 및 근로관련 내용, 자녀 관계적인 내용, 의료적인 내용, 삶에 대한 내용 등 폭넓은 노인 관련 주제를 다루게 되며, 특히 치매 등의 인지능력 손상이 있는 경우, 노인 학대를 당한 경험이 있는 경우, 불치병 및 말기 증상을 경험하는 경우 등 노인에 특화된 주제 등을 다루게 된다.

(1) 노인상담자의 역할

노인상담의 경우 상담자의 역할은 정서적 어려움만을 다루는 역할에 국한되는 것이 아니라 내담자의 삶의 전반적인 영역에서 노인의 삶의 여러 영역을 관리, 지원 및 지지하는 사례 관리자의 역할을 할 수 있어야 하며, 이들이 수행해야 하는 주요 역할들은 다음과 같다(Kampfe, 2015).

- **사례 관리자의 역할:** 노인의 생활이 문제없이 잘 돌아갈 수 있도록 전반적인 관리를 해 주는 관리자의 역할
- **혜택 수혜 및 보장을 위한 대변자의 역할:** 노인이 받을 수 있는 수당, 서비스 혜택, 보장 등을 놓치지 않고 받을 수 있도록 하는 역할
- **발달 및 노화 관리자의 역할:** 노인으로서의 발달 및 노화 관련하여 잘 적응하고 시기에 따른 적절한 발달을 할 수 있도록 조력하는 역할

- 건강 관리자의 역할: 약 복용 관련 관리, 교육, 연락 등: 입원, 병원 내원, 약 복용 관리 및 교육 등 노인 내담자의 건강관리를 위해 내담자 본인, 가족, 요양사, 보호사, 간호사, 의사, 사회복지사 등과 연락 및 협업하는 역할
- 정신건강 관리자의 역할: 노인 내담자가 경험할 수 있는 우울, 자살, 불안 등의 정서 및 심리적 어려움에 잘 대처할 수 있도록 개입하고 조력하는 역할
- 과도기와 죽음을 적응할 수 있도록 하는 지지자로서의 역할
- 관계유지를 돕는 중개자로서의 역할: 가족, 친척, 지인과의 관계 유지, 그리고 지역사회에서 기관 및 활동을 안내하고 연결시켜 주는 중개자로서의 역할

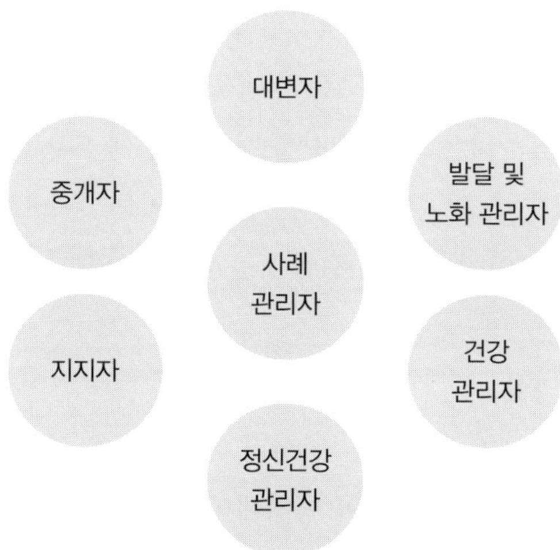

[그림 3-4] 노인상담자의 역할

2. 노인상담의 기본 개념

1) 노인상담의 특징

앞서 논의된 바와 같이 노인이 가지는 특성으로 인해 노인상담은 일반적인 상담과는 차별화되는 다음과 같은 특징들이 존재한다(Knight, 2004; Kampfe, 2015).

(1) 노화 과정

- 내담자는 노화와 이에 따른 급격한 신체적, 심리적 변화를 겪고 있다.
- 질병, 호르몬 분비의 변화, 신체 능력의 저하 등 노화로 인한 신체적, 심리적 변화를 부정적으로 인식하고 받아들일 가능성이 존재한다.

(2) 노인에 대한 편견 및 차별

- 사회에 노인에 대한 부정적인 편견, 차별 및 오해가 존재한다.
- 노인에 대한 부정적 태도 및 인식은 내담자 본인뿐 아니라 내담자 주변인 및 내담자가 거주하는 사회에서도 보일 수 있다.
- 노인을 무시하거나 무능력하고 스스로 결정할 능력이 결여된 대상으로 대하는 태도 등이 있다.

(3) 의료상의 문제

- 노인은 높은 비율로 1개 혹은 그 이상의 질환 및 만성질환을 보유하고 있다.
- 병원에 방문하는 횟수가 많으며 여러 질병으로 인해 투약하고 있는 약의 수 및 종류가 혼자 관리하기 어려울 수 있다.
- 노인성 질환, 거동의 어려움, 일상생활의 어려움으로 인해 병원, 요양병원 혹은 노인시설에 입원해 있는 경우가 많다.
- 장기간 입원하고 있는 경우, 새롭게 입원하게 되는 경우 등 환경이 바뀌어 적응이 필요한 경우 등이 있다.

(4) 상실과 애도

- 고령으로 인해 주변 사람들의 사망 빈도 및 확률이 높아진다.
- 주변 사람, 친구, 친인척, 배우자의 사망 등 상실에 대한 애도 작업의 필요성이 있다.

(5) 가족 부양

- 가족 혹은 배우자의 노화 및 질병으로 인한 신체적 손상(보행장애 등), 인지적 손상(치매 등)이 있을 시 부양을 해야 하는 경우가 존재한다(knight, 2004).
- 본인도 노화로 인한 신체적 어려움 있을 수 있으며, 그런 경우 가족 및 배우자를 부양하는 것은 고령인 내담자에게는 신체적, 심리적으로 많은 부담이 될 수 있다.

2) 노인상담에서 주의할 점

(1) 노령인구의 다양성

앞서 여러 노인 및 노인상담의 특징에 대해 이야기하였으나 실제 노령인구는 모두 동일한 특성을 가진 집단이 아닌 다음과 같은 여러 다양성을 지닌 집단으로 봐야 한다(Kampfe, 2015).

① 개인 수준에서의 차이

대표적으로 성별로 인한 차이를 들 수 있다. 평균연령에서도 성별에 의한 차이가 있으며 은퇴 후 생활, 자녀와의 관계 등 노인의 삶은 성별로 인해 많은 차이가 있을 수 있다. 성별 이외에도 개인의 사회경제적 지위, 최종 학위, 개인의 경제 상태 및 근로 상태, 건강, 장애 등 개인별로 큰 차이가 있을 수 있다.

② 관계적 수준에서의 차이

가족, 자녀 및 사회에서 얼마만큼 소통을 하고 활동을 하고 있느냐에 따라 특징이 갈릴 수 있다. 특히 독거 생활을 하고 있는 경우, 부부만 생활하고 있는 경우, 자녀와 같이 생활하는 경우는 생활의 차이가 있을 가능성이 매우 높다.

③ 사회적 수준에서의 차이

살고 있는 지역, 문화, 국가에 따라 차이가 있을 수 있다. 예를 들어, 서울과 지역의 소도시에 거주하는 노인의 삶과 환경은 크게 다를 수밖에 없다. 또한 이민과 다문화 배경, 이주 가정이 늘어나는 상황에서 아직은 많은 비율을 차지하고 있지 않지만 앞으로 노령인구에서 다문화 배경을 가진 노인이 점차 늘어날 것으로 예상할 수 있다.

(2) 스스로 해결하려는 성향

일반적인 상담에서도 많이 언급되듯이 한국 문화에서는 정서적인 어려움을 전문적인 상담 서비스를 통해 해결하기보다 본인이 스스로 해결하려고 하는 성향이 크다. 이는 노인들이 자신의 어려움 및 가지고 있는 어려움을 제공되는 서비스 및 상담 등을 적절히 활용해서 해결하기보다는 스스로 해결해 보려는 성향이 존재하기 때문이다(정옥분, 2008).

(3) 독거노인 및 자살

노령인구에서 자살하는 비율은 매우 높은 편에 속하며, 특히 독거노인의 자살 혹은 고독사 등은 사회적인 문제로 제시된 바 있다(정옥분, 2008). 이들에 대한 상담적 지원이 정서적 개입에만 그치지 않고, 다각적인 개입(건강, 관계, 경제적 지원 등)으로 지원해야 하는 것이 필요하다.

3) 노인상담에서 요구되는 상담자의 역량

일반적인 상담에서 상담사에게 요구되는 역량 및 특성과 더불어 노인상담에서 요구되는 역량과 지식은 다음과 같다(Kampfe, 2015).

(1) 내담자의 건강정보 보호

미국 등에서는 노인을 대상으로 상담을 진행할 시 미국 건강보험 양도 및 책임에 관한 법(HIPAA)을 준수해야 한다. 한국에서는 상담사가 따라야 하는 건강정보 보고 관련 법은 없지만, 한국상담학회 및 한국상담심리학회 등에서 발행하는 상담 전문 자격증에서 요구하는 상담 윤리에 따라 내담자의 건강정보를 포함한 여러 정보를 보호할 필요가 있다.

(2) 증거기반 프로그램의 활용

미국의 경우 노인에 대한 상담적 개입 시 증거 기반한 개입을 활용할 것이 권고되고 있으며, 국가 기관인 National Council on Aging 기관의 Center for Healthy Aging에서 전문가들을 대상으로 근거 기반 개입들에 대한 정보들을 제공하고 있다. 한국의 경우 이러한 정보를 제공하는 국가 및 연구기관이 없지만 적어도 이론적 기반을 가지고, 개입의 효과가 검증된 적이 있는 개입을 활용하는 것이 필요하다.

(3) 노인 내담자에 대한 전이의 위험성

상담자 또한 조부모와의 관계 및 다른 노인들과의 관계에서의 경험을 가지고 있으며, 그러한 경험으로 인해 현재 진행하고 있는 노인 내담자와의 상담 사례에서 전이가 일어나 상담 관계 및 효과에 영향을 줄 위험성이 존재한다. 따라서 상담사는 자신의 노인들과 관련된 미해결 감정 혹은 과제 등을 인식할 수 있고, 작업을 통해 미해결된 감정을 해소한 후 상담을 진행해야 한다.

(4) 다문화 역량

노령인구는 이질적인 집단으로 구성되어 있으며, 개인적, 가정적, 사회적 특성이 매우 다를 수 있다. 또한 지역에 따른 차이점, 문화에 따른 차이점 등을 알고, 수용하고, 활용할 수 있는 역량이 요구된다.

4) 윤리적인 문제들

한국의 상담 관련 학회에서 발급하는 자격증의 경우 상담사 관련 윤리강령 등이 존재하고 있으나 특정 상황이 아닌 전반적인 내용을 다루고 있다. 특히 노인상담을 진행할 시 윤리강령 등에 직접적으로 언급되지 않지만 상담사 혼자 판단을 내리기 어려운 윤리적 문제와 맞닥뜨릴 수 있으며, 특히 인지 손상이 있는 경우, 학대받은 경험이 있는 경우, 그리고 불치병을 가진 경우를 들 수 있다(Schwiebert, Myers, & Dice, 2000).

(1) 인지 손상이 있는 내담자

- 내담자의 인지 손상으로 인해 상담에 대한 안내 및 동의를 받기 어려운 경우
- 내담자 본인의 상황에 대해 안전한 선택을 스스로 내리기 어려운 경우
- 내담자가 본인 및 타인에게 피해를 입힐 가능성이 있는 경우

(2) 학대받은 경험이 있는 내담자

- 학대의 종류는 신체적 학대, 심리적 학대/장기적인 언어적 학대, 물질적 학대/경제적 착취, 인권 침해 등을 들 수 있다.
- 상담사는 각 학대의 징후들을 알고 파악할 수 있어야 한다.

(3) 불치병을 가지고 있는 경우

- 어떤 경우 불치병을 가지고 있다고 볼지의 문제
- 안락사의 문제
- 원치 않는 치료의 중단
- 퇴원 대 입원 치료

4) 활용할 수 있는 상담 기법들

일반적인 상담과 마찬가지로 노인상담에서도 상담 기법을 적절하게 활용하는 것이 중요하다. 상담 기법들은 상담이론과 연구적인 증거가 뒷받침되는 기법들을 사용해야 하며, 실제 노인상담에 들어가기 전에 이론과 기법에 대한 이해뿐만 아니라 그 이해를 뒷받침할 기법에 대한 충분한 연습 및 훈련이 진행되어야 한다.

이러한 기법의 활용은 노인상담의 모든 회기에 전반적으로 중요하지만 특히 상담 초반에 관계를 형성하는 데 있어 중요한 역할을 하기에 그 중요성이 더 강조된다고 할 수 있다.

(1) 주의집중과 경청

무엇보다 상담자는 내담자의 이야기에 관심을 가지고 들을 준비가 되어 있으며 내담자의 이야기를 수용해 줄 수 있음을 표현해야 한다. Egan(1975)이 제시한 SOLER 모형에서 제시하는 내담자를 바로 바라보기(S: Sit squarely), 개방적인 자세 취하기(O: Open posture), 적절히 내담자 쪽으로 몸 기울이기(L: Lean towards the client), 시선의 접촉을 적절히 유지하기(E: Exe contact), 편안하고 자연스러운 자세 취하기(R: Relax) 등으로 내담자에게 주의집중을 하고 있다는 것을 보여줄 수 있다. 또한 내담자가 표현하는 언어적, 비언어적 메시지를 적극적으로 파악하며 적절하게 고개를 끄덕이거나 관심 어린 질문 등을 통해 내담자를 경청할 수 있다. 특히 외로움을 느끼는 내담자에게는 공감적인 태도로 경청하는 것이 중요할 수 있다.

(2) 공감적인 태도 및 공감의 표현

상담자는 내담자가 경험하고 느낀 바를 내담자와 같은 입장에서 경험해 보고자 하는 것으로 공감을 할 수 있으며, 경험한 공감을 감정반영을 통해 내담자에게 다시 표현하는 것으로 본인이 느낀 공감을 전달할 수 있다. 여러 연구에서 제시된 바와 같이 공감은 내담자가 자신의 감정을 이해하고, 수용 받는 경험을 할 수 있으며 상담 관계 형성에 큰 역할을 한다. 특히 노인상담의 경우 상담자와 내담자 사이에 연령 및 세대 차이가 있을 수 있기 때문에 내담자에 초점을 맞춰 공감을 하고, 표현하는 것이 필요할 수 있다. 만약 자녀가 연락을 자주 하지 않아 서운함을 표현하는 내담자에게 "그 정도면 자주 하시는 것 같네요"라고 상담자 본인의 판단을 표현하는 것이 아니라 "요세 종종 외롭다고 느끼신다고 하셨는데 너무 서운하셨겠어요"라는 식으로 내담자의 입장에서 전화가 자주 오지 않는 것이 어떤 경험인지 느끼고, 그것을 전달하는 것이 필요할 것이다.

[그림 3-5] 공감적인 태도와 공감의 표현

(3) 재진술

내담자의 말을 적절히 재진술함으로써 내담자의 표현을 명확히 하고 대화의 초점을 맞춰 나갈 수 있으며, 상담자의 이해와 지지를 표현할 수 있다. 짧게는 내담자의 말을 반복해 줄 수 있고, 내담자의 말이 길게 이어진 경우 환언이나 요약을 통해 대화를 정리하거나 상담의 방향을 제시할 수 있다.

(4) 직면

내담자의 삶에 중요한 역할을 하고 있으나 내담자가 의식적 혹은 무의식적으로 회피하거나 거부하고 있는 생각, 감정, 경험 등에 대해 직면하여 그것을 바라볼 수 있도록 하는 것이 직면이다. 주로 내담자의 모순, 부정, 방어, 비합리적인 신념에 대해 직면을 하게 되며, 직면을 통해 내담자가 이해와 통찰을 얻을 수 있을 경우 사용하게 된다. 보기 불편한 것을 보게 하는 직면의 특성상, 직면을 하기 전에 직면이 왜 필요한지, 상담자가 직면을 할 준비가 되었는지, 내담자가 직면을 수용할 수 있는 준비가 되었는지 등을 반드시 확인한 후에 직면을 하는 것이 필요하다.

(5) 조언 및 정보제공

앞서 언급된 바와 같이 노인상담의 경우 상담자의 적극적인 조언 및 정보제공이 필요한 경우가 많을 수 있다. 특히 내담자가 새로운 것에 도전을 할 경우, 예를 들어 새로운 일자리를 찾거나 새로운 인간관계를 형성하고자 하거나 사별, 주변의 사망으로 인해 상황에 적응하고자 할 때 효과적일 수 있다. 조언의 경우 상담자가 내담자에게 의견을 전달하고 제안을 하는 것에 초점을 두고 있으며, 정확한 조언을 주는 것도 도움이 될 수 있으나 조언의 일차적인 목적은 내담자가 행동을 하는 것, 실행 여부에 초점을 두어야 한다. 정보제공의 경우 새로운 일자리를 찾거나 받을 수 있는 지원 및 복지제도에 대해 내담자가 모를 경우 상담자가 정보제공을 하거나 정보를 찾을 수 있도록 방법을 가르쳐 주는 것이 필요하다.

[그림 3-6] 조언 및 정보제공

요점 정리

- 한국에서 노령인구가 늘어나는 상황, 노인의 특수성을 고려할 때 노인상담은 필수적이다.
- 노인상담의 경우 일반적인 상담사의 역할에 추가하여 노인 내담자의 삶의 질을 전반적으로 관리하는 관리자의 역할을 수행할 수 있어야 한다.
- 노인이 가지는 특성으로 인해 노인상담만이 가지는 특성들이 존재한다.
- 노인상담의 특성을 고려하여 노령인구의 다양성, 스스로 해결하려는 성향, 독거노인의 특성을 신중하게 고려할 필요가 있다.
- 노령인구의 특성상 윤리적인 딜레마에 빠지는 사례들이 있으며 특히 인지 손상이 있는 경우, 학대를 당하고 있거나 당한 경험이 있는 경우, 불치병을 가지고 있는 경우 윤리적인 판단이 어려운 경우가 존재한다.

연습문제

1. 자신이 살고 있는 지역에서 노인들이 지원을 받거나, 활동을 할 수 있는 기관을 찾아보고, 어떠한 지원을 받을 수 있는지, 어떠한 활동을 할 수 있는지 찾아서 정리해 보라.

2. 어떤 영역에 있어 노인에 대한 상담 및 복지에 대한 지원을 더 늘릴 필요가 있을지 의견을 정리하고 그 의견에 대한 근거를 제시해 보라.

3. 자신이 가지고 있는 노인과 관련된 경험, 미해결 감정, 인식, 편견 등은 무엇이 있는지 서술해 보라.

참고문헌

정옥분(2008). 성공적 노화. 한국인간발달학회 학술대회지, 4, 77-92.

황남희(2021). 노인의 경제활동과 경제 수준. 보건복지포럼, 300, 7-21.

통계청(2024). 2024 고령자 통계.

Egan, G. (1975). *The Skilled Helper: A Systematic Approach to Effective Helping*. Pacific Grove CA, Brooks/Cole.

Kampfe, C. M. (2015). *Counseling older people: Opportunities and challenges*. American Counseling Association.

Knight, B. G. (2004). *Psychotherapy with older adults*. Sage.

Schwiebert, V. L., Myers, J. E., & Dice, C. (2000). Ethical guidelines for counselors working with older adults. *Journal of Counseling & Development, 78*(2), 123-129.

제4장

노인상담의 기법

1990년대부터 노인에게 적절한 상담 및 심리치료서비스를 제공하는 일이 국가를 유지하기 위한 중요한 과제로 인식되어 왔다. 최근 고령화사회가 되면서 노인상담의 중요성이 강조되었고 노인과 노년기에 대한 부정적인 관점이 문제로 제기되었다. 노인이라고 할 때 우리는 흔히 직업으로부터 은퇴하고, 인지적 · 정서적 · 신체적으로 약하고 무능하며, 심지어는 단순히 죽음을 기다리는 존재로 이해하기도 한다. 그 결과 많은 상담자들이 노인을 대할 때 노인의 문제와 약점을 먼저 평가하며, 그것을 극복하는 방법에 초점을 둔다. 이런 노년기에 대한 관점으로 인해 지금까지 노인상담은 주로 재활상담의 형식을 띠고 있다. 그러나 노년기는 체력이나 인지적 능력의 변화에도 불구하고 가장 생산적인 시기이기도 하다. 즉, 노년기에는 대개 당장 해결해야 할 경제적, 사회적 과제가 별로 없다. 그렇다고 할 일이 없다는 뜻은 아니다. 새로운 삶의 과제를 지니고 있다. 따라서 노인상담의 초점은 이제 새로운 노년기의 개발과 노인 잠재력의 개발에 두어야 한다. 즉, 노년기를 쇠퇴기 혹은 죽음에의 적응기로 보기보다 다른 발달단계와 마찬가지로 성장과 자아실현을 위한 새로운 기회의 시기로 보아야 한다.

1. 노인상담의 특징

노인상담은 문제를 이해하고 그에 대한 목표를 수립하는 과정과 함께 의사결정이나 행동화하기 위한 전략의 구상 또는 행동화를 위한 조력과정이 더욱 중요하며 이를 중점적으로 다룬다. 이제 100세 시대를 살아가면서 노년기는 체력이나 인지적 능력의 변화에도 불구하고 가장 생산적인 시기이기도 하다. 즉, 노년기에는 당장 해결해야 할 경제적, 사회적 과제가 별로 없다. 그렇다고 해서 노인들이 할 일이 없다는 뜻은 아니다. Super의 진로발달 이론에서처럼 노년기에는 새로운 삶의 과제를 가지고 있다. 따라서 노인상담의 초점은 이제 새로운 기회의 개발과 잠재력의 개발에 두어야 한다. 즉, 노년기를 쇠퇴기 혹은 죽음에의 적응기로 보기보다는 다른 발달단계와 마찬가지로 성장과 자아실현을 위한 새로운 삶의 기회의 시기로 바라보아야 한다. 이런 시각으로 바라볼 때 노인상담의 가장 중요한 과제는 노인과 노년기에 대한 관점의 변화이다. 즉, 노인상담의 성격은 재활상담이 아니라 노인의 성장과 가능성을 극대화하는 발달적 상담이며, 노인의 특징을 고려한 노인이 추구하는 새롭고 만족스러운 자기실현의 삶을 가능하도록 돕는 서비스 활동이다. 그럼에도 노인상담 및 복지현장에서 노인상담이 활성화되지 못하고 있는 이유는 다음과 같다.

- 체통을 중시하고 가족주의 의식이 강한 한국 문화에서는 개인이 문제에 직면했을 때 외부의 도움을 요청하기보다는 감추려고 하는 성향이 강하고, 상담을 받음으로써 자녀에게 폐가 될 수 있다는 점 때문에 상담을 기피하는 경향이 있다.
- 노인들의 경우 노인상담에 대한 정보가 제한되어 있고 상담기관에 대한 접근성이 낮기 때문에 전문상담을 받을 수 있는 기회를 갖기가 어렵다.
- 노년기에 다양한 심리사회적 문제를 경험할지라도 '늙으면 다 그렇다' 또는 '죽을 병도 아닌데 뒤늦게 무슨…'과 같은 방식으로 문제를 인식함으로써 상담의 필요성 자체를 못 느끼는 경우가 많다.
- 노인상담에 관한 이론과 기법의 개발이 미흡하고, 노인들이 이용할 수 있는 상담센터가 매우 제한되어 있으며, 노인상담 전문가가 부족한 것과 같은 노인상담 체계의 미성숙이 노인상담의 활성화를 제한하는 또 다른 요인이 되고 있다.

2. 노인상담의 원리

노인들이 직면하게 되는 발달과제는 심리적 · 정서적 독립, 삶에 대한 정리 및 관조, 진정한 정체감의 성취와 자율적 삶의 실현, 공동사회에의 기여, 부부관계의 재정의, 독신생활의 향유, 세계관과 인간관의 확대와 성숙, 정서적 독립과 통합 등의 여러 가지가 있다. 그 외에도 많은 발달과제를 열거할 수 있으며 또한 그것들을 50대, 60대, 70대, 80대, 90대의 연령대별로 나누어 정리할 수도 있다. 전반적으로 노년기에는 과거나 미래의 삶보다 현재의 삶이 더 중요하게 취급되어야 한다. 발달과업을 중심으로 노년기를 생각해 보면 결국 노년기는 정신적인 전체감 혹은 통합감을 형성해 가는 실존적 삶의 과정이라고 볼 수 있다. 노년기는 쇠퇴기라기보다 자신의 삶을 더욱 의미 있게 만들고, 자신의 능력을 최대한 발휘할 수 있는 기회의 시기이다. 이렇게 볼 때 노인상담의 가장 중요한 과제는 상담자의 노인과 노년기에 대한 관점의 변화이다. 노인상담의 원리를 구체적으로 살펴보면 다음과 같다.

첫째, 노인상담의 성격은 재활상담이 아니라 노인들의 성장과 가능성을 극대화하는 발달상담이다.

노인상담의 기능은 문제의 발견이나 제거 혹은 감소에 있지 않다. 지금까지 노인상담뿐만 아니라 아동, 청소년, 심지어는 성인상담에서도 문제의 평가와 제거가 중심이 되어 왔다. 다시 말해 지금까지 상담은 종종 치료나 재활상담의 성격을 띠고 있었기 때문에 내담자의 문제와 내담자를 보다 넓은 관점에서 이해할 수 없었다. 그 결과, 내담자의 문제가 발생하고 있는 적응적 의도와 자기실현의 의지를 이해하기 어려웠다. 상담은 문제 속에 나타나는 인간의 적응 혹은 자기실현 의지를 이해하고 그것을 스스로 추구할 수 있도록 조력하는 활동이다. 따라서 노인 스스로 자신의 문제를 해결할 수 있도록 지원하여 자립과 성장에 대한 희망을 갖게 해야 한다.

둘째, 노인상담은 노인의 특징을 고려하는 동시에, 노인이 추구하는 새롭고 만족스러

운 자기실현의 삶을 가능하도록 돕는 서비스 활동이다.

노인의 문제를 평가하고 제거하기 위한 치료 모형의 상담 접근으로는 결국 인간이 보이는 문제 행동의 의미를 제대로 고려하기 어렵다. 노인이 100% 자신이 결정하는 실존적 삶을 살 수 있으려면 신체적, 경제적, 사회적, 심리적 상황이 충분히 보통 이상으로 제공되어야 한다. 노인의 경우에 노인이 스스로 다양한 자기실현 노력을 그런대로 해 나가려면 신체적으로, 경제적으로, 사회적으로, 그리고 심리적으로 보통 수준의 상황에서 살 수 있어야 한다. 경력, 가족, 여가, 친밀, 내적 생활의 영역에서 보통 정도로 안전하고 만족스러운 생활을 할 수 있어야 한다. 이미 40대에 많은 성인들이 직장을 떠나고 있으며, 50대 인구의 상당 비율이 정규직업이 없다. 60대가 되면 자영업이나 전문직 종사자들을 제외하면 대부분 직장에서 은퇴한다. 이에 따라 특히 IMF 사태 이후로 이미 40대부터 노인 아닌 노인이 되고 있어서 경력, 가족, 여가, 친밀, 내적 생활의 면에서 결핍된 생활을 하고 있다. 상담자는 그러므로 내담자의 자기실현의지를 확인하거나 활성화시키는 일을 하는 동시에 다섯 가지 영역에서 그것을 방해하는 요인들을 평가하고 그것을 내담자와 적극적으로 다룰 수 있어야 한다. 따라서 상담자는 노인 내담자가 다섯 가지 영역에서 자기실현을 할 수 있도록 노인 내담자의 자기실현 동기를 촉구하고, 강화하고, 계발하는 방식으로 조력해야 한다.

셋째, 노인 내담자를 대함에 있어 보호와 위로보다 내담자의 능력과 의지를 신뢰하는 태도를 갖는 것이 중요하다.

노인의 나이가 얼마이든 노인이 신체적으로 얼마나 쇠약하든 노인이 현재 삶을 지각하고 다루어가는 방식, 나아가 노인이 지향하는 삶을 존중하여야 한다. 다시 말해 노인이 다른 사람이 아닌 자신의 삶을 지각하고 선택하는 방식을 존중함으로써 가능한 한 내담자가 원하는 삶을 추구할 수 있도록 조력하여야 한다. 이것은 사실 모든 내담자를 대하는 방식이다. 효율적인 노인상담자로 기능하려면 노인이나 장애인이나 비장애인이나 마찬가지로 무엇과도 바꿀 수 없는 개별적 삶을 가지고 있으며, 모두 충분한 자아실현을 위한 잠재력을 지니고 있음을 인정하여야 한다. 노인의 욕구를 도외시하고 전문가의 판단이라는 미명하에 노인이 원하는 것과는 다른 방향으로 노인을 이끌어서는 안 되며, 조종해서도 안 된다.

넷째, 노인상담의 실제에 있어 상담의 효과는 순간순간 내담자를 정확하게 이해하고 공감하는 능력에 있다.

그러나 그것은 내담자를 전적으로 존중하는 상담자의 태도로 뒷받침되어야 한다. 인간에게 가장 필요한 지지는 무조건적으로 존중되고 수용되는 사랑이 주는 힘이다. 우리는 그런 사랑의 힘으로 삶을 지탱할 수 있을 뿐 아니라 심지어는 삶을 아주 기쁘게 즐길 수 있다. 상담자가 이와 같은 태도를 실천할 수 있으려면 상담자는 자신에 대한 신뢰와 수용, 삶에 대한 믿음과 의지가 있어야 한다. Rogers 이론에서 강조하는 수용, 무조건적 존중, 긍정적 관심이다.

다섯째, 마지막으로 노인상담은 여러 분야의 전문가들과 네트워킹을 이루어 실천되어야 한다는 점이다.

앞에서 이미 언급하였듯이 노인의 자아실현에는 보통 정도의 환경이 보장되어야 한다. 그러므로 노인은 인지능력, 정서능력, 주거지, 경제능력, 사회 지지망, 신체 능력 등이 보통 정도로 유지되거나 제공될 필요가 있다. 이런 면에서 상담자는 노인 내담자와 그것들을 확보할 수 있는 방법을 적극적으로 찾는 동시에 필요할 때는 의사, 사회복지사, 운동전문가나 물리치료사, 레크리에이션 전문가, 작업치료사 등에게 의뢰하여 도움을 받을 수 있도록 조력하여야 한다. 이런 의미에서 노인상담은 국가적으로 관심을 갖고 지원해야 할 분야임과 동시에 여러 분야 전문가들과의 네트워킹이 필요하다.

3. 노인상담의 기법

노인상담은 노인의 특징에서 비롯되는, 일반상담과 다른 다음과 같은 특징들이 있다. 노인 내담자는 신체적, 사회 심리적 노화 과정을 겪고 있는 사람이다. 따라서 더 많은 인내심과 기술, 그리고 내담자 중심의 이해력과 수용을 요한다. 사고 및 감정배경의 탐색과 행동 변화의 추구보다는 지금-여기의 생활 향상에 대한 지지 과정에 우선적 중점을 둔다. 노인상담의 접근 기법 면에서는 직면, 도전 등의 직접적인 접근방법보다 경청, 개방형 질문 및 수용, 존중 등의 완만한 접근법이 바람직하다. 노인들의 삶을 도와주는 전반적인 지지 및 정서적 지지, 보수적인 가치관 이해 등을 존중해야 한다.

1) 접수면접을 위한 상담의 기법

처음 만나는 내담자의 정서 상태를 고려하는 일은 상담자의 기본적인 의무다. 만약 내담자가 지나치게 긴장되어 있거나 불안해한다면 그러한 감정을 어느 정도 약화시키는 작업이 필요하다. 접수면접을 통해 상담자는 일종의 진로상담 사례 개념화가 가능해야 한다. 사례개념화란 상담자가 내담자를 이해하고 이에 접근하는 하나의 청사진과 같은 것이다. 접수면접의 단계에서 할 수 있는 상담의 기법과 태도들을 살펴보면 다음과 같다.

① 화제의 유도

내담자가 편안해지도록 유도하고, 상담의 효과를 위한 시간을 내어야 하는 것 등 상담자가 먼저 화제를 꺼내는 것이 좋다. 반갑게 인사하기, 악수하기, 비공식적인 대화로 시작하기와 이곳에 찾아오기까지의 어려움에 대한 가벼운 대화로 시작한다. 내담자와 내담자의 문제에 대한 관심, 따뜻함 전하기, 수용적 태도를 가지고 내담자가 편안해지면 자신에 대한 소개를 하고, 상담에 대한 목적과 과정을 설명하면서 경청하고, 내담자의 긍정적 행동에 대한 구체적인 칭찬 등을 한다.

② 물리적 환경

상담을 가장 효과적으로 할 수 있는 환경을 세팅하고, 노인 내담자를 위해 편안한 의자를 준비해서 내담자들이 상담에 편안하게 임하도록 준비한다.

③ 상담에 임하는 태도

자연스러운 대화를 통해 이루어지지만 내담자의 문제해결과 발달 촉진적인 전문성을 가져야 한다는 사실을 알려줄 것, 상담에 대한 내담자의 기대 및 생각을 물어보는 것이 필요하다. 상담자는 노인의 인간적 존엄성을 존중하여 노인의 장점과 약점, 바람직한 성격과 그렇지 못한 성격, 기능적 또는 역기능적 감정과 행동 등 노인이 지닌 특성을 현재 있는 그대로의 모습으로 받아들여야 한다.

④ 비밀보장의 확인

상담자는 내담자의 개인적인 정보와 내담자와의 상담 내용이 비밀에 붙여진다는 사실을 접수면접에서 꼭 말해 주어야 할 것이다. 상담자는 상담 과정에서 알게 되는 노인이나 그 가족에 대한 사적인 비밀을 외부에 제공해서는 안 되며, 철저하게 비밀을 지켜야 한다.

2) 내담자와의 관계 수립을 위한 상담 기법

내담자의 문제를 이해하고 평가하기 위해서는 일반 상담에서 수행하는 상담의 기본 기술이 노인상담에서도 충실하게 실천되어야 한다. 접수면접이나 노인상담의 초기 단계에서 상담자와 내담자 간에 우호적이고 협력적인 유대관계를 형성하는 것은 매우 중요하다. 상담자는 내담자가 하는 이야기를 주의 깊게 경청하고 내담자에게 신뢰를 주어야 한다. 상담자와 내담자 간의 긍정적이고 우호적인 관계를 토대로 내담자는 상담에 대해 긍정적인 기대를 갖게 되고, 상담에 대한 동기도 높아지며, 상담 과정에 적극적으로 참여하게 된다. 상담자와 내담자가 서로 협력관계를 형성하는 것은 상담자나 내담자만의 책임은 아니며, 상담자와 내담자의 상호작용이 함께 기여한다.

〈촉진적인 상담 관계를 형성하는 방법〉

- 상담자는 내담자의 불안수준을 낮추고, 현실을 보다 정확하게 인식할 수 있

도록 돕고, 미래를 희망적으로 바라볼 수 있도록 지지해야 한다.

–상담실에 내방한 내담자들은 낯선 상담 상황과 자신의 상황에 대해 불안감이 높은 경우가 많다.

–상담자의 지지와 격려를 바탕으로 내담자가 자신의 미래에 대해 가능성과 기대감이 생기면 상담에 대한 동기 수준이 높아지며 상담을 통해 실질적인 도움을 받을 가능성도 높아진다.

• 상담자는 내담자가 그동안 해왔던 노력을 인정하고 격려해 줘야 한다.

–대부분의 내담자들은 자신의 문제가 매우 심각하거나 무기력하다고 느낀다.

–상담자는 내담자의 그동안 노력에 대해 칭찬하고 지지해 줌으로써 내담자를 격려하고 그러한 적극적인 자세로 상담에 임해야 함을 알려주는 것이 도움이 된다.

• 상담자는 내담자와 전문적이면서 개인적인 관계를 형성해야 한다.

–상담을 통해 내담자가 자신의 문제에 도움을 받을 수 있다는 기대를 가지는 것이 중요하다.

–내담자는 상담자가 자신의 중요한 사람으로 인식하고 상담자가 자신에게 집중한다고 느끼고 자신이 인정받고 있음을 인식할 수 있을 때, 상담자와 촉진적인 관계가 형성된다.

• 상담자는 내담자의 문제를 단정짓기보다 중립적인 관점에서 이해하려고 노력해야 한다.

–이 과정에서 경청, 무조건적인 긍정적 존중, 공감, 요약 등의 일반적인 상담기법이 활용될 수 있다.

3) 문제의 평가 및 목표 설정을 위한 상담 기법

상담에서 일반적으로 상담자가 처음으로 부딪히는 문제는 내담자의 문제를 파악하는 일이다. 단순히 호소 문제를 확인하는 수준을 넘어 왜 호소문제가 발생하였는지를 이해하는 일은 상담의 과정에서 가장 중요한 일이다. 문제를 평가하기 위해서는 여러 가지 영역의 정보가 필요하다. 내담자의 성격, 내담자의 심리상태, 인간관계, 인지 정서 행동적 상태, 가정환경 등을 평가해야 한다. 그리고 상담의 목표 설정은 일단 내담자의 문제가 확인되고 규정되면 내담자와 더불어 상담의 목표를 설정하는 작업을 하게 된다. 목표가 설정되면 자기가 상담을 하는 이유와 방향을 인식하고 상담에 참여하게 된다. 이를 구체적으로 살펴보면 다음과 같다.

먼저, 상담자와 내담자가 서로 협력하여 상담 목표를 설정한다. 상담자에 대한 내담자의 의존성을 줄이고, 자기 통제감과 상담에 대한 적극적 참여를 증가시킨다. 상담자가 내담자를 잘 이해하고 내담자의 삶에서 현재 가장 문제가 되는 것이 무엇인지 알고 도움을 줄 수 있는 방법을 계획하기 위해서는 내담자에 대한 탐색이 이루어져야 한다. 상담자는 내담자가 상담 과정에서 원하는 바를 솔직하게 표현할 수 있도록 도와야 하며, 이를 위해 중요한 것은 내담자의 이야기를 잘 경청하고 내담자의 호소 문제를 명료화하는 작업이 필요하다. 대부분의 노인 내담자들은 도움이 필요해서 내방하지만 상담을 통해 자신이 무엇을 원하는지 구체적이지 않을 수 있다. 상담자와 내담자 간에 우호적이고 협력적인 유대관계를 바탕으로 상담 목표에 대해 논의하고 계속 노력하는 과정이 필요하다. 상담을 통해 다루고자 하는 영역이 결정되면 가능한 한 상담 목표를 구체적이고 행동적인 용어로 진술하는 것이 도움이 된다.

〈상담 목표 설정 시 고려해야 할 점〉

- 상담 목표는 구체적이고 관찰 가능한 형태로 진술되어야 한다.
- 상담 목표는 현실적이고, 성취 가능한 것이어야 한다.
- 가능한 한 내담자의 현재 문제와 직접적으로 관계 있는 것이어야 한다.
- 상담 목표를 실천하는 데 예상되는 방해요소 및 대안을 모색해야 한다.
- 상담자와 내담자는 환경과 상황에 따라 상담 과정에서 상담 목표가 수정될 수 있다는 점을 이해해야 한다.

4) 내담자의 특성 파악을 위한 상담 기법

노인상담의 중요 과제는 노인 내담자들의 특성을 파악하는 일이다. 이것은 상담 목표를 확인하고 목표를 명료화하는 데 도움을 주며, 문제해결 및 개입 방법에 중요한 기초자료가 된다. 내담자의 특성을 파악하는 데에는 내담자 정보 파악이 중요하다. 상담 과정에서 정보를 제시할 때는 그 시기를 잘 선택하여 적시에 제시해야 한다. 대개는 내담자가 상담자로부터 검사 결과에 대한 평가와 해석을 듣고 나서 이것을 자신의 선택에 활용하고자 할 때 정보를 제시해 주는 것이 좋다. 또한 내담자가 정보를 요구할 때는 그 정보에 대한 올바른 이해를 확인하고 나서 제공하는 것이 바람직하다. 계획이 수립되면 경우에 따라서는 효과적인 수행을 위한 훈련 및 교육에 대해 자문을 해 주는 것도 필요하다.

(1) 생애진로사정

생애진로사정은 Adler의 개인심리학에 기초한 것으로 상담자가 내담자의 체계적인 다양한 정보를 수집하고 내담자는 자신에 대해 체계적으로 이야기를 해 나가면서 자신의 경험에 대해 정리하고 자신의 삶의 방식을 알아가는 과정이다. 생애진로사정은 크게 진로사정, 일상적인 하루, 강점과 약점, 요약의 네 부분으로 구성되어 있다. 이 기법은 주로 내담자의 일상에 허무함을 느끼거나 새로운 진로에 대한 준비를 하는 노인 내담자들에게 효과적인 기법이 될 수 있다.

(2) 표준화된 검사

검사는 상담의 과정과 결과를 증진할 뿐만 아니라 노인상담을 보다 과학적인 상담으로 가능하게 해 준다. 내담자들의 객관적인 상태와 자료들을 제시함으로써 좀 더 효과적이고 효율적인 상담이 이루어지도록 한다. 노인용 심리검사를 실시할 수 있는데, 예를 들어 M MSE-KC, CAS E-K, GDS , 자존감검사, 대인관계검사, 노인용 진로적성검사, MMPI, MBTI, 에니어그램 등의 검사들이 있다. 노인심리검사에 대해서는 다음 장에서 더 구체적으로 살펴볼 것이다.

5) 의사결정 조력을 위한 상담 기법

(1) 의사결정 유형 검사 활용

검사도구로는 Harren이 개발한 의사결정 검사 척도에 포함되어 있는 의사결정 유형 검사로 30문항으로 구성되어 있다. 유형으로는 합리적, 의존적, 직관적 유형이 있다. 인지적 수준이 가능한 내담자들에게 문항을 제시하여 검사를 실시하고 결과에 따라 내담자의 의사결정 유형을 확인하고 노인 내담자들이 합리적인 의사결정 유형을 가질 수 있도록 하는 기법이다.

(2) 자서전 쓰기

내담자가 과거에 자신의 일과 관련하여 어떻게 의사결정을 했는지 알아보기 위해 학교 선택, 학교 졸업 후의 직업훈련, 시간제 일을 통한 경험, 학교에서 배운 지식과 기술들, 학교 졸업 이후 직업인으로서의 시간들, 직장에서의 다양한 인간관계 및 중요한 타인들에 대해 내담자 스스로 기술하게 한다. 자신의 직장과 삶에 있어서 어떠한 변화들이 있었는지 자서전 쓰기의 시간들을 통해 돌아보게 되고 앞으로의 남은 삶에 대한 일들을 두고 의사결정을 할 때 합리적인 의사결정을 가지는 연습을 하도록 하는 기법이다.

(3) 주관적 기대효용 활용

노인들에게도 선택에 있어 개인은 다른 사람이나 사회가 아닌 자신의 행복이나 즐거움, 만족에 대한 감정을 충족함을 뜻하며, 이를 기준으로 선택을 한다는 것이다. 방법은 첫째, 자신의 목표를 정하고, 둘째, 마음에 드는 항목을 결정하며, 셋째, 선택한 항목 중에서 기대가치가 가장 높은 한 가지를 선택한다.

6) 상담 이론에서 사용되는 기법

(1) 인간중심 이론

노인이나 자존감이 낮은 내담자들을 대상으로 상담을 할 때는 인간중심 이론에서 강조하는 상담자의 공감적 이해와 수용의 자세로 내담자에게 진실한 태도를 가져야 한다. 인간중심 이론으로 상담이 이루어지기 위해서는 내담자의 관심사에 집중하여야 한다. 이를 위해서 상담자는 시선을 내담자의 넥타이 매듭–눈 사이에서 이동하고, 몸은 앞으로 약간 숙이고, 팔다리를 꼬지 않는 태도를 보이며, 내담자의 보이지 않는 정서에 귀를 기울여야 하며, 제3의 귀, 즉 눈으로 적극적으로 관찰하여야 한다. 이러한 주의집중 기술과 함께 상담자는 내담자의 의사소통을 경청하여야 하는데, 경청을 위해서는 1 · 2 · 3의 원칙을 따르는 것이 바람직하다. 즉, 1분 동안 상담자가 이야기하고, 2분 동안 내담자의 의사소통을 귀담아 듣고, 3분 동안 내담자가 한 말의 의미를 깊이 되새기며 어떻게 반응할지에 대해 깊이 있게 생각해야만 적절한 경청이 이루어질 수 있다. 다음과 같은 상담자의 세 가지 자세가 필수적으로 요구된다.

- **공감적 이해**: 상담자 자신이 직접 경험하지 않고도 내담자의 감정을 거의 같은 내용과 수준으로 이해하는 것이다.
- **무조건적 존중**: 내담자와 내담자의 문제 및 욕구, 그리고 한 인간으로의 내담자의 노력과 그가 가진 가능성을 내담자의 문제해결능력을 위해 충분히 활용하고, 내담자의 있는 모습 그대로를 수용하고 존중하도록 한다. 상담자가 수용적 태도와 심리적 지지를 해 줌으로써 노인 스스로가 자신을 수용할 수 있게 해 주어야 한다.
- **솔직성, 일치성, 진실성**: 상담자가 상담자 자신의 감정에 솔직하고, 감정과 태도, 행동이 일치되는 태도를 갖는 것이다.

(2) 인지행동치료

인지적 능력이 뛰어난 내담자를 대상으로 하여 내담자들의 비합리적인 신념과 사고들이 합리적으로 바뀔 수 있도록 접근하는 이론이다. 이 이론은 내담자의 인지 수준을 고려하여 접근하는 것이 필요하다. 치매 또는 인지부조화 등 내담자의 인지 수준이 부족할 때는 접근하기 어려운 이론이다. 지나친 일반화, 자기비하, 타인에 대한 비현실적인 요구, 자신에 대한 비현실적인 기대, 자신의 중요성에 대한 과장 등과 같은 노인의 비합리적이고 왜곡된 인지과정은 노인의 부정적 감정과 행동을 유발할 수 있다. 이러한 비합리적 인지를 재구조화하는 기법으로는 인지 재구조화 기법, 인지적 자기지시, 인지적 심상 기법 등이 있으며, 체계적 둔감화, 사고중단, 이완 기법 등과 함께 사용된다. 인지적 재구조화 기법은 Mahoney(1974)가 개발한 기법으로 내담자의 사고에 내포되어 있는 잘못된 논리를 표현하게 하고, 불합리한 사고과정을 논리적이고 합리적인 사고유형으로 대치하는 기법이다. 이러한 인지적 재구조화 기법은 먼저 내담자의 사고나 신념의 근거가 되는 비합리적 가정을 조사하고, 대안적 가정을 만들게 하고, 현실 상황에서 대안적 가정을 검증할 수 있는 행동을 하게 하고, 이러한 논리에 대해 환류를 제공함으로써 부적응적 행동의 원인이 되는 내담자의 잘못된 논리를 변화시키게 한다. 몇 가지 기법을 살펴보면 다음과 같다.

- **인지적 자기지시 기법**: 이 기법은 Michenbaum(1977)이 개발한 기법으로 내적 대화(internal dialogues)와 겉으로 드러나지 않은 자기진술을 하게 함으로써, 어려운 생활 사건에 대처하고 행동문제를 해결하게 하는 기법이다. 예를 들면, 불안하여 "나는 할 수 없어"라고 말하는 내담자에게 "그걸 해 볼 테야"라는 말을 마음속으로 반복하게 함으로써, 부적응적 행동의 원인이 되는 자기패배적 사고에서 벗어나게 하는 경우가 있을 수 있다.
- **인지적 심상 기법**: 이 기법은 공포나 불안을 야기시키는 사건에 대한 비생산적 반응을 소거하기 위한 기법으로 내파 기법과 홍수 기법이 있다. 먼저 내파 기법은 두려운 사건이나 자극 중에서 가장 두려웠던 경우를 상상하게 함으로

써, 실제 두려운 상황에 직면했을 때 이를 극복할 수 있도록 원조하는 기법이다. 홍수 기법은 노인 내담자들에게 사건 중에서 가장 두려웠던 순간을 상상하게 하는 것이 아니라 실제로 두려움을 느끼는 상황을 상상하게 한다는 점에서 내파 기법과 다르다. 그리고 Lazarus(1971)의 합리적 심상 기법은 불안이나 두려움을 느끼는 상황에서 즐겁고 유쾌한 상황이나 사건을 상상하게 하는 기법으로 불합리한 신념이나 가정에 도전할 수 있게 하고 불안을 야기시키는 상황에 효과적으로 대처할 수 있게 해 준다.

(3) 해결중심상담

노인상담 과정에서 질문을 할 때 지켜야 할 원칙은 일반 상담과 동일하다. 노인상담에서 활용될 수 있는 해결중심상담의 다양한 질문 기법으로는 초점질문, 해결중심질문, 순환질문, 기적질문, 대처질문 등이 있다. 초점질문은 구체적 사항을 물음으로써 내담자를 특정 사항에 집중하게 하는 기법으로, "문제가 무엇입니까?" "문제가 생긴 지 얼마나 오래되었습니까?" 등과 같은 질문을 예로 들 수 있다. 해결중심질문은 해결에 초점을 두어 내담자의 생각이 문제보다는 해결방안 쪽으로 변화될 수 있게 하는 질문으로, "문제가 다소 좋아지는 때는 언제입니까?" "이러한 예외적인 일이 좀 더 일어나기 위해 어르신께 필요한 것은 무엇입니까?" 등의 질문을 예로 들 수 있다. 순환질문은 내담자로 하여금 문제나 문제해결과 관련된 부분들의 상호연관성을 파악하게 하는 질문으로, "친구분이 그렇게 할 때, 어르신께 서는 무얼 하셨습니까?" 등의 질문을 예로 들 수 있다. 기적질문은 내담자로 하여금 미래지향적 사고를 갖게 할 목적으로 사용하는데, "기적처럼 어르신의 문제가 해결되었다면, 무엇이 달라지겠습니까?"와 같이 질문할 수 있다. 대처질문은 고통스러운 상황에서 생존하기 위해 내담자가 하고 있는 일에 초점을 맞추게 하기 위한 것으로, "지금까지 힘들었을 때 가장 도움이 되었던 것은 무엇입니까?"와 같은 질문을 할 수 있다. 이러한 질문들을 통해 내담자의 문제를 파악하고 해결을 위한 개입을 진행해 나갈 수 있는 이론적 기법이다.

(4) 회상요법

인생회고 또는 회상은 과거의 사건이나 경험을 기억해 내는 과정을 통해 과거를 돌아보고 지나온 생을 정리하는 특성을 가진 노인들에게 적합한 상담 방법이다. 이러한 회상을 통해 노인들은 과거 자신의 긍정적인 자아상과 현재를 동일시함으로써 자아성취감, 충족감, 생의 의미를 발견하게 되고, 심리적 상실감을 극복하고 자아통합을 성취하며 우울이 감소하고, 자신의 과거를 미화시키거나 합리화시킴으로써 죄의식과 갈등을 극복할 수 있지만, 자신의 생애를 완전한 실패로 회고할 경우에는 외로움, 우울 및 죄의식이 심화될 수도 있다. 이러한 회상요법에서 사용할 수 있는 기법으로는 생애 도표 기법이 있다. 이 기법은 과거의 자신을 그대로 수용하고 이해함으로써 앞으로의 생애를 더욱 알차게 살게 하기 위한 집단상담 기법이다. 이 프로그램을 운영하는 데는 1시간에서 1시간 30분 정도가 소요되며, 필기도구와 16절지, 음악 테이프 등이 필요하며, 과거를 되돌아볼 수 있는 차분한 분위기를 조성하여야 한다. 이 프로그램의 진행 절차는 다음과 같다.

〈회상요법 집단 프로그램〉

① 다음 글을 읽어 주면서 잠시 명상에 잠기도록 한다. "태어나서 이 자리에 오기까지 지나간 순간순간 애써서 살아오면서 기뻤던 일, 슬펐던 일, 고통스러웠던 일 모두에서 최선을 다해 살아왔습니다. 힘들었을 때 그 누가 건네준 말 한마디, 고통스러웠을 때 손 한번 잡아줌이 얼마나 힘이 되었는지, 내가 슬퍼할 때 같이해 준 친구 등 모든 이들을 잊을 수 없습니다. 이렇게 크고 작은 일 속에서 만났던 사람들을 생각하면서 인생살이의 각각 10년의 세월 속에 머물러 보십시오."

② 지나온 세월을 10년 단위로 구분해서 일직선상에 점을 찍어 표시한다.

- 먼저 현재 자신의 나이에 해당하는 칸에 성공과 실패의 정도를 고려하여 적당한 지점에 점을 찍고, 출생부터 지금까지 살아온 인생을 10년 단위로 하여 성공과 실패감을 점으로 표시한 후, 각각의 연령대에 찍은 점을 연결하여 그린다.

③ 가장 성공했던 시기와 그때의 상황, 가장 힘들고 실패했던 시기와 그때의 상황, 그리고 도움을 준 사람에 대해 자세히 회상하고 기록한다.
④ 기록한 것을 서로 발표하고, 자신의 생애곡선을 참가자들에게 보여 준다.
⑤ 도움을 준 사람들을 기억하고 계속 관심을 기울였는지를 되돌아보고 반성하고, 앞으로 어떻게 살아갈 것인지에 대해서도 발표한다.
⑥ 발표가 끝난 후 서로의 느낌을 나눈다.

(5) 심리극 기법

역할 바꾸기, 거울 기법, 마술가게, 빈 의자 기법, 이중자아 기법, 죽음과 재생의 장면, 심판의 장면 등 다양한 심리극의 기법들이다. 이 기법을 사용할 때 주의사항은 내담자의 에너지에 맞게 접근해야 한다는 것이다. 노인의 특징에 맞게 그들의 인지 정서 행동적 에너지에 맞추어서 접근해야 하는 이론적 기법이다.

(6) 행동치료

정적 강화 및 부적 강화, 모델링을 통한 학습, 체계적 둔감법, 근육 이완법, 토큰경제 등의 다양한 행동주의적 접근의 기법들을 적절하게 사용하여 내담자들의 바람직하지 못한 행동을 노인 내담자들이 원하는, 즉 변화하고자 하는 바람직한 행동으로 바꿀 수 있도록 하는 것이다.

(7) 현실치료상담

노인들의 삶의 만족을 위해서 일시적인 오락보다는 노인들이 스스로 책임감 있는 행동으로 자신의 삶을 통제해서 자녀들과 좋은 관계가 유지될 수 있도록 해 준다. 현실치료는 내담자의 현재 행동에 초점을 둔다. 현실치료의 상담 과정은 다음과 같다.

① W(Want): 내담자에게 바람에 관련된 질문을 하여 자신에게 어떤 일이 일어나기를 바라는지 명확하게 생각해 보게 한다(자기 향상 수준 도달 정도를 파악,

약속 받아내기).

② D(Doing): 내담자에게 상담의 전반적인 방향, 내담자가 어디로 가고 있는가를 탐색하도록 도와주는 절차이다.

③ E(Evaluation): 보통의 가치평가는 도덕적이고 윤리적인 기준에 맞추어 평가하는 것을 의미하지만 여기의 평가는 개인의 행동과 욕구와의 관계를 점검해 보고 스스로 자기평가를 하게 되는 단계이다.

④ P(Planning): 내담자의 가능성을 신뢰하며 용기와 희망을 불어넣는다. 상담자는 내담자의 진정한 욕구와 바람을 충족시킬 수 있는 계획수립과 실행, 평가를 통해 계획이 완료되면 그 계획을 강화시킨다.

7) 종결과 추수지도를 위한 상담 기법

이 과정의 과제는 노인 내담자와 함께 합의한 목표를 충분히 달성하였는지를 확인하고, 앞으로 부딪칠 문제를 예측하고 대비하는 것이다. 종결 회기는 전체 상담 과정 중에서 가장 어려우면서도 중요한 시간으로 이 과정에서 상담의 효과가 측정된다. 추수지도는 상담 후에 내담자가 효과적인 진로행동을 취하고 있는지 만족감을 유지하며 적응을 잘하고 있는지를 확인한다. 추수지도를 통해 내담자의 어려움이 확인되면 상담자는 이를 보완하는 추수상담을 진행할 수 있다. 이 추수상담을 통해 내담자도 어려움이 있으면 도와줄 누군가가 있다는 안도감을 가지게 되고, 상담자 없이 자신이 해온 그동안의 성과를 상담자에게 확인받고 격려받는 기회를 갖게 된다. 노인 내담자들은 타 연령층에 비해 임종 및 의료, 요양시설에 입원하는 경우가 많으므로 상담의 종결 과정에서 변화에의 불안 완화 등 세심한 배려와 종결 후 추수점검의 노력이 필요하다.

〈효과적인 종결을 위한 일곱 가지 공통 요인〉

- 노인상담 과정에서 다루어진 내용들을 살펴본다.
- 노인상담이 진행되어 온 과정들을 점검해 본다.

- 노인 자신의 문제를 다루는 내담자의 능력과 강점을 확인하고 강조한다.
- 노인 내담자의 변화에 대해 평가한다.
- 남아 있는 문제들에 대해 예측하고 논의한다.
- 상담 관계의 종결에 대한 내담자의 다양한 정서를 다룬다.
- 목표 달성의 정도를 평가하며, 다음 단계에서 해야 할 일들을 검토한다.

8) 노인의 특성을 고려한 의사소통 기법

노년기에는 청력과 시력이 저하되고 감정을 표현하지 않으려 하며 경직성과 내향성이 강해지며 언어적 능력 또한 저하되는 경향이 있으므로 의사소통하는 데 여러 가지 장애를 갖게 된다. 이러한 의사소통의 방해요인을 갖고 있는 노인과 의사소통하기 하기 위하여 일반적으로 따라야 하는 원칙과 특수한 장애나 질환을 갖고 있는 노인과의 의사소통 방법에 대해 살펴본다(권중돈, 2016).

노인과의 원활한 의사소통을 하기 위해서 지켜야 할 일반적 원칙을 살펴보면 다음과 같다.

- 얼굴을 마주 보고 눈높이를 맞추고 이야기한다.
- 가까운 곳에서 말한다.
- 천천히 이야기하되 너무 높은 소리로 크게 이야기하지 않는다
- 노인들이 알아 듣기 쉬운 말로 명확하게 이야기한다.
- 말로만 대화하지 말고 사진 문자와 같은 비언어적 의사소통, 즉 스킨십과 몸으로 하는 언어를 적극적으로 사용하여야 한다.
- 노인의 주장에 반대하거나 가치관을 고치거나 고집을 꺾으려 하지 말아야 한다.
- 노인의 신상에 관한 비밀을 철저히 보호해야 한다.
- 노인의 평소 생활 습관이나 심정에 대해서 잘 이해하고 있어야 한다.
- 노인의 청력이 나빠 못 들을 수도 있으므로 이야기를 듣고 있는지 확인한다.

- 노인의 속마음을 알려 하기 전에 먼저 마음의 문을 열고 속마음을 털어놓는다.
- 노인의 이야기를 귀담아들어 주고 이야기에 공감해 주어야 한다.
- 노인으로 하여금 말할 기회를 많이 부여하고 귀담아들어야 한다.
- 이야기를 잘하거나 좋은 행동을 할 때 칭찬하는 것에 인색하지 말아야 한다.
- 표정은 밝게 하고 자주 웃고 유머감각을 잃지 말아야 한다.
- 다투거나 말싸움하지 말고 비교하지 말고 반말하지 말고 욕하지 말아야 한다.
- 이야기를 하다가 계속 흥분하거나 화를 내면 상황이나 말을 전환시키는 것이 좋다.
- 칭찬을 많이 하되 두리뭉실한 칭찬을 하지 말고 잘한 행동이나 좋은 태도 등 구체적인 것을 두고 칭찬하라.
- 나쁜 행동을 할 때 위험한 행동이 아니라면 못 본 척하는 것이 좋다.
- 대화에 방해가 되는 소음이나 소란한 환경에서는 대화하지 않는 것이 좋다.
- 복잡한 질문은 하나씩 끊어서 묻는 것이 좋다.
- 노인이 질문에 대답하지 않는다고 하여 서두르지 말고 기다리는 것이 좋다.
- 노인과 비슷한 점을 찾아내어 이를 활용하라.
- 자신의 감정을 솔직히 표현하되 부정적 감정은 가급적 표현하지 않는 것이 좋다.
- 자신의 이야기에 틀린 부분이 있으면 즉시 잘못된 부분을 인정하라.
- 못하는 것은 못 한다고 하되 시간을 두어가며 노인을 충분히 납득시키는 것이 좋다.
- 약속한 것이 있으면 반드시 지키고 지키지 못할 약속은 하지 말아야 한다.

9) 그 외 노인상담에서 사용되는 기법

(1) 인정요법

노인상담에서 사용되는 인정요법 또는 정당화요법은 치매노인과 같이 인지기능이 현저히 떨어지는 노인들에게 효과적으로 개입하는 방법으로 비정상적인 행위일지라도 모든 행위 이면에는 어떤 논리가 존재한다는 전제를 근거로 하고 있다. 인정요법에서 사용하는 기술은 집중, 반복 그리고 모방이 있다. 집중 기법은 의심하거나 비난하는 노인 내담자와 상담할 때 상담자가 자신의 현재 감정을 솔직히 인정하고 심호흡을 하고 한곳을 집중하여 쳐다보는 등의 방법으로 문제가 되는 감정을 해결하는 기법이다. 반복은 인지기능이 저하된 노인은 자신이 말한 내용을 다른 사람을 통해 듣게 되었을 때 종종 편안함을 느끼므로, 목소리 톤, 말의 속도 등을 똑같이 하여 노인 내담자가 한 말을 반복하는 기법이다. 모방 기법은 반복적 행동, 즉 상동증(常同症)이 있는 노인 내담자의 동작을 똑같이 따라 함으로써, 내담자의 신뢰를 얻는 기법이다.

(2) 역할전환 기법

이 기법은 내담자가 상대방의 역할을 수행해 봄으로써 상대방의 입장을 이해하게 하는 기법이다. 예를 들어, 시어머니와 며느리 사이에 갈등이 있을 때, 상담자가 며느리가 되고, 내담자가 시어머니의 역할을 한 후 역할을 바꾸어서 수행해 봄으로써 서로의 입장을 더욱 빨리 이해할 수 있게 된다.

(3) 재정의 또는 긍정적 의미부여 기법

이 기법은 내담자로 하여금 다른 시각에서 문제를 볼 수 있도록 하는 일종의 역설 기법이다. 상담자가 문제나 관련된 상황을 긍정적 의미로 재해석하여 문제와 관련된 내담자의 정서를 변화시킨다. 이 기법은 세대 간 단절이나 고부갈등에 유용한데, '노부모를 자주 찾아오지 않는 아들'을 '사회적으로 성공한 자녀'로 재해석하여 의미를 전환시키는 경우를 예로 들 수 있다.

(4) 지시나 과제부여 기법

이 기법은 내담자에게 상담 시간이나 가정에서 수행할 수 있는 과제를 부여하는 기법이다. 상담자는 상담 시간 중에 언어로 설명만 하기보다는 그때의 상황을 재현해 보도록 하거나, 잘못된 의사소통 양식을 지적하고 개선 및 향상 방법을 지시하거나, 새로운 의사소통 방법을 교육하거나, 새로운 규칙을 따르도록 명령을 내리는 기법이다. 이러한 지시나 과제를 부과할 때 유의해야 할 사항은 과제는 수행 가능한 쉬운 문제부터 시작하여 작은 변화를 일으켜 체계의 변화를 유도해야 한다는 것이다. 그리고 명확하고 구체적인 것을 과제로 부과하여야 하며, 일상생활과 밀접한 과제를 부과하되 가족의 동의를 얻고, 과제를 부과한 이후에는 과제를 재검토하게 해야 하며, 과제를 이행하지 않았을 경우에는 반드시 유감스러움을 표현해야 한다.

(5) 역설 기법

이 기법은 노인 내담자의 저항이 심할 때 변화를 일으키는 기법으로 처방, 제지 등이 있다. 처방은 증상을 지속하게 하거나, 과장하게 하고, 자의로 증상을 통제할 수 있도록 하는 기법이다. 제지는 소극적 노력을 하는 내담자에게 재발을 예측하여 경고하거나, 변화의 속도가 지나치게 빠르다고 지적하는 기법이다.

(6) 세대분화 기법

이 기법은 가족체계 내의 세대 간 정서적 융합을 줄이기 위한 방법으로 부분화, 편들기, 충성심 표출, 면죄부, 자원연결 기법 등이 있다.

- **부분화(partiality) 기법**: 상담자가 확대 가족, 사망한 가족 구성원 등 가족과 관련된 모든 부분의 입장을 대변해 줌으로써 가족의 주관적 인식을 바꾸고, 가족신념 체계에서 분화시키는 기법이다.
- **편들기(siding) 기법**: 가족 구성원 한 명 한 명에게 돌아가면서 감정이입하고, 그의 말을 경청해 주는 반면, 다른 사람에게는 적대적으로 대하여 분화를 촉진하는 기법이다.
- **충성심 표출(loy alty framing) 기법**: 가족 내의 충성심 존재 여부, 충성심이 존중되게 된 과정, 다세대에 걸친 전수과정 등을 탐색하여 충성심의 윤곽을 제시하는 기법이다.

- **면죄부(exoneration) 기법**: 가족에 충성을 다하지 못함으로써 느끼게 되는 죄의식이나 자기비난 등의 문제를 해결하기 위하여 특정 생활 사건이 지니는 의미와 이 사건에 대해 개인적으로 갖고 있는 지각, 애도과정 등을 명확화해 주는 기법을 말한다.
- **자원연결 기법**: 노인 내담자가 문제해결을 위해 활용할 수 있는 사회적 자원에 관한 정보를 제공하거나 직접 연결하는 기법이다. 노인상담에서는 상담실에서의 의사소통 교환 행위와 아울러 노인에게 도움이 되는 직접적 서비스가 같이 병행되어야 한다는 점을 특히 유념해야 한다. 즉, 효과적 노인상담을 위해서는 전문상담 이전에 노인에 대한 존경과 이의 행동적 표현이 바탕이 되어야 하며, 상담실에서의 '말'의 교환행위가 아닌 질병 치료, 생활비 지원 등의 직접적 서비스를 제공하는 '움직이는 상담', 즉 사회적 자원 연결이 매우 중요하다. 따라서 노년기의 사회적 관계망을 유지하고, 이들 관계망으로부터 다양한 차원의 지지를 유도해 낼 수 있는 사회적 자원 동원 기법을 활용해야 할 것이다.

이 외에 노인상담에서는 전통적 의미의 상담과 치료에서 활용되는 기법 외에 음악치료, 미술치료, 작업치료, 원예치료, 문예요법 등의 다양한 재활 치료적 접근방법의 세부적인 기법과 기술들이 활용될 수 있다.

4. 노인상담 시 고려해야 할 사항

노인상담을 할 때는 다음과 같은 사항을 고려해야 한다(이근홍, 2018).

- 내담자 문제에 대한 국부적인 초점의 개입보다는 넓은 배경으로 접근의 위로와 노인 내담자를 위한 지지 및 격려가 필요하다.
- 고령노인들의 건강이나 심리적 안녕에서의 사회적인 요인들을 고려한다.

- 노인층 내담자와의 접촉에서 소요되는 시간 및 관련된 복합적 속성들을 인내하고 참아낸다.
- 노인 가족의 자기중심적 젊은 세대와 상담자 자신의 경험 부족으로 인한 어려움에 접했을 때 당황하지 않는다.
- 노인 내담자들의 가족 및 다른 노인 도우미들과의 협동적 활동과 상호 지지의 준비가 되어 있도록 한다.
- 노인의 생존적인 측면보다는 삶의 질, 재활 및 노인 내담자들의 기능 향상에 초점을 맞춘다.
- 잠재력을 가진 내담자로서 충분히 기능하는 한 인간으로서의 노인을 인식하고 내담자의 성장 가능성과 그들의 강점을 볼 수 있는 상담자의 자세가 필요하다.
- 노인문제에 대한 편견을 배제한다. 노인은 일반 성인과는 다른 문제를 가지고 있을 것이라는 생각을 버리는 것이 필요하다. 있는 그대로의 모습을 받아들이고 수용한다.

5. 노인상담자의 자세와 역할

현대사회의 제반 변화로 인해 가족 구성원이나 주변인의 상식적 도움으로는 해결하기 어려운 복합적이고 전문적인 문제를 안고 있는 사람이 늘어났다. 경쟁사회에서의 현대인은 이전보다 심한 심리적 불안과 긴장을 경험하고 가치관의 변화에 따른 세대 간의 고립과 갈등은 그 진폭이 증가되었다. 이와 같은 사회적 변화는 단절된 사회에서의 고독과 소외를 해결해 줄 전문인을 필요로 하게 되었다. 노인상담전문가는 노년을 극복할 수 있는 진리와 새로운 인생의 의미를 발견하도록 돕는 데 있다. 노인 개인이 자신의 문제를 발견하고 자신을 객관적으로 이해하며, 자신의 삶의 목표나 생의 계획을 바르게 세우고 좀 더 바람직한 생활을 할 수 있도록 여러 가지 활동지향적인 프로그램의 개발과 활용에 많은 비중을 두고 있다. 또한 상담 대상자인 노인뿐 아니라 가정, 조직체, 지역사회 등 개인이 처한 생활환경을 변화, 개선하는 데 강조점을 두며 다양한 접근을 하는 등 예방과 발달에 역점을 두고 있다.

그리고 과거의 문제 중심적이고 개인의 심리치료 중심적이던 상담이 직접적인 면접 상담을 주된 방법으로 활용한 반면, 최근에는 다양한 대상과 목적에 맞는 훈련과 방법을 활용하게 되었다. 현대에는 전문가뿐만 아니라 비전문가, 준전문가들의 참여도 증가하여 상담에 대한 이해의 폭이 대폭 확장되었다. 교육적, 직업적인 문제를 개별적으로 돕고 이와 관련된 모든 사실을 조사하고 분석하며 해결점을 찾는다. 또한 내담자가 자기 자신이 결정할 수 있도록 가르칠 수 있는 개인적 면담이나 전문가의 조력이 이루어지고, 학교나 지역사회 자원 인사의 도움을 받는 것이 상담의 역할이라 할 수 있다. 노인상담자의 자세와 역할에 대해 구체적으로 살펴보면 다음과 같다.

첫째, 노인의 특성에 대해 잘 알고 있어야 하며 노인에 대해 긍정적인 시각을 갖고 이해하려는 기본적인 마음을 갖고 있어야 한다. 노인들은 자신에 대한 무가치감이나 낮은 자존감을 갖고 있으므로 격려, 지지하는 분위기를 조성하기에 노력해야 한다. 상담자는 인내심을 가지고 있어야 하며, 내담자가 자기 자신의 이야기를 털어놓을 수 있도록 충분하게 수용하고 기다려 주어야 한다.

둘째, 노인은 청력장애, 지적 능력의 저하 등으로 의사소통 능력이 감퇴되어 있으므로 비언어적 의사소통을 잘 이용할 필요가 있다. 노인의 눈높이에 맞은 어휘와 실례를 사용하여 노인과의 의사소통을 원활히 하도록 노력해야 한다.

셋째, 노인의 잠재적인 자원을 발견할 수 있도록 도와야 한다. 그리하여 노인으로 하여금 그것을 선택하고 참고하여 스스로 자기 문제를 해결할 수 있도록 독려하고 노인의 발달과업을 성취할 수 있도록 도와줘야 한다. 상담자는 노인 내담자의 자원과 강점에 초점을 두어서 상담을 진행해야 한다. 내담자의 약점과 문제중심보다는 해결중심으로 강점발견과 지지중심으로 가야 한다.

넷째, 상담자가 노인들의 문제와 요구에 전적으로 책임을 지거나 필요 이상의 개입을 하여 노인의 자율성을 방해하고 독립성을 저해하지 않도록 주의한다. 상담자는 어디까지나 내담자들의 복지와 안전에 대해 문제해결에 도움을 줄 수 있으나 모든 문제해결의 원인과 책임을 지는 것은 아니다. 상담자와 내담자와의 관계에서 발생하는 문제들은 곧 내담자가 일상에서 경험하고 맞닥뜨리는 문제이다.

다섯째, 노인상담자들은 노인 내담자들에게 적절한 정보를 전달할 수 있어야 한다. 노인들의 상담 내용에 따라 적절한 정보를 제공할 수 있는 정도의 노인관련 지식을 습득하고, 자신의 능력에 넘치는 상담은 적절한 기관이나 전문인에게 연결시킬 수 있는 기본적 지식과 순발력의 융통성을 소유하고 있어야 한다.

여섯째, 노인 내담자가 갑자기 위급한 일을 당할 수 있으므로 위기대처 능력 및 내담자의 심리적 · 신체적 상태를 잘 살펴야 한다. 심리적으로 충격이 가해지는 상황에서 신체적 이상이 나타나는 상황에 대한 빠른 판단이 필요하다. 고혈압, 심장충격 등은 노인상담자들이 유의해야 할 부분들이다.

요점 정리

- 노인상담의 초점은 이제 새로운 기회의 개발과 잠재력의 개발에 두어야 한다. 즉, 노년기를 쇠퇴기 혹은 죽음에의 적응기로 보기보다는 다른 발달단계와 마찬가지로 성장과 자아실현을 위한 새로운 삶의 기회의 시기로 바라보아야 한다.
- 노인상담은 노인의 특징을 고려하는 한편, 노인이 추구하는 새롭고 만족스러운 자기실현의 삶을 가능하도록 돕는 서비스 활동이다.
- 노인상담의 중요 과제는 노인 내담자들의 특성을 파악하는 일이다. 이것은 상담 목표를 확인하고 목표를 명료화하는 데 도움을 주며, 문제해결 및 개입 방법에 중요한 기초자료가 된다.
- 타 연령층에 비해 임종 및 의료, 요양시설에 입원하는 경우가 많으므로 상담의 종결 과정에서 변화에의 불안 완화 등 세심한 배려와 종결 후 추수점검의 노력이 필요하다.
- 노인상담에서는 전통적 의미의 상담과 치료에서 활용되는 기법 이외에, 음악치료, 미술치료, 작업치료, 원예치료, 문예요법 등의 다양한 재활치료적 접근방법의 세부적인 기법과 기술들이 활용될 수 있다.
- 노년기에는 청력과 시력이 저하되고 감정을 표현하지 않으려 하며 경직성과 내향성이 강해지며 언어적 능력 또한 저하되는 경향이 있다. 그러므로 의사소통하는 데 여러 가지 장애를 갖게 되므로 언어적 의사소통의 기법이 상담자에게 필요하다.
- 상담자는 노인 내담자의 자원과 강점에 초점을 두어 상담을 진행해야 한다. 내담자의 약점과 문제중심보다는 해결중심으로 강점발견과 지지중심으로 가야 한다.
- 노인상담자들은 노인 내담자가 갑자기 위급한 일을 당할 수 있으므로 위기대처 능력 및 내담자의 심리적 · 신체적 상태를 잘 살펴야 한다.

연습문제

1. 노인상담의 기법들이 다양하게 적용되어 지고 있는데 개인이 생각하는 가장 효과적인 노인상담의 기법을 설명하라.

2. 다양한 노인 내담자들의 특성을 고려해 볼 때 인지적 정서적 행동적 특징에서 두드러지게 낮은 에너지를 보이는 내담자들에게는 상담자의 어떤 자세와 노력이 필요한지 설명하라.

3. 21세기 포스트 모더니즘 시대의 사조와 흐름에 맞는 노인상담의 새로운 기법들에 대해 논의하라.

참고문헌

국가치매지식정보포털, http://www.edementia.or.kr/
권중돈(2012). 노인복지 프로그램 개발의 실제. 학지사.
권중돈(2016). 노인복지론. 학지사.
김봉환(2020). 진로상담의 이론과 실제. 학지사.
박차상 외(2009). 한국노인복지론. 학지사.
서강훈(2013). 노인복지정책과 사회복장제도. 한국학술정보.
이근홍(2018). 노인복지론. 공동체.
이장호, 김영경(2013). 노인상담(경험적 접근). 시그마프레스.
이준우(2013). 고령화사회에서의 노인복지 이해와 실천. 파란마음.
이해영(2013). 노인복지론. 창지사.
이호선(2006). 노인상담론. 공동체.
이호선(2012). 노인상담. 학지사.
중앙노인보호전문기관, http://www.noinboho.or.kr
한국노인의 전화, http://www.kisca.or.kr

Lazarus, A. A. (1971). Multimodal Applications and Research: A Brief Overview and

Update. *Elementary School Guidance and Counseling, 24*(4), 243-247.

Mahoney, M. J. (1974). *Discovering new options with self-help cognitive behavioral therapy*. Ballinger

Meichenbaum, D. (1977). *Cognitive-behavior modification: An integrative approach*. Plenum Press.

제5장
노인 심리검사

1. 심리검사의 정의와 발달

1) 심리검사의 정의

심리검사란 심리적 현상에서의 개인차를 비교하고 개인의 전체적인 인격적, 행동적 측면을 이해하기 위한 심리학적 측정과정으로 두 사람 이상의 행동을 비교하는 체계적인 과정을 이야기한다(Cronbach, 1960). 개인의 행동표집을 객관적이고 표준화된 방식으로 측정함으로써 개인 간의 차이 및 상이한 경우들에서 나타나는 동일한 개인의 반응들 간의 차이를 평가하려는 것이다(Anastasi, 1982). 개인의 다양한 심리적 속성들은 지능, 흥미, 적성, 학업성취도 및 성격특성 등을 평가하여 진단, 분류, 상담(치료), 예후 등에 유용한 정보를 얻고자 하는 것이다. 심리검사는 측정하고자 하는 특정한 행동을 체계적으로, 그리고 표준화 방식에 따라 양적으로 측정하여 개인 간 비교가 가능할 수 있고 개인 내 비교도 가능할 수 있도록 해 주는 심리 측정법이다.

2) 심리평가의 일부로서의 심리검사

노인 심리평가란 개인의 심리적 특성을 이해하기 위한 일련의 전문적인 과정으로 심리검사, 면담, 행동관찰 등 여러 다른 방법에 의해 이루어진다(Goldstein et al., 1990). 이는 다양한 평가 결과를 종합하여 최종적으로 해석을 내리게 되는 보다 복잡하고 전문적인 과정이며 심리검사는 그 일부이다.

심리평가	=	심리검사	+	행동관찰	+	면담	+	전문지식

3) 심리검사의 발달

연도별로 살펴본 심리검사의 발달은 다음과 같다.

〈표 5-1〉 심리검사의 발달

번호	연도	내용
1	1884년	F. Galton에 의해 런던에서 심리학적 측정 실험실 개설
2	1890년	M. Cattell의 mental test 시도
3	1904년	C. E. Spearman이 지능의 이요인론을 제안
4	1905년	Binet-Simon 지능검사 최초 제작
5	1908년	Binet-Simon 지능검사 개정
6	1910년	C. Jung의 단어연상검사의 임상적용 시도
7	1916년	Binet-Simon 지능검사가 L. Terman에 의해 개정
8	1917년	최초 군대용 알파, 베타검사 제작
9	1920~1940년	지능, 적성, 흥미, 성취검사의 급속한 표준화
10	1921년	Rorschach 검사 제작
11	1935년	TAT 검사 제작
12	1939년	W-B 지능검사 제작
13	1940년	MMPI 제작
14	1955년	정범모에 의한 간편 지능검사(국내)
15	1960년	객관적 검사의 전산화 작업 시작
16	1963년	전용신, 서봉연, 이창우의 KWIS(국내)
17	1963(67)년	정범모, 이정균, 진위교의 MMPI 다면적 인성검사(국내)
18	1968년	Roschach Research Foundation 개설

19	1970년	진위교, 김형립의 간편 MMPI(국내)
20	1970(71)년	전용신의 고대-비네 지능검사(국내)
21	1974년	이창우, 서봉연의 K-WISC(국내)
22	1974년	Exner 로샤 통합체계 제기
23	1984년	김광일 등에 의한 간이 정신진단검사 SCL-90-L(국내)
24	1987년	박경숙 등의 KEDI-WISC(국내)
25	1988년	김중술 등의 MMPI(국내)
26	1989년	MMPI-2 제작
27	1991년	한국임상심리학회의 K-WAIS(국내)

2. 노인상담에서 심리검사의 활용

1) 심리검사의 활용 지침

심리검사를 활용할 때는 다음과 같은 지침을 따라야 한다(김재환 외, 2016).

- 검사 사용자는 피검자를 위해 사용하려는 검사의 타당도와 신뢰도에 대해 충분히 검토해야 한다.
- 검사자는 검사에 임하는 피검자의 정서 상태를 잘 이해하고, 검사가 어떤 목적으로 실시되며, 검사가 실시되어 어떤 이득이 있는지를 충분하게 설명하여야 한다.
- 검사 사용자는 전문적인 자격과 경험을 갖춘 사람으로서 검사 요강에 제시된 표준화된 채점 절차를 주의 깊게 따라야 한다.
- 검사 실시자는 일정 기준 이상의 전문성을 유지하고, 자신이 실시한 검사 결과에 대해 책임을 져야 하며 자신의 능력과 기술의 한계를 알고 있어야 한다.
- 검사자는 검사 과정에서 얻은 정보에 대한 비밀을 보장할 의무가 있다.

2) 좋은 심리검사가 갖추어야 할 조건

내담자가 속해 있던 사회적 환경의 초기 상태, 변천사에 관한 자료 수집을 해서 내담자의 초기 가족구조와 시간에 따른 가족관계에서의 중요한 변화를 관찰한다. 사회적 환경과 주요 대인관계는 내담자의 친밀성과 자율성의 능력을 평가하는 데 중요한 자료들이 될 수 있고 내담자의 의학적 과거와 현재의 의학적 문제, 그에 대한 본인과 가족의 태도 및 대처방식, 관련된 치료, 약물복용 등의 대한 기초 정보들을 가지고 검사를 실시한다. 이런 기초적인 정보하에 심리검사가 갖추어야 할 조건들이 만족된다면 심리검사의 실시와 해석은 노인 내담자들을 상담하는 데 유익한 자료들이 될 수 있다. 좋은 심리검사의 조건은 다음과 같다.

- **표준화**: 표준화된 심리검사인지의 여부를 파악하는 것이다. 구체적인 질문으로는 '심리검사에 대한 요강(manual)이 준비되어 있는가? 검사 실시, 채점 과정이 일정한 방식으로 진행되는가? 심리검사 규준(norm)이 있는가?' 등이다.
- **신뢰도**: 심리검사 결과의 일관성이다. 같은 대상에게 동일한 검사를 재실시 했을 때 일관성 있는 결과가 나오는가에 대한 답이다.
- **타당도**: 검사가 실제로 측정하고자 하는 것을 제대로 측정하고 있는가이다.

3) 심리검사의 실시 요령

(1) 라포형성

라포형성을 통해 심리검사에 대한 피검자의 관심을 불러일으키고 심리검사 시행에 대한 참여도를 높이게 한다. 차분하고, 진지하고, 신중하게 실시하도록 하며, 피검자도 검사에 신중하게 임한다. 검사자가 검사 도구를 피검자에게 건네주는 순간부터 검사 과정은 시작된다. 소개하는 시간이 길고 짧음보다는 검사자가 소개하는 방식과 태도가 피검자로 하여금 솔직하고 진지하게 검사에 임할 수 있도록 해 주는 분위기 형성에 중요한 영향을 끼친다.

(2) 검사의 안전성

방해되지 않는 정도로 1~2번 검사 진행을 확인하고 언제든 답변해 줄 수 있는 곳에 있음을 알린다. 검사 실시 후 진행하면서 힘든 점은 없었는지 등을 묻고 수고한 것에 대한 격려를 한다. 적절하게 응답되었는지 여유를 갖고 검토하고, 충분치 않다면 재응답을 권유한다. 검사지가 지나치게 더럽혀지고 구겨졌거나 혹은 지나치게 깨끗한지, 피검자의 기록사항 부분을 기재했는지와 기록된 내용은 어떤지, 답안지 작성에 특징이 있는지 등을 자세히 검토한다.

4) 심리검사 실시 및 사용 목적

심리검사를 실시하고 사용하는 목적은 다음과 같다.

- 자신에 대한 정보제공: 검사 결과를 통해서 자신이 어떤 분야에 관심이 있는지, 어떤 능력을 가지고 있는지 등을 좀 더 객관적으로 확인한다.
- 가능성 예측: 심리검사 결과를 토대로 자신의 특성에 적합한 직업과 학과는 무엇인지 탐색하고 구체적인 정보를 찾아본다.
- 개성 또는 적성의 발견: 자신에게 적합한 직업 및 학과 정보를 토대로 장기적인 진로계획을 세워나갈 수 있다.
- 진로와 관련된 문제 영역 진단: 심리검사 결과에 비추어서 자신이 가지고 있는 문제 파악 및 그에 따른 해결방법을 찾아낼 수 있다.

5) 심리검사의 활용 절차

심리검사는 다음과 같은 활용 절차를 따른다.

- 검사의 선택: 내담자가 바라는 목적을 고려하여 선택하고, 내담자의 목적에 맞는 표준화 검사지 중에서 어떤 것을 선택할지 고민하여, 시간, 경비, 노력을

적게 들이고 소기의 목적을 달성할 수 있는지를 보고 심리검사를 결정한다.

- **검사의 실시 및 채점:** 편안한 마음을 가지고 검사에 임할 수 있도록 공감을 형성한 후에 표준화된 절차에 따라서 실제 검사를 실시하고 검사가 끝난 후에 검사를 채점한다.
- **마무리:** 검사를 하면서 힘든 점은 없었는지 등을 묻고 수고한 것에 대한 격려를 하고, 적절하게 응답되었는지 여유를 갖고 검토한 후에 피검자의 기록사항 부분을 기재했는지와 기록된 내용은 어떤지, 답안지 작성에 특징이 있는지 등을 자세히 검토한다.

6) 심리검사 결과 해석 시 유의사항

검사 해석의 첫 단계는 검사 요강을 알고 이해하는 것이다. 결과를 해석할 때 내담자가 받은 검사의 목적과 제한점, 장점들을 검토해 보는 것이 중요하다. 결과를 해석할 때 백분위나 표준점수가 해석에 포함된다면 이런 것들과 함께 검사가 채점되는 과정이 설명되어야 하고, 검사 결과가 확실성이나 구체적인 예언보다는 오히려 가능성의 관점에서 제시되어야 한다. 결과의 해석을 통해 내담자의 이해를 증가시키는 것을 강조하며 내담자 스스로 해석할 수 있도록 안내해야 한다. 노인 내담자들 중에 인지적인 이해와 지식이 부족한 내담자들을 위한 상담자는 검사결과를 해석할 때 내담자의 이용 가능한 다른 정보들과 관련지어 제시해야 하고, 상담자는 내담자가 검사 결과의 해석내용을 이해하고 있는지 확인하고, 내담자가 그 정보에 대한 반응을 표현할 수 있도록 격려해야 한다. 검사 결과를 해석할 때 검사 결과로 나타난 장점과 약점 모두를 객관적으로 검토해서 제시하여야 한다.

3. 노인 심리검사의 실제

먼저 노인 내담자들의 객관적인 심리검사를 실시하기 전에 다음의 사항들을 통해 상담자는 내담자와의 면접단계에서 내담자의 정신 상태를 평가할 수 있다.

- **내담자의 외모, 행동, 태도**: 이러한 내용들을 중심으로 내담자의 정신 상태를 평가할 수 있다. 겉으로 관찰되는 모습과 행동은 그 사람의 내면의 상태를 짐작할 수 있는 중요한 자료이다. 관찰된 행동을 토대로 증상, 성격, 진단에 관한 잠정적인 첫 가설을 수립할 수 있다. 면담과 검사 도중 상담자에 대해 나타내는 내담자의 태도는 내담자의 일반적인 대인관계 방식과 밀접한 관련이 있고, 면담과 검사 과정에서 보여 주는 행동은 실제 생활 속에서 나타내는 행동의 축소판이라고 볼 수 있다.
- **내담자의 감정과 정서**: 내담자의 감정의 내용과 감정의 조절은 면담 과정에서 직접 관찰이 가능하다. 내담자가 처해 있는 상황에 따라, 문제 또는 증상과 진단의 종류에 따라, 그리고 증상에 대한 태도에 따라 다양한 유형의 감정과 감정조절 문제가 있을 수 있다.
- **불안**: 상담자에게 가장 중요한 '감정' 측면은 면담상황에서 나타나는 불안이 어떤 성질의 것이냐는 것이다. 정신증이 있는 내담자에게서 나타나는 감정의 부적절한 표현은 불안을 회피하려는 시도일 수 있다. 불안이 잘 관리되고 적절하게 표현되는 것은 내담자의 긍정적인 힘이다. 불안장애에서처럼 신경증이 있는 내담자의 경우 불안에 의해 증상들이 유발되어 자아 이질적으로 경험될 수 있다.
- **언어와 사고**: 내담자 개인이 구사하는 언어 행동은 그 사람의 사고 또는 연상의 흐름, 일반적인 인지적 효능성, 기분의 양상, 에너지 수준, 증상의 심각도 등과 관련이 있다. 노인 내담자들의 말의 내용, 구성과 통일성을 관찰함으로써 내면의 사고과정과 내용을 짐작할 수 있고, 내담자의 언어반응을 면밀히

검토함으로써 진행 중인 연상이 이탈적인지 또는 비논리적인지를 결정, 노인 내담자들의 사고장애의 가능성을 평가할 수 있다.

이러한 면접단계에서의 기본적인 평가자료를 중심으로 노인 내담자들을 위한 검사의 종류들을 살펴보면 다음과 같다.

1) 노인상담을 위한 진로관련 검사(이호선, 2012)

(1) 진로발달 검사도구의 개발과 목적

Super가 제시한 진로발달의 이론적 모델에 기초하여 정신적 · 사회적 · 직업적 성장을 종단적으로 연구한 것이다. 핵심내용은 진로성숙, 진로유형, 진로발달단계 및 자아개념의 직업적 자아개념으로의 전환 등에 관한 것으로 내담자들의 진로발달과 직업 또는 진로성숙도를 측정하기 위하여 내담자들의 교육 및 진로계획 수립에 도움을 주도록 진로결정을 위한 준비도를 측정하기 위한 검사이다.

(2) 진로성숙도 검사도의 개발

객관적으로 점수화되고 표준화된 진로발달 측정도구로서 직업성숙 개념과 진로유형 연구모형의 영향을 받아 최초로 개발되었다(Crites, 1973). 진로성숙도 검사 측정모델은 Stanford-Binet와 Wechsler가 지능을 측정하기 위하여 만든 성인지능검사 척도에서 사용한 연령에 따른 점수화 방법을 사용하고 있다. CMI 문항들은 진로의사 결정과정에서 가장 일반적으로 제기되는 두 가지 문제점(미결정, 비현실성)의 분석뿐만 아니라, 이와 같은 문제점을 발생시키는 요인을 찾아내는 데 유용하다. 상담자가 CMI의 결과를 가지고 내담자와 상담하는 방법에는 다음 세 가지가 있을 수 있다

- 전통적인 검사 결과 해석방법으로 진로성숙검사 결과표에 그래프로 해당 영역의 점수를 표시하고 내담자와 그 결과의 의미를 해석하는 방법이다.

- 종합검사 결과 해석법으로 상담자가 내담자에게 검사 결과를 그래프로 제시하기보다는 검사 결과를 종합적으로 이해하여 내담자와 상담하는 과정 속에 언어적으로 표현하는 방법이다.
- 내담자들에게 특별히 효과적인 방법으로 내담자가 올바르게 응답하지 못한 문항들을 상담자가 하나씩 짚어 가면서 설명하는 '검사도구 해석 · 활용법' 이다.

(3) 적성검사

지능검사보다 더 특수하고 광범한 영역의 능력을 시간제한하에서 측정하며, 주로 산업체나 학교에서 많이 사용한다. 특수한 직종에 맞는 사람을 선발할 목적으로 사용하는 것이 일반적이다. 현재 우리나라에서 직업상담용으로 사용할 수 있는 적성검사총집으로는 GATB직업적성검사(중앙적성출판사)가 있다.

① 일반 적성검사

미국노동청의 고용위원회가 1945년 연구 · 개발하였다. 현재 미국노동청에서 직업 · 채용 상담의 자료를 얻기 위해 사용되고 있다. 인간성능에 대한 요인분석에 의하여 일반능력(G), 언어적성(V), 수적성(N), 공간적성(S), 형태지각(P), 운동조정속도(K), 손가락의 교치도(F), 손의 기교도(M), 사무지각(Q) 등 총 9종류의 기본적 능력을 추출하여 이들을 측정할 수 있는 15종의 검사로 종합검사를 구성한다. 각종 직업에 대한 직무분석과 직업적성 군별 기준을 정하여 개인이 어떤 직업군에 적합한가를 볼 수 있게 한 검사이다.

② 일반직업 적성검사

1987년에 노동부가 개발한 검사로, 다양한 직업 분야에서 자기가 맡은 직무를 성공적으로 수행하기 위하여 요구되는 몇 가지 적성요인의 측정을 목적으로 고안되었다. 이 검사에 의하여 얻어진 자료는 학생 및 구직자가 선택하려고 하는 직업의 직무수행요건과 적성요건을 비교하여 능력에 적합한 직업의 선택과 지도에 활용된다. 직무수행에 필요하다고 판단되는 9종의 적성요인을 측정하기 위한 15가지 검사로 되어있다. 11가지는 검사용지와 필기구에 의한 지필 검사이며, 나머지 4가지는 측정도구에 의한 기구검사이다.

③ 기초적성검사

서울특별시 교육연구원에서 1994년에 개발된 검사로, 기존의 적성검사에 포함되지 않았던 대인관계, 과학탐구 등의 소검사를 포함시키고 있으며 중학생용이다. 7개 하위영역의 9개 소검사로 구성되어 있다. 어휘력, 언어추리력, 수 계산력, 수 추리력, 공간관계, 과학탐구력, 변별지각력, 수공기능, 대인관계능력 등이다.

(4) 스트롱 흥미검사

6가지 일반적인 직업유형들로 점수를 해석하기 위한 기초자료로서 Holland 육각 모형을 사용하였다. 207가지 직업측정도구와 17가지 비전문적 또는 직업 · 기술적 직업을 포함하고 있다. 직업선택 학생을 돕는 것, 생활모습과 직업을 탐색하기 위한 자극을 제공하는 것 등의 목적을 가지고 있다. 검사는 컴퓨터로 조정되고 점수화되거나 결과에 대한 점수 서비스는 제공된다.

(5) 진로직업 선호체계 검사

흥미를 측정하고 Roe의 분류체계 수정판을 사용하며, 능력척도와 가치척도를 포함하는 통합된 체계로서 척도내용은 다음과 같다. 전문적 과학 기술적 사업, 기술적 과학사무직, 전문적 공학의사 소통직, 기술적 공학 전문적 예술, 소비자경제학 기술적 예술, 옥외전문적 사업전문적 서비스, 전문적 사업 기술적 서비스 범위 내에 있는 다양한 직업에 대한 더 많은 것을 찾아내도록 도와준다. 상담자는 그 도구가 흥미정보와 직업 유형, 내담자가 검사를 택하는 유형, 직업군 등을 조직해야 하는 방법에 익숙해야 할 필요가 있으며, 피검자의 교육 및 지적 수준도 고려되어야 한다.

(6) 직업적성검사

직업상담이나 진로지도에 가장 많이 활용되는 검사 중 하나이다. 한 개인이 특정 분야에 적성이 있는지를 파악함으로써, 대학진학 시 전공 선택이나 산업체의 인력선발 구직자의 직업선택 등에 유용한 정보를 제공해 준다.

2) 노인상담을 위한 치매 검사

노년층에서 점차 증가하는 치매는 기억력 감퇴, 판단력 저하, 성격 변화 등 다양한 증상을 동반해 환자와 가족 모두에게 큰 영향을 미친다. 특히 치매는 조기 발견과 관리가 중요한 질환으로, 초기 단계에서 증상을 파악하고 적절한 치료와 관리 계획을 수립하는 것이 필요하다. 노인 치매 검사는 인지 기능의 저하 정도와 치매 여부를 평가하여 진행 상황을 확인하고, 예방 및 치료 방향을 결정하는 데 도움이 된다. 치매 검사는 정기적으로 실시하는 것이 바람직하며, 검사를 통해 치매가 의심되는 경우에는 전문가와의 상담을 통해 심층적인 검사와 치료를 진행할 수 있다.

(1) 치매에 대한 신경심리학적 평가

기억 기능의 평가로 주로 언어적 기억력과 시각적 기억력으로 나누어 평가된다. 언어 기능의 영역으로는 언어 유창성, 언어 이해력, 이름 대기 능력, 따라 말하기, 읽기 및 쓰기 등에 대한 종합적인 평가를 한다. 시공간 능력으로는 친숙한 환경에서 길을 잃거나 자신의 집에서 화장실이나 방을 찾지 못하는 등의 증상이 일상생활에서 나타난다. 지도 읽기, 미로 검사, 얼굴 변별 검사, 시계 그리기 등을 실시할 수 있다. 추상적인 사고 능력, 문제해결 능력, 인지적인 전환 능력과 같은 전두엽 기능에 손상을 보이게 되는 등 일상생활에서의 문제해결 능력이 현저히 손상된다. 언어적 주의 집중력과 비언어적 주의 집중력은 선택적으로 손상될 수 있으므로 각각 따로 평가되어야 한다.

(2) 노인 치매 검사 목적

노인 치매 검사는 치매의 초기 증상을 조기에 발견하고, 치매가 의심될 경우 전문적인 치료와 관리를 받기 위한 중요한 절차이다. 치매 검사는 증상의 유무와 진행 단계를 확인해 주며, 인지 기능을 평가하여 기억력과 판단력, 언어 능력, 집중력 등의 변화 여부를 파악한다. 조기에 치매를 발견하면, 약물치료와 인지훈련을 통해 증상을 늦추거나 생활의 질을 유지할 가능성이 높아진다. 치매는 초기에 뚜렷한 증상이 나타나지 않기 때문에 조기 발견이 쉽지 않다. 그러나 정기적인 검사를 통해 인지 기능의 변화를 미리 파악하고 관리하면 치매로 인한 피해를 최소화할 수 있다. 특히, 가벼운 인지 장애가 있는 경우에는 생활 습관 개선을 통해 진행을 지연시킬 수 있어 치매 예방에도 효과적이다. 치매는 초기에 뚜렷한 증상이 나타나지 않기 때문에 조기 발견이 쉽지 않다. 그러나 정기적인 검사를 통해 인지 기능의 변화를 미리 파악하고 관리하면 치매로 인한 피해를 최소화할 수 있다. 특히, 가벼운 인지 장애가 있는 경우에는 생활 습관 개선을 통해 진행을 지연시킬 수 있어 치매 예방에도 효과적이다.

(3) 노인 치매 검사의 종류와 방법

치매 검사는 주로 간단한 선별 검사부터 시작하며, 필요시 정밀 검사를 진행한다. 선별 검사는 빠르고 간단하게 진행될 수 있으며, 인지 능력 변화를 측정하는 데 유용하다. 대표적인 치매 검사의 종류는 다음과 같다.

① MMSE

MMSE(Mini-Mental State Examination)는 가장 널리 사용되는 치매 선별 검사로, 10분 내외로 간단하게 인지 기능을 평가할 수 있다. 시간과 장소에 대한 지남력, 기억력, 주의력, 계산 능력, 언어 및 이해력 등을 평가하며, 총점 30점 중 24점 이하일 경우 인지 저하가 의심될 수 있다. 진행 방법은 지정된 질문에 대한 답변, 간단한 계산과 따라 그리기 등의 과제가 포함된다. 검사의 장점으로는 짧은 시간에 시행할 수 있으며, 간단하고 정확한 검사이다.

② CDT

CDT(Clock Drawing Test)는 시계를 그리도록 하여 인지 기능을 평가하는 검사로, 간단하지만 인지 저하를 평가하는 데 매우 효과적이다. 시계 그림 그리기 검사는 판단력과 실행 기능, 시공간 능력을 파악할 수 있어 치매 초기 단계 선별에 유용하다. 검사 방법으로는 원형을 그리고 12시부터 12개의 숫자를 배치한 후, 특정 시간(예: 10시 10분)을 가리키도록 시계 바늘을 그리게 한다. 평가 기준은 시계 형태와 시간 위치의 정확성, 숫자의 배치 등을 평가한다.

③ KDSQ-C

KDSQ-C(Korean Dementia Screening Questionnaire-Cognition)는 치매 선별을 위해 간편하게 활용할 수 있는 설문지로, 환자나 보호자가 설문에 응답하며 인지 기능 저하 여부를 판단한다. 이 검사는 MMSE와 함께 사용되기도 하며, 특히 한국인을 대상으로 제작되어 보다 신뢰성이 높은 편이다. 검사 내용은 기억력, 집중력, 언어 표현, 계산 능력 등의 질문으로 구성된 간단한 설문으로 검사의 장점은 신속하고 간단하다는 것과 치매 초기 증상 여부를 확인할 수 있다는 것이다.

④ CERAD-K

CERAD-K(Consortium to Establish a Registry for Alzheimer's Disease)는 치매의 진행 상황을 상세하게 파악할 수 있는 정밀 검사이다. 기억력과 언어 능력, 시공간 능력 등 다양한 인지 기능을 면밀히 평가하며, 알츠하이머형 치매와 다른 유형의 치매를 구분하는 데 유용하다. 검사 항목으로 단어 기억력, 언어 유창성, 시공간 능력 등이 있다. 검사의 진행 방법은 그림과 단어 기억 검사, 주의력 테스트 등으로 구성되어 있다. 검사 시간은 30분에서 1시간 정도 소요되는 정밀 검사이다.

노인 치매 검사는 치매의 조기 발견과 진행 속도를 늦추는 데 중요한 역할을 한다. 치매가 의심될 때 빠른 검사와 치료 계획 수립이 필요하며, 가족의 이해와 지지가 함께 이루어진다면 환자와 가족 모두가 보다 질 높은 삶을 이어갈 수 있다.

(4) 치매검사 결과와 후속조치

치매검사는 그 결과에 따라 치매 여부와 진행 상황을 평가하며, 후속 조치를 결정하게 된다. 검사 결과에 따라 치매 초기일 경우 생활습관 개선과 인지훈련을 권장하며, 중증도 이상일 경우 약물 치료와 전문적인 관리가 필요할 수 있다.

(5) 치매 검사 결과에 따른 조치

- 정상: 주기적인 검사를 통해 상태를 확인하며, 정기적인 운동과 식습관 관리를 통해 예방 활동을 지속한다.
- 인지 저하 의심: 경미한 인지 저하의 경우, 생활 습관 개선을 권장하며, 인지 기능 강화 프로그램이나 일상 활동을 통해 치매 예방에 힘쓰도록 한다.
- 치매 진단: 약물 치료, 인지 재활 치료와 함께 전문의와 상담하여 맞춤형 치료 계획을 세우도록 한다.

(6) 치매 검사 시 유의사항

- 정기적인 검사: 치매는 조기 발견이 중요한 만큼, 정기적인 검사를 통해 상태를 주기적으로 확인하는 것이 좋다.
- 심리적 안정감 제공: 노인분들은 치매 검사를 불안하게 느낄 수 있으므로, 가족의 지지와 응원이 필요하다.
- 신뢰성 있는 전문 기관 선택: 정확한 진단을 위해 치매 검사는 신뢰할 수 있는 의료기관이나 전문 센터에서 진행해야 한다.
- 치매 예방 활동 병행: 검사를 통해 치매가 의심되거나 초기 단계로 진단된 경우, 예방 활동과 관리가 함께 진행될 수 있도록 한다.

3) 노인상담을 위한 일반적인 심리검사

(1) 다면적 인성검사(MMPI)

이 검사는 세계적으로 가장 널리 사용되고 있고 가장 광범위한 연구가 이루어진 구조화된 검사 도구이다. 총 550개의 문항으로 각 문항에 대해 '그렇다'와 '아니다'로 대답하게 되어 있다. 성인의 인격과 정신 병리학 상태를 검사하는 가장 객관적이고 일반적인 방법이다. 다소 문항이 많아 힘들어하는 노인 내담자들이 있을 수 있으므로 병리적인 소견이 나타날 경우에 노인내담자들의 인지수준에 맞게 검사가 진행되어야 한다. MMPI는 크게 타당도 척도와 임상 척도로 구성되어 있다. MMPI를 해석할 때는 타당도 척도를 먼저 확인해야 하며, 임상 척도는 코드 유형에 근거한 해석을 권고한다. 재구성 임상 척도, 내용 척도, PSY-5 척도 및 보충 척도 등은 수검자의 심리적 특성에 대해 다양한 해석을 가능하게 해 준다.

MMPI의 결과들은 노인 내담자들의 정신건강을 진단하는 진단용 검사이므로 검사 실시와 해석에 있어 전문적인 자격을 갖춘 사람이 실시하고 해석을 해야 한다. 〈표 5-2〉는 MMPI의 구입이 가능한 자격증을 기록한 표이다.

〈표 5-2〉 MMPI의 구입이 가능한 자격증

자격증 발급기관	자격증
보건복지부	정신건강의학과 전문의
	정신건강임상심리사 1급/2급
여성가족부	청소년상담사 1급/2급
한국발달심리학회	발달심리사 1급(발달심리전문가)
한국산업인력공단	임상심리사 1급/2급
한국상담심리학회	상담심리사 1급(상담심리전문가)/2급(상담심리사)
한국상담학회	1급 전문상담사
	수련감독 전문상담사/전문영역 수련감독자
한국임상심리학회	임상심리전문가

위 자격증은 취득 과정에 심리평가와 정신병리 교육, 종합적인 심리평가 실습이 포함되어 있는 자격증이다. 추가적인 자격 요건은 마음사랑 홈페이지(http://maumsarang.kr/maum/order/guide.asp)에서 확인할 수 있다.

(2) BGT

BGT(Bender-Gestalt Test)는 기질적인 손상이 있는 환자들을 진단하는 데 유용하다는 점에서 주목받게 된 검사이지만 현재는 신경심리학적인 목적과 투사적인 목적 모두를 위해 사용되고 있다. 여기서는 시각적 자극을 지각하고 자신의 운동 능력으로 그것을 묘사하는 과정에서 발생하는 행동적 미성숙이나 신경학적 특이점을 탐지한다. 일차적으로 이런 기능을 수행하는 뇌 영역에 문제가 생길 경우에 제대로 된 모사가 불가능하고, 그 다음으로 개인이 '미성숙'한 자아를 갖고 있을 경우 또한 모사가 어렵다는 전제를 따른다. 이 때문에 BGT는 개인의 심리적 문제를 판단하는 것 이외에도 뇌 손상 및 병변 환자들에 대한 신경심리평가 장면에서도 꽤 자주 볼 수 있다.

(3) HTP(집, 나무, 사람)

이 검사는 노인에게 활용하기 좋은 투사검사로 우리 주위에 있는 여러 가지 대상들을 개념화하여 그 사람의 성격 발달과 연결되어 있는 독특한 정서적, 표상적 경험이 투사된다. '집' 그림은 가정생활과 가족 간의 관계에 대한 인상을 반영하며, '사람' 그림은 더 의식적인 측면을 반영하고, '나무' 그림은 보다 더 깊고 무의식적인 감정을 반영한다. 집, 나무, 인물 등 3개 주제는 누구든지 어떤 연령의 남녀노소를 막론하고 어떠한 주제보다 친밀감이 있으며 주제는 솔직하고 자유로운 언어로 표현할 수 있다. 따라서 HTP 묘사를 통하여 피검자의 성격의 단면을 분석할 수 있고 환경과의 상호작용 양상을 파악할 수 있다. 즉, HTP 묘화 같은 자유화는 자신의 환경에 대한 적응적 태도, 무의식적인 감정과 갈등을 파악하는 데 크게 도움을 줄 수 있다.

〈그리기 단계에서 주의할 점〉

- 수검자가 그리기를 거부하거나 그림을 잘 못 그린다고 이야기하면, 이 검사는 그림 솜씨가 아니라 그림을 어떻게 그리는지를 보고자 하는 것이니 편안하게 그리라고 한다.
- 도구(자, 각도기 등)를 사용해도 되냐고 질문할 때 '손으로만' 그리라고 한다.
- 수검자가 그리는 방법, 그림의 내용 등에 대해 질문할 경우, 예를 들어 "어떤

집을 그려야 하나요?"라고 묻는다면 마음 내키는 대로 그리면 된다고 한다.

- 사람 그림에서 얼굴 혹은 상반신 등 신체 일부만 그린다면 '다른 종이를 주면서 사람의 전신을 그려 보라고 다시 안내'한다.
- 사람 그림에서 만화 캐리커처, 막대형 그림 등으로 그리는 수검자에게도 다른 종이를 주면서 일반적인 사람 그림을 그려 보라고 안내한다.
- 수검자의 언어적 · 비언어적 행동을 면밀히 관찰하고, 다음과 같은 모든 특징적 행동은 기록하는 것이 중요하다.
  - 그림 그리는 시간이 지나치게 짧게 혹은 오래 걸리는가?
  - 특정 부분을 묘사하는 데 더 어려움을 보이는가?
  - 그림 그리는 방식이 충동적인가? 혹은 지나치게 상세하고 꼼꼼하게 그리는가?
  - 그림 그리는 동안 혼잣말을 한다거나 어느 순간 표정 변화가 나타나는가?
  - 그림 그리는 순서가 비전형적인가? (예: 발→다리→손→팔→목→몸통→얼굴)

(4) 문장완성검사(SCT)

문장완성검사(Sentence Completion test)는 응답자로 하여금 완성을 기대하도록 고안된 미완성의 문장에 자신의 이야기를 추가하여 적절한 문장을 완성하게 하는 투사적 검사(projective test) 중 하나이다. 여기에 사용한 단어를 보고 그 응답자의 신뢰도 및 주요한 이슈를 질의한다. 자기보고식 검사이기에 MMPI와 함께 종합심리검사에서 사전 혹은 사후에 작성하여 제출하는데 이들 검사 배터리 중 하나로 사용하곤 한다. 다른 투사적 검사와는 달리 검사 자극이 분명하며, 피검자가 검사 자극 내용을 지각하기 때문에 의식적 수준의 심리적 현상을 측정한다. 문장완성검사는 다른 검사에 대한 부가적인 정보를 제공해 줄 뿐만 아니라 다른 검사에 의해 나타난 역동적 내용을 확인해 줄 수 있는 매우 간단하면서도 유용한 검사이다.

[그림 5-1] 성인용 문장완성검사 분류표의 예시

[그림 5-2] 문장완성검사 해석 분류표의 예시

(5) 에니어그램 성격유형검사

'인간은 9가지 성격 유형으로 분류되며 어떤 사람이라도 그중 하나를 가지고 태어난다.' 이것이 에니어그램의 기본 원리이다. 에니어그램은 그리스어로 '9개의 점이 있는 그림'을 뜻한다. 그 안에는 우주의 법칙과 인간 내면의 모든 것이 상징적으로 표현되어 있다. 에니어그램은 고대의 여러 전통에서 온 지혜와 현대 심리학이 결합된 것이다. 1970년대 미국 캘리포니아의 실험적이고 진보적인 학자들의 연구를 통해 인간 의식 탐구 및 의식 성장의 도구로 발전하였다. 성격 유형에 대한 설명은 나라에 관계없이 동일하며 남성과 여성에게 똑같이 적용된다. 각 유형 번호의 순서는 의미가 없다. 높은 수가 낮은 수보다 더 나은 것은 아니다. 어떤 성격 유형이 더 좋거나 더 나쁜 것은 아니다. 모든 유형에는 그 유형만의 장점과 단점이 있다.

(6) MBTI 성격유형검사

자기보고식으로 선천적인 개인의 선호 이해로 타고난 성격적 잠재력 이해에 도움을 주는 성격 검사이다. Carl G. Jung의 심리유형론을 근거로 하여 Katharine C. Briggs와 Isabel Briggs Myers에 의해 고안된 성격유형 검사이다. 한국에서의 개발은 1988~1990년 심혜숙과 김정택에 의해 시작되었고, 1990년 6월 표준화 작업이 완료되었다. 사람들을 공통된 특징에 따라 분류하여 네 가지 분리된 지표에 근거하여 16가지 성격유형으로 분류하였고, '지속적, 일관성' 있게 사용하여 쉽고 편안하게 사용하는 타고난 경향성으로 자신의 선택에 영향을 미치는 개인의 '선호 경향성'을 알 수 있는 가장 일반적인 성격검사 도구이다. 개인마다 외부로부터 정보를 수집하고(감각-sensing, 직관-intuition), 자신이 수집한 정보에 근거해 행동을 결정함에 있어 선호하는 방법(사고-thinking, 감정-feeling)이 근본적으로 다르다. 기능을 사용할 때 어떤 태도를 취하는가에 따라 외향(extroversion)과 내향(introversion), 판단(judging)과 인식(perceiving)으로 구분하고, 심리적 에너지의 방향 및 생활양식을 이해하는 검사 도구이다.

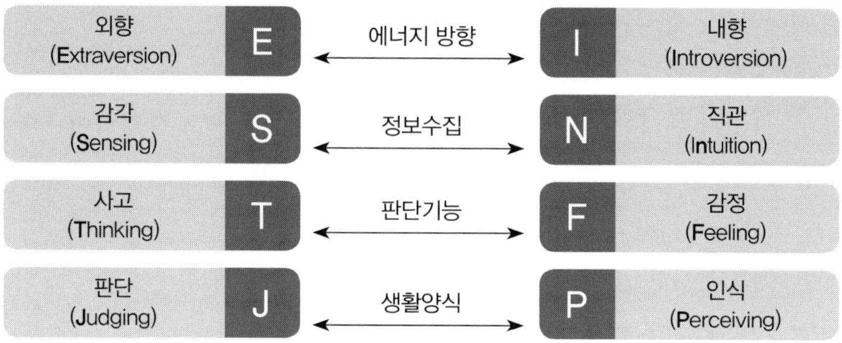

[그림 5-3] MBTI의 4가지 양극 선호지표

ISTJ 세상의 소금형	ISFJ 임금 뒤편의 권력형	INFJ 예언자형	INTJ 과학자형
ISTP 백과사전형	ISFP 성인군자형	INFP 잔다르크형	INTP 아이디어 뱅크형
ESTP 수완 좋은 활동가형	ESFP 사교적인 유형	ENFP 스파크형	ENTP 발명가형
ESTJ 사업가형	ESFJ 친선도모형	ENFJ 언변능숙형	ENTJ 지도자형

[그림 5-4] 16가지 성격유형 도표

(7) 노인 우울 척도

노인 환자들의 우울 증상을 평가하는 데는 젊은 환자들과는 다른 독특한 점이 있다.

첫째, 치매 증상과 유사한 점이 있다는 것이다. 소위 '가성 치매(pseudodementia)'라고 하여, 인지기능검사에서는 치매 증상과 유사한 검사 소견을 보인다. 즉, 노인 환자에게서는 젊은 환자에서는 흔치 않은 주관적으로 경험되는 기억력 감퇴, 집중력 저하, 계산능력 저하 등의 인지기능의 저하를 많이 호소하고 있다.

둘째, 젊은 우울증 환자와는 달리 다양한 신체 증상은 노화의 과정과 무관하지 않다. 즉, 수면장애의 경우 젊은이들에게는 우울증의 증상이라 할 수 있으나 노인의 경우 성기능 감퇴, 변비, 관절의 통증과 같이 우울증과는 무관하게 정상적으로 흔히 볼 수 있다.

셋째, 노인들은 심리 증상을 평가하는 데 있어서 젊은이들보다 더 회피적이고 저항적이다. 따라서 노인 우울증 환자들을 평가하는 척도는 다른 연령층의 그것과는 구분될 필요가 있으며, 질문 문항들도 보다 단순하고 쉽게 이해될 필요가 있다.

(8) 노인 기억장애 검사

국내 노인 인구를 위해 자체 개발된 것으로, 기억을 중심으로 한 신경심리 검사의 총집이다. 한국 노인의 인지 특성을 고려하여 국내 자체 개발된 인지 평가 도구로서 저학력 노인들에게서도 구성 및 기준 타당도가 우수하다. 기억 기능의 다양한 과정과 구조를 정교하게 평가할 수 있다. 언어와 시공간적인 기억을 대칭적으로 평가할 수 있도록 구성되어 있다. 소검사들을 독립적으로 활용할 수 있도록 구성되어 있고, 치매의 변별진단과 노인 인지 연구 등의 용도로 활용성이 높다.

각각의 하위 검사들은 저학력 인구가 많은 국내 노인들의 인지 특성을 고려해 이들의 기억 기능과 시공간 기능, 언어 기능 및 개념화 능력을 연구하고 평가하는 데 도움을 주고 치매 진단을 위한 노인들의 인지기능을 평가하기 위해 개발되었다. 노인 언어학습 검사, 단순 REY 도형 검사, 이야기회상 검사, 숫자폭 및 시공간폭 검사, 시계 그리기 검사, 단축형 K-BNT 등의 하위 검사로 구성되었다. 이 검사는 55세 이상의 장노년층을 대상으로 하며 40~90분 정도의 시간이 소요된다.

4. 노인 심리검사를 위한 면담의 기술(이장호 외, 2013)

1) 관심 기울이기와 경청하기

관심과 경청은 면담 기술의 핵심 요소로, 상담자는 내담자의 비언어적 및 언어적 요소에 주의를 기울여야 한다. 경청은 내담자가 이야기하고 전달하려는 메시지를 상담자가 포착하고 이해하는 능력으로 내담자가 전하는 말의 내용뿐 아니라 내면의 동기나 정서를 읽으면서 사려 깊은 태도로 듣고, 그 의미를 이해하는 것이다(천성문 외, 2024).

2) 질문하기

상담자는 내담자의 문제를 탐색하고 구체적인 정보를 수집하기 위해 질문하는 방법을 잘 알고 활용해야 한다. 개방형 질문은 내담자가 중요하게 생각하는 것들을 자유롭게 이야기하도록 유도하며, 다양한 정보를 이끌어 낼 수 있다(예: "어떻게 심리적으로 어려운지 말씀해 주시겠어요?"). 폐쇄형 질문은 구체적인 답변이나 '예' 또는 '아니요'로 답할 수 있는 질문으로, 특정 정보를 명확히 파악할 때 사용한다(예: "우울해서 상담을 받았습니까?").

3) 재진술하기

재진술하기는 내담자가 전한 내용이나 의미를 상담자가 반복하거나 요약, 설명하는 반응으로 상담자의 재진술은 내담자에게 경청하고 있음을 알리고 신뢰감을 준다. 또한 내담자가 이야기에 더 초점을 맞추게 하며, 자신의 말을 돌아보는 기회를 제공하여 문제에 대한 통찰을 얻게 할 수 있다. 평가면담에서 재진술을 하면서 내담자가 이야기한 내용 중 구체적으로 알고 싶은 내용을 질문하는 것이 효과적이다.

4) 감정 반영하기

내담자들이 상담실을 찾는 중요한 이유 중 하나는 자신의 감정을 이해받고 싶어서이다. 상담자는 평가면담에서도 내담자의 언어적, 비언어적 감정을 반영해 주어야 하며, 이를 통해 내담자는 이해받는 느낌을 받고, 자신의 상황을 더 구체적으로 이야기하게 된다. 감정 반영을 하면서도 내담자의 문제와 기능 평가에 필요한 내용을 명료화하는 게 필요하다.

5) 감정 타당화하기

감정 타당화는 내담자의 감정을 인정하고 정상적인 반응임을 전달하는 기법이다. 상담자의 이러한 반응들은 내담자가 온전히 그런 감정을 수용하도록 하며, 자신의 감정이나 경험을 더 개방하도록 하여 상담자가 내담자를 평가하는 데 도움을 받을 수 있다.

6) 해석, 직면, 자기노출, 즉시성

해석, 직면, 자기노출, 즉시성 등의 기법은 주로 상담 및 치료 과정에서 사용되며, 평가면담 초기에는 증상과 진단에 초점을 맞춘 기법이 바람직하다.

7) 구체화 및 명료화

내담자의 모호한 반응을 구체화하고 명료화하기 위해 언제, 어디서, 무엇을, 어떻게, 왜 등의 질문을 사용하고, 개방형 질문, 재진술, 감정 반영을 통해 내담자가 자신의 이야기를 더 상세히 할 수 있는 기회를 제공해야 한다.

5. 심리검사를 위한 면담 과정에서의 유의사항

심리검사를 위한 면담 과정에서는 다음과 같은 점을 유의해야 한다.

- 면담 목적 설명: 상담자는 면담 시작 전에 평가면담의 목적을 설명해야 한다. 평가 과정에서 질문이 많을 수 있으며, 이를 통해 라포를 형성하고 치료 관계

를 발전시켜 내담자가 자신의 이야기를 할 수 있도록 격려한다.

- **정보 수집과 관계 형성의 균형**: 상담자는 내담자의 정보를 주의 깊게 듣고 관찰하며, 개방형 질문을 사용해 내담자가 충분히 응답할 수 있도록 한다. 내담자의 발달 수준과 인구통계학적 특성에 맞게 면담 방식을 조정해야 한다.
- **문제 탐색 및 평가**: 내담자의 문제를 여러 관점에서 탐색하고, 구체적인 정보를 수집하며 문제의 강도와 변화 가능성을 평가하고, 과거에 도움이 되었던 행동이나 사건에 대한 정보도 수집한다.
- **심리적 증상과 신체 질병**: 갑작스러운 증상 발생이나 심리사회적 스트레스 요인이 경미한 경우, 심리적 증상이 신체 질병이나 약물 부작용에 의해 야기될 가능성을 검토한다.
- **평가 방법**: 구조화 및 반구조화된 평가 방법을 사용해 데이터를 수집하고 교차평가를 한다. 정신상태, 자살이나 폭력, 약물 남용, 건강 문제에 대한 평가를 실시한다.
- **반응수준 평가**: 내담자의 반응 수준을 파악하고, 문제가 최소화되거나 과장될 가능성을 고려하여 왜곡 가능성을 평가하도록 한다.

요점 정리

- 심리검사란 심리적 현상에서의 개인차를 비교하고 개인의 전체적 인격적, 행동적 측면을 이해하기 위한 심리학적 측정과정으로 두 사람 이상의 행동을 비교하는 체계적인 과정을 이야기한다.
- 노인 심리평가란 개인의 심리적 특성을 이해하기 위한 일련의 전문적인 과정으로 심리검사, 면담, 행동관찰 등 여러 다른 방법에 의해 이루어진다.
- 좋은 심리검사의 조건은 심리검사 도구의 신뢰도와 타당도를 갖춘 표준화 검사이다.
- 검사 해석의 첫 단계는 검사요강을 알고 이해하는 것이다. 결과를 해석할 때 내담자가 받은 검사의 목적과 제한점, 장점들을 검토해 보는 것이 중요하다.
- 노인 내담자들의 객관적인 심리검사를 실시하기 전에 상담자는 내담자와의 면접단계에서 내담자의 정신 상태를 평가할 수 있다.
- 노인 치매 검사는 정기적으로 실시하는 것이 바람직하며, 검사를 통해 치매가 의심되는 경우에는 전문가와의 상담을 통해 심층적인 검사와 치료를 진행할 수 있다.
- 노인들은 심리 증상을 평가하는 데 있어서 젊은이들보다 더 회피적이고 저항적이다. 따라서 노인 우울증 환자들을 평가하는 척도는 다른 연령층의 그것과는 구분될 필요가 있으며, 질문 문항들도 보다 단순하고 쉽게 이해될 필요가 있다.
- 노인 상담자는 면담 시작 전에 평가면담의 목적을 설명해야 한다. 평가 과정에서 질문이 많을 수 있으며, 이를 통해 라포를 형성하고 치료 관계를 발전시켜 내담자가 자신의 이야기를 할 수 있도록 격려한다.

연습문제

1. 다양한 심리검사의 종류 중에서 노인상담을 할 때 노인을 위해 필요한 인지적인 검사들이 무엇이 있는지 설명하라.

2. 노인상담 과정에서 이루어지는 노인 심리검사를 위한 면담의 기술에 대해 설명하라.

3. 심리검사를 실시하고 해석할 때의 주의사항에 대해 설명하라.

참고문헌

김봉환(2020). 진로상담의 이론과 실제. 학지사.

김재환 외(2016). 임상심리검사의 이해. 학지사

권중돈(2016). 노인복지론. 학지사.

권중돈(2012). 노인복지 프로그램 개발의 실제. 학지사.

박차상 외(2009). 한국노인복지론. 학지사.

박현주, 서명옥(2014). 투사적 심리검사자료를 활용한 초보상담자와 경력상담자의 사례 개념화 비교연구. 미술치료연구, 21(6), 1283-1304.

서강훈(2013). 노인복지정책과 사회복장제도. 한국학술정보.

이근홍(2018). 노인복지론. 공동체.

이호선(2006). 노인상담론. 공동체.

이호선(2012). 노인상담. 학지사.

이해영(2013). 노인복지론. 창지사.

이장호, 김영경(2013). 노인상담(경험적 접근). 시그마프레스.

이준우(2013). 고령화사회에서의 노인복지 이해와 실천. 파란마음.

천성문 외(2024). 상담 및 교육장면에서 심리검사의 이해와 활용. 학지사.

중앙노인보호전문기관, http://www.noinboho.or.kr

한국노인의 전화, http://www.kisca.or.kr

국가치매지식정보포털, http://www.edementia.or.kr/

Anstasi, A. (1982). *Psychological testing* (5th ed.). New York: Macmillsan.

Crites, J. O. (1973). Career maturity inventory theory and research handbook. CA: CTB/McGraw-Hill.

Cronbach, L. J. (1960). Essentials of psychological testing. New York: Harper & Row.

Goldstein et al. (1990). *Introduction to guidance*. Psychological Assessment Resources.

Kohli, A., Jhanda, S., & Padhy, S. K. (2018). The utility of modified version of sentence completion test for children and adolescents. *Industrial Psychiatry Journal, 27*(2), 231-234.

제6장

노인상담의 과정

노인상담을 위하여 상담자는 노인에 대한 신체적 · 정서적 · 경제적 · 사회적 · 의학적인 다양한 정보를 획득해야 한다. 이렇게 파악된 정보를 바탕으로 노인 내담자를 상담할 때 상담의 과정은 학자나 연구자에 따라 여러 단계로 구분하고 있다.

이 장에서는 McDonald와 Haney(2003)의 노인상담 과정을 크게 네 가지 단계로 구분하여 관계형성단계, 사정단계, 개입 및 문제해결단계, 평가 및 종결단계로 나누어 살펴보고자 한다. 먼저, 관계형성단계에서는 노인 내담자와의 친밀한 관계형성에 필요한 다양한 라포형성 방법에 대해 알아본다. 사정단계는 내담자의 강점과 취약점을 확인한 후 상담의 목표를 설정하고 문제에 대한 구체적인 대안을 살펴본다. 개입 및 문제해결단계에서는 결정을 내리기 힘들어하는 내담자의 결정을 상담자가 지지하여 돕는 단계로 의도적인 개입방법에 대해 알아본다. 그리고 마지막 평가 및 종결단계에서 상담목표의 달성을 다루고 추후 다룰 문제에 대해 평가 등의 안내 과정을 살펴보도록 한다.

1. 관계형성단계

관계형성단계는 노인상담 과정의 초기 단계로 내담자와 친밀한 관계형성을 시작으로 상담 접수와 정보를 수집하는 단계이다. 이 단계의 상담자와 내담자의 협력적인 상담관계는 상담 성과의 중요한 요인이다(Greenberg et al., 2006).

상담자는 친밀감을 형성하는 데 필요한 상담자의 자질을 갖추고, 노인 내담자가 자신의 문제를 솔직하게 표현할 수 있도록 촉진자의 역할을 수행하게 된다. 이를 위해 기본적인 상담지식과 기술을 갖추어야 하며, 친화력과 함께 라포형성을 위한 존중, 적극적 경청, 공감, 내용 요약, 질문 기술을 활용해야 한다. 다음은 노인상담 시 라포형성을 위한 구체적인 기술을 살펴보고자 한다(이은희, 2017).

1) 존중

상담에서 존중(respect)은 내담자를 동등하게 대하며, 상대방이 보다 나은 변화를 이룰 수 있도록 하는 인격적인 대우와 대화 방식을 말한다. 즉, 내담자의 독특한 개성과 자질, 잠재적 능력 등을 상담자가 판단하지 않고 현재 그대로의 실존적인 존재 자체를 받아들이는 것이다(Rogers, 1957). 이렇게 존중받은 내담자는 자존감이 높아지고 자기표현 능력이 향상된다. 또한 내담자는 상담자가 자신의 문제해결을 위해 최선의 노력을 하고 있음을 인식하게 된다.

노인과의 상담 시 존중받고자 하는 노인들의 특징과 주의사항을 살펴보면 다음과 같다.

첫째, 노인들은 존중받고자 하는 욕구가 다른 발달단계에 있는 성인들에 비해 비교적 강하다(이효선, 2008). 따라서 상담자는 존중받고자 하는 노인 내담자의 욕구를 충족시켜야 한다. 설령 내담자의 주장이나 의견에 상담자가 동의하지 않는다고 할지라도 내담자의 관점을 존중해야 한다. 노인들은 자신의 의지나 의견이 상대방에게 무시당했다고 느끼거나, 상대방에게 모멸감을 경험하게 되면 그들에게는 깊은 상처가 된다. 그러므로 상담자는 성급한 결정이나 판단을 내리는 것을 피해야 한다. 이는 상담자의 선입견이나 편견이 내담자에게 영향을 미치지 않아야 함을 의미한다. 둘째, 노인 내담자가 제시한 상담 주제를 상담자가 자의적으로 바꾸어서는 안 된다. 노인들의 진술이 반복적이고 시간을 필요로 하는 것일지라도 상담자는 내담자가 전달하고 있는 주제를 거절하거나 부담스럽게 생각하여 이를 임의대로 변경해서는 안 된다. 셋째, 상담자는 노인 내담자의 말과 행동에 대한 반대 의견이 있을 경우 부드러운 음성이나 비언어적인 단서로 수용받고 있다는 느낌과 같이 전달되어야 하며, 내담자에게 반대 의견의 표현과 인격적 거부는 서로 다른 표현이라는 것을 정확히 인지시켜 주어야 한다. 넷째, 노인 내담자는 육체적 · 정신적 학대로부터 자유로워야 한다. 또한 나이, 성별, 인종이나 민족적인 배경, 장애나 기타 지위에 상관없이 공평하게 대우받아야 하며, 내담자의 경제적인 기여와 상관없이 평가되어야 한다. 즉, 상담자는 존중을 통하여 노인 내담자와의 관계가 표면적이지 않은 긴밀한 관계로 형성하게 되므로 존중은 상담 관계 형성 시 가장 필수적이며 중요한 기술이다.

2) 적극적 경청

경청(listening)이란 남의 말을 귀를 기울여 듣는 것이다. 반면 적극적 경청(active listening)은 내담자가 상담 과정에 효과적으로 참여하게 하고 자신의 생각이나 감정을 자유자재로 표현할 수 있도록 북돋아주어 상담에 대한 책임감과 자아통찰의 기회를 제공한다.

노인상담 시 노인 내담자의 상담 참여도에 따라 상담성과가 달라질 수 있다(Orlinsky & Howard, 1966). 즉, 상담자가 내담자의 말과 행동에 경청하는 것은 상담을 성공적으로 이끄는 중요한 요인이 된다. 또한 효과적인 경청은 내담자에게 소리의 반응을 통해 상담자가 내담자의 이야기를 놓치지 않고 있음을 알려주어 내담자로 하여금 자신의 이야기가 존중받고 있음을 느끼게 할 수 있다.

노인상담에서 적극적 경청이 중요한 이유는 노년기에는 인지적으로 감각 지각력의 퇴화, 일화기억(episodic memory)부터 조망적 기억에 이르는 광범위한 기억력의 감퇴가 일어나기 때문이다. 따라서 이전에 가지고 있던 냉철함이나 타인 의식 능력이 약해진다(Mogle & Sliwinski, 2013). 또한 내담자는 같은 내용을 자주 반복하고 인생의 역사를 지내 오면서 겪은 우여곡절들이 짧은 상담 시간 동안 복잡하게 회상됨에 따라 상담자는 새로운 정보를 놓치거나 중요한 진술을 간과하기 쉽기 때문이다. 그리고 적극적 경청을 바탕으로 상담자와 내담자 사이의 치료적 관계가 형성된다. 상담자는 내담자의 문제 상황 속 주요 장면에서 문제의 결과를 야기하는 주 문제는 무엇인가, 그 문제를 해결하기 위해 나서야 하는 사람은 누구이며, 그 문제로 걱정하는 사람은 누구이고, 그 문제로 가장 영향을 받는 부분은 어떤 것인지, 문제의 근원이 어디에서부터 출발하는지 등을 파악할 수 있다. 따라서 이러한 경청은 노인상담 시 중요하다. 하지만 적극적 경청을 방해하는 요소는 여러 가지가 존재하고 대부분은 복합적이고 동시 다발적으로 발생하는 경우가 많다. 일상생활에서 빈번히 발생하는 경청의 방해요소를 인지적, 정서적, 행동적 방해 요소로 구분하면 다음과 같다.

- **다른 생각하기(산만함)**: 상대방이 하는 말 중 어떤 단어나 상황 등이 개인의 기억이나 감정을 자극하게 되는 경우가 발생하기도 하는데, 이런 개인적인 상상이나 연상에 빠지는 것을 말한다.
- **선입견 가지기**: 대화가 시작되기도 전에 그 대화에 관해 미리 판단하거나 메시지와 직접적인 상관이 없는 전달자의 인격이나 외부 환경 등에 대해 선입견을 가지는 경우이다.
- **단정하기(속단)**: 상대방이 하는 말을 주의 깊게 듣지 못하고, 상대방의 말이 끝나기도 전에 자신의 반응과 자신이 할 말의 내용을 생각하는 경우를 말한다.
- **해석하기(과도한 분석)**: 상대방의 의도를 지나치게 깊게 파악하려는 욕심에서 비롯되는 현상인 마음읽기이다. 노인상담 시에 노인의 메시지보다 마음을 읽으려고 하는 사람들은 정작 직접적인 메시지에 집중하지 못하는 경우가 있다.
- **판단하기**: 상대방의 말이 다 끝나기도 전에 자신이 듣고자 하는 내용인가를 판단하고, 자신이 듣고자 하는 내용이 아니라면 걸러서 듣는 경우를 말한다.
- **충고하기**: 말을 하는 사람이 전하고자 하는 내용이나 상황에 관하여 듣는 사람이 자신이 가진 지식이나 편견을 가지고 섣부른 충고나 조언을 하는 경우를 말한다.
- **비교하기**: 전하고자 하는 메시지와는 상관없이 상대방의 상황이나 역량 등을 비교하는 것이다.

- 끼어들기(말 자르기): 상대방의 말이 끝나기 전에 자신의 말을 시작하는 것으로 현재 논점이 되고 있는 주제에서 벗어나는 말로 화자의 말을 중간에 끊는 행위이다.
- 자기주장하기: 자신만의 의견이 옳다고 주장하거나 언쟁을 하는 것으로, 이는 상대방이나 환경 등에 대한 좋지 못한 선입견이나 평가를 전제로 시작하는 것이다.

3) 공감

공감(empathy)이란 자신이 직접 경험하지 않았으나 다른 사람의 감정을 거의 같은 내용과 수준으로 이해하는 것이다. '공감적'이라는 것은 내담자가 말하는 것(관찰될 수 있는)으로부터 그의 감정, 태도 및 신념(잘 관찰할 수 없는)에 대하여 정확하게 의미를 포착하는 것이다. 즉, 공감하는 상담자는 내담자가 표현한 말뿐 아니라 그 밑에 내포되어 있는 중요한 감정, 태도, 신념 및 가치 기준을 잘 포착할 수 있다(천성문 외, 2006).

이는 다시 말해 내담자의 말 속에 내포된 사실을 파악하기 위해 내담자의 현실세계에 초점을 맞추어야 한다. 내담자의 현실 세계를 이해한다는 것은 내담자의 말을 이해하는 것과 더불어, 내담자의 입장이 되어 내담자의 의사결정 문제, 불안, 좌절, 환경적 압력 등을 이해하는 것이다. 그러나 동시에 상담자 자신은 그러한 내담자의 압력이나 문제가 내담자의 것임을 명심해야 한다. 상담자는 내담자의 내면세계를 더 잘 이해하기 위해 공감적 태도를 유지해야 하며 꾸준한 훈련을 통해 느낌을 정확히 파악할 수 있는 감수성도 발달시켜야 한다.

상담이라는 서로의 마음을 나누는 만남의 관계에서 느낌 표현을 강조하는 이유는 우리 인간은 감정적인 존재이기 때문이다. 우리는 주어지는 상황마다 다양한 자극적 반응과 느낌이 일어난다. 하지만 우리는 우리가 느끼는 느낌에 대한 부정적인 문화 규범 때문에 느낌을 있는 그대로 받아들이고, 그것을 건설적으로 나누는 방법을 학습하지 못한 채 오히려 그것을 억압하거나, 무시하거나, 부인해 왔다.

따라서 상담자는 노인 내담자의 말에 적극적으로 경청하고 공감적으로 반응하여 내담자가 스스로 자율성을 찾고 기능적으로 느낌을 표현할 수 있게 해야 한다.

노인과의 상담에서 공감은 매우 중요하지만 이러한 공감이 어려운 상황도 존재한다. 즉, 노인 내담자와 상담자 사이의 연령 차이가 클 때, 가장 문제되는 것이 공감이라 할 수 있다. 내담자와 상담자의 연령과 경험의 차이가 커서, 내담자가 가지고 있는 심리적·신체적·정서적인 문제에 대해 상담자가 깊이 이해하기가 쉽지 않기 때문이다. 따라서 자칫 공감이 동정 차원에 머무를 수 있음을 주의해야 한다. 또한 내담자와 상담자 사이에 강한 전이·역전이가 일어나면서 치료적 관계가 깨어지거나 왜곡될 가능성이 있다(Nemiroff & Colarusso, 1990). 따라서 상담자는 노인 내담자와의 관계에 있어 필요한 공감의 요소들을 미리 파악해 놓아야 한다. 그리고 내담자와의 상담 시 공감을 사용할 때 상담자가 가지고 있는 공감의 기술 수준은 상담자와 내담자가 만나는 간격, 즉 공감의 간격을 결정하기도 한다. 상담의 시작에서 종결까지 이 간격은 공감 기술에 따라 좁혀지기도 또는 넓어지기도 한다.

4) 내용 요약

내용 요약(summarizing)은 내담자가 전달한 말과 감정의 핵심을 상담자가 간결하게 정리하여 내담자에게 되돌려주는 것을 말한다. 그러므로 내용 요약은 노인 내담자가 가지고 있는 문제의 구체적인 사항을 상담자가 충분히 파악하였다는 것을 나타낸다. 이 기법은 상담을 시작할 때, 이전의 상담에서 다루어진 내용을 언급하거나 상담을 끝낼 때, 새로운 주제로 전환하려고 할 때 사용된다. 또한 요약은 상담의 일부, 상담 회기의 전부 혹은 전체적인 상담 진행에 대한 내용을 다룰 수 있다. 내담자는 상담자가 자신의 진술과 감정을 요약하는 것을 통해 상담자가 자신의 문제에 가깝게 접근하고 있다는 것을 알게 되고, 상담자가 잘못 이해하고 있거나 오해하고 있는 부분을 재구성하게 할 수 있다. 또한 매 회기의 상담을 자연스럽게 종결하여 많은 생각들을 정리하고 재통합함으로써 새로운 해결책을 모색하게 한다.

노인상담에서 내용 요약은 특히 중요하다. 노인의 특성상 이야기가 대개 길고 반복적이다. 따라서 상담자 역시 길고 반복된 이야기에 의욕을 잃을 수 있으며, 이때 요약기법이 유용하다. 그리고 상담자의 요약은 이야기의 요점을 정리해 주고, 이야기의 초점을 분명하게 한다. 이 과정은 내담자에게 상담자가 자신의 이야기를 주의 깊게 경청하고 있다는 것을 확신시켜 주어 상담을 심화하는 역할을 하기도 한다. 따라서 내용 요약을 통해 상담자와 내담자는 서로 공유하고 있는 정보의 전달 정도를 정확하게 파악하게 된다. 요약이 적절한 시기와 상황은 다음과 같다.

- 내담자가 전달하고자 하는 이야기가 명확하지 않을 때
- 내담자가 여러 가지 내용 · 주제 · 상황 · 사건 등을 한꺼번에 말하고자 할 때
- 내담자가 너무 오랫동안 이야기할 때
- 내담자가 무슨 말을 하고 있는지 스스로 혼돈에 빠졌을 때
- 상담자 역시 자신이 내담자를 정확히 이해하고 있는지 의심스러울 때

5) 질문

노인상담에 있어서 상담자는 신속하게 내담자에게 일어난 감정에 대해 예민하게 지각하여 공감적 분위기를 조성하고 짧은 시간 안에 신뢰할 수 있고 촉진적인 상담관계를 형성하는 것이 중요하다(박민정, 2014). 상담자들은 상담 과정에서 질문을 자주 사용한다. 일상 대화에서는 분명한 의도를 갖고 질문하기보다는, 자연스러운 대화 흐름 속에서 궁금한 점이 생겨 그냥 질문하게 되는 경우가 많다. 그러나 상담 장면에서는 분명한 의도를 가지고 질문을 하게 된다. 따라서 상담자는 자신의 질문 의도를 분명히 알고 사용하는 것이 중요하다.

여기에서는 노인 내담자와의 질문 시 활용될 수 있는 방법으로 개방적 질문, 간접 질문, 이중 질문, 구체적 내용을 담는 질문, '왜'로 시작되는 질문을 살펴보고자 한다.

(1) 개방적 질문

개방적 질문은 육하원칙에서 '왜'로 시작되는 질문을 제외한 질문의 형태, 즉 '누가(who)' '언제(when)' '어디서(where)' '무엇을(what)' '어떻게(how)'로 시작되는 질문이다.

〈예〉

- 휴가 이후 일상으로 돌아오신 기분은 어떠세요? 그래서 어떻게 되었나요? 지난주에는 무슨 일이 있으셨나요? 현재의 문제가 모두 해결된다면 당신의 삶이 어떻게 변할 것 같습니까?

(2) 간접 질문

간접 질문은 말의 형식은 진술문처럼 보이지만, 실제로는 내담자의 반응이나 답변을 유도하는 질문이다. 직접적으로 묻기보다는 부드럽고 완곡한 방식으로 질문의 기능을 수행한다.

〈예〉

- 만약에 그런 선택을 했다고 부정적인 측면을 찾아본다면 어떤 것이 있을지 궁금하군요.
- 그 다음에 무슨 일이 일어났는지 궁금하네요.
- 아들 내외가 한 이야기에 대해 여러 가지 생각이 떠오를지도 모르겠군요.

(3) 이중 질문

이중 질문은 내담자에게 두 가지 중 하나를 선택하게 만드는 질문이다. 이런 형태의 질문은 내담자에게 반드시 하나를 선택해야 한다는 부담감을 주게 되어 자기 탐색의 폭을 제한하므로 바람직하지 않다.

〈예〉

- 아들에 대해 불안하고 두려운 마음을 갖고 계시는군요? 그럼 며느리는 당신을 어떻게 생각하고 행동하고 있나요?
- 자녀들과는 잘 지내시고, 복지관 프로그램에도 참여하고 계세요?

(4) 구체적 질문

내담자가 말한 내용을 더 자세하게, 명확하게 파악하기 위해 시간, 장소, 상황, 행동, 느낌 등을 구체적으로 묻는 질문이다. 막연한 표현이나 일반화된 진술을 명료화하는 데 도움이 된다.

〈예〉

- 자녀분들과의 관계에서 특별히 신경 쓰이는 부분이 있으신가요?
- 당신의 어머니는 겁이 많은 편이신가요? 또는 당신의 어머니는 낯선 사람에게 접근하는 것을 싫어하셨나요?

(5) '왜?'로 시작되는 질문

'왜'로 시작한 질문은 내담자에게 방어적 태도, 상황의 회피, 공격적 태세를 만들 가능성이 있으며, 내담자의 잘못을 지적하거나 비난하려는 의도로 받아들여지기 쉽다.

〈예〉

- 오늘 아들에게 '왜' 그런 방식으로 이야기를 하셨나요?
- 왜 자녀들이 더 자주 방문하지 않는 것 같다고 생각하시나요?

2. 사정단계

사정(assessment)이란 노인이 처한 상황에서 노인의 강점과 취약점을 평가하여 노인의 문제를 정확히 정의하여 구체적인 계획을 세우는 과정이다. 사정을 통해 상담자는 노인이 독립적이고 만족스러운 생활을 위해 필요한 서비스가 무엇인지를 파악할 수 있다. 또한 노인이나 가족에게 노인의 안정적인 삶을 위협하는 위험영역을 파악하여 알려주는 교육적 효과도 볼 수 있다.

1) 노인 내담자 관찰하기

상담 첫 장면은 만남에서 시작된다. 물론 넓은 의미에서 상담의 시작은 자신의 문제를 고민하는 내담자의 장면에서 시작할 수도 있다. 그러나 구체적으로 상담은 서로 바라보고 마주 보는 자리에서 시작된다. 상담에서 관찰은 단순히 상대방을 바라보는 과정이 아니다. 관찰은 첫 상담에서 종결에 이르기까지 모든 상담 기술을 포함하는 포괄적 기술에 해당되며, 모든 문제해결을 위한 통로이다.

관찰은 첫 회기부터 시작된다. 외모는 청결한지, 액세서리는 많은지, 오른손잡이인지, 장애가 있는지, 또래 노인에 비해 젊거나 늙어 보이는지, 고개를 떨구는지, 눈맞춤은 잘 되는지 등 관찰은 내담자의 비언어적 정보의 상당 부분을 제공하는 구체적인 사실들을 탐색한다. 따라서 상담자가 내담자와의 만남에서 무엇을 보고, 어떻게 보았느냐가 내담자의 현 상태에 대한 중요한 평가로 작용된다.

상담 과정에서 관찰의 결과에 따라 상담자의 시야 확보에 긍정적 역할을 하기도 하고 부정적 역할을 하기도 한다. 내담자의 상태를 관찰한 결과는 내담자와의 라포형성의 속도를 조절하며, 나아가 상담의 주제를 결정할 때 중요한 자료가 된다. 한편 상담자가 내담자를 잘못 관찰할 경우 내담자를 오해하기 쉽고 선입견에 사로잡혀 상담의 걸림돌로 작용하기도 한다.

내담자의 관찰 결과는 계속 바뀔 수 있으며, 이 또한 상담 시 중요하게 작용한다. 노인 내담자의 관찰에 있어 내담자의 외모 변화는 내담자의 정서 변화를 보여주는 중요한 단서가 될 수 있다. 또한 내담자의 눈빛, 내담자의 제스처는 상담 과정에 나타나는 내담자의 의지 변화, 상담 개입 정도(involvement) 및 문제해결 정도 등을 나타내기도 한다. 이런 과정은 상담자의 '민감성(sensitivity)'을 높일 기회이기도 하다. 상담자가 내담자를 지속적으로 관찰함으로써 내담자에 대한 민감성을 높이고 상담의 깊이를 더할 수 있다.

〈표 6-1〉에서는 '올바른 관찰'과 '상담의 민감성'을 위한 언어적 · 비언어적 단서를 살펴볼 수 있다.

〈표 6-1〉 언어적 · 비언어적 단서

형태	구분	관찰 내용
언어적 형태	말소리 크기	• 큰 말소리는 자신감이나 허풍을 나타냄 • 너무 작은 말소리는 낮은 자존감이나 의심 혹은 두려움, 우울
	말의 속도	• 상담 중 속도가 빨라지는 경우는 관심사가 다루어지는 중임을 나타내거나 수줍음, 당황, 자기노출에 대한 불편한 심리, 두려움 등 심리적 불안을 나타냄 • 말이 늘어지는 경우는 관심 이외의 사건이 다루어지고 있음을 나타내거나 말을 하면서 생각하는 중임을 보여 줌. 우울증인 경우 느리면서 산만한 언어 사용이 특징임
	사투리	• 사투리를 통해 지역적 특성 확인 • 배우자/친구의 고향 사투리를 쓰기도 함(동화 정도)
	유창한 정도	• 대개 고학력 • 자신감 대변 • 상담자를 압도하고자 하는 의지 • 불편한 주제를 회피하기 위해 덜 불편한 주제로 변경
	단어 선택의 수준	• 고급 단어 추가, 욕설이나 은어 혹은 비어 사용 정도로 학력 수준, 문화적 환경 파악 • 경우에 따라 상담자를 압도하거나(의도적으로 어려운 심리학 용어를 쓴다거나) 위협하는 방법으로 욕설이나 위협적인 단어를 사용하기도 함

<table>
<tr><td rowspan="3"></td><td>단어의 반복</td><td>• 중요하기 때문에
• 무의식적으로 반복
• 말을 더듬는 습관</td></tr>
<tr><td>말 멈추기</td><td>• 감정 북받침
• 대화 거부
• 상담자에 대한 불신
• 할 말 잊어버림
• 말하기 싫음</td></tr>
<tr><td>침묵</td><td>• 생각 중
• 말하고 싶지 않음
• 상담자 눈치 보기
• 비밀 누설에 대한 두려움
• 적당한 단어가 떠오르지 않음
• 감정 억제
• 다른 사람(가족 포함)의 비밀을 누설해야 하는 경우</td></tr>
<tr><td rowspan="4">비언어적 형태</td><td>외모</td><td>• 청결 상태(머리, 몸, 냄새 유무)
• 의복 상태(계절 적절성, 색상, 낡은 정도, 액세서리)</td></tr>
<tr><td>자세</td><td>• 굽은 자세(실망/절망의 표현)
• 반듯한 자세(자신감의 표현)
• 기울어지는 자세(두려움, 호기심의 표현)
• 웅크린 자세(낮은 자존감, 포기의 표현)
• 얼굴을 숨기는 자세(수치심, 두려움, 학대 경험의 표현)</td></tr>
<tr><td>몸짓</td><td>• 손 만지작거리기
• 가방 등 사물을 지속적으로 만지기
• 주변 살피기(두리번거리기)
• 다리 꼬기
• 다리 떨기
• 손을 테이블에 톡톡 부딪치기</td></tr>
<tr><td>대화의 거리</td><td>• 상담자와 내담자의 대화 중 지속적으로 유지되거나 변경되는 물리적 거리
• 몸을 앞으로 가져오기(적극적인 표현)
• 몸을 뒤로 젖히기(지루함, 무관심 주제, 상담 거부, 상담자 불신의 표현)</td></tr>
</table>

표정	• 웃음(미소, 불편한 미소, 실소, 큰 웃음소리) • 찡그림(불편, 불만) • 멍한 표정(힘든 상태, 생각 없는 상태) • 놀란 표정(새로운 제안, 새로운 사실 확인) • 거부하는 표정 • 불쾌한 표정
웃음	• 재미 • 불안 • 걱정거리 숨기기 • 상담자 만족시키기
눈빛	• 의심스러운 눈빛 • 놀란 눈빛 • 차가운 눈빛 • 실망스러운 눈빛 • 절망/포기한 눈빛
눈맞춤	• 지속적 눈맞춤 • 가끔씩 눈맞춤 • 시선을 피하기 • 강한 눈맞춤(너무 뚫어지듯 봄으로써 상담자가 도리어 부담스러워지는 경우)
눈물	• 눈물 쏟기 • 눈물 감추기 • 눈물 닦기(눈물을 안 닦기) • 훌쩍거리지만 눈물은 안 나는 상태

출처: 이은희(2017).

2) 노인 내담자 이해하기

상담자는 노인 내담자를 이해하기 위하여 내담자와의 관계형성 시, 연령과 경험의 차이를 이해해야 하며, 노인들은 작업속도가 다른 세대에 비해 많은 시간이 소요된다는 특성을 파악해야 한다(신명희 외, 2013). 또한 효과적인 의사소통 방법을 파악하여 상담에 적용할 수 있어야 한다.

다음에서는 노인 내담자를 이해하기 위하여 노인 내담자와의 관계 특성, 작업 속도 특성, 의사소통 방법에 대해 알아보고자 한다.

(1) 노인 내담자와의 관계 특성

노인상담은 내담자와 상담자의 연령과 경험의 차이로 인해 이해의 한계가 존재할 수 있다. 그러므로 연령층의 내담자를 대상으로 한 상담과 비교했을 때 상담자와 내담자 간에 투사, 전이, 역전이 등의 관계역동이 더 많이 나타난다(정미경, 2017). 즉, 노인상담에서 상담자는 노인 내담자가 이미 살아낸 연령일 수도 있고, 서로 사회문화적 경험이 현저하게 다를 수도 있으므로 서로를 보며 자신의 가족 구성원 중 누군가를 연상하게 되는 경험들이 상담 안에서 일어나기도 한다(정미경, 2017; 최명균, 2012). 이러한 점이 투사, 전이, 역전이로 나타날 수 있는 것이다. 또한 노인들의 상담 주제는 지나간 가족사와 연관된 경우가 많으므로 내담자는 상담자의 모습을 통하여 자식이나 배우자의 모습을 발견하기도 한다. 마찬가지로 상담자는 내담자의 모습을 통해 부모의 모습을 찾게 되거나 자신이 가진 노년에 대한 가치관이나 노년에 대한 생각에 비추어 내담자를 바라보게 된다. 한편 노인들은 익숙한 환경을 선호하고 이에 의존하는 특징이 있으므로 이러한 모습이 상담 과정에 드러나면, 노인 내담자들은 상담자에게 의존하는 모습을 보이기도 한다. 따라서 노인상담은 상담자의 노력에 의해 시작되기도 하고 유지되기도 한다. 이러한 상황에서도 상담자는 내담자의 상담 주제와 상담 목표를 파악하여 내담자의 어려움을 돕기 위해 적극적으로 상담을 진행해야 한다.

(2) 노인 내담자와의 작업속도 특성

노인은 새로운 내용에 대한 학습 혹은 새로운 행동을 학습할 때 다른 세대에 비해 더 많은 시간이 소요된다. 이러한 모습은 인지적 · 행동적인 부분뿐만 아니라 상담 목표 달성을 위한 내적인 태도변화에서도 마찬가지이다. 노인들은 다른 세대에 비해 상황 판단능력이나 의사결정에서 자신의 지나온 삶의 경험적 인식에 의존하는 경향이 더 높다. 이와 같이 노인들의 가치관과 삶의 방식이 고착화되었다는 특징은 새로운 가치관이나 관점을 받아들여 적용해 보는 상담 작업에서 많은 시간을 필요로 하므로 상담 진행의 걸림돌이 되기도 한다. 또한 노년기에 뇌기능의 저하로 주제에서 벗어난 이야기를 제어하지 못하는 현상이 나타나기도 하며, 특정 상황에 머물러 반복하여 말하는 언어 습관이 두드러지게 된다. 이러한 행동적 특성 또한 상담 작업에 걸림돌이 되는 요인으로 작용되며, 자기개방을 회피하는 노인의 특성 역시 상담 작업을 더디게 만든다(김단비, 2018).

(3) 노인 내담자와의 의사소통 방법

감정은 상담자와 내담자 간 의사소통의 한 가지 방법이자 상담의 전체 분위기와 결과에 영향을 미치는 요인이다. 상담자는 내담자의 감정을 이해하고 수용하여 충분히 공감해야 한다. 상담에서 공감은 마치 상대방의 신발에 자기의 발을 넣어 보고 내담자가 왜 그렇게 느끼고 생각하는지 이해하고자 노력하는 것과 같다. 상담자는 내담자를 이해하기 위한 가장 중요하고도 기초적인 과정으로 내담자의 감정에 공감해야 한다.

다음은 노인 내담자의 상담 시, 상담자가 숙지해야 할 감정과 관련한 사항들이다.

- 모든 사람은 감정을 가지고 표현할 권리가 있다.
- 노인들의 감정은 다른 발달단계에 있는 사람들보다 억눌려 있다.
- 노인들은 감정적인 지지를 원한다.
- 노인들의 감정은 그들의 인생여정 속에서 항상 의미가 있다.
- 노인들의 분노 감정은 자연스러운 것이며, 나쁜 것이 아니다.
- 노인들의 반복적인 표현 속에는 강한 감정적 역동이 숨어 있다.

다음은 상담자가 내담자를 이해하는 데 있어 피해야 할 감정과 관련한 사항들이다.

- 내담자의 감정이 타당하다는 것을 부정한다.
- 내담자의 감정과 내담자 자체의 중요성을 잊는다.
- 내담자의 감정이 내담자의 고집일 뿐이라고 여긴다.
- 내담자와 진지한 상담 관계로 들어서지 못한다.

상담자가 내담자의 감정을 공감하지 못할 경우 상담 과정에서 효율성이 낮아질 수 있으며, 내담자를 정서적으로 공격하게 된다. 즉, 상담자는 내담자를 과소평가하거나 지나치게 과대평가하게 되고 내담자의 세계관 자체를 무시하게 된다. 따라서 노인 내담자와의 올바른 의사소통 방법을 사전에 파악해 놓는 것이 중요하다.

3) 상담 목표 정하기

상담 목표는 내담자의 문제를 구체화하고 바람직한 상담 결과를 얻기 위한 과정으로, 구체적이고 실질적인 변화의 목표를 담고 있다.

상담 시 내담자가 상담 목표를 정하는 데 있어서는 다음의 사항들을 살펴봐야 한다.

- 내담자가 무엇이, 언제 바뀌기를 원하는가?
- 상담이 끝난 후 내담자는 어떻게 변화되기를 원하는가?
- 변화하기 위하여 내담자가 현재 어떤 일을 행하고 있는가?
- 내담자의 문제를 어떻게 정의 내릴 것인가?
- 내담자의 문제와 어떤 이슈가 관련되어 있는가?
- 어떤 상담 목표를 제안할 것인가?

상담 목표 설정은 내담자가 자신의 관심사를 실행하도록 하는 데 초점을 두어야 한다. 상담 목표 설정의 주요 목적은 내담자가 바람직한 변화를 시도하도록 동기를 부여하고 구체적인 실행 범위를 정하는 것이다. 이를 위해 상담자는 노인 내담자와의 상담 목표 설정 시 다음의 사항을 명심해야 한다.

첫째, 한 번에 한 가지 목표에 초점을 맞춘다. 노인의 문제는 긴 인생 경험을 통해 대개 여러 차원에서 복잡하게 얽혀 있을 뿐 아니라 이전의 발달단계까지 깊은 뿌리를 두고 있다. 그만큼 상담의 범위가 넓어지고 목표가 다양해질 수 있다. 따라서 상담자는 한 번에 여러 가지 목표를 세우기보다는 한 가지 목표에 초점을 둠으로써 문제해결의 가능성을 높이고, 내담자가 한 가지 문제에 집중할 수 있도록 해야 한다.

둘째, 상담 목표는 구체적이고 측정이 가능한 것이어야 한다. 노인들은 긴 시간을 두고 문제를 해결하려고 하지 않는다. 특히 내담자의 연령이 높을 경우 상담의 목표는 단기적이고 구체적이어야 하며, 그 구체성은 눈에 보일 정도로 측정 가능해야 한다.

셋째, 상담 목표는 실행이 가능하고 달성 가능한 것이어야 한다. 허황된 목표는 내담자의 변화 의지를 꺾고, 상담 진행의 방향을 잃게 한다. 따라서 실행 가능한 목표는 내담자의 변화 의지를 고취할 뿐 아니라 달성 가능성에 대한 희망으로 변화를 촉진시킨다.

넷째, 상담 목표는 내담자가 동의, 승인하여야 한다. 내담자가 동의하지 않는 목표는 실행 가능성이 낮아진다. 따라서 상담 목표를 설정한 후에는 상담 동의서 혹은 치료 동의서를 받는 것이 중요하다. 상담 동의서 혹은 치료 동의서는 내담자로 하여금 설정한 목표에 대한 책임을 분명하게 하고, 상담이 지연되는 것을 막는 역할을 한다.

노인 내담자에게 상담 동의서는 강압적인 문구로 보일 수 있다. 그러나 내담자가 자신의 삶을 책임지듯 동의서는 상담에서도 적극적인 의지를 가지고 참여한다는 분명한 취지를 담고 있다. 따라서 상담 동의서는 상담자와 내담자가 함께 작성해야 하며, 상담 진행이 느슨해지거나 문제 소유권이 상담자와 내담자를 오가는 시점에 상담자와 내담자 서로가 상담 현장에서 자신의 역할이 무엇이며 상담 시작 시점의 본래 목적이 무엇이었는가를 재확인하는 데 중요하다.

4) 문제 명확히 하기

내담자가 상담 목표를 설정한 후에는 내담자가 가지고 있는 문제들을 명료화해야 한다. 사람들이 자신의 문제를 항상 명확하고 간단하게 파악할 수 있다면 문제해결을 위해 상담자의 도움을 얻을 필요가 없을 것이다. 따라서 문제를 명확히 해야 하는 단계에서는 내담자의 문제를 구체적으로 확인하고, 문제해결을 방해하는 요인들을 분명히 파악해야 한다.

예를 들어, 함께 살고 있던 장남이 분가하자는 이야기가 내담자에게는 고민거리가 되었다. 내담자가 경제적인 지원을 확보하지 못한 상태에서 갑작스럽게 대두된 상황이기 때문이었다. 어떻게 생활을 유지할 것인가? 아들에게 생활비를 보내달라고 말할 것인가? 현재 살고 있는 집에는 내담자가 살 것인가 혹은 매매할 것인가? 만일 분가를 하지 않겠다고 한다면 아들 내외의 반응은 어떠할까? 며느리는 이에 대해 어떻게 느낄 것인가? 이런 모든 질문들이 내담자의 문제를 명확히 하기 위해 고려해야 하는 문제들이다. 또한 내담자의 감정을 함께 고려하는 것 역시 문제를 명확히 하는 단계에서 중요하다.

5) 대안 살피기

상담 목표를 설정하고 문제를 명확히 한 후에는 상담적 대안을 살피게 된다. 대안은 바람직한 변화를 위한 내담자의 선택을 의미하며, 내담자가 자신의 목표를 성취하기 위해서 거치는 단계이다. 이 단계에서는 대안 목록을 작성하여 이를 평가하고 분석한다. 다음은 대안 목록을 작성하기 위해서 필요한 사항들이다.

- 상담 목표를 재확인한다: 상담자와 내담자 모두가 설정한 상담 목표를 이해하고 그 목표가 지금 상황에 적합하다는 것에 함께 동의하는지 재확인한다.
- 내담자가 현재 설정한 목표를 달성하기 위해 그가 생각하고 있는 모든 종류의 대안을 살핀다: 여기에는 실행 가능한 대안, 가능하지 않은 대안을 모두 포함시

킨다.

- **내담자가 생각하는 모든 대안을 적은 후에는 상담자가 생각하고 있는 대안을 제시하고 부족한 부분을 상호 보충한다:** 어떤 대안이든 긍정적인 측면과 부정적인 측면을 모두 가지고 있다. 따라서 상담자는 대안 실행 결정을 내리기 전에 내담자와 그 결과들에 대해 충분히 살펴보아야 한다. 그리고 긍정적인 효과와 부정적인 효과를 파악하기까지는 다소 시간이 소요되지만, 내담자가 자신이 제안한 대안들을 구체화하고 실효성을 검증하는 단계이기 때문에 그만큼 상담 목표의 구체화에 기여한다. 이 시점에서 상담자와 내담자의 감정이나 신념의 차이가 있어 결과가 달라질 수 있더라도, 상담자는 내담자의 다양한 대안을 끝까지 존중하고 경청해야 한다. 그리고 부정적인 결과에 대해서는 신중하게 검토해야 한다.

3. 개입 및 문제해결단계

사정을 통해 분석된 문제를 기반으로 개입목표가 설정되었으므로, 문제해결을 위한 목적과 목표가 달성되기 위해서 내담자의 적극적인 참여를 유도하고, 효과적 · 효율적 목표 달성을 위해 의도적 개입이 유지되어야 한다. 또한 계획된 목표가 변화되었거나, 새로운 문제나 욕구가 발생하였을 때는 목적과 목표가 변경될 수도 있어야 한다.

1) 결정 지지하기

개입 및 문제해결단계에서는 상담자와 내담자가 함께 가능한 대안들을 살피며, 이에 대한 긍정적 · 부정적 결과를 검토한 후에 내담자는 변화를 위한 결정을 내리게 된다. 이러한 결정을 내리는 일은 의존성과 수동성이 증가한 노인 내담자에게는 부담스럽고 어려운 일이다. 노인들은 신비나 우연으로 문제를 해결하려는 경향성이 증가(Gutman, 1964)되었기 때문이다. 그러나 일단 내담자가 결정을 내리면, 상담자는 그 결정이 만족스럽지 않더라도 내담자의 결정을 존중해야 한다(Patterson & Welfel, 2000). 그 선택은 내담자 입장에서 가장 현명한 선택일 수 있기 때문이다.

간혹 내담자가 스스로 결정을 내리지 못하는 경우도 있다. 이때 대부분의 내담자들은 변화보다는 지금의 현실이 그대로 유지되기를 원한다. 이러한 경우라도 상담자는 그대로 존중해 줄 필요가 있다. 이는 상담이 개인의 인생을 변화시키는 것 이전에 그들이 놓여 있는 상황을 보다 잘 이해하고 분석하게 하는 데 목적을 두고 있기 때문이다. 따라서 내담자가 변화를 결심한다면 좋은 일이 될 수 있으나, 노인의 경우 변화에 신중할 뿐 아니라 변화에 대한 두려움도 가지고 있다는 점을 유념해야 한다.

2) 개입방법의 지침

Burlingame(1995)은 노인과의 개입단계 시, 개입방법을 선택하는 데 고려해야 할 다섯 가지 지침은 다음과 같다.

첫째, 노인의 능력보다 가정이나 이웃 등과 같은 환경의 사회적 · 물리적 요구가 다소 높도록 한다. 환경의 요구가 노인의 신체적 · 인지적 · 사회적 기능에 비해 지나치게 크다면 노인은 그 요구에 압도되어 실패하거나 포기할 수 있다. 또한 환경의 압력이 지나치게 적은 경우에도 노인은 지루해하거나 학습된 무기력을 나타낼 수 있기 때문이다. 둘째, 개입을 최소한도로 이루어져야 하며, 의료적인 처치에서와 마찬가지로 개입은 낮은 수준에서 천천히 이루어져야 한다. 셋째, 개입방법을 선택할 때 노인의 가치를 고려해야 한다. 노인의 도덕, 종교, 문화, 계층규범, 전반적인 태도 등에 기초하여 개입방법을 선택해야 한다. 넷째, 노인이 처한 각각의 상황에 따라 방어기제를 다룬다. 그리고 노인의 정서적인 고통이 클 경우 방어기제를 사용하더라도 이를 정면으로 지적하거나 맞서기보다는 신중하게 접근하는 것이 중요하다. 다섯째, 체계적 관점(순환적 · 전체적 · 상호작용적 접근)에서 노인과 그 가족에게 개입한다. 한 가족구성원의 변화는 가족 전체에 영향을 미치기 때문에 가족 전체에 접근할 때는 한 사람에게 먼저 개입할 수 있다. 이때는 다른 사람에 비해 문제를 해결하려는 동기가 강하거나 강점이 있는 사람에게 먼저 개입하는 것이 유리하다.

3) 개입 기술

(1) 인정요법

인정요법(validation therapy)은 심리사회적 개입 기법으로, 주로 치매나 인지기능이 저하된 노인과의 상담에서 활용된다. 이 기법은 노인의 감정과 표현을 현실과의 일치 여부로 판단하지 않고, 그 감정에 대한 진정성과 의미를 인정함으로써 심리적 안정감을 도모한다.

인정요법은 Naomi Feil이 개발한 치료방법으로 치매 노인의 감정을 자유롭게 표현하고 공감의 자세로 인정하여 노인에게 가치를 심어주고 스트레스를 감소시킨다. 따라서 공감은 치매 노인에게 신뢰와 안정감을 줄 수 있고 자기 가치감을 회복시키며 노인의 장점을 발휘할 수 있도록 돕는다.

이러한 인정요법의 주요 목적은 치매 노인에 대한 존경을 바탕으로 삶의 마지막 단계에서 과거의 갈등을 해결하고 부동화 상태로 빠지는 것을 예방하고자 한다. 상담사의 역할은 치매 노인에게 현실을 확인시키는 것이 아니라 치매 노인의 말과 행동을 그대로 수용하여 본인의 감정을 잘 표현할 수 있도록 돕는 것이다(장우심, 2008). 이것은 인지기능이 저하된 노인의 감정을 자유롭게 표현하고 그대로 인정해줌으로써 스트레스를 감소시키고 노인의 가치를 향상시킬 수 있으므로 현실요법이 지남력을 반복적으로 주입시켜 현실감을 유지시키는 것과 대비된다.

인지장애나 치매가 있는 노인을 중심으로 하는 인정요법은 노인의 말과 행동이 혼란스러워 보일지라도 의미가 있는 것이므로 이상한 말과 행동을 그대로 수용하고 노인의 감정을 표현할 수 있도록 유도하는 것이다. 이러한 인정요법의 주요 기술에는 5하 원칙, 반복, 극단, 반대, 회상, 감각, 대명사, 동작 따라 하기, 신체적 접촉, 눈 맞춤, 목소리, 음악, 감정 조절하기 등이 있다. 이러한 인정요법의 주요 기술을 구체적으로 살펴보면 첫째, 5하 원칙은 '왜'를 제외한 '누가, 언제, 어디서, 어떻게, 무엇을'과 같은 비위협적이고 구체적인 단어를 사용하여 노인과 대화하는 방법이다. 둘째, 반복이란 노인은 자신이 말한 내용을 다른 사람에게 들을 때 종종 안위를 느끼므로 핵심 단어와 목소리, 말의 속도도 똑같이 흉내 내는 것이다. 셋째, 극단은 노인이 불평하는 부분을 극단적으로 생각할 수 있도록 하여 최악의 경우를 생각하게 함으로써 자신의 감정을 보다 충분히 표현할 수 있게 한다. 넷째, 반대는 행동이나 상황이 일어나지 않은 때의 반대의 경우를 생각해 보게 하여 해결방법을 찾을 수 있게 된다. 다섯째, 회상은 과거 회상을 유도하여 과거에 사용했던 적응기제를 재정립할 수 있게 한다. 여섯째, 감각은 감각 기능을 이용하여 대화를 유도하고 감각적 용어를 사용하여 대화하도록 한다. 일곱째, 대명사는 의미 없는 말이나 발음을 하는 경우 구체적으로 반복하기보다는 그것으로 대꾸하는 것이다. 여덟째, 동작 따라하기는 노인이 반복하는 어떤 행동이나 동작을 따라하며 신뢰를 구축하도록 한다. 아홉째, 신체적 접촉은 손을 잡거나 어깨를 감싸는 등의 행동으로 의심이 많은 치매 노인의 경우 오히려 부정적인 효과를 줄 수 있으므로 적당한 간격을 두고 접근한다. 열 번째, 눈 맞춤, 목소리, 음악은 진실된 눈맞춤을 하고, 친밀감 있는 목소리로 대화하며 분위기에 적합한 음악을 사용하는 것을 말한다. 마지막으로 감정 조절하기는 분노와 좌절의 감정이 노인에게 그대로 전달되지 않도록 감정을 조절한 후에 노인에게 접근해야 하는 것을 말한다. 흥분된 감정을 조절하는 방법으로 심호흡을 하거나 속으로 100번까지 숫자를 세는 등 자신만의 스트레스 해소 방법을 개발하는 것도 중요하다(김은자, 2012).

인정요법의 진행 형태는 개인 및 집단요법의 형태로 가능하나 주로 집단인정요법으로 이루어지고 있다. 집단인정요법은 집단 내에서 대상자들이 서로 상호작용함으로써 에너지가 창출되어 개인적으로 위축되는 것을 막을 수 있으며, 집단 내에서는 집중시간이 길어져 한 시간 이상도 가능해진다. 또한 집단 내에서 개인은 다른 사람의 문제해결에 도움을 주고, 집단 내에서 상호작용을 통하여 가족관계나 사회적 역할을 회복하는 기회가 되기도 하며, 다른 사람과의 상호작용으로 문제행동을 조절하는 동기부여가 가능해진다.

이와 같은 인정요법은 시간, 공간, 관계 등의 분별력을 상실한 고령노인이 평화롭게 죽음을 맞이하기 위해서는 마음속의 표현되지 못한 억압된 감정이 표현될 필요가 있다는 발달이론에 기초한다.

이 이론에서 중요한 신념과 가치는 다음과 같다.

- 모든 사람은 독특하기 때문에 각 개인으로 대우받아야 한다.
- 분별력을 잃은 정도와 상관없이 모든 사람은 가치롭다.
- 고령노인의 행동은 강제로 변화될 수 없다. 행동이란 노인 스스로가 변화하고자 생각할 때만 이루어질 수 있다.
- 감정 이입은 신뢰를 쌓고, 불안을 감소시키며, 인간의 존엄성을 회복시킨다.
- 특정 생애과제는 인생의 각 단계와 연관이 있다. 생애과제를 완수하는 데 실패하면 심리적인 문제를 초래하게 된다.
- 고령노인은 비심판적인 방법으로 수용되어야 한다.
- 분별력이 저하된 고령노인의 행동에는 나름의 이유와 의미가 있다.
- 고령노인의 행동은 단순히 뇌의 해부학적 변화뿐만 아니라 전 생애를 통해 이루어지는 신체적 · 사회적 · 심리학적 변화의 영향을 종합적으로 받게 된다.

(2) 기타 상담기법

이상에서 제시한 상담기법이나 치료방법 이외에 일반 상담이나 치료에서 자주 활용되는 기법을 노인상담 과정에 활용해 볼 수 있다.

- **역할전환기법**(role reversal)은 내담자가 상대방의 역할을 수행해 봄으로써 상대방의 입장을 이해하게 되는 기법이다. 예를 들어, 시어머니와 며느리 사이에 발생한 갈등에서 상담자가 며느리가 되고 내담자가 시어머니 역할을 한 후 역할을 바꾸어 수행해 봄으로써 서로의 입장을 체감하게 하는 것이다. 이러한 기법은 언어적 대화보다는 행동적 기법이 치료의 진행과 결과에 더욱

효과적인 경우가 많다.

- 역설적 기법(paradoxical intervention)은 노인 내담자의 저항이 심할 때 변화를 일으키기 위한 치료기법으로 처방, 제지 등이 있다. 처방은 증상을 지속하게 하거나 과장하게 하고, 자의(自意)로 증상을 통제할 수 있도록 하는 기법이다. 제지는 소극적 노력을 하는 내담자에게 재발을 예측하여 경고하거나, 변화의 속도가 지나치게 빠르다고 지적하는 기법이다.
- 거울기법(mirror technique)은 자존감이 낮거나 대인관계가 어려운 노인, 비협조적인 노인, 우울증상이 있는 노인들에게 유용한 기법이다. 이 기법은 내담자의 모든 행동, 자세, 말 등을 거울에 비춰 보듯이 똑같이 흉내를 낸다. 이로써 내담자로 하여금 자신을 보다 객관적으로 관찰하고 평가할 수 있게 해 주며, 자신의 표현방식을 변화시키고자 하는 의도를 불러일으킬 수 있다. 하지만 이 기법은 내담자에게 불쾌감을 줄 수도 있기 때문에 가능한 한 내담자의 동의를 얻고 진행하는 것이 좋다.
- 조각기법(sculpting technique)은 노인을 포함한 가족치료에서 사용된다. 여기서 노인은 조각가가 되어 다른 가족구성원에게 자세를 취하게 한다. 이때 가족원은 노인 내담자가 의도하는 대로 가족 간의 관계를 조망하는 하나의 형태를 이루며 위치하게 된다. 대체로 노인들은 손자녀들을 가깝게 그리고 며느리나 가족 내 갈등의 주요 대상자와는 멀리 배치하는 경향을 보인다. 가족구성원의 배치도는 하나의 관계망을 가시적으로 드러내어, 노인이 가족과 형성하고 있는 관계망과 감정적인 관계의 거리를 가시화하게 된다. 이러한 조각기법은 가족이 실제로 가상의 위치와 자세를 형성해 봄으로써 가족 간의 관계를 경험하는 비언어적인 방법을 동원하는 치료방식이다. 따라서 시각화 · 명료화되는 장점이 있다. 그리고 노인이 실제 갈등의 주요 요인을 다른 가족원으로 지목하는 경우 가족원은 가족 내에 노인의 위치와 상황을 새롭게 느끼면서 보다 나은 가족관계를 위해 협력하게 된다.

4. 평가 및 종결단계

종결은 상담 과정을 마무리하는 것으로 상담자와 내담자가 설정한 상담 목표가 만족스럽게 달성되었다는 상호 동의가 이루어졌을 때 일어난다. 즉, 내담자가 이제 상담자의 조력 없이 자신의 힘으로 문제해결을 할 수 있다는 자신감을 갖게 될 때 상담이 종결된다. 그러므로 개입과정에서 종결단계가 어느 시점에서 있을 것임을 내담자에게 알려주어 종결을 준비하도록 하여야 한다. 또한 종결단계에서 나타나는 내담자의 불안감을 감소시키고, 종결을 스스로 준비하도록 하여 부정적인 정서반응도 다루어줘야 한다. 또한 종결단계에서는 상담 목표의 달성을 다루고, 추후 다룰 문제에 대한 평가도 함께 실시된다. 따라서 상담 과정에서 반복적인 모니터링과 평가는 필요하다(Anker et al., 2009).

1) 상담의 종결

상담의 종결은 상담 목표가 달성되었을 때 이루어진다. 그러나 내담자 문제를 상담하고 있는 중간에 종결이 되거나 다른 문제 상담을 위해 상담 관계가 지속될 수도 있다. 또한 내담자의 상담 목표가 성취되고 상담자와 내담자 모두가 상담의 종결에 동의하는 경우 상담 종결이 이루어진다. McDonald와 Haney(2003)는 상담 종결 과정을 위한 안내 과정을 다음과 같이 제시하고 있다.

(1) 끝매듭 잘하기

만일, 상담자와 내담자 사이에 끝내지 못한 문제가 있다면 상담 관계가 종결되기 전에 처리해야 한다. 이런 '끝내지 못한 문제'는 상담자와의 내담자 간 해결되지 못한 감정으로 계속 연결된다. 즉, 내담자는 상담자가 자신을 거부한다고 생각하고 심한 좌절감을 느낄 수 있다.

(2) 적절한 때를 맞추기

대부분의 내담자는 상담자와의 관계를 아주 친밀하게 느끼기 때문에 상담관계를 종결하는 것은 내담자에게 어려운 일이다. 내담자의 문제가 해결되면 상담자는 그 관계를 종결하고 다른 내담자와 새로운 상담을 시작하고자 한다. 이것이 상담자의 입장에서는 당연한 일이지만 내담자에게는 냉정하고 무관심하게 보일 수 있다. 따라서 상담자는 상담관계를 끝낼 때 내담자의 감정에 대해 민감하게 대처해야 한다. 만약 종결이 다가온다면 상담 시 내담자에게 미리 이야기를 해서 내담자가 겪을지 모르는 어려움에 대해서 대비해야 한다. 상담자와 내담자가 종결할 것을 서로 결정하게 되면, 한 번 더 상담하자고 내담자를 초대하는 것이 좋다. 이것은 두 사람 사이의 모든 문제가 해결되었다는 것을 확실하게 하는 또 다른 방법이기도 하다.

(3) 작별의 슬픔

밀접한 관계를 끝내는 것은 항상 상실감과 슬픔을 동반한다. 상담자와 내담자 모두 그런 상실에 수반하는 분노, 슬픔, 죄책감, 버려진다는 두려움, 새롭게 시작하는 흥분 등과 같은 감정들에 대해서 살펴봐야 한다. 상담자는 내담자가 이러한 감정들을 솔직하게 이야기하도록 도와야 한다. 이 시점에서 중요한 한 가지 이슈는 내담자가 자신의 감정을 상담자만큼 친밀하게 나눌 수 있는 사람은 아무도 없다고 여기는 것이다. 내담자가 친구 등의 지지 체계를 개발하고 비밀을 지켜 줄 수 있는 친구를 한 사람이라도 사귀는 것을 목표로 몇 번 더 상담하는 것도 좋다.

5. 사후관리단계

이 단계에서는 노인에 대한 개입을 종결한 후, 일정 기간을 정하여 노인이 상담을 통해 형성된 긍정적인 변화를 제대로 유지하고 있는지 점검하게 된다. 새로운 문제나 욕구가 발생하여 재개입이 필요하다고 판단되면 초기 상담 단계로 이동하여 재개입하거나 전문적인 타 기관에 의뢰할 수 있다.

(1) 필요한 경우의 의뢰

상담자는 다른 기관이나 전문가에게 의뢰할 경우에는 다음과 같은 활동이 필요하다(Weissman, 1976).

- 필요한 기관이나 서비스에 대한 정보를 글로 적어 노인에게 전달한다.
- 의뢰할 기관에 노인의 욕구에 대해 개괄적으로 정리한 글을 보낸다.
- 노인이 떠나기 전에 의뢰기관에 연락하여 노인과 만날 약속시간을 정한다.
- 노인이 의뢰기관에 가기를 꺼리거나 스트레스 상황에 있을 때, 혹은 거동이 불편할 때는 노인과 함께 의뢰기관에 동행한다.
- 의뢰기관에 대해 객관적인 정보를 제공하여 비현실적인 기대를 갖지 않도록 한다.

(2) 미완성된 종결

내담자들이 마지막 상담을 하러 오지 않는 경우가 있다. 약속을 해 놓고 오지 않거나 전화나 편지로도 연락이 되지 않는 내담자가 있을 수 있다. 이런 경우 상담자는 혼자서 애도의 과정을 겪는다. 이러한 상담자의 상실감에 대해서는 슈퍼바이저의 도움을 통해 상담종결 사례에 대한 객관적인 분석을 받을 수 있다.

(3) 초대

상담이 성공적으로 끝나게 되면 내담자는 앞으로 발생할지 모르는 새로운 문제들에 대처할 수 있는 자신감과 확신을 갖게 된다. 그러나 내담자 중에는 상담자나 상담기관과의 지지관계를 지속적으로 유지하고자 원하는 경우가 있다. 내담자가 미래의 어떤 일에 대해서 이야기하고 싶을 때 상담자나 상담기관에 전화로 연락을 취할 수 있거나 초대를 받는다면 훨씬 편안하고 자신 있게 느낄 것이다.

(4) 사후관리

사후관리(follow-up)란 상담자와 내담자의 상담종결 후, 얼마의 시간이 지나 연락을 통해 그가 어떻게 지내고 있는지 알아보는 사려 깊은 행동이다. 내담자에 대한 이러한 배려는 상담자의 관심을 나타내며, 다른 주제로 상담하게 될 때 내담자의 상황을 이해하는 데 도움이 된다. 종결 이후에 몇 개월 동안 지속하는 추후관계는 상담자와 노인 모두에게 도움이 될 수 있다(권중돈, 2017 재인용).

(5) 전문적 도움을 받아야 할 때

상담자가 내담자에게 줄 수 있는 도움에 한계가 있을 수 있다. 정신적인 문제가 있거나 심각한 정신 증후를 보일 경우이다. 다음의 경우는 슈퍼바이저나 전문의에게 의뢰해야 한다(노안영, 2005).

- 정신과적 질환이 있는 경우
  (예: 치매, 우울증 조울증, 심각한 불안장애 등)
- 망상이나 환각 증상이 있는 경우
  (예: 치매와 관련된 망상, 청각 · 시각적 환각 등)
- 자살 위험이 있는 경우
  (예: 자살 생각, 자살 시도 이력, 자살 계획 등을 보이는 경우)
- 타인 또는 자신을 해칠 가능성이 있는 경우
  (예: 폭력적 행동, 공격적 언어 사용, 자해 위험 등)
- 심각한 우울증 증상이 있는 경우
  (예: 식욕 저하, 수면 장애, 무기력, 자살 사고 동반 등)
- 학대나 폭력의 피해자인 경우
  (예: 신체적 · 정서적 학대, 가정폭력, 성폭력 등의 피해)
- 인지기능 저하가 심각한 경우
  (예: 중증 치매, 알츠하이머병, 심각한 기억력 문제 등)

요점 정리

- 노인상담의 관계형성단계 시, 라포형성 방법에는 존중, 적극적 경청, 공감, 내용 요약, 질문하기가 있다. 존중은 내담자를 동등하게 대하며 상대방이 보다 나은 변화를 이룰 수 있도록 하는 인격적인 대우와 대화 방식을 말한다. 적극적 경청은 남의 말을 주의 깊게 열심히 듣는 것을 의미한다. 공감은 상대방이 그렇게 느끼는 이유를 묻는 것을 넘어서 그 이유 속에 동참하는 것을 말한다. 내용 요약은 내담자가 전달하고 있는 말의 내용과 감정을 상담자의 말로 줄여 내담자에게 되돌리는 것을 말한다. 질문은 상담 대화장면에서 자신의 질문 의도를 분명히 할 수 있는 질문의 형태를 적절히 사용하는 것이다.
- 노인상담의 사정단계란 노인의 강점과 취약점을 평가하여 적절한 서비스를 제공하는 데 필요한 계획을 세우는 과정이다. 이 단계에서는 내담자를 관찰하기 위한 언어적 · 비언어적 요소를 파악하는 것이 중요하다.
- 상담 목표를 정한 후, 내담자가 가지고 있는 문제들을 명료화하고 문제해결에 방해되는 요인들을 살펴본다.
- 상담 목표를 정하고 문제를 명확히 한 후에는 상담적 대안을 살피게 된다. 다양한 대안 목록을 작성한 후 이를 평가하고 분석한다.
- 개입 및 문제해결단계에서는 사정을 통해 분석된 문제를 기반으로 개입목표가 설정되었으므로 문제해결을 위한 목적과 목표를 달성하기 위해 내담자의 참여를 유도하고 내담자가 설정한 결정을 지지한다.
- 평가 및 종결단계에서는 상담자와 내담자가 설정한 상담 목표가 만족스럽게 달성되었다는 상호 동의가 이루어졌을 때 진행된다. 밀접한 관계를 끝내는 것은 항상 상실감과 슬픔을 동반하게 된다. 그러므로 상담자는 내담자가 이러한 감정들을 솔직하게 이야기하도록 돕고 내담자에게 친구 등의 지지 체계를 개발하도록 돕는다. 그리고 내담자가 간혹 자신의 문제를 해결했으나 내담자가 그 이상의 상담 서비스를 원하는 경우 내담자에게 도움이 될 수 있는 기관에 의뢰해야 한다.
- 상담종결과정에서 내담자들이 마지막 상담을 하지 않는 경우가 있다. 연락이 두절되면 상담자는 혼자서 애도의 과정을 겪는다. 이때는 상담자의 상실감에 대한 슈퍼바이저의 도움을 얻을 수 있다.
- 사후관리는 상담자가 내담자와 상담이 종결된 후 시간이 지난 뒤 연락을 취하여 내담자가

어떻게 지내고 있는지 확인하는 것이다. 내담자에 대한 이러한 배려는 상담자의 관심을 나타내며, 다른 주제로 상담하게 될 때 내담자의 상황을 이해하는 데 도움이 된다.

- 상담 진행 과정 중에 상담자가 내담자에게 줄 수 있는 도움을 넘어서는 경우도 있다. 정신적인 문제가 있거나 심각한 정신 증후를 보일 경우는 관련 증후를 보이는 전문기관으로 의뢰해야 한다.

연습문제

1. 노인과의 상담에서 관계형성단계에 사용되는 라포형성 방법을 설명하고 자신이 가장 빈번히 사용할 수 있는 기법을 설명하라.

2. 노인들의 의사결정을 지지하기 위한 효과적인 방법을 제안해 보라.

3. 사정단계에서 상담 목표를 정할 때 가장 중요한 것이 무엇인가? 그 이유를 설명해 보라.

4. 노인과의 개입단계 시, 개입방법을 선택하는데 고려해야할 사항을 설명하고 자신이 생각하는 가장 중요한 부분은 무엇일지 제안해 보라.

5. 상담의 종결과정에서 나타나는 내담자의 부정적 감정을 해결할 수 있는 방법을 제안하라.

6. 이 장에서 제시한 상담 과정의 네 가지 단계인 관계형성단계, 사정단계, 개입 및 문제해결단계, 평가 및 종결단계에서 가장 중요하다고 생각되는 단계를 생각해 보고 그 이유에 대해 설명해 보라.

참고문헌

강용구 외(2023). 노인복지론. 공동체.

강진령(2010). 집단상담의 실제. 학지사.

권중돈(2017). 노인복지론. 학지사.

김경애, 하양숙(1998). 치매 노인에 대한 인정요법과 효과. 정신간호학회지, 7(2), 384-399.

김단비(2018). 상담에 대한 노인들의 자각과 장벽에 관한 연구-노인들의 보고를 중심으로. 덕성여자대학교 대학원 석사학위논문.

김은자(2012). 간호상담. 정담미디어.

김형수 외(2005). 현대노인복지론. 학지사.

노길희 외(2023). 노인복지론. 지식터.

노안영(2005). 상담심리학의 이론과 실제. 학지사.

박민정(2014). 인간중심 집단상담에 참여한 집단원의 경험에 관한 연구: 일치성, 무조건적 긍정적 존중, 공감적이해 경험을 중심으로. 덕성여자대학교 문화산업대학원 석사학위논문.

서혜경 외(2013). 노인상담 기본 기술과 과정. 학지사.

신명희 외(2013). 발달심리학. 학지사.

이은희(2017). 새로쓴 노인복지론. 학지사.

이장호 외(2006). 노인상담. 시그마프레스.

이해영(2006). 노인복지론. 창지사.

이호선(2005). 노인상담. 학지사.

이효선(2008). 노인상담과 연구. 신정.

장우심(2008). 집단인정치료가 치매 노인에게 미치는 영향에 관한 연구. 한국노년학회지, 28(4), 1023-1039.

정관용(2016). 고령사회의 노인상담이 우울 감소와 자살예방에 미치는 효과 예측에 관한 연구. 서울벤처대학원대학교 박사학위논문.

정미경(2017). 행복한 노년의 삶을 위한 노인상담. 시그마프레스.

정윤희(2019). 노인 내담자의 상담경험에 관한 해석학적 현상학 연구. 한국교원대학교 대학원 박사학위논문.

천성문 외(2006). 상담심리학의 이론과 실제. 학지사.

최명균(2012). 노인상담에서 상담자의 역전이 경험. 백석대학교 대학원 박사학위논문.

최서영(2023). 개인 적용 마음챙김 기반 인지치료(MBCT)에서 노인상담사의 자기돌봄 경험에 관한 연구. 동국대학교 대학원 박사학위논문.
최선화(2004). 노인상담과 주거보호. 현학사.
최이용(2016). 인정요법을 적용한 원예치료 프로그램이 요양원 거주 노인의 공격성과 정신에너지에 미치는 영향. 단국대학교 대학원 석사학위논문.

코칭심리연구소 인터넷자료 https://blog.naver.com/cfcoaching

Anker, M. G., Duncan, B. L., & Sparks, J. A. (2009). Using client feedback to improve couple therapy outcomes: A randomized clinical trial in a naturalistic setting. *Journal of Consulting and Clinical Psychology, 77*(4), 693-704.
Bleathman, C., & Morton, I. (1992). Validation therapy: extracts from 20 groups with dementia suffers. *Journal of Advanced Nursing, 17,* 658-666.
Burlingame, V. S. (1995). *Gerocounseling: Counseling elders and their families*. Springer Publishing Company.
Greenberg, R. P., Constantino, M. J., & Bruce, N. (2006). Are patient expectations still relevant for psychotherapy process and outcome? *Clinical Psychology Review, 26*(6), 657-678.
Gutman, D. L. (1964). *An exploration of ego configurations in middle and late life. In Neugarten and Associates, Personality in middle and late life.* New York: Oxford University Press.
McDonald, P. A., & Haney, M. (2003). 노인상담연습(Counseling the older acult). 현외송, 하정미 역. 양서원.
Mogle, J., & Sliwinski, M. (2013). Perspectives on cognitive aging. In J. M. Wilmoth & K. F. Ferraro (Eds.), *Gerontology: Perspectives and issues* (4th ed., pp. 49-68). Springer Publishing Company.
Nemiroff, R. A., & Colarusso, C. A. (Eds.) (1990). *New dimensions in adult development.* New York: Basic Books.
Orlinsky, D. E., & Howard, K. I. (1966). *Therapy Session Report(Form T and Form P).* Chicago: Institute of Juvenile Research.
Patterson, L. E., & Welfel, E. R. (2000). *The counseling process* (5th ed.). Belmont, CA: Thomson Brooks/Cole.
Rogers, C. R. (1957). The necessary and sufficient conditions of therapeutic personality

change. *Journal of Consulting Psychology, 21*, 95-103.

Weissman, A. (1976). Industrial social services: Linkage technology. *Social Casework, 57*(1), 50-54.

Wilmoth, J., & Ferraro, K. (Eds.) (2013). *Gerontology: Perspectives and issues, Fourth Edition*. New York: Springer Publishing Company.

Woodhead, E. L., Ivan, I., & Emery, E. (2013). "Impact of older adults'experience with psychotherapy on treatment engagement." *Clinical Gerontologist, 36*(3), 260-273.

제3부

노인상담의 실제

제7장

노인 우울 상담

노인의 우울은 단순한 노화 과정이 아닌 신체적, 정신적, 사회적 기능에 심각한 영향을 미칠 수 있는 복합적인 질환이다. 우울의 주관적인 증상은 매우 다양하며 우울증은 다양한 요인에 의해 발생하는 고유한 심리적 특성을 지닌다. 우울증의 일반적인 증상에는 흥미나 즐거움의 감소, 우울감이나 슬픔, 절망적인 감정, 짜증이나 분노, 극심한 피로와 동기 부족, 활동의 저하, 수면 및 식사 문제, 집중력 저하, 자아에 대한 무가치감, 자살에 대한 생각이나 시도로 나타난다. 특히 노년기는 신체적 쇠약, 역할 상실, 능력 감소, 사회적 고립, 배우자의 사망 등으로 인해 다른 연령대보다 우울증을 경험할 가능성이 높아진다(윤현숙, 구본미, 이강, 이제연, 2007). 이에 노인 우울증은 심리적, 생리적, 사회적 요인의 복합적인 질환인 점을 고려하여 신중한 접근이 필요하다. 따라서 노인 우울증의 상담과 치료는 단순히 증상을 완화하는 데 그치지 않고 삶의 질을 개선하고 나아가 심리적 안정감을 회복하는 것을 목표로 한다.

이 장에서는 노인 우울의 개념과 특징을 알아보고 노인 우울증의 원인과 위험 요인의 이해를 바탕으로 실제 노인 우울 상담에 대해 살펴보고자 한다.

1. 노인 우울의 이해

우울은 개인이 신체적, 사회적, 환경적 요인에 의해 근심, 침울함, 무력감, 무가치감 등을 나타내는 기분상태이다(이민숙, 김나영, 2007; 강희숙, 김근조, 2000). 우울증은 의욕저하와 우울감이 주요 증상으로 나타나며, 다양한 인지적, 신체적 증상을 유발하여 일상기능의 저하를 가져오는 질환이다. 이에 자책과 관련된 자긍심의 저하, 정신운동 기능의 지연, 사람 사이의 접촉으로부터의 격리, 때때로 죽고 싶어 하는 마음 등으로 슬픔, 외로움 같은 기분의 변화를 경험하는 병적인 상태이다(민성길, 2015). 이러한 우울증 증상은 신체적 질병으로 오인되어 조기 치료가 이루어지지 않았을 때 인지 기능과 독립적인 생활 기능에 심각한 영향을 줄 수 있다. 따라서 노인들은 신체적 건강 문제, 가족의 역할 변화, 사회적 고립 등 다양한 스트레스 요인으로 인해 우울증에 취약하며 이는 신체적, 정신적, 사회적 기능 장애를 유발할 수 있는 심각한 상태로 노년기 삶의 질이 크게 저하된다.

1) 노인 우울의 개념

노인의 우울은 다른 세대의 우울보다 삶에 미치는 영향력이 크다. 이는 삶의 질과 자아통합감을 저하시키고(김혜선 2021; 현혜선, 김윤영, 2021), 치매와 유사한 증상(집중력 저하, 기억력 감퇴, 인지기능 저하 등)을 유발하며 치료가 지연될 때 실제 치매 발병 위험을 높일 수 있다. 이는 주요 우울장애를 앓고 있는 일반 노인이 인구의 1~4%로 노년기 우울증이 매우 흔하게 발생함을 알 수 있다(국가정신건강정보포털, 2021). 건강보험심사평가원 자료에 따르면 우울증 진료환자 10명 중 약 4명이 60세 이상인 것으로 나타났으며, 2020년 전체 우울증 환자(83만 7,808명) 중에서 60세 이상은 37.7%(31만 5,546명)로 지속적으로 증가하는 추세이다.

이처럼 노인 우울증은 높은 유병률과 자살과 같은 심각한 위험을 동반할 가능성이 있으며 방치되는 경우 증상이 악화되기도 한다. 특히 노인들은 스스로 자신의 우울증을 인지하기 어려운 경우가 많으며, 주변 사람들 역시 이를 노화로 인한 자연스러운 변화로 받아들여 적극적인 치료 개입의 필요성을 느끼지 못하는 경우가 있다. 또한 정신장애에 대한 사회적 편견과 부정적인 인식으로 심리치료를 거부하는 경향도 노인 우울증 문제를 악화시키는 요인 중에 하나이다(김동배, 손의성, 2005).

노인 우울의 증가는 다양한 원인에 기인할 수 있다. 신체적인 질병, 배우자의 사망, 경제적 어려움, 사회적 고립, 일상생활의 통제력 상실, 그리고 과거를 회상하는 경향의 증가는 모두 노인의 우울 성향을 촉진하는 요인이 된다. 이러한 요인들로 인해 불면증, 무감각, 강박적인 생각, 증오심, 체중 감소와 같은 증상이 나타나기도 한다. 이러한 우울감은 무기력, 통제력 상실, 자존감 저하 등의 심리적 요소와 밀접한 관련이 있으며, 만성질환을 겪는 노인들의 경우에는 장기간의 침묵과 무반응, 생기 없는 표정, 웃음의 상실 같은 특징적인 증상들을 보이게 된다(박재학, 김정훈, 이순배, 이희정, 2010).

우울증은 노년기에 가장 흔하게 나타나는 정신장애 중 하나로, 주요 증상으로는 식욕 감퇴, 불면, 무기력, 죄책감, 무가치함, 그리고 일상생활에서의 흥미 상실이 있다. 이러한 상태는 주로 죄책감, 해결되지 않은 슬픔, 분노, 외로움 등이 주요 감정이다. 이러한 감정들은 낙심, 무의미함, 낮은 자존감, 무감각, 비관주의 등의 심리적 특성을 동반하며, 사고 과정과 언어 및 행동에 부정적인 영향을 미칠 수 있으며 극심한 우울 상태는 노인 자살의 주요 원인이 되기도 한다.

한편 노인 우울과 관련된 다른 주요 원인에는 상실 경험이 있다. 사별은 생애 한 번쯤 겪게 되는 과정이며, 노년기에는 가족, 친구, 지인, 애인 등 애착관계에 있던 사람과의 사별이 큰 고통을 초래하게 된다. 특히 유족들이 부모와 같은 가까운 친척의 죽음에 감정적으로 반응하는 방식은 우울증 유발에 중요한 결과 변수로서 여러 연구 결과를 통해 보고되었다(서혜경, 2009). 사별로 인해 노인에게 나타나는 다양한 정서적 반응은 각기 다른 방식으로 노인의 우울증을 유발할 수 있으며, 이를 구체적으로 살펴보면 다음과 같다.

(1) 예견된 슬픔(anticipatory grief)

노인은 임종이 임박한 사랑하는 사람을 보며 그 이별을 준비하는 과정에서 슬픔과 정서적 스트레스를 겪게 된다. 이처럼 예견된 슬픔은 미리 대비하는 감정적 과정이지만, 그 자체로도 이미 큰 고통을 유발할 수 있다. 사랑하는 이의 죽음을 준비하는 동안 노인은 감정적 회복력을 약화시키게 되며, 이로 인해 우울증의 발병 가능성이 커질 수 있다. 특히 혼자 남을 것이라는 불안감과 상실감이 지속되면 슬픔이 심화되어 우울감으로 이어지게 된다.

(2) 예비 우울증(preparatory depression)

예비 우울증은 다가오는 사별에 대해 인식하게 되면서 겪게 되는 심리적 대비와 관련된 우울증이다. 사랑하는 대상이 죽음에 가까워질수록 노인은 상실에 대한 심리적 반응으로 우울증 증상을 경험하게 된다. 이는 미리 사별을 준비하는 과정에서 겪는 슬픔이 심화되어, 감정적 고립감과 절망감을 유발할 수 있다. 이 시기의 우울감은 사랑하는 이와의 관계 상실에 대한 두려움과 밀접하게 연관되어 있다.

(3) 예기치 못한 슬픔(unanticipated grief)

사랑하는 이의 갑작스러운 죽음은 노인에게 충격적인 경험으로 다가오며, 심각한 정서적 불안을 초래할 수 있다. 준비 없이 겪는 죽음은 상실에 대한 적응이 더 어렵기 때문에, 생존자는 깊은 슬픔과 상실감에 빠질 가능성이 크다. 이러한 예기치 못한 슬픔이 노인의 정신적 충격을 증폭시킬 경우 반응적 우울증의 위험성을 높일 수 있다.

(4) 반응적 우울증(reactive depression)

이미 사별을 경험한 후 나타나는 반응적 우울증은 노인이 상실의 고통을 극복하지 못하고 정서적 변화를 겪는 과정이다. 사별 후 노인은 상실감과 고독감과 인생의 목적 상실을 경험할 수 있다. 이로 인해 우울증 증상이 더욱 심화될 수 있으며, 일상 활동에서 의미를 잃게 되기도 한다. 특히 노년기에 사별로 인한 우울증은 신체적 건강 문제와 겹쳐져 더 큰 심리적 문제로 발전할 수 있게 된다.

이러한 노인의 우울 문제는 전반적인 건강과 삶의 질에 큰 영향을 미치며 적절히 치료되지 않을 경우 큰 사회적 문제를 야기한다. 특히 노인 우울증은 다른 정신적 장애와의 복합적인 상호작용 과정에서 유발될 수 있기 때문에 노인 우울증의 다면적인 특성을 이해하는 것이 중요하다.

노인 우울증의 특성은 〈표 7-1〉과 같다.

〈표 7-1〉 노인 우울증의 이해

개념	자신에 대한 실망, 죄책감, 무가치감, 절망감, 초조함, 불안, 수면장애, 인지장애, 식욕장애, 흥미 결핍 등의 증상을 보이는 정신장애	
원인	뇌병변, 알코올, HIV, 신체 및 사회적 상실, 정년퇴직, 배우자 사망 등에 의한 심리적 스트레스	
지각반응 및 경과	우울증 자각의 어려움	본인 및 주변 사람들이 우울증을 노화나 단순 기력 저하로 인식하여 방치될 가능성이 있음
	주요 증상	– 무가치감, 수면장애 등의 특징적 증상 – 심각한 경우 자살로 이어질 위험
	방치의 위험성	노인의 우울증이 다른 신체 증상으로 나타나거나 가면성 우울로 잘 발견되지 않을 수 있어 수년 동안 방치되기도 함(조용욱, 2008).
예방 및 치료	항우울제 등의 약물요법, 개인상담, 집단정신치료, 전기충격요법	

출처: 권중돈(2004).

다음 내용은 실제 상담 사례가 아닌 노인 우울증에 대한 구체적인 이해를 돕기 위해 사례를 재구성한 것이다. 이는 전형적인 상담구조를 보여 주는 것은 아니며 노인 우울상담의 접근 방식과 대상자의 특성에 따라 유연하게 진행될 수 있다.

노인 우울증의 전기충격요법 치료사례

사례연구 2: 우울증과 기억력 감퇴가 있는 노인(김청송, 2015)

노씨는 68세의 은퇴한 공장 기술자로 최근 우울증 증상이 악화되어 부인과 함께 인근 병원을 찾게 되었다. 부인에 따르면 노씨는 과거에는 우울증이 없었으며 몇 년 전부터 기억력이 점차 나빠졌다고 하였다. 초기 치료로 3주간 항우울제를 처방받았으나 약물복용 후 소변 배출이 어려워지고 변비 및 기립성 저혈압 증상이 나타나면서 상태가 더욱 악화되었다. 이로 인해 유사 파킨슨병 증세를 보이게 되었다.

이후 부인은 노씨를 대학병원의 신경정신과로 데려갔다. 종합검사 결과 혈관성 질환으로 인한 운동신경 지체와 동맥성 고혈압이 의심되었다. MRI 검사에서는 경미한 대뇌 위축이 발견되었고, 측뇌실이 약간 확장되어 있었다. 또한 뇌파 검사에서 A씨의 뇌파가 나이에 비해 매우 느리게 나타났다. 다면적 인성검사(MMPI)에서는 우울증과 정신증적 사고가 동시에 확인되었고, 지능검사 결과 언어성 지능이 95로 평가된 반면, 동작성 지능은 70으로, 두 지능 간에 유의미한 차이가 있었다. 신경심리검사에서도 기억 및 인지 기능에 중간 정도의 손상이 나타났다. 이러한 결과를 바탕으로 의사는 노씨에게 우울증을 동반한 혈관성 치매로 진단하고, 전기충격치료를 포함한 치료계획을 세웠다.

노씨는 전기충격치료를 위한 사전 검사에서 문제점이 발견되지 않았으며 부인의 동의를 받아 치료가 시작되었다. 치료는 1주일에 3번씩 3주 동안 총 9회 실시되었다. 두 번째 치료 이후부터 수면과 식욕이 개선되기 시작했고, 여섯 번째 치료가 끝난 시점에서는 우울증과 무기력 증상이 거의 사라졌다. 비록 기억력은 이전과 같지 않았으나, 더 이상 우울증이 악화되지는 않았다. 전기충격치료가 완료된 후 노씨의 우울증 증상은 현저히 감소하였고, 혈관성 치매 증상 또한 상당한 호전을 보였다.

위의 노인 우울 사례는 치료 개입에 대한 진단의 중요성을 잘 보여 준다. 노인은 신체적 건강 문제와 심리적 어려움을 동시에 겪을 수 있으며, 이러한 복합적인 문제는 적절한 치료를 지연시키거나 오진을 야기할 수 있다. 노씨는 과거에 우울증이 없었지만 기억력 저하와 함께 우울증 증상이 나타났으며 초기 치료에서의 부작용으로 인해 상태가 더욱 악화되었다. 이는 노인이 인식하지 못하는 우울증은 심각한 결과를 초래할 수 있음을 보여 주는 사례이다.

노씨의 경우 신경정신과에서 종합적인 검사를 통해 혈관성 치매와 우울증을 동반한 복합적인 상태가 확인되었고, 복합적인 건강 문제를 고려한 진단과 계획된 치료로 증상이 호전되었다. 이처럼 노인 우울증에서 초기 상담과 진단은 부작용과 상태 악화를 예방할 수 있다. 특히 노인들은 자신이 겪고 있는 감정이나 증상에 대해 인식하지 못하거나, 이야기하기를 어려워하는 경우가 많아 전문적인 치료 개입이 필요하다. 노씨의 사례처럼 우울증 치료의 조기 개입은 치료 효과를 극대화하고 노인 삶의 질을 높이게 되는 기회가 된다.

2) 노인 우울의 특징

노인 우울증이 자살 위험과 같은 심각한 결과를 초래할 수 있음에도 불구하고 적절한 치료가 이루어지지 않고 방치되는 경우가 많다. 이는 노인 스스로는 자신의 우울증을 인식하기 어려울 뿐 아니라 주변에서도 이를 노화의 현상으로 받아들이는 경향이 있기 때문에 노인 우울증에 대한 치료개입에 어려움이 따른다. 특히 노년기의 우울증은 젊은 연령층에 비해 불안, 신체적인 증상의 호소, 정신운동 지체, 높은 자살률, 인지기능의 저하 등의 특성이 있으며 실제로 각종 신체질환을 동반하고 있는 비율이 높아 임상진단 및 치료에 신중을 기해야 한다.

한편 정신질환에 대한 사회의 편견으로 노인들이 심리치료를 거부하거나 꺼리는 경우도 적지 않다. 이에 하루 중 절반 이상 기분이 저하되는 아증후군적 우울장애의 유병률을 고려해 볼 때, 노인 우울은 노인상담에서 중요하게 다루어져야 할 문제이다.

아증후군적 우울장애는 일반적인 주요 우울장애와는 다르게 진단 기준을 완전히 충족하지는 않지만 노년층에서 자주 나타나며 유병률이 높은 질환에 속한다. 이는 주요 우울증으로 발전할 가능성이 있으며 발병 초기에 적극적인 치료개입은 더 심각한 정신건강 문제를 예방하는 조치가 된다. 특히 노인 우울증은 인지기능의 저하를 동반할 수 있으며 이는 기억력 감퇴나 판단력 저하 같은 증상으로 나타나 가성치매(pseudo-dementia)로 오인될 수 있다(조유향, 1995). 이로 인해 노인 우울증이 치매로 잘못 진단되어 오랫동안 방치되기도 한다.

노인상담에서 다루는 문제영역은 주로 정신장애를 다루는 심리치료보다 상담이 더 적합한 전문적인 도움의 형태라고 볼 수 있다(이장호, 2011). 이는 상담에서 경험하는 정서 표현은 노인 우울증으로 인한 복합적인 문제에 적절한 대처 방법을 찾는 데 도움을 줄 수 있기 때문이다. 특히 노인은 과거 전통적인 가치관과 문화적 맥락 속에서 자란 세대이므로 살면서 습득된 사고방식, 행동 양식, 감정 표현 방식은 현대사회의 문화와 차이가 존재한다. 이에 상담사는 노인의 과거 삶의 경험과 살아온 문화적 배경을 이해함으로써 노인이 겪고 있는 심리적 어려움의 원인과 맥락을 보다 잘 파악할 수 있게 된다.

(1) 문화적 맥락과 노인의 우울

한국 문화는 전통적으로 유교적 가치와 집단주의적 성향을 중시하며 이는 감정 표현 방식에도 큰 영향을 미친다. 한국 사회에서는 감정의 절제와 중용을 유지하는 것을 미덕으로 여겨져 왔으며 이러한 문화적 규범은 노인세대에게 깊이 내재되어 있다. 특히 겸손이 미덕인 전통적 한국 문화에서는 행복이나 희망, 만족감과 같은 긍정적 자기감정 표현이 대 체적으로 자연스럽지 못하고 절제된 문화적 배경에서 정서 표현이 억제될 수 있다(장유리, 김가연, 2006).

반면, 서구의 문화는 개인주의와 자율성 그리고 자기표현을 중시하는 경향이 있다. 이에 서구적 자유로운 가치에 영향을 받은 경우 긍정적 감정을 표현에서 제약이 적고, 심리 상태의 표현이 자연스러운 경향이 있다. 이는 서구 문화에 적응한 한국 노인들의 우울반응 표현방식 연구에서 서구 문화 적응도가 낮은 집단의 우울증 점수가 적응도가 높은 집단보다 유의미하게 높은 것으로 나타났다. 이에 개별 항목 분석 결과 긍정적인 문항인 행복이나 희망과 같은 긍정적 감정 표현에서 뚜렷한 차이가 나타났다(장유리, 김가연, 2006). 이러한 연구결과는 서구적 가치를 내면화한 한국 노인이 긍정적 감정표현에 대한 제약이 적은 것을 의미하며, 이는 자기 표현의 경향성은 문화적 배경에 의해 형성될 수 있음을 시사한다.

이와 같은 문화중심적 접근법(Emic Approach[1])은 문화권에 따라 정신병리에 미치는 영향이나 정의가 다르기 때문에 정신병리의 측정과 연구에서는 반드시 문화적 요소를 고려해야 한다. 또한 문화는 내담자가 속한 문화에 따라 표현의 수준과 그 의미가 달라진다. 따라서 심리 측정 도구와 정신병리 평가 방법 역시 사회문화적 배경에 대한 고려가 중요하다(Marsella & Kameoka, 1989).

---

1) Emic Approach: 연구 대상자의 관점에서 그들이 속한 문화나 사회 내부의 시각에서 현상을 이해하는 접근 방식

(2) 우리나라 민족 정서와 노인의 심리적 특징

같은 문화권에 속한 사람들은 사고방식, 신념, 태도, 그리고 행동 양식에서 유사한 패턴을 나타내는 경향이 있다(Dilworth-Anderson & Burton, 1999). 사람들은 자신이 속한 문화의 영향을 의식적 또는 무의식적으로 받게 되며, 이는 감정 표현 방식에도 크게 영향을 미칠 수 있다. 특히 우울 증상을 측정할 때 척도를 통해 감정이나 심리 상태를 평가하는 과정은 응답자의 주관적인 판단에 의존하기 때문에 응답자에게 인지된 정서는 고유한 문화적 특성이 영향을 미치는 것을 의미한다(Cole et al., 2000; Gallo et al., 1998; Mui et al., 2002).

따라서 한국 노인의 우울증을 이해하고 평가하는 과정에서는 응답 경향에 영향을 주는 특유한 문화적 특성을 고려한 문화적 맥락이 충분히 고려되어야 한다. 이를 통해 노인 우울증에 대한 보다 정확하고 효과적인 이해와 개입이 가능하다.

한국의 문화적 특성과 주요 정서는 〈표 7-2〉와 같다.

〈표 7-2〉 한국의 문화적 특성과 주요 정서

한국 정서	문화적 특성과 노인 정서
정(情)	한국 문화는 타인과의 관계성을 중시하며 '정(情)'은 인간관계의 본질을 이루는 중요한 요소이자 친밀감을 형성하는 사회적 네트워크의 핵심으로 작용한다. 이는 상호 신경을 쓰고 보살피며 배려하는 긍정적인 측면을 지니기도 하지만 지나치게 가까운 관계로 인해 상대방에게 막 대하거나 무례하게 대하는 역기능적 측면도 존재한다. 이러한 문화 특성은 정이 단순히 감정적 유대에 그치지 않고 관계 속에서 다양한 역할을 수행하는 복합적인 요소임을 보여 준다.
한(恨)	'한(恨)'은 한국인의 정서적 특성을 깊이 반영하는 감정으로, 억울함, 원망, 무기력, 슬픔, 체념 등 다양한 심리적 상태를 내포한다. 이는 마음이 어긋난 상태를 의미하며, 억울한 감정이 충분히 이해받지 못할 때 더욱 증폭되는 특성이 있다. 특히 노년기에는 과거의 상실과 후회, 외로움이 겹쳐지며 '한'의 정서가 심화될 수 있다. 이러한 감정은 상대방이나 주변인의 공감과 이해를 통해 점차 해소될 수 있으며, 이는 노년기 정서 안정과 심리적 회복에 중요한 역할을 한다.

화(분노)	화병(Hwa-byung)은 억눌린 분노가 심리적 문제로 나타나는 현상을 말하며, 흔히 울화병으로도 불린다(권석만, 2013). 미국정신의학협회(American Psychiatric Association: APA)에서 발행한 『정신장애 진단 및 통계편람 제4판(DSM-IV)』은 화병을 일종의 분노 증후군이자 한국 문화권에서 주로 발생하는 문화 관련 증후군(culture-bound syndrome)으로 인정하고 있다.
심정심리(心情心理)	한국인은 대인관계에서도 드러난 행동보다 그러한 행동을 유발시킨 동기나 심정을 더욱 중요시한다. 이는 갈등 상황이나 책임을 논의할 때 주로 나타나며, 부정적 감정과 연관된 경우가 많다. 노년기에는 과거 경험과 현재의 상황이 결합되어 이러한 심정이 더욱 복합적으로 작용하며, 이를 이해하고 공감하는 것은 노인의 정서적 안정과 관계 회복에 중요한 역할을 한다.
체면(體面)	우리나라 사람은 개인의 사회적 평가와 기대에 따른 중요한 요소로 체면을 중시한다. 특히 노년기에 접어들면 체면을 유지하려는 욕구가 강해지며, 이는 가족과 사회의 기대에 부응하려는 모습을 보이기도 한다. 체면이 손상되지 않도록 하는 노력은 노인의 자존감과 사회적 관계에 중요하며, 이를 이해하고 존중하는 것이 노인의 정서적 안정과 사회적 참여에 긍정적인 영향을 미친다.
눈치	한국 정서에서 눈치가 발달된 이유는 한국 사람은 자신의 생각을 그대로 표현하기를 꺼리며 감정 표현을 억제하기 때문이다. 이는 사람들 간의 심정과 체면을 중시하는 문화적 특성에서 비롯되며, 특히 노인들은 자신의 감정을 직접적으로 표현하기보다 눈치나 암시를 통해 의사소통을 시도하는 경향이 강하다. 이러한 특성은 노인의 감정 표현을 억제하고 대인관계에서 갈등을 피하려는 자연스러운 경향으로 나타난다.
부자유친성정(父子有親性情)	한국에서 부모와 자식은 동일체로 여겨지며, 부모는 자식의 고통을 자신의 고통처럼 느끼는 경향이 있다. 자식이 겪는 불행이나 고통은 부모에게 손가락이 다친 것처럼 아프게 여겨지며, 이는 부모자식동일체의 의식을 나타낸다. 또한 자녀들은 부모에게 미안함과 고마움을 느끼고, 이러한 감정은 무의식적으로나 습관적으로 표현된다. 노인들은 자녀에게 이러한 감정을 가지고 있을 뿐만 아니라, 자녀들의 안위를 항상 염려하며 자신도 그들에게 의존하는 경향이 있다.
효(孝) 사상	한국 사회는 전통적으로 유교적 가치관에 큰 영향을 받아왔으며, 그중 효는 중요한 덕목이다. 자녀가 부모를 존경하고 봉양하는 것이 당연한 책임으로 여겨지며 이러한 문화적 규범은 노인들에게 정서적 안정감을 준다. 자녀의 공경과 돌봄은 노인들에게 사회적 인정과 보호의 느낌을 제공하게 된다.

경로사상	사회에 깊이 자리 잡은 경로사상은 어른을 공경하는 문화를 반영하며 이에 노인은 사회적 존중과 정서적 지지를 경험할 수 있다. 나이가 들수록 존경받는 존재로 여겨지는 한국의 전통은 노인들에게 자긍심과 안정감을 주고, 세대 간의 유대를 이어갈 수 있게 된다.
가부장적 가족구조	전통적으로 내려온 가부장적 가족구조는 노인을 가족의 중심이자 의사결정권자로 존중하는 문화를 형성해 왔다. 이러한 가족구조에서 권위와 존경은 노인의 자존감을 높이고 긍정적인 삶의 가치 경험하는 정서적 토대가 된다.
제사와 가족 중심 의식	제사 문화는 조상에 대한 존경을 표현하며 가족이 함께하는 전통적 의례이다. 이는 세대 간의 유대감을 형성하고 이 과정에서 노인들은 가족의 중심에서 의식을 주관하며, 자신이 여전히 의미 있는 존재로서 인정받는 기쁨과 자부심을 느끼게 된다.

출처: 박재학 외(2010).

3) 노인 우울증의 원인과 예방

최근 들어 노인 우울증의 원인과 위험 요인은 더욱 복잡해지고 있으며, 이는 인구고령화, 사회적 고립, 경제적 불안정 등과 같은 사회적 이슈들과 맞물려 그 중요성이 부각되고 있다. 노인 우울증과 주요 위험요인에 대한 국내 연구는 여성, 높은 연령, 미혼, 낮은 학력, 낮은 사회경제적 지위, 취업 여부, 소득수준이 낮을수록, 자택 거주가 아닌 경우, 동거가족 수가 적은 경우, 역할상실 등이 주요 요인으로 나타났다(서국희, 김장규, 연병길 외, 2000; 허준수, 유수현, 2002; 이현주, 강상경, 이준영, 2008; 김진휘, 강문선, 이영순, 2023).

노인 우울증의 원인은 다음과 같은 요인으로 설명된다.

- **신체적 요인**: 노화로 인한 전반적인 신체기능의 저하, 체력 감소, 만성질환, 외모의 변화 등이 있다(김정유, 최유석 2015). 이러한 만성질환이나 신체적 장애는 노인의 우울증에 큰 영향을 미치며 지속적인 통증이나 신체적 불편은 우울감의 원인이 될 수 있다.
- **심리적 요인**: 배우자 상실, 외로움, 자신감 저하, 상대적 고립감 등이 있으며,

특히 가족 구성원의 상실, 이혼, 또는 자녀의 독립 등과 같은 생애 변화는 노인의 심리적 스트레스를 유발할 수 있다. 특히 노인들은 스트레스에 효과적으로 대처하는 데 어려움을 겪는다. 또한 노인들은 건강 문제로 인해 자신이 가족에게 부담이 되지 않을까 하는 심리적 압박, 은퇴와 사별 후 새로운 가족 환경 적응에서 불안감을 경험하게 된다. 이러한 스트레스는 노인들의 심리적 위축을 유발하고 사회활동에 대한 관심을 저하시키게 된다. 노인들은 사회에서 점점 취약해지는 악순환에 처하게 되면 우울로 발전하게 될 가능성이 높아 진다(김정유, 최유석, 2015).

- 사회적 요인(사회적 고립): 노인의 우울증은 다양한 사회적 요인에 의해 발생할 수 있다. 은퇴와 퇴직으로 인해 기존의 역할을 상실하거나, 빈곤과 경제적 어려움, 가족 간의 갈등, 사회적 부적응을 겪는 노인들은 우울증에 취약해질 가능성이 높다(민성길, 2015). 특히 신체적 및 정신적으로 취약한 노인들이 사회적 지지가 부족할 경우, 스트레스에 대한 민감도가 증가하여 우울증 발생 위험이 더욱 높아질 수 있게 된다. 이 과정에서 노인들은 친구나 가족과의 관계 단절로 인해 사회적 고립을 경험하게 되며, 이는 정서적 지지 부족으로 이어져 우울증 증상을 심화시키는 주요 요인으로 작용하게 된다. 그러나 노인의 우울증은 가족과의 긍정적인 관계 형성 및 사회적 지지를 통해 완화될 수 있으며, 이러한 지지는 정서적 안정과 심리적 회복에 중요한 역할을 한다(이영자, 김태현, 1999).
- 환경적 요인: 노인의 우울증은 생활 환경의 변화로 인해 발생하거나 악화될 수 있다. 특히 요양시설로의 이전, 거주지 이동, 혹은 오랜 시간 익숙했던 환경을 떠나는 상황은 노인에게 심리적 불안을 초래하며, 정서적 안정감을 감소시킬 수 있다. 이러한 환경적 변화는 노인의 자율성을 제한하거나 상실감을 느끼게 할 수 있으며, 이로 인해 우울증이 유발될 가능성이 높아진다. 특히 새로운 환경에 적응하기 어려운 노인들에게는 환경적 변화로 인한 심리적 영향을 최소화할 수 있도록 적절한 지원과 관심이 필요하다.
- 정신건강 이력: 노인의 우울증은 과거의 정신건강 이력과도 관련이 있다. 특

히 이전에 우울증이나 불안장애를 경험한 노인의 경우, 이러한 정신건강 문제가 재발할 위험이 높다. 이는 과거의 정신적 어려움이 스트레스에 대한 취약성을 증가시키고, 신경생리적 반응의 민감성을 높이는 동시에 심리적 회복력을 약화시키는 요인으로 작용하기 때문이다. 더욱이 과거의 정신건강 이력이 있던 노인에게 현재의 생활 스트레스와 신체적 건강 문제가 결합될 경우 우울증 증상이 더욱 악화될 가능성이 크다. 이는 노인의 정신건강 상태를 평가할 경우에는 과거의 정신적 어려움에 대한 종합적인 이해가 필요하다. 따라서 예방적이고 체계적인 개입을 위해서는 과거 정신건강 이력을 바탕으로 적절한 치료와 지원 방안을 마련해야 한다.

노인 우울증을 예방하기 위해서는 건강한 생활 습관을 유지하고 심리적, 사회적 안정을 도모하는 노력이 필요하다. 먼저, 장기간 집에 머무르지 않고 주기적으로 외출하며 활동적인 일상을 유지하는 것이 중요하다. 규칙적인 식사와 적당한 운동을 통해 신체 건강을 관리하고, 사회적 활동에 적극 참여하여 외부와의 소통을 지속하는 것도 우울증 예방에 효과적이다. 특히 운동, 영화 관람, 종교 활동과 같은 다양한 취미 활동은 일상에 활력을 찾는 데 도움을 줄 수 있다. 그리고 우울증은 단기간에 호전되지 않으므로 시간을 가지고 꾸준히 관리하는 태도가 필요하다. 감정을 억누르거나 혼자 해결하려 하지 말고, 부정적인 생각에 휘둘리지 않도록 주의해야 한다. 스트레스 관리 역시 필수적이며, 수면장애가 있을 때는 억지로 잠을 청하려 하기보다는 산책이나 가벼운 활동을 통해 몸과 마음을 이완시키는 것이 바람직하다.

또한 실내에만 머무르지 말고 햇볕을 자주 쬐며 긍정적인 사고를 유지하는 습관을 들이는 것도 중요하며 취미 활동을 통해 삶의 즐거움을 발견하는 것도 도움이 된다. 특히 자세를 바르게 유지하고, 카페인 섭취를 줄이며 충분한 수분을 섭취하는 등 작은 생활 습관의 개선도 우울증 예방에 긍정적인 영향을 미칠 수 있다.

노인 우울의 완화 및 예방을 위한 권장 사항은 〈표 1-3〉과 같다(이호선, 2005).

〈표 7-3〉 노인 우울 완화를 위한 권장 사항

구분	내용
외출 및 사회적 활동	• 장시간 집에 머무르지 않기 • 운동, 영화, 종교 활동 등 사회적 활동 참여 • 다른 사람들과의 교류 및 시간 보내기
신체적 건강 관리	• 규칙적인 식사와 꾸준한 운동 • 충분한 수분 섭취 • 카페인 섭취 줄이기
정신적 및 감정적 관리	• 부정적인 생각에 휘둘리지 않기 • 긍정적인 사고 유지하기 • 자녀에 대한 기대와 실망에 흔들리지 않기
스트레스 및 수면 관리	• 스트레스 줄이기 • 잠이 오지 않으면 억지로 자지 않고 다른 활동하기
일상 자세 및 활동	• 웅크린 자세 피하고 바른 자세 유지 • 취미생활을 통해 삶의 즐거움 찾기 • 햇볕 자주 쬐며 실내에만 있지 않기
마음가짐	• 우울증이 갑자기 좋아질 것이라는 기대하지 않기 • 문제를 혼자 참지 않고 함께 해결하려는 노력하기

2. 노인 우울의 상담개입

1) 노인 우울의 진단과 평가

노인 우울의 정확한 평가와 진단은 노인 우울증 상담 치료의 핵심이다. 이는 양적 특성인 발생 양상, 지속 여부, 심각도와 질적 특성인 실행 기능 장애 동반 여부, 수면 문제 동반 여부, 우울 증상 요인에 따라 구분된다(박지은, 2015). 이에 표준화된 평가 도구를 사용하여 노인의 우울증 수준을 정량적으로 측정하는 것이 중요하다. 이러한 평가 도구에는 자기 보고식 설문지와 임상 면담이 포함되며 노인의 신체적 건강 상태와 사회적 환경 또한 함께 고려해야 한다. 여기서 상담자는 노인의 신체적, 심리적 상태를 종합적으로 평가하여 적절한 치료 계획을 수립할 수 있다.

(1) 비전형적인 우울증의 증상

노인의 우울증은 일반적인 우울증과 다르게 비전형적인 증상으로 나타날 수 있다. 예를 들어, 슬픔이나 절망감을 직접 표현하지 않을 때 경험하는 신체적 증상(두통, 소화 불량, 피로 등)이나 인지기능 저하로 나타날 수 있다. 이러한 증상을 정확히 진단하지 않으면 신체질환으로만 오인되어 잘못된 치료적 접근이 이루어질 수 있다.

(2) 우울증과 치매 등 다른 질환과의 감별

노인의 우울증은 종종 치매나 인지 저하와 혼동되기 쉽다. 우울증으로 인해 집중력 저하, 기억력 감퇴 등의 증상이 나타날 수 있어 이를 치매 초기 증상으로 잘못 판단할 수 있기 때문이다. 이에 정확한 진단은 우울증과 치매, 혹은 다른 신경학적 질환을 구분하는 데 중요한 역할을 한다. 예를 들면, 노인 환자의 경우 우울증으로 인해 나타나는 가성 치매와 실제 치매를 감별하기 위해 신경심리평가를 실시하고 이에 따라 치료적 계획과 접근이 달라진다(박경, 김혜은, 2017). 따라서 우울증으로 인한 인지 저하와 치매는 다른 치료적 접근이 필요하기 때문에 정확한 평가가 필수적이다.

(3) 다중적 건강 문제의 고려

노인들은 다양한 만성질환(심혈관 질환, 당뇨, 고혈압 등)을 동시에 가지고 있는 경우가 많다. 다약제 복용 노인의 경우 비다약제 복용 노인에 비해 건강 관련 삶의 질이 더 낮다는 연구(Aljeaidi, Haaksma, & Tan, 2022)와 다약제 노인의 주관적 건강상태에 영향을 주는 요인이 우울로 나타난 연구(김지연, 2024)는 약물의 상호작용과 우울증이 서로 영향을 주고받으며 악화될 수 있음을 시사한다.

(4) 사회적 고립 및 상실 경험

노인들은 사회적 고립이나 상실 경험(배우자나 친구의 사망, 역할 상실 등)으로 인해 우울증에 취약하다. 특히 배우자나 친구의 사망, 사회적 역할 상실 등은 노인의 심리적 안녕을 크게 위협할 수 있다. 하지만 이러한 상황은 노년기에서 흔한 현상으로 여겨져 우울증으로 진단되지 않고 넘어가는 경우가 많다. 관련 연구에서는 가족의 지지 및 친구의 지지, 중요한 타인의 지지가 높은 노인의 경우 우울 수준이 낮은 것으로 나타났으며(김경옥, 2023; 김정유, 최유석, 2015), 참여하는 모임이 낮을수록 우울감이 높고(전보영 외, 2009) 남성 노인의 경우 형제, 자매, 친인척과의 왕래빈도가 낮을수록 우울감 높은 것으로 보고되었다(정상훈, 2017). 따라서 심리평가를 통해 사회적 고립이나 상실 경험이 노년기 우울증에 어떻게 영향을 미치는지 파악하고 사회적 지지망 형성 등 적절한 개입이 필요하다.

(5) 자살 위험 평가

노인의 우울증은 자살 위험과도 밀접한 관련이 있다. 실제로 노인의 자살률은 젊은 층보다 높으며 우울증은 가장 중요한 자살 위험요인 중 하나이다. 노년기 심리적 우울은 인지적 기능을 저하시키며, 자살사고뿐 아니라 사망률에도 영향을 미치는 것으로 알려져 있다(권중돈, 김유진, 엄태영, 2011). 이에 우울증에 대한 진단과 평가를 통해 자살 위험성을 조기에 파악하고 예방할 수 있으며 특히 자살 충동이 있는 노인에게는 신속하고 효과적인 개입이 필수적이다.

(6) 적절한 치료 방법 선택

노인의 정신건강 문제는 치매, 우울증, 불안장애 등과 겹치는 경우가 많다. 이러한 정신건강 문제가 복합적인 경우 각각의 문제를 구별하고 우선순위를 정하여 치료 방향을 설정하는 것이 중요하다. 따라서 우울증에 대한 명확한 진단은 약물치료, 심리상담, 인지행동치료(CBT) 등의 효과적인 치료 방법을 선택할 수 있다. 그러나 진단이 정확하지 않으면 적절한 치료가 이루어지지 않고 오히려 증상이 악화될 수 있다.

(7) 삶의 질 향상

노인 우울증은 신체적 건강, 사회적 관계, 삶의 질 전반에 걸쳐 부정적인 영향을 미친다. 정확한 평가와 진단은 우울증의 치료와 관리에 필수적이며 이를 통해 노인의 삶의 질을 향상시킬 수 있기 때문이다. 이에 우울증 치료를 통해 신체 건강이 개선되고, 사회적 참여와 관계도 나아질 수 있다. 따라서 노인 우울증은 단순한 심리적 문제 해결을 넘어서 전반적인 건강 증진과 자살 예방, 삶의 질 향상에 중요한 역할을 한다.

노인의 우울 증상은 다양한 신체적, 심리적, 환경적 요인들이 복합적으로 작용하여 나타날 수 있으므로, 정확한 심리평가가 무엇보다 중요하다. 이를 위해서는 노인의 전반적인 상태를 다각도로 파악할 수 있는 심리 평가 도구가 필요하다. 이러한 도구는 단순히 우울 증상 측정하는 것을 넘어서 그 심각도와 원인을 구별하고, 개별적 특성에 맞춘 개입 방안을 설정하는 데 중요한 역할을 한다. 노인 우울증을 평가하기 위한 평가지는 다음과 같다.

노인 우울 척도(GDS-K)의 채점 방식은 각 문항에 대해 '그렇다' 또는 '아니다'로 응답한 결과를 바탕으로 이루어진다. 각 문항에서 '그렇다'로 응답한 경우, 이는 우울성을 나타내는 답변으로 간주되어 1점을 부여하며, '아니다'로 응답한 경우에는 0점을 부여하게 된다. 척도의 최종 점수는 우울성 응답에 해당하는 답변들의 합계로 산출된다. 우울성 점수는 14~18점은 우울 의심 및 경도의 우울증으로, 19~21점은 중등도의 우울증으로, 22점 이상은 심한 우울증으로 평가된다. '그렇다' 또는 '아니다'로 응답된 내용 중 우울성 응답에 1점을 부여하여 최종 점수를 산출하게 된다.

우울성 점수의 분류는 다음과 같다.

- 14~18점: 우울 의심 및 경도의 우울증
- 19~21점: 중등도의 우울증
- 22점 이상: 심한 우울증

〈표 7-4〉 채점용 한국형 노인 우울검사Korean Form of Geriatric Depression Scale: GDS-K)

지난 1주일 동안 어르신의 기분을 알아보기 위한 질문 목록입니다. 질문을 잘 읽으시고 '그렇다'와 '아니다'에 체크하십시오.

질문	응답	
1. 자신의 삶에 대체로 만족하십니까?	그렇다	아니다
2. 활동이나 관심거리가 많이 줄었습니까?	그렇다	아니다
3. 삶이 공허하다고 느끼십니까?	그렇다	아니다
4. 지루하거나 따분할 때가 많습니까?	그렇다	아니다
5. 앞날이 희망적이라고 생각하십니까?	그렇다	아니다
6. 떨쳐버릴 수 없는 생각들 때문에 괴롭습니까?	그렇다	아니다
7. 대체로 활기차게 살아가는 편입니까?	그렇다	아니다
8. 자신에게 좋지 않은 일이 생길 것 같아 걱정스럽습니까?	그렇다	아니다
9. 대체로 행복하다고 느끼십니까?	그렇다	아니다
10. 아무것도 할 수 없을 것 같은 무력감이 자주 듭니까?	그렇다	아니다
11. 불안해지거나 안절부절못할 때가 자주 있습니까?	그렇다	아니다
12. 외출하는 것보다 그냥 집안에 있는 것이 더 좋습니까?	그렇다	아니다
13. 앞날에 대한 걱정을 자주 하십니까?	그렇다	아니다
14. 다른 사람들보다 기억력에 문제가 더 많다고 느끼십니까?	그렇다	아니다
15. 지금 살아있다는 사실이 정말 좋다고 느껴지십니까?	그렇다	아니다
16. 기분이 가라앉거나 울적할 때가 자주 있습니까?	그렇다	아니다
17. 요즘 자신이 아무 쓸모없는 사람처럼 느껴지십니까?	그렇다	아니다
18. 지난 일에 대해 걱정을 많이 하십니까?	그렇다	아니다
19. 산다는 것이 매우 신나고 즐겁습니까?	그렇다	아니다
20. 새로운 일을 시작하는 것이 어렵습니까?	그렇다	아니다
21. 생활의 활력이 넘치십니까?	그렇다	아니다
22. 자신의 처지가 절망적이라고 느끼십니까?	그렇다	아니다
23. 다른 사람들이 대체로 자신보다 낫다고 느끼십니까?	그렇다	아니다
24. 사소한 일에도 속상할 때가 많습니까?	그렇다	아니다
25. 울고 싶을 때가 자주 있습니까?	그렇다	아니다
26. 집중하기 어렵습니까?	그렇다	아니다
27. 아침에 기분 좋게 일어나십니까?	그렇다	아니다
28. 사람들과 어울리는 자리를 피하는 편이십니까?	그렇다	아니다
29. 쉽게 결정하는 편이십니까?	그렇다	아니다
30. 예전처럼 정신이 맑습니까?	그렇다	아니다
합계	(점)	

출처: 서혜경(2009).

Yesavage 등(1983)이 개발한 노인 우울 척도(Geriatric Depression Scale: GDS)를 기반으로 Sheikh와 Yesavage(1986)는 단축형 15문항으로 줄여서 사용하기 쉽게 구성하였다. 이를 번역한 것이 한국판 단축형 노인 우울 척도(Short Form of Geriatric Depression Scale: SGDS)이다. SGDS는 간단한 '그렇다/아니다' 형식의 응답 방식으로 구성되며 5개의 긍정적 진술 문항은 '그렇다'가 0점, '아니다'가 1점으로 채점되고, 10개의 부정적 진술 문항은 '그렇다'가 1점, '아니다'가 0점으로 채점된다. 총점은 0점에서 15점까지이며 점수가 높을수록 우울 정도가 높은 것으로 평가된다(김경옥, 2023).

한국판 단축형 노인 우울 척도(SGDS)는 30문항으로 구성된 기존 노인 우울 척도(GDS-K)에 비해 간결하고 실용적이어서 노인 상담 현장에서 더 효과적으로 활용될 수 있다. 또한 검사 소요 시간이 짧아 노인의 심리적 피로감을 낮추고 부담 없이 신속한 응답이 가능하다.

특히, 명료한 채점 체계는 상담자가 결과를 신속히 해석하고 즉각적인 개입과 상담 목표를 구체화할 수 있도록 한다. 이는 상담 과정에서 노인의 정서 상태를 지속적으로 모니터링 하는 데도 유용하다.

〈표 7-5〉 한국형 노인 우울검사: 단축형(Short Form of Geriatric Depression Scale: SGDS-K)

(이름: 연령: 세 성별: 남 / 녀 작성일: ○년 ○월 ○일)

질문	응답	
*1. 현재의 생활에 대체적으로 만족하십니까?	그렇다	아니다
2. 요즈음 들어 활동량이나 의욕이 많이 떨어지셨습니까?	그렇다	아니다
3. 자신이 헛되이 살고 있다고 느끼십니까?	그렇다	아니다
4. 생활이 지루하게 느껴질 때가 많습니까?	그렇다	아니다
*5. 평소에 기분은 상쾌한 편이십니까?	그렇다	아니다
6. 자신에게 불길한 일이 닥칠 것 같아 불안하십니까?	그렇다	아니다
*7. 대체로 마음이 즐거운 편이십니까?	그렇다	아니다
8. 절망적이라는 느낌이 자주 드십니까?	그렇다	아니다
9. 바깥에 나가기가 싫고 집에만 있고 싶습니까?	그렇다	아니다

10. 비슷한 나이의 다른 노인들보다 기억력이 더 나쁘다고 느끼십니까?	그렇다	아니다
*11. 현재 살아있다는 것이 즐겁게 생각되십니까?	그렇다	아니다
12. 지금의 내 자신이 아무 쓸모 없는 사람이라고 느끼십니까?	그렇다	아니다
*13. 기력이 좋으신 편이십니까?	그렇다	아니다
14. 지금 자신의 처지가 아무런 희망도 없다고 느끼십니까?	그렇다	아니다
15. 자신이 다른 사람들의 처지보다 더 못하다고 느끼십니까?	그렇다	아니다
합 계	(점)	

출처: 대한치매학회(2025). 치매관련 검사.

2) 노인 우울의 상담방법

노인의 경우 우울증을 앓는 기간이 장기화될 경우 치료에 어려움이 있기 때문에 조기에 발견하는 것이 중요하고(김정유, 최유석, 2015), 노인 우울은 치매와는 달리 조기에 적절한 치료를 받을 경우 회복률이 높은 질환에 속한다. 이에 노인 우울증에 효과적인 치료 개입을 위해 상담의 필요성을 살펴보면 다음과 같다.

첫째, 상담은 노인에게 심리적 지지를 제공하여 외로움과 고립으로 인한 우울감을 완화한다. 사회적 지지는 개인의 긍정적인 감정, 정서적인 안정, 환경에 대한 통제력 증진 등을 통해 우울을 완화하는 긍정적인 효과가 있다(이영자, 김태현, 1999). 노인의 경우 가까운 배우자나 가족, 친구의 죽음, 퇴직, 경제적 상실, 건강악화 등으로 인해 사회적 관계의 폭이 현저하게 줄어들게 된다. 이로 인한 사회적 지지체계의 약화와 고립이 우울로 발전할 가능성이 높으며(이평숙, 이영미, 임지영, 황라일, 박은영, 2004) 우울증을 더욱 악화시킬 수 있다. 이에 집단상담을 통해 비슷한 경험을 공유하는 집단 간 상호작용을 통해 위로와 지지를 얻을 수 있으며 때에 따라서는 개인 상담으로 절망감을 극복하여 정서적 안정감을 증진시킬 수도 있다.

둘째, 노인 우울상담은 자살 예방에도 중요한 역할을 한다. 노인 우울증은 삶의 만족을 저하시킬 뿐만 아니라 노인 자살 위험성 증가의 원인으로(허준수, 유수현, 2002) 특히 노인 연령이 증가할수록 자살과의 관련성이 높아진다(Brent, Perper, & Allamn, 1987). 이에 주기적인 상담을 통한 위기 상황에서의 즉각적인 개입은 자살

예방의 핵심으로 심리적 위험 신호를 빠르게 포착하여 자살 충동을 미리 인지하고 예방하는 방법이 된다.

셋째, 상담은 노인의 인지와 행동 변화를 촉진하는 데 중요한 역할을 한다. 노인은 우울증으로 인해 부정적인 사고 패턴에 빠지거나 무기력한 행동을 보일 수 있는데, 인지행동치료(CBT)와 같은 상담 기법을 사용해 부정적 사고를 긍정적으로 전환하는 행동을 유도한다. 또한 최근 정서와 인지를 적용한 수용전념치료(ACT)의 노인대상 관련연구들(김보라, 2023; 신재숙, 이봉건, 2018)은 노인들의 심리적 경직성과 불안이 수용전념치료에서 효과성 검증 결과로 나타났다. 제시된 두 치료법 모두 각 개인의 특성과 상황에 맞춘 맞춤형 접근을 가능하게 하고 이는 사고와 정서의 자기인식 증진으로 우울증 노인의 심리적 유연성 증진에 기여할 수 있음을 시사한다.

넷째, 노인의 사회적 지지망을 강화하는 데 도움을 준다. 상담을 통해 노인은 지역사회나 가족과의 연결을 유지하거나 새로운 사회적 지지망을 구축할 수 있다. 이는 외로움과 고립감을 줄여 우울증을 완화시키는 효과를 가져온다. 따라서 가족관계 문제나 외로움과 같은 사회적 요인이 우울증의 주요 원인인 경우, 가족 상담이나 사회적 지지망 구축을 통해 정신적 안정에 기여할 수 있다.

이처럼 노인 우울 상담 과정에서 노인상담의 필요성을 이해하는 것은 상담의 효과성을 높이고 근본적인 원인을 다룰 수 있게 된다. 특히 노인상담에서는 노인 우울증의 원인 파악에 초점을 두고 진행되어야 한다. 이는 노인의 우울증은 배우자 사망, 사회적 역할 상실, 신체적 질환, 사회적 고립 등 여러 요인으로 인해 발생하기 때문에 다른 연령대보다 흔한 삶의 문제로 다가오는 시기이기 때문이다(김도환, 2001). 이에 상담에서는 다양한 원인을 고려하여 근본적인 원인에 접근하는 것이 중요하다.

노인 우울 상담에서의 고려 사항은 다음과 같다.

- 노화에 따른 복합적 문제 이해
  - 신체적, 심리적, 사회적 변화가 복합적으로 나타남

–신체 증상과 심리적 문제의 상호작용 파악 필요
–진단이 늦어질 경우 적절한 개입 지연

- 개인 맞춤형 개입
  –노인의 삶의 경험과 성격에 따른 맞춤형 접근 필요
  –상실, 사회적 고립 등 다양한 원인 고려
  –동일한 방식의 접근은 효과가 떨어짐
- 치료 방향 설정
  –우울증, 불안, 치매 등 복합적인 문제해결
  –문제 구별 및 치료 우선순위 설정이 중요
- 약물 사용과의 상호작용
  –다중 약물 복용으로 인한 부작용 위험 고려
  –정확한 진단을 통해 약물 치료의 필요성 평가
- 가족 및 사회적 환경 고려
  –가족관계와 사회적 지지망이 심리 문제에 영향
  –가족상담과 사회적 지원 체계 구축이 필요

노인상담에서 이론 기반으로 하는 접근은 효과적인 상담 접근법이라 할 수 있다. 특히, 노인 우울과 같은 복합적이고 개별화된 문제를 다룰 때 이론적 근거는 상담자가 객관적이고 과학적인 방법으로 문제를 분석하고 해결책을 모색하는 데 중요한 역할을 한다. 이론은 상담 과정에서 노인의 심리적, 정서적, 대인관계적 문제를 이해하고 체계적으로 접근할 수 있는 기초가 되며 다양한 상황에 적합한 개입 방법을 제시함으로써 상담의 방향성을 명확히 할 수 있다. 이에 노인 우울증의 상담에서의 주요 이론을 살펴보면 다음과 같다.

- **인지행동치료**: 노인 우울증에 대한 심리사회적 치료의 가장 대표적인 접근으로 인지행동치료(Cognitive Behavior Therapy)를 들 수 있다. 인지행동치료는 비관적이거나 자기비판적인 사고를 반박하고, 우울 감정을 강화하는 행위를

줄이거나 감소하는 행동을 보상함으로써 우울증을 치료한다. 인지행동치료는 노인 우울증에 매우 효과적인 것으로 검증되었으며, 특히 우울증과 함께 신체질환이나 장애를 지니거나 인지기능의 손상을 동반하거나 불안을 함께 경험하는 경우에도 효과가 있는 것으로 보고되고 있다(Arean, Hegel, Vannoy, Fan, & Unützer, 2008).

- **대인관계치료**: 대인관계치료(Interpersonal Therapy)도 우울증을 치료하는 중요한 심리사회적 치료접근으로 정신역동적 접근과 인지치료의 주요 원리를 결합하여 대인관계의 어려움이나 역할 전환(role transitions), 해결되지 않은 슬픔 등을 다루는 데 활용된다. 또한 대인관계치료와 약물치료를 함께 병행하는 경우, 노인 우울증의 증상을 감소시키고, 재발을 방지하며, 특히 우울증을 심하게 앓고 있는 노인의 경우 치료 효과를 유지하는데 유용한 것으로 보고되고 있다(Miller, Frank, Cornes, Houck & Reynolds, 2003).
- **문제해결치료**: 문제해결치료(Problem-Solving Treatment)는 인지행동치료의 원리를 적용하여 단기간에, 구조화된 접근방식을 통해 우울증을 앓고 있는 사람에게 문제해결 대처기술(problem-solving skills)을 가르침으로써 이들을 우울하게 만드는 부정적인 생애사건은 물론 일상생활의 문제를 해결하도록 하는 접근방법이다. 여기서 '문제해결'이란 일상생활에서 발생하는 특정한 문제에 대해 자기주도적으로(self-directed) 효과적인 해결책을 찾아내려는 인지행동 과정이다(D'Zurilla & Nezu, 2007). 문제해결 능력이 우울에 미치는 직접적인 영향을 중재하는 요인으로 작용한다는 연구가 보고되었다(Nezu & Ronan, 1987; Nezu et al., 2004).

3) 노인 우울 상담의 전문체계

노인 우울 상담에 있어서 관련 전문기관의 도움은 노인의 심리적 안녕을 증진하고 삶의 질을 향상시키기 위해 다양한 프로그램과 서비스를 제공해 준다. 예를 들어, 정신건강센터는 우울증에 대한 전문적인 평가와 상담을 통해 맞춤형 치료

계획을 제시하며 필요시 정신과 치료와의 연계도 지원한다. 또한 노인복지관은 사회적 지지망을 구축하고, 노인들이 서로 소통하고 활동할 수 있는 다양한 프로그램을 운영하고 있어, 우울증 예방 및 개선에 큰 도움이 된다. 그리고 가족상담 및 지원 서비스를 제공하는 기관들도 중요한 역할을 한다. 이들은 가족 구성원들이 노인의 심리적 문제를 이해하고, 적절한 지원을 할 수 있도록 돕는다. 이러한 전문기관들을 활용하는 것은 우울증을 앓고 있는 노인의 회복과 보다 나은 삶을 영위할 수 있도록 지원한다.

노인 우울 상담에 도움을 받을 수 있는 전문기관은 다음과 같다.

(1) 정부기관의 지원체계

① 보건복지부

- 웹사이트: https://www.mohw.go.kr/
- 특징 및 장점: 보건복지부는 전국적으로 노인의 정신건강을 증진하기 위한 다양한 정책과 프로그램을 운영한다. 지역 보건소 및 정신건강복지센터와 협력하여 노인 우울증 예방, 상담, 치료 프로그램을 지원하며 상담 서비스를 제공한다.
- 제공 서비스: 노인 정신건강 지원 제도, 정신건강 상담 지원, 우울증 예방 교육, 지역사회 자원 연계

② 전국민 마음투자 지원사업

- 웹사이트: https://www.bokjiro.go.kr/ssis-tbu/index.do
- 특징 및 장점: 노인 환자가 우울증이나 불안증으로 인해 심리상담을 필요로 할 경우 정부는 전문 심리상담 서비스 총 8회기를 바우처 형식으로 제공한다. 그러나 바우처를 통해 지원을 받는 노인들도 일정 비율의 본인 부담금을 납부해야 한다. 본인 부담금은 노인의 기준 소득분위에 따라 결정된다. 이는 노인 환자들이 우울증으로 인해 겪는 정서적 어려움을 줄이고, 조기 발견과 예방을 통해 정신건강을 증진하는 데 중요한 역할을 한다. 특히, 노인들은 다

양한 공공기관과 정신의료기관을 통해 신속하고 적절한 심리상담을 받을 수 있으며, 이를 통해 일상생활에서 겪는 불안과 우울감을 효과적으로 관리할 수 있다.

- 제공 서비스: 우울·불안 등 정서적 어려움에 국민의 마음건강 돌봄 및 정신질환 사전 예방·조기발견을 위한 심리 안정 지원

(2) 지역 내 지원체계

① 정신건강복지센터

- 웹사이트: 부산 웹사이트: https://www.busaninmaum.com/
  경남 웹사이트: https://www.gnmhc.or.kr/
- 특징 및 장점: 전국 각 지역에 위치한 정신건강복지센터는 우울증, 불안, 치매와 같은 다양한 정신건강 문제에 대한 상담과 치료를 제공한다. 상담은 무료 또는 저렴한 비용으로 이용할 수 있으며 지역사회와의 밀접한 연계로 접근성이 높다.
- 제공 서비스: 우울증 예방 및 치료 서비스, 심리상담, 치매 관련 서비스, 정신건강 캠페인 및 교육

(3) 전문 의료기관

① 정신건강의학과

- 웹사이트: 지역 내 병원의 정신건강의학과(예: 부산대학교병원 정신건강의학과)
  https://www.pnuh.or.kr/pnuh/medical/department-info.do?tCode=NP
- 특징 및 장점: 정신건강의학과는 노인 우울증을 포함한 정신질환을 진단하고 치료하는 전문 의료기관이다. 치료는 약물 치료와 심리상담을 통합하여 치료하며, 신체적 질환과 정신적 문제를 동시에 다룰 수 있는 장점이 있다.
- 제공 서비스: 우울증 진단, 약물 치료, 심리상담, 신체 건강과의 통합 치료

요점 정리

- 노인 우울은 단순한 노화가 아닌 신체적, 정신적, 사회적 기능에 심각한 영향을 미치는 복합적 질환이다. 주요 증상으로는 흥미 상실, 우울감, 피로, 무기력, 식욕 저하, 자존감 저하, 자살 충동 등이 나타난다. 노년기는 신체적 쇠약, 역할 상실, 사회적 고립 등으로 인해 우울증 위험이 특히 높다.
- 노인 우울증은 다양한 신체적, 심리적, 사회적 요인이 복합적으로 작용하여 발생하며, 신체질환이나 노화로 인해 초기 진단이 어려울 수 있다. 사별이나 경제적 어려움, 사회적 고립 등은 주요 원인으로 작용하며, 이러한 요인은 인지기능 저하와 독립적 생활 기능 상실을 초래할 수 있다.
- 노년기에 우울증이 방치될 경우 삶의 질이 심각하게 저하되며 자살 위험이 증가할 수 있다. 치료와 상담은 증상 완화에 그치지 않고 삶의 질을 높이고 심리적 안정감을 회복하는 데 중점을 두어야 한다. 노인 우울증의 치료법으로는 약물요법, 개인상담, 집단정신치료, 전기충격요법 등이 있으며, 조기 발견과 적극적인 치료가 필수적이다.
- 노년기 우울증은 자살 위험 등 심각한 결과를 초래할 수 있지만, 흔히 노화 현상으로 치부되어 방치되는 경우가 많다. 특히 노인의 우울증은 젊은 층과 달리 불안, 신체 증상, 정신운동 지체, 인지기능 저하 등의 특성이 두드러지며, 이러한 증상들이 다양한 신체질환과 동반되어 정확한 진단과 치료가 필요하다.
- 한국 사회에서는 유교적 가치관과 집단주의가 노인들에게 감정 표현을 억제하는 성향을 강화시키며, 우울 증상 표현 역시 억제되는 경우가 많다. '정'(情)이나 '한'(恨)과 같은 전통적 정서는 관계 중심의 감정 표현을 중시하며, 이는 타인과의 관계에서 느끼는 심리적 어려움으로 노인들이 겪게 되는 중요한 요소가 된다. 또한 '화병'처럼 억눌린 분노가 신체 증상으로 발현되는 경우도 있으며, 이러한 문화적 특성은 우울증 증상에도 영향을 미친다.
- 사회적 낙인 역시 노인 우울에 중요한 문제다. 한국에서는 정신건강 문제에 대한 부정적 인식이 노인의 자아 존중감을 해칠 수 있으며 치료에 대한 접근성을 낮춘다. 반면, 효 사상, 경로 사상, 제사 등은 노인에게 가족적 지지와 정서적 안정감을 제공하지만, 가족의 과도한 개입이 오히려 노인의 자율성을 제한할 수 있어 균형 잡힌 접근이 필요하다.
- 노인 우울증의 원인은 신체적, 심리적, 사회적 요인이 복합적으로 작용하여 나타난다. 신체적 요인으로는 노화로 인한 신체 기능 저하와 만성질환이 있으며, 심리적 요인으로는

배우자 상실, 외로움, 역할 상실 등이 있다. 사회적 요인으로는 고립과 경제적 어려움, 역할 변화 등이 노인 우울증을 유발하는 주요 원인으로 작용한다. 노년기에 이러한 요인들이 지속될 경우, 우울증 발생 가능성은 높아진다.

- 우울증 예방을 위해서는 외출과 사회적 활동을 통해 활발한 일상을 유지하고, 규칙적인 식사와 운동을 병행하여 신체 건강을 관리하는 것이 중요하다. 사회적 관계를 유지하고 긍정적인 사고를 가지며, 스트레스와 수면 관리를 통해 일상생활을 안정적으로 유지하는 것도 필요하다.
- 노인 우울 상담개입은 조기 발견과 적절한 치료를 통해 높은 회복률을 기대할 수 있다. 노인 우울 상담의 필요성은 크게 다섯 가지로 요약할 수 있다. 첫째, 다양한 원인을 파악하여 문제해결에 중점을 둔다. 둘째, 심리적 지지를 통해 외로움과 고립감을 완화한다. 셋째, 자살 예방에 중요한 역할을 한다. 넷째, 인지와 행동의 변화를 촉진한다. 다섯째, 사회적 지지망을 강화하여 노인의 삶의 질을 개선한다.
- 노인 우울의 진단과 평가는 상담의 핵심 요소로, 발생 양상, 지속성, 심각도와 같은 양적 특성과 실행 기능 장애, 수면 문제 동반 여부와 같은 질적 특성을 모두 고려한다. 특히 표준화된 평가 도구를 활용하여 노인의 신체적, 심리적 상태를 종합적으로 파악함으로써 정확한 진단이 이루어져야 한다. 이를 통해 비전형적 우울 증상, 치매와의 감별 진단, 다중적 건강 문제, 사회적 고립 및 상실 경험의 영향을 구체적으로 이해하고 적절한 개입이 가능하다.

연습문제

1. 노인 우울증의 주요 증상과 발생 원인을 설명하라.
2. 한국의 유교적 가치관과 집단주의가 노인들의 우울증 표현과 인식에 미치는 영향을 설명하고, 이러한 특성이 상담 개입에 어떤 어려움을 줄 수 있는지 논의해 보라.
3. 각 척도의 평가 방식과 주요 특징 및 차이점을 비교하고, 문화적 배경에 대한 상담 활용 방안에 대해 논의해 보라.
4. 노인 우울증 예방과 상담 개입의 중요성을 설명하고, 이를 위한 주요 접근 방안을 제시하라.

참고문헌

강희숙, 김근조(2000). 일부지역 노인들의 신체적 건강과 우울과의 관련성. 대한보건협회 학술지, 26(1), 451-459.

건강보험심사평가원(2020). 건강보험심사평가원 통계.

고세인, 서영석(2022). 가족관계에서 상처를 입은 여성 노인의 용서 경험. 한국심리학회지: 상담 및 심리치료, 34(4), 1253-1293.

국가정신건강정보포털(2021). 정신건강통계.

권석만(2013). 현대이상심리학. 학지사.

권중돈(2004). 노인복지론. 학지사.

권중돈, 김유진, 엄태영(2011). 노인돌봄서비스 이용 독거노인의 자살생각에 영향을 미치는 요인에 관한 연구: 자살 시도 경험과 음주 행위와의 관계를 중심으로. 노인복지연구, 51, 297-320.

김경옥(2023). 노인 우울증에 영향을 미치는 요인에 관한 연구: 노인실태조사(2020년)를 이용한 분석. 중앙대학교 대학원 석사학위논문.

김도환(2001). 노인이 지각한 가족지지, 자아존중감 및 우울과의 관계 연구. 노인복지연구, 13, 113-144.

김동배, 손의성(2005). 한국노인의 우울 관련변인에 관한 메타분석. 한국노년학회, 25(4), 167-187.

김보라(2023). 노인의 우울과 불안에 대한 수용전념치료(ACT) 단일사례연구. 우석대학교 대학원 석사학위논문.

김정유, 최유석(2015). 사회적 지지가 중소도시 노인의 우울에 미치는 영향. 한국콘텐츠학회논문집, 15(4), 208-219.

김지연(2024). 지역사회 다약제 노인의 주관적 건강상태에 영향을 미치는 요인. 한국산학기술학회 논문지, 25(8), 80-91.

김진휘, 강문선, 이영순(2023). 노인들의 심리적 어려움, 대처 및 심리상담 인식에 관한 현상학적 연구. 교육치료연구, 15(1), 71-98.

김창대(2006). 상담 및 심리치료의 기본기법. 학지사.

김청송(2015). 사례 중심의 이상심리학 DSM-5. 싸이북스.

김혜선(2021). 노인의 우울이 건강관련 삶의 질에 미치는 영향: 신체활동의 조절효과. 한국웰니스학회지, 16(2), 173-179.

대한치매학회(2025). 치매관련 검사.

민성길(2015). 최신 정신의학 6판. 일조각.

박 경, 김혜은(2017). 심리평가의 이해와 활용. 학지사.

박재학, 김정훈, 이순배, 이희정(2010). 노인상담론. 파워북.

박지은(2015). 노년기 우울증이 치매 발병에 미치는 영향과 관련 요인 분석: 지역사회 기반 5년 추적 연구. 서울대학교 대학원 박사학위논문.

보건복지부(2019). 노인통합지원서비스 모형 개발 연구. 인천대학교 산학협력단.

서국희, 김장규, 연병길, 박수경, 유근영, 양병국(2000). 노년기 치매와 우울증의 유병률 및 위험인자. 신경정신의학, 39, 809-23.

서혜경(2009). 노인 죽음학 개론. 경춘사.

손자영(2010). 사회적 지지가 노인 우울에 미치는 영향 연구. 한양대학교 대학원 석사학위논문.

신재숙, 이봉건(2018). 수용전념치료가 만성통증 노인의 통증, 통증간섭 및 삶의 만족에 미치는 영향. 대한스트레스학회, 26(3), 231-242.

윤현숙, 구본미, 이강, 이제연(2010). 노인 우울증에 대한 문제 해결 치료의 효과성 연구. 한국노년학, 30(3), 871-894.

이민숙, 김나영(2007). 노인의 사회적 지지와 우울에 관한 연구. 임상사회사업연구, 4(1), 161-176.

이상준, 이영순, 이승윤, 이햇살(2022). 한국 노인의 우울과 상실 변인에 관한 메타연구. 노인복지연구, 77(2), 153-182.

이영자, 김태현(1999). 단독가구 노인의 스트레스와 우울감. 한국노년학회, 19(3), 79-93.

이장호(2011). 상담심리학. 박영사.

이평숙, 이용미, 임지영, 황라일, 박은영(2004). 노인의 스트레스, 사회적 지지와 우울 간의 관계. 대한간호학회지, 34(3), 477-484.

이현주, 강상경, 이준영(2008). 노인 우울증에 대한 사회경제적 지위요인과 건강행태요인에 관한 연구. 한국노년학, 28(4), 1129-1145.

이호선(2005). 노인상담. 학지사.

장유리, 김기연(2006). 재미 한인노인의 서구 문화 적응도와 우울증상 표현방식: 문화와 감정 표현양식에 대한 궁극적 고찰. 한국노년학연구, 15, 51-73.

전보영, 이혜재, 손창우, 김남권, 김애련, 박지은, 이은상, 이정화, 최주현(2009). 일부 농촌 지역 노인의 사회적 지지와 건강 수준 및 건강행태와의 관련성. 농촌의학 지역보건학회지, 34(1), 13-23.

정상훈(2017). 노인의 사회적 지지와 우울의 관련성 연구: 노인실태조사(2014년) 자료 분석. 연세대학교 대학원 석사학위논문.

정인과, 곽동일, 조숙행, 이현수(1997). 한국형 노인 우울검사(Korean form of geriatric depression Scale; KGDS) 표준화 연구. **노인정신의학, 1**(1), 61-72.

정인과, 곽동일, 조숙행, 이현수(1998). 한국형 노인 우울검사 (Korean form of geriatric depression scale: KGDS) 표준화에 대한 예비연구. **신경정신의학, 37**(2), 340-351.

조용욱(2008). 노인 당뇨병과 우울증. **포천중문의대 내과학교실, 9**(4), 269-272.

조유향(1995). **노인보건.** 현문사.

한승희(2021). 노인들의 자살생각에 영향을 미치는 요인에 관한 연구: 성별과 연령을 중심으로. 숭실대학교 대학원 석사학위논문.

한창수(2009). 노인 환자에서 정신약물의 사용: 노인 우울증을 중심으로. **대한내과학회지, 77**, 1099-1106.

허준수, 유수현(2002). 노인의 우울에 영향을 미치는 요인에 관한 연구. **정신건강과 사회복지, 13**, 7-22.

현혜선, 김윤영(2021). 일 지역 여성노인의 우울과 자아통합감과의 관계에서 회복탄력성의 매개효과. **보건의료산업학회지, 15**(2), 67-78.

Aljeaidi, M. S., Haaksma, M. L., & Tan, E. C. (2022). Polypharmacy and trajectories of health-related quality of life in older adults: An Australian cohort study. *Quality of Life Research, 31*(9), 2663-2671.

American Psychological Association. (2019). *Guidelines for Psychological Practice with Older Adults.*

Arean, P., Hegel, M., Vannoy, S., Fan, M., & Unuzter, J. (2008). Effectiveness of problem-solving therapy for older, primary care patients with depression: results from the IMPACTproject. *The Gerontologist, 48*(3), 311-323.

Blazer, D. G. (2002). Self-efficacy and depression in late life: A primary prevention proposal. *Aging & Mental Health, 6*, 315-324.

Brent, D. A., Perper J. A., & Allamn, C. J. (1987). Alcohol, firearms, and suicide among youth. *Journal of the American Medical Association, 257*, 3369-3372.

Choi, N. G., & Bohman, P. M. (2007). Predicting the changes in depressive symptomatology in later life: Howmuchdochanges in health status, marital and caregiving status, work and volunteering and health related behaviors contribute? *Journal of Aging and Health, 19*(1), 152-177.

Cole, S., Kawachi, I., Maller, S. J., & Berkman, L. (2000). Test of item-response bias in the CES-D scale: Experience from the New Haven EPESE study. *Journal of Clinical Epidemiology, 53,* 285-289.

Dilworth-Anderson, P., & Burton, L. (1999). Critical issues in understanding family support and older minorities. In T. Miles (Ed.), *Full-color aging: Facts, goals, and recommendations for Americas diverse elders,* 93-105. Washington, DC: The Gerontological Society of America.

D'Zurilla, T. J., & Nezu, A. M. (2007). *Problem-solving therapy: a positive approach to clinical intervention* (3rd ed.). New York: Springer.

Gallo, J., Cooper-Patrick, L., & Lesikar, S. (1998). Depressive symptoms of Whites and African Americans aged 60 years and older. *Journal of Gerontology: Psychological Sciences, 53B,* 277-286.

Marsella, A. J., & Kameoka, V. A. (1989). Ethnocultural issues in the assessment of psychopathology. In Portions of this paper were presented at the workshop on "Depression and Suicide in Minorities," sponsored by the Division of Clinical Research, National Institute of Mental Health, Bethesda, Maryland, Dec 7-8, 1987. American Psychiatric Association.

Miller, M. D., Frank, E., Cornes, C., Houck, P. R., & Reynolds, C. F. (2003). The Value of Maintenance Interpersonal Psychotherapy (IPT) in Older Adults With Different IPT Foci. *American Journal of Geriatric Psychiatry, 11*(1), 97-102.

Miller, T., Markides, K., & Black, S. (1997). The factor structure of the CES-D in two surveys of elderly Mexican Americans. *Journal of Gerontology: Social Sciences, 52,* 259-269.

Mui, A., Burnette, D., & Chen, L. (2002). Cross-cultural assessment of geriatric depression: A review of the CES-D and GDS. In J. Skinner, J. Teresi, D. Holmes, S. Stahl & A. Stewart (Eds.), *Multicultural measurement in older populations.* (pp. 147-177). New York: Springer Publishing.

Nezu, A. M., & Ronan, G. F. (1987). Social problem solving and depression: Deficits in generating alternatives and decision making. *Southern Psychologist, 3,* 29-34.

Nezu, A. M., Wilkins, V. M., & Nezu, C. M. (2004). Social problem solving, stress, and negative affective conditions. In E. C. Chang, T. J. D'Zurilla, & L. J. Sanna (Eds.), *Social problem solving: Theory, research, and training* (pp. 49-65). Washington,

DC: American Psychological Association.

Sheikh, J., & Yesavage, J. (1986). Geriatric depression scale: Recent evidence and development of a shorter version. *Clinical Gerontologist, 5,* 165-173.

Stiles, P., & McGarrahan, J. (1998). The Geriatric Depression Scale: A comprehensive review. *Journal of Clinical Geropsychology, 4,* 89-110.

Yesavage, J., Brink, T., Rose, T., Lum, O., Huang, V., Adey, M., & Leirer, V. (1983). Development and validation of a geriatric depression screening scale: A preliminary report. *Journal of Psychiatry Research, 17,* 37-49.

제8장

고부갈등 상담

급변하는 현대사회의 가족구조 변화와 함께 고부갈등은 가족관계에서 피할 수 없는 요소이다. 고부관계란 결혼에 의하여 혈연의 연결이 없는 타인끼리 한 사람을 매개로 하여 법적, 인위적 관계를 맺는 것을 의미한다. 이렇게 인위적으로 시작된 관계에서 며느리나 시어머니의 역할을 수행하면서 겪게 되는 스트레스원과 긴장의 누적을 고부갈등이라 정의할 수 있다.

이 장에서는 변화되는 가족구조 속에서 고부관계에서 발생되는 갈등의 원인과 유형, 표출행동에 대해 살펴보고자 한다. 그리고 고부갈등의 이해 방법으로 다섯 가지 갈등 요인인 권력구조적 측면, 역할구조적 측면, 애정구조적 측면, 세대차이 측면, 이해관계 측면으로 살펴보고자 한다. 마지막으로 고부갈등의 다각적 개입 방안으로써 개인적, 가족적, 사회적 해결방안을 알아본 후, 고부갈등 상담 시 적용할 수 있는 용서상담교육과 이야기치료를 통하여 고부갈등을 개선해 볼 수 있도록 한다.

1. 고부관계에 대한 정의

1) 고부관계의 개념

관계의 사전적 의미는 한 대상에서 다른 대상까지의 사이, 즉 둘 이상의 사람,

사물, 현상 따위가 서로 관련을 맺거나 관련이 있음을 말한다.

고부관계란 기존 세대로서의 시어머니와 아들의 결혼으로 맺어진 며느리와의 새로운 상호작용 관계를 의미한다(박소영, 2008). 즉, 고부관계란 결혼에 의하여 시작되는 가족 내 인간관계로서 기존세대로서의 고(姑), 즉 시어머니와 혼입세대로의 부(婦), 즉 며느리와의 새로운 상호작용관계이며(유영주, 2004), 결혼에 의해 시작되는 가족 내 인간관계의 한 측면으로서 혈연의 연결이 없는 타인끼리 한 남성을 매개로 하여 법적, 인위적 관계를 맺는 것이다(성명옥, 이혜자, 2002; 한희선, 1990). 또한 박정희(2014)도 고부관계란 결혼을 통해 한 가족이 된 시어머니와 며느리 사이의 관계를 지칭하는 용어라고 정의하였다. 고부관계는 혈연이나 애정에 의해서 선택한 것이 아니라 한 남자에 의해 형성된 인위적 관계이다. 따라서 시어머니를 비롯하여 남편과 친족들이 새로 들어온 한 사람을 어떤 시각으로 바라보느냐에 따라 가족들과의 관계뿐 아니라 고부관계도 달라질 수 있다(박소영, 2010).

2) 고부관계의 특성

부계가족이자 직계가족 구조를 갖는 전통적 한국 가족에 있어서 집은 과거의 시조로부터 조상을 거쳐 미래의 자손에 연결됨을 의식하는 초시간적인 관념적 집단이다(최재석, 1980). 즉, 먼 조상으로부터 후손에 이르는 무한한 친자관계의 연결을 의미하는 것이다.

가족원 개인의 인격보다 중대하고 우위에 서 있는 이 집 제도로 말미암아 강대한 가부장권과 친자관계 우위의 가치의식이 생겨나게 되었다. 친자관계 또한 자식의 부모에 대한 일방적이며 절대적인 존속의 규범만을 강조하는 권위복종의 관계로 성립되었고 가부장적 가족논리인 효를 바탕으로 하는 논리적 인간관계이다. 따라서 가족원은 집의 통솔자인 가장을 중심으로 하여 남녀, 장유, 상하의 신분적 서열로 나누어져 각기 자기의 지위와 역할에 일치하는 행동을 취해야만 집의 균등 내지 발전이 이루어진다고 의식하며 신분에 따른 역할을 다하도록 조직되어 있었다.

이러한 전통적인 가정에 있어서 결혼이란 집을 위한 수단, 즉 부모를 섬기는 수단과 조상제례 및 가계 계승자를 얻기 위한 수단으로서 집의 대표자인 가장의 엄격한 통제하에 놓여 있는 중대한 사건이며, 며느리는 남편의 배우자가 되기 전에 일차적으로 남편의 부모에 대하여 충실하고 얌전한 며느리가 되어야 하는 것이다. 다시 말하면 며느리는 가정의 존속을 위한 수단으로서의 지위와 역할밖에 지니지 못한다(이경애, 1981).

부계가족에 있어서 혼입한 며느리는 가장의 세대보다 하위세대이고 남편의 세대에서 혼입자라는 조건으로 연하자인 시동생 내지 시누이보다 하위에 있게 된다. 따라서 며느리는 최저의 지위를 갖기 때문에 권리보다 의무가 더 많게 되고 시가에 얼마나 순종하였느냐, 얼마나 경제적으로 공헌하였으냐, 그리고 가계를 계승할 아들을 생산하였느냐에 따라 성취지위가 주어지게 된다(이광규, 1975).

그러나 며느리가 아무리 헌신적으로 시가에 봉사하고 시부모와 남편을 공경하는 복종의 의무를 지키며 경제적으로 공헌하였다 하더라도 가정을 계승할 남아를 생산하지 못하면 며느리의 최대의 의무를 다하지 못한 것이 되는데 이와 같은 사상은 여자의 존속적 지위를 초래하는 중대한 요인이 된다.

부계가족의 구조적 명령은 결혼한 여자에게 강한 득남 요구를 강요하게 되어, 이것이 특별한 모자관계를 형성하게 되는 요인이 된다(이경애, 1981).

그러므로 며느리가 아들을 생산하게 되면 며느리는 시가에 대해 최대의무를 이행한 것이 되며, 며느리로서의 지위가 보다 확고하게 되고 심리적 고충도 일단 끝나게 된다. 따라서 아들은 어머니의 심리적 위안이 되고 정서적 구심점이 되며 남편과의 사랑의 매개체가 되고 자기의 지위를 안정시켜 주는 것이 된다. 그러므로 아들은 어머니의 생명이라고까지 말할 수 있다.

특히, 사회적으로 여성의 자기표현과 자기실현이 금지되어 있던 전통사회에서 아들은 어머니의 사회적 자기표현의 요구를 충족시켜 주는 매개체이기도 하다.

이와 같은 모자관계는 부계가족의 구조적인 필연성에서 유래한 것이며 혼입한 시가의 의무를 완성하게 하고, 부계가족에서 어머니의 지위를 주고, 부계사회에서 어머니의 투사체적 존재로서 아들이 기능하기 때문에 모자관계는 특수관계에 있게 된다. 이러한 특수한 모자관계는 어머니로 하여금 자식에게 일방적이고 맹목적인 애정 관계를 형성시켰으며 이 애정 관계에 아들의 부인, 즉 며느리가 끼어듦으로써 심리적인 갈등이 시작된다.

며느리가 들어옴으로써 아들의 사랑이 나누어지니까 이제까지의 아들에 대한 사랑의 깊이만큼 외로움이 더할 것이고 며느리에 대한 적의가 나타나는 심리적인 현상을 지니게 된다. 이와 같이 전통적 가족관계에서 고부관계는 애정의 교류에서부터 불균형한 상태의 출발이라고 말할 수 있다.

시어머니와 며느리는 '혼입여자'라는 공통점과 부계사회에서 주변인이라는 입장에 있어 가장 가깝고 유사함에도 불구하고 두 사람의 지위에 있어서는 현격한 차이를 나타내고 있다. 시어머니는 이미 오랫동안 노동력을 제공하였고 아들을 출산한 공적이 있으며 가사권의 결정권도 행사해 왔다. 그리고 며느리에게 가문의 전통을 전해 주는 입장에 있으므로 시어머니는 며느리보다 상대적 우위에 있게 된다. 그리하여 물리적, 경제적, 규범적 기타 권력의 행사를 통해 권위를 수행하고 재확립해 왔다. 따라서 며느리는 모든 것을 순응, 복종, 인내로 받아들여 적응함으로써 그러한 체계의 존속 유지에 기여하게 된다(고정자, 김갑숙, 1993).

2. 고부갈등에 대한 이해

1) 고부갈등의 정의

갈등의 개념은 갈등을 보는 관점에 따라 다양하게 정의되는데, 심리학자들은 두 개의 상반되는 동기를 갈등이라 하였고 인간 내면의 다양한 욕구 좌절 상태를 분류하면서 갈등의 발생을 설명하였다. 이에 반해, 사회학자들은 인간과 외부와의 관계 상황에 관점을 두고 여기서 발생되는 상호작용의 불협화음에서 갈등의 발생 근거를 찾는다(이기숙, 1985).

이러한 가족갈등의 개념은 가족 내에서 권위와 경제적 자원의 분배과정에서 생기는 가족성원들 사이의 마찰로서, 갈등 당사자들이 심리적 불안상태, 즉 긴장감에서부터 말다툼이나 폭력 사용 등의 표출되는 행동까지를 포함하는 것으로(김양희, 1986) 정의하였다.

가족관계에서 갈등은 정도의 차이가 있을 뿐 피할 수 없는 요소이다. 또한 고부간의 갈등은 고부간의 가치관, 역할기대, 개인 성격 등에서 비롯되기도 하는데 고부갈등이란, “고부 사이에서 서로 상치되는 가정 내의 위치와 견해 및 이해의 차이로 인해 일어나는 충돌”을 뜻한다.

김선희(2001)는 고부갈등을 조선후기 유교문화 안에서 여성들의 삶에 총체적 지도 원리였던 삼종지도(三從之道)의 원리를 개념적 가설로 하여 고부갈등을 구조적 문제로 분석하였다. 삼종론(三從論)이란 여자는 출간 전에는 아버지를 따르고, 출가 후에는 남편을 따르고, 남편이 죽고 나면 아들을 따라야 한다는 원리이다. 이 원리에 따르면 여성의 삶은 평생에 걸쳐 주체가 아니며 남성 의존적이거나 남성에게 종속된 대상일 뿐이다. 따라서 여성의 지위는 아버지, 남편, 아들에 의해 결정되며, 아내로서 어머니로서 의무를 성실히 수행해야만 자신의 삶과 자신의 정체성을 정립해 나갈 수 있게 된다. 독립적 존재로서의 여성이란 없으며, 남성과 독립된 의미의 여성들의 관계란 것도 존재하지 않는다(김미영, 2007). 즉, 삼종론의 논리에 따르면 시어머니와 며느리는 동일한 남성을 섬기고 따라야 한다는 결과에 도달하는 것이다. 두 여성의 정체성이 한 남성에게서 교차하면서 일차적인 갈등관계가 생겨나는 것이다. 여성의 지위가 낮았던 과거에 아들을 앞세워 자신의 존재감이나 위치를 높여왔던 시어머니의 입장에서는 자신의 지위를 높여 주는 아들과 애착의 관계가 될 수밖에 없는 구조이다(정옥분, 정순화, 홍계옥, 2005). 이러한 밀착된 모자관계에 끼어든 며느리의 존재는 시어머니의 심리적 갈등을 유발시키는 존재가 되는 것이다. 이로 인한 시어머니의 내적 갈등은 며느리에게 향하게 되고, 고부 사이는 협동적인 관계이기보다는 적대적이거나 상호경쟁 혹은 갈등하는 관계가 될 가능성이 훨씬 높다는 것이다.

따라서 이렇게 인위적으로 시작된 관계에서 며느리나 시어머니 역할을 수행하면서 경험하게 되는 스트레스원(stress source)과 긴장의 누적을 고부갈등으로 정의할 수 있다. 또한 고부간 역할기대의 차이, 가사관리와 가정경제권을 둘러싼 대립, 의사소통의 어려움, 시어머니의 간섭으로 인한 경계선의 모호성 등으로 긴장이 누적되는 것으로 정의된다(이정연, 정혜정, 장진경, 1996).

2) 고부갈등의 원인

고부갈등의 원인을 살펴보면 유가효(1976)의 연구에서는 성격 부조화로 인한 대화의 단절과 아들을 사이에 둔 애정 갈등과 역할기대의 불일치가 높았으며, 박부진(1981)의 연구에서는 고부간의 성격 차이로 인한 갈등이 높았고, 이명숙(1986)은 개인적 요인으로는 심리적인 요인이, 가정환경적 요인으로는 생활습성의 차이로 인한 갈등이 높다고 했다. 한편, 요인분석을 통하여 갈등 요인을 구조화시킨 이기숙(1985)의 연구는 시모의 경우 며느리의 이기적 태도, 손자녀 문제, 며느리의 가족에 대한 소홀, 가정관리 태도의 서툼과 차이, 며느리의 표리부동한 태도, 반대한 결혼으로 구조화되었고, 며느리의 경우 시모의 상대적 비교, 시모의 이기적 태도, 소외감, 시모와의 대화 결여, 친척 및 가습의 차이, 손자녀 문제, 친정 문제 등 7개 요인으로 추출된다. 송경아(1988)의 연구에서는 시모의 경우 며느리의 이기적 태도, 미숙한 살림살이, 시모에 대한 불순한 태도의 순서였으며, 며느리는 시모의 간섭, 아들에 대한 독점적 애정 욕구, 며느리의 의견 무시, 시모의 이기적 태도로 인한 갈등이 있음을 제시하였다.

이정연(1990)의 연구에서는 며느리가 인지한 고부갈등은 꾸중을 심하게 하는 것, 시누이를 차별하는 것이며, 친정 나들이와 친정 식구의 출입을 싫어하는 것으로 인한 갈등이 높게 나타났다. 그리고 고정자(1993)는 1963년-1990년의 고부관계 논문을 고찰함으로써 보고하고 있는데, 이는 모두 고부간의 가치관과 의견의 차이나 생활습성의 차이, 역할과 기대의 차이나 세대차이 등으로 긴장이 누적되어 고부갈등이 나타난다고 하였다(고정자, 김갑숙, 1993 재인용). 이러한 고부갈등의 해결은 어느 한쪽의 불만이 제거되었다고 해결되는 문제가 아니므로 서로의 생활과 권리의 차이를 알아 그것을 인정하고 이해하며 긍정적인 태도를 보임으로써 고부간에 조화와 균형 있는 관계가 유지되도록 노력하는 것이 효과적이다(박현옥, 1989).

이러한 많은 차이에도 불구하고 대화를 통해 서로의 차이점을 내어놓고 맞추어 가는 것이 아니라 고부는 역기능적인 의사소통을 통해 더욱 관계를 악화시키는 모습이 갈등의 원인이 되고 있다.

3) 고부갈등의 유형

급격한 사회변화와 더불어 서구의 개인주의, 평등주의가 유입되고, 가족관계가 부부관계 중심으로 변화하는 오늘날에 와서는 과거에 며느리의 일방적인 인내로 노출되지 않았던 고부간의 여러 문제가 표면화됨으로써 고부갈등은 실질적으로 더욱 해결하기 어려운 가족문제가 되고 있다.

이영환(1986)은 현대 가족의 고부갈등은 첫째, 아들-남편을 사이에 둔 고부간의 심리적 관계에 연유하며 둘째, 가족역할 수행자가 공존함으로써 발생하며 셋째, 고부간의 세대차이 및 가치의 차이가 원인이 되고 넷째, 시어머니의 권위 저하 및 역할 상실, 며느리의 지위 상승으로 인해 발생한다고 보았다. 다음은 이러한 선행연구(고정자, 1975; 송경아, 1988; 이기숙, 1985; 이명숙, 1986)를 기초로 하여 현대사회 고부갈등을 다섯 가지 측면, 즉 권력구조적 갈등, 역할구조적 갈등, 애정구조적 갈등, 세대차이 갈등, 이해관계 갈등으로 분류하여 살펴보고자 한다(구자경, 1999).

(1) 권력구조적 측면의 갈등요인

권력구조적 측면은 가정관리의 주도권(경제권, 가사처리권, 자녀양육권, 제사를 비롯한 대소사 주도권 등)을 둘러싼 갈등으로, 전통사회에서는 모든 살림살이의 권리가 시어머니에게 있고 며느리는 무조건 순종해야 하는 시모지배 자부복종의 상황이었다. 하지만 현대사회가 되면서 도시화가 되었고 이러한 도시의 경우 대체로 살림의 주도권이 며느리에게 있는 것으로 나타났다. 이로 인해 시어머니의 권한이 과거에 비해 현저히 줄어들었고(이태현, 1968; 최재석, 1980), 며느리의 지위는 상대적으로 상승하고 시어머니의 지위는 하락하였다. 또한 성역할 가치관의 변화로 아들이 가사 일에 참여하는 것이 권력구조적 갈등의 원인이 되기도 한다(고정자, 1989).

현대사회의 며느리들은 무조건 순종하거나 복종하지 않고 자신의 권리와 주도권을 당당히 주장함으로써 그 갈등 양상이 보다 심각하게 나타날 수 있다(박성혜, 1994). 또한 현재의 독립적인 며느리들은 시어머니와 동거하더라도 자신이 주도권을 갖고자 하고 주부로서의 역할과 위치를 침해받기 싫어 하는 데 반해 시어머니는 과거의 절대적인 권력을 추구하려 한다(임정자, 1970).

이러한 권력구조적 갈등의 원인에 대하여 고정자(1987)의 연구에서는 시어머니는 며느리의 소비적 생활태도, 가사 · 경제주도권, 미숙한 살림 솜씨, 공경심 부족을 들고 있고, 며느리는 가사 · 경제주도권, 가사노동의 과중, 시어머니의 살림 간섭 등을 들고 있다. 즉, 권력구조적 갈등은 며느리가 가사권을 가질 경우 시어머니가 이를 비판하면서 나타난다. 이처럼 시어머니의 권위가 약화되고 가계의 주도권이 시어머니 우위형에서 며느리 우위형으로 변화되고 있는 것이 현대사회 고부갈등의 일반적인 양상이다.

(2) 역할구조적 측면의 갈등요인

역할구조는 역할기대와 역할수행으로 나누어 볼 수 있는데, 고부간에는 상호 역할기대의 불일치와 역할수행의 불일치로 인한 갈등이 있을 수 있다. 전통사회에서는 시부모 부양과 아들의 출산이 가장 첫 번째 의무였으나 오늘날 며느리는 아내로서의 역할이나 어머니로서 자녀 양육 면에 치중하면서 며느리로서의 시부모 부양의 역할은 경시하는 경향이 있다(박현옥, 1989). 따라서 역할구조적 갈등을 일으키는 원인 중 역할기대적 원인으로는 시어머니의 지나친 간섭이나 무관심, 과잉 참여를, 역할수행적 원인으로는 시부모 부양, 가사 역할수행, 자녀 교육문제를 들 수 있다(유가효, 1976). 시어머니가 경험하는 고부갈등의 원인을 사례분석 연구한 이영환(1986)의 연구에서도 시어머니는 가정 내 역할 중복 및 상실과 며느리에게 효에 대한 기대와 현실 간의 격차를 주요 갈등으로 인식하고 있다.

오늘날 어머니와 아내로서의 역할은 강화되고 있으나 며느리로서의 역할에 대한 의식이 약화됨에 따라 시어머니 우위의 가치구조갈등보다는 며느리 우위의 가치구조갈등이 나타나게 되고 이러한 의식 변화에 시부모가 경제적인 문제, 건강 문제로 자녀에게 의존하게 되는 경우 며느리가 그 역할을 담당하게 되는데, 며느리가 원하지 않는 경우 부양소홀과 더 나아가 노인학대로 이어지기도 한다.

그러나 며느리의 사회진출로 인해서 시어머니가 손자녀 양육을 하고 가사 노동의 협력자로서 역할을 담당(이용진, 1981)함으로써 협조자적 관계로 강화될 수도 있다.

(3) 애정구조적 측면의 갈등요인

애정구조적 갈등은 전통사회에서부터 고부갈등의 주원인이 되어 현대사회까지 이어지고 있다. 전통사회에서 집안의 가계 계승과 지신의 존재가치 및 지위를 확고히 해 준 아들에 대한 어머니의 정성과 애정은 특별히 깊었다. 따라서 모자관계는 밀착되고 강한 것이 특징이었다. 그러나 아들이 결혼하여 며느리를 맞이하게 되면 어머니에게 주어지던 관심이 줄어들게 되는데, 인생의 목적을 거의 자식에게만 둔 채 자신의 자아정체감을 재정립하지 못한 상태에 있는 시어머니는 그 애정을 며느리에게 빼앗겼다고 생각하면서 며느리를 자신의 아성에 도전하는 경쟁자, 침략자, 공격자로서 인식하게 된다(이광규, 1975). 특히, 시어머니가 젊은 시절 남편의 애정을 받지 못하였거나, 심한 시집살이를 경험했거나 아들이 독자인 경우 애정구조적인 면에서 갈등을 더 느낀다.

반면에, 며느리는 자유로운 핵가족화를 추구하고 부부중심적 애정결합을 중요시 여김에 따라 시어머니와는 다른 감정을 갖게 된다. 서구 사상에 입각한 교육을 받고 자유로운 핵가족화 및 부부중심의 애정적 결합을 이상으로 하는 젊은 며느리들은 시어머니를 이해할 수 없는 존재로 보게 된다. 그러므로 애정구조적 측면의 갈등요인으로 시어머니는 며느리의 남편(아들)에 대한 태도, 반대했던 결혼을 애정구조적 갈등의 원인으로(이기숙, 1985), 며느리의 경우는 친밀한 모자관계로 인한 자신의 소외, 시어머니의 반대한 결혼으로 인한 위축을 애정구조적 갈등의 원인으로 들고 있다. 또한 송경아(1988)의 연구에서는 며느리의 경우 시어머니의 간섭, 아들에 대한 애정 독점의 욕구가 갈등의 원인으로 지적되었다.

(4) 세대차이 측면의 갈등요인

세대차이 측면을 살펴본 유영주(1985)의 연구에서는 시어머니와 며느리는 각기 다른 시대에 태어났으므로 생리적, 심리적, 사회적 특성이 다르고 생활환경과 경험이 다르므로 의식이나 가치관에도 차이가 있다. 이러한 차이로 고부간의 상호 불만과 감정이 계속 누적되면 세대 간의 격차는 더욱 커지고 심각한 갈등을 초래할 수 있다.

이기숙(1985)의 연구에서는 시어머니의 경우, 며느리의 이기적 태도, 손자녀 문제, 며느리의 가족에 대한 소홀, 가정관리 태도, 며느리의 아들에 대한 태도에 불만을 느끼며, 며느리의 경우 시어머니의 상대적 비교, 시어머니의 이기적 태도, 소외감, 시어머니와의 대화 결여, 친척 및 가습의 차이, 손자녀 문제, 친정 문제 등에 불만을 갖고 있는 것으로 나타났는데 이러한 심리적 갈등 문제는 부모로부터 경제적으로 자립한 경우에 더 빈번히 나타난다.

또한 시어머니와 며느리는 서로 다른 연령이면서도 같은 집단에 속함으로써 세대차이에 직면하게 된다. 고부의 연령 차이는 시대적, 문화적 차이뿐만 아니라 가치관 등에서도 차이를 낳게 되어 생활구조적 갈등의 원인이 된다(박현옥, 1989). 즉, 고부간의 성격차이, 연령에 의한 세대차이, 생활환경과 가치관의 차이로 인하여 생활구조적 갈등이 유발되게 된다.

(5) 이해관계 측면의 갈등요인

현대사회에서는 나이가 들어 쇠약해진 부모는 아들 부부에게 의존하게 되고 이것이 고부갈등의 새로운 원인이 되고 있다. 대인관계를 설명하는 교환이론에서는 대인간의 상호작용을 보상과 비용의 측면에서 분석한다. 상호교환적인 기대가 충족되지 않을 때 인간관계는 지속되지 않으며, 일단 형성된 관계일지라도 그 관계에는 갈등이 발생한다는 것이다.

가족 전체의 이익보다는 개인의 행복을 우위에 두는 오늘날에는 며느리 입장에서 어느 정도의 대가를 받을 수 있다고 생각할 때 시어머니를 모시려는 마음을 갖는 경향이 나타나 젊은이들의 교환적 사고방식이 증가하는 현상을 볼 수 있다. 이는 노인의 권력자원의 감소현상과 맞물려 며느리의 통제적 지위확보와 시어머니의 소외라는 유형으로 고부간의 갈등에 변화를 가져오고 있다.

우리나라 며느리를 대상으로 조사한 연구에 의하면(박현옥, 1989), 시어머니에게 경제적으로 도움을 주고 있을 때 갈등의 정도가 높게 나타나고 있어 고부간의 이해관계 면에서 며느리가 피해를 느끼고 있고, 따라서 시어머니에 대해 불만이 생길 수 있는 소지가 크다는 것을 암시한다고 볼 수 있다. 이와 같이 고부간의 이해 상충이 고부갈등의 요인이 될 수 있다.

4) 고부갈등의 표출행동

갈등상황에 직면한 개인은 여러 유형의 태도와 행동을 나타내는데, 그 표출 자체가 갈등해소의 기능을 하기도 한다. 갈등은 구타, 폭력 등의 신체적 공격, 욕설, 비난, 항의 등의 공공연한 언쟁, 험담, 불만토로 등의 은밀한 언어적 공격, 고의로 상대방의 기대를 배반하는 것, 상대방과 접촉을 피하는 등 다섯 가지 유형으로 표출되며(Levine, 1961), 이러한 갈등표출 방법은 고부갈등 시에도 똑같이 나타날 수 있다.

따라서 우리나라의 고부갈등 시 갈등의 표출 방법은 은밀한 언어적 공격, 회피와 공공연한 언쟁의 순으로 행동이 나타나고, 또한 시모의 경우에 아무 말도 하지 않는다는 것이 대표적인 표출 행동으로 나타나고 있다.

이는 실제조사(황춘선, 1980)에서 시모측의 경우 특별한 표출 방법이 없어 혼자 생각하고 참는 것이 일반적인 반응임을 알 수 있었고(고정자, 1975; 이경애, 1981), 마주치거나 이야기하는 것을 피하거나(김양희, 1986), 아들이나 딸에게 그 내용을 호소하는 경우도 상당히 많음을 알 수 있었다. 이는 며느리도 마찬가지로 시모측과 동일한 표출행동을 보였고 그 다음으로 남편에게 호소하는 방법을 택하는 것으로 나타났다(유가효, 1976).

이런 견지에서 볼 때 고부갈등의 표출방식은 고부 모두 혼자서 참는 경우가 가장 많았으며 갈등을 호소하는 대상도 시모, 며느리 모두 시모의 아들인 남편을 지적하고 있어 그의 역할이 중요함을 알 수 있다. 고부갈등이 생길 경우 상당수의 시댁식구들은 고부관계에 관여하지 않고자 하므로 자연스럽게 시모의 아들인 남편이 가장 중요한 조정자가 되는 것이다. 그러나 이와 같이 중요한 역할을 해야 하는 남편의 경우에도 대체로 중립적인 태도를 지켜 갈등을 더 악화시키지 않으려고만 할 뿐 중간에서 조정자의 역할을 잘 하지 못하는 경우가 많다.

따라서 좀 더 효과적인 해소방법을 사용하여야 하는데, 그것의 하나로 박현옥(1989)은 과거와 달리 시어머니와의 직접적인 대화를 통하여 갈등을 해결하려 하는 적극적인 방법을 취할 수도 있다고 하였다.

그러므로 변화하는 사회에서 보다 기능적인 고부관계를 이루기 위해서는 개인적인 차원에서의 노력뿐만 아니라 시모와 자신의 심리의 이해와 함께 갈등이 발생하였을 때 그것을 해결해 나갈 수 있는 의사소통 능력과 문제해결 능력의 습득을 토대로 하는 체계적이고 전문적인 도움이 필요하다.

3. 고부갈등의 상담 개입

1) 일반적 갈등의 대처방식

갈등이란 개인의 욕구가 동시에 둘 이상 존재하여 해결에 곤란을 느끼는 상태 또는 개인의 욕구가 사람마다 다르기 때문에 발생되는 문제 상태를 말하는데, 전자는 내적 갈등이고 후자는 개인 간의 갈등이다. 갈등이 있으면 심리적 긴장이 높아진다. 개인 또는 개인들 사이에 가지는 기대와 신뢰가 변함없이 지속된다면 개인 내 또는 개인 간의 갈등은 발생하지 않을 것이다. 그러나 인간의 생활은 고정된 것이 아니므로 때로는 개인의 심리상태, 집단 내의 상황 또는 외부적 영향으로 상호 간의 이해 부족이나 역할 수행상에 지장이 생길 수 있다. 이것들은 개인 또는 집단구성원들 사이의 갈등상태로 나타난다. 또한 갈등이란 협동관계의 반대개념으로 2인 이상의 사람들이 동일 대상을 획득하고자 투쟁하는 경우에도 나타난다. 이것은 한 사회 내에서 사람들이 추구하는 가치와 보상이 제한되어 있기 때문에 나타나는 갈등이다.

갈등을 해결해 나가는 방식이 인격 형성에 끼치는 영향을 중요시한 학자들이 있다. Freud는 원자아(id), 자아(ego), 초자아(superego) 간에 생기는 갈등을 자아가 해결해 나가는 과정에서 개인의 인격과 적응유형이 결정된다고 하였고, Adler는 열등감과 성취욕 사이의 갈등처리 과정에서 적응능력이 발달된다고 하였다. Lewin은 생활환경 속에서 욕구를 끌어당기고 밀어내는 힘이 생기는데, 이 힘에 의해 갈등의 해결과정이 심리적 차원에서 올바르게 이루어질 때 효과적인 적응이 이루어진다고 하였다.

갈등은 곤란을 느끼는 상태이기 때문에 부정적인 것으로 생각하는 경우가 많다. 그러나 갈등은 반드시 부정적인 것만은 아니다. 오히려 활기와 역동적인 자극을 주어 개인의 발전을 촉진하거나 집단의 결속이나 변혁에 중요한 역할을 하는 긍정적인 면도 있다.

지금까지 널리 사용되는 Rahim(1983)의 갈등대처방식은 갈등상황에서 자신의 욕구충족과 기대를 추구하는 정도인 '자신에 대한 관심'과 상대방의 기대와 욕구를 충족시키기 위해 노력하는 정도인 '타인에 대한 관심'을 두 개의 축으로 하여 회피, 지배, 양보, 타협, 통합으로 구분하고 있다. 다음은 다섯 가지 대처방식에 대해 살펴보고자 한다.

(1) 회피적 대처방식

자신과 타인에 대한 관심이 둘 다 낮은 갈등대처전략으로 갈등상황을 해결하려고 노력하기보다 문제에 직면하기를 회피하고, 상대방의 기대에도 부응하지 않을 뿐만 아니라 자신의 주장도 관철하려고 하지 않는 것이다. 이것은 갈등 상황에서 문제를 회피하는 것은 그 문제를 없어지게 하는 것이 아니라 오히려 나쁘게 만들 수 있다.

(2) 지배적 대처방식

타인의 욕구충족에 대한 관심은 낮지만 자신의 욕구에 대한 관심은 높은 갈등해결전략으로 분류된다. 이것은 타인의 희생을 통해 자신의 욕구를 충족시키기 위한 비협력적이고 독재적인 방법을 사용한다고 볼 수 있다.

(3) 양보적 대처방식

자신에 대한 관심은 낮지만 타인에 대한 관심은 높은 갈등대처전략으로, 자신의 만족이나 기대를 추구하기보다는 상대방의 욕구를 채워주려고 하는 것이다. 이것은 자신이 틀렸음이 명확하거나 상대방을 이길 수 없을 때, 현재의 관계를 지속적으로 좋게 유지하고 싶을 때 또는 갈등문제가 상대방에게는 중요하지만 양보하는 사람에게는 중요하지 않을 때 사용하는 것이다.

(4) 타협적 대처방식

자신과 타인에 대한 관심이 둘 다 중간 정도이며 자신의 기대치와 상대방의 욕구를 조금씩 낮추고 합리적인 선택을 모색함으로써 갈등을 해결하는 것이다.

(5) 통합적 대처방식

자신에 대한 관심과 상대방에 대한 관심이 둘 다 높은 것으로서 자신과 상대방의 욕구를 모두 충족시킬 수 있는 갈등대처방식이다. 이것은 갈등 당사자들이 서로의 차이점을 찾고, 정보 교환을 통해 개방적 대화로 양자가 모두 받아들일 수 있는 최선의 해결책을 찾아내 모두 이득을 보는 상황을 발생시킨다.

이처럼 갈등대처방식은 문제 상황에서 개인의 대처노력, 자신이나 상대방의 기대와 욕구충족을 추구하는 정도, 관계유지 방식에 따라 다양하게 분류되며 그 기능도 상황에 따라 달라진다. 이처럼 인간관계에서 갈등을 어떤 방법으로 대처하고 해결하는 것은 삶을 살아가는 데 있어서 중요한 문제이다(Olsen & Stephens, 2011). 갈등은 당사자 간의 오해와 불신을 초래하여 인간관계에 부정적인 영향을 미칠 수 있지만, 갈등에 잘 대처한다면 오히려 변화의 원동력이 될 수도 있고, 발전의 계가가 될 수도 있다.

2) 고부갈등의 개입 방안

고부간의 갈등을 해결하고 그 관계를 개선시키기 위해서는 개인적 · 가족적 · 사회적으로 다양한 접근이 이루어져야 한다.

(1) 개인적 해결방안

원만한 고부관계를 위해서는 시어머니와 며느리가 서로 애정과 신뢰를 바탕으로 존중하는 태도를 갖고, 항상 대화하려는 분위기를 통해 상대방의 입장에서 서로 이해하려는 자세를 갖추는 것이 무엇보다 중요하다. 고부갈등의 문제는 어느 한 편만의 불만을 제거함으로써 해결될 수 있는 문제가 아니기 때문에 양쪽에서 조화점을 찾는 것이 바람직하다고 볼 수 있다. 또한 심리적으로 그동안 잘못 형성되어 온 비합리적인 신념체계를 바꾸기 위한 노력도 필요하다. 하지만 시어머니는 오랜 세월 동안 자신을 방어하기 위해 사용되었던 신념체계를 무너뜨리기가 쉽지 않다. 그러나 고부간의 문제는 가족 전체에 영향을 미치기 때문에 각자의 입장을 살펴보고 다양한 방안을 모색하는 것이 중요하다.

다음은 시어머니와 며느리의 입장을 바탕으로 고부갈등의 해결방안을 살펴보고자 한다.

① 시어머니 입장의 해결방안

시어머니는 과거 자신이 수행했던 며느리의 역할을 기대하지 않고 지역사회 노인대학 등의 프로그램 참여를 통해 변화되고 있는 가치관의 변화를 인식하여 재사회화하는 노력이 필요하다. 또한 칭찬에 인색하지 않은 시어머니가 되도록 하며, 오늘날의 젊은 세대는 교환적인 대인관계에 큰 비중을 두고 있음을 인식한다. 따라서 현재 시어머니의 상황에서 자녀세대를 위해 자신이 해 줄 수 있는 일이 무엇인지 모색한다. 며느리에게 삶의 지혜나 가사일, 손자녀 양육 등을 곁에서 도움으로써 가족관계를 친화적으로 만들 수 있도록 한다. 특히, 동거가족인 경우에는 자녀세대에게 지나치게 간섭이나 구속하지 않고 아들, 며느리에게 독립된 생활영역을 인정해 주며 권위보다는 상황과 편의에 따라 역할을 분담하려는 자세를 지니는 것이 중요하다. 또한 가정생활의 중요한 계획을 수립할 때 참여하여 경험적 측면에서 의견을 제시하되 일반적인 가정운영의 주도권은 며느리에게 이양하도록 한다.

② 며느리 입장의 해결방안

며느리는 시어머니에 대한 권위적이고 가부장적인 부정적 선입견을 버리고 긍정적인 인식과 태도를 가지도록 한다. 그리고 시댁 가족들과의 유대와 화합에도 관심을 기울여 가족관계를 원만히 유지한다. 그리고 자신의 생활방식에 따라 시어머니를 조정하기보다는 시어머니의 입장을 우선적으로 고려하고 이해하도록 노력하고, 시어머니의 경험을 존중하여 집단의 중요한 행사는 물론 일상생활에서도 서로 의논하여 조언을 구하는 행동을 갖는다. 하지만 며느리로서의 의무와 책무만 다하면 된다는 식의 형식적인 관계에서 벗어나 자발적이고 긍정적인 마음으로 관계를 맺기 위해 노력하는 것이 중요하다. 한편 손자녀를 매개로 고부 사이가 가까워질 수 있으므로 시어머니가 조부모의 역할에 보람을 느낄 수 있도록 조부모-손자녀 관계가 원만히 이루어질 수 있도록 유도한다. 그리고 작은 선물이나 용돈을 드려 사회적인 교류에도 도움이 되도록 한다. 시어머니와 동거할 때는 시어머니의 생활습관을 존중하고 적절한 역할을 마련해 드릴 필요성이 있다. 분가 시에는 전화, 방문 등 문안 인사 등을 소홀히 하지 않도록 하여 정서적 유대를 유지하는 것도 중요하다.

③ 아들(남편) 입장의 해결방안

박소영(2005)은 며느리들이 남편의 역할을 고부관계에서 가장 중요한 요인으로 인식하고 있다고 하였으며, 성명옥과 이혜자(2002)도 고부관계에서 아들의 역할이 중요하다고 하였다. 그러나 실제적으로 이렇게 중요한 역할을 수행해야 하는 남편들이 기능적으로 역할을 잘 수행하고 있는지는 많은 논란이 있다(박태영 외, 2011).

남편은 아내와 어머니 사이에서 발생한 각각의 불만에 대해 위로하고 동정해주면서 동시에 그들의 특성, 과거의 배경 등을 이해시켜 서로에 대한 오해와 마찰을 없애는 등 융통성을 가지는 것이 필요하다. 하지만 중립적인 자세는 견지함으로써 고부관계를 원만하게 유도할 수 있어야 한다. 아들(남편)이 고부관계의 조정자이며 중재인으로서의 역할을 얼마나 잘 수행하느냐에 따라서 갈등의 양상이 달라진다고 할 수 있다. 아들(남편)의 올바른 가치판단과 입장을 가지고 어머니와 아내의 입장과 의견을 존중하되, 절충할 수 있는 방안을 함께 모색하여 갈등의 대안을 해결하기 위해 노력해야 한다. 그리고 아들(남편)은 평소 아내에게는 신뢰와 애정으로 결합된 동반자로서의 역할을, 어머니에게는 부모에 대한 존경심을 표현함으로써 부모님이 서운한 마음이 느껴지지 않도록 배려하는 모습이 중요하다. 또한 가족여행, 외식 등 가족구성원 전체가 모일 수 있는 기회를 마련하여 가족구성원 간의 화목을 도모한다.

(2) 가족적 해결방안

고부간의 갈등을 최소화하기 위해서는 당사자의 개별적인 노력뿐만 아니라 가족 전체로서의 측면에서 해결방안들이 모색될 필요가 있다.

① 거주형태에 대한 새로운 고안이 요구된다

첫째, 고부갈등은 동거 시에 더욱 심각한 것으로 나타나므로 며느리가 어느 정도의 자유로운 생활을 영위하면서 시부모를 모실 수 있는 준동거형태를 채택할 수 있다. 즉, 부모와 자녀 세대가 가까운 곳에 떨어져 살면서 빈번한 접촉과 왕래를 하는 등 거리를 둔 친밀감을 유지하면서 사는 수정확대가족이나 한집에 같이 살더라도 부모세대와 자녀세대가 각각 프라이버시를 유지할 수 있도록 위층과 아래층으로 분리한다든지 각기 원하는 때에 식사를 따로 할 수 있도록 생활의 구분을 가능하게 하는 수정 핵가족의 유형이 제안될 수 있다.

둘째, 최근 증가하고 있고 앞으로 더욱 증가할 것으로 예상되고 있는 딸과의 동거도 고려해 볼 수 있다. 서구에서는 이미 보편화되어 있으나 우리나라에서는 관습상의 체면이나 사고방식 때문에 아직은 이를 주저하는 사람이 적지 않지만 피차 생소한 고부간의 동거보다는 보다 친밀한 관계가 유지되고 있고(최신덕, 1985) 갈등이 더 적은 딸과의 동거문제에 대한 연구가 심도 있게 이루어져야 할 것이다.

셋째, 근래에는 경제적 여유를 가진 층에서 잘 시설된 유료 양로원의 필요성을 호소하는 사람들이 많이 증가하고 있다. 이는 최근 정부에서도 실버산업의 일환으로 관심을 기울이고 있는 분야로 어차피 아들이나 딸과의 동거가 정서적으로 서로 부담이 된다면 쾌적한 유료양로원에서 나름대로 노후를 설계하며 정서적으로 편안한 상태에서 자녀와의 교류를 유지하며 여생을 보낼 수도 있다.

② 융통성 있는 가족역할 배분이 이루어지도록 한다

동거하는 고부간에는 무엇보다도 가사 분담이 중요하므로 시간과 능력, 경험, 상황에 따라 적절하게 서로의 역할을 배분한다. 친인척과의 교제와 제사를 비롯한 대소사 등 가풍과 경험이 요구되는 영역은 시어머니가 주도하며, 일상적인 소비생활과 가사 운영은 며느리가 주도하고, 자녀교육권은 며느리가 갖되 아이는 시어머니와 같이 돌보는 등 각자의 독자적 영역에 대하여 책임과 권한을 갖도록 한다. 역할을 수행함에 있어서는 서로 관심은 가지되 간섭하지 않도록 하면서 상호 협조의 관계로 나아갈 때 화목한 가족관계가 될 수 있다.

③ 고부갈등은 가족 전체의 문제로 인식하도록 한다

고부갈등은 가족 전체 문제에서 비롯되는 경우도 많고, 고부에게만이 아니라 아들(남편), 손자녀 등 모든 가족 구성원에게 영향을 끼치므로 가족구성원 모두가 서로 이해하고 돕고자 하는 의식이 필요하다. 또한 가족 구성원 간의 협동과 의사소통 과정을 통하여 해결하도록 해야 한다.

④ 부모세대와 자녀세대의 생활에 적절한 경계를 유지하도록 한다

독립과 의존의 적당한 조화는 현대의 가족관계에서 성인자녀와 노부모가 성취해야 할 가장 중요한 과업이라 할 수 있다. 그러므로 부모세대와 자녀세대는 서로의 생활에 경계를 적절하게 유지하여 독립적이면서 유대감을 갖는 가족생활을 영위하도록 해야 한다.

(3) 사회적 해결방안

고부갈등의 문제는 가족 내에 한정된 문제가 아니라 더 나아가 많은 여성들이 당면한 문제이기도 하다. 다음은 사회적 해결방안을 살펴보고자 한다.

첫째, 시부모를 부양하는, 특히 서민층 며느리의 경제적 부담을 줄이기 위하여 노인 자신이 노후 소득을 보장하는 제도가 확립되어야 한다. 즉, 국민연금제도의 활성화와 퇴직연령의 연장 및 노인에게 적합한 직종을 개발하여 재취업을 보장해주는 방안이 강구되어야 하며, 이와 동시에 노부모를 부양하는 자녀 가족에 대해서도 주택상의 혜택 및 다양한 면세 조치 등이 확대 실시될 때 고부관계의 개선에 도움이 될 수 있을 것이다.

둘째, 노후의 여가생활과 친목 및 평생교육적 차원에서 가장 시급한 것이 노인정, 노인대학의 활성화 문제이다. 효율적인 교육 프로그램의 제공을 통해 노인 자신의 독자적인 생활세계를 갖도록 도와주고, 현대사회의 가치관이나 세대차이에 대한 이해 등을 지도함으로써 고부 사이를 원만히 하는 데 도움이 될 수 있도록 한다.

셋째, 지역사회 복지관이나 상담센터 등에서 고부관계 개선을 위한 구체적이고 실질적인 의사소통의 기술과 방법 등을 교육하여 역기능적인 요소들을 제거하고 성숙된 인간관계가 될 수 있도록 한다.

넷째, 현대적 의미의 경로효친 사상을 교육시키고, 대중매체 등에서도 건강한 고부관계의 모습을 제시하도록 한다. 또한 노인의 사회적 이미지를 높이기 위해 젊은 세대의 사람들의 노인에 대한 부정적인 편견을 없애고 그들에게 보람을 갖고 할 수 있는 일을 마련해야 한다.

다섯째, 국가는 노인에 대한 의료혜택의 확대를 통해 노인들이 보다 쉽게 병원 진료를 받을 수 있도록 하여 노인들의 육체적, 정신적, 경제적, 정서적인 스트레스에 보다 자유로워질 수 있도록 해야 한다.

3) 고부갈등 상담의 용서상담교육

고부갈등 상담 시 고부간의 깊은 갈등과 오래된 상처를 개선하기 위한 방법으로 용서상담교육을 적용해 볼 수 있다. 용서상담교육을 받기 전에는, 대인관계 갈등에서 발생하는 문제해결 방안으로 '용서'를 전략적으로 고려하지 못하는 경우가 많다. 또한 대인관계에서 상처를 경험한 사람이 '용서하겠다'고 말하거나 결심한다고 해서 실제로 용서가 저절로 이루어지는 것은 아니다(AI-Mabuk et al., 1995). 이러한 점을 고려할 때, 용서상담교육의 필요성은 더욱 커진다고 할 수 있다(김광수, 2002).

즉, 용서상담교육은 용서를 통해 개인이 단순히 정서적 유익을 얻게 하는 차원을 넘어 상처받은 자아가 안정되고 부정적인 측면까지 통합할 수 있는 성숙한 자아가 되게 한다. 또한 다른 사람과의 관계나 공동체와의 관계에서 긍정적으로 탁월하게 상호작용할 수 있는 사람을 길러 내기 위해 필요하다(김광수, 2012). 고부갈등은 가족관계 안에서 서로의 입장을 이해하고 받아들이는 과정이 필요하며, 용서라는 주제를 통해 고부관계의 갈등으로 인한 부정적인 반응을 긍정적인 반응으로 극복해 나가는 용서 경험으로 서로의 상처를 수용하고 이해해 볼 수 있다.

용서상담의 교육적 개입과 관련하여 용서상담교육의 목표를 인지적, 정서적, 행동적 측면에서 살펴볼 수 있다.

첫째, 인지적 목표는 인간은 행동에 의해 평가되고 대우받기 이전에 고유한 인격을 가진 존재 자체로서 인정받고 존중되어야 한다는 사실을 깨닫는다는 것이다. 즉, 용서는 사회 정의 원리가 가지는 한계를 뛰어넘을 수 있는 방법이 되므로 개인이 용서의 형태나 도식을 점검하고 성숙한 형태 및 인지적 도식, 즉 무조건적인 사랑의 용서를 지향하는 것이다. 둘째, 정서적 목표는 자신의 분노, 상처 감정을 바르게 자각하고, 건강하게 노출할 수 있으며, 상대방을 공감하고 상대방에게 연민의 감정, 긍정적인 감정을 가질 수 있게 되는 것이다. 자신과 타인을 있는 그대로 수용할 수 있는 감정을 가질 수 있게 되는 것이다. 즉, 자신과 타인을 있는 그대로 수용하고, 감정을 건설적으로 다룰 수 있는 능력을 갖게 되는 것이 용서교육의 정서적 목표이다. 셋째, 행동적 목표는 자신의 행동을 통제하여 상대방에 대한 부정적 감정과 생각을 좁혀나가고, 중립적인 상태에서도 긍정적인 행동을 선택함으로써 점차 상대방에 대한 부정적인 생각과 감정이 줄어들 수 있다. 이렇게 할 때 상대방도 점차 긍정적인 반응을 하게 된다. 그러나 상대방이 아무런 변화를 보이지 않더라도 분노의 행동보다는 용서를 선택하는 것이 자신에게 더 많은 만족을 가져다준다는 자각하에 용서를 선택하고 행동화하는 것이 용서교육의 행동적 목표이다(하요상, 2006).

용서상담교육의 목표와 더불어 종교적, 철학적 연구에 토대를 둔 용서 개념을 상담 및 교육심리학적 관점에서 탐색하여 밝혀 본 진정한 용서의 특성을 다음과 같이 살펴보고자 한다.

첫째, 용서는 사람 관계에서 이루어지는 것이며 둘째, 용서는 상대방으로부터 개인적으로 깊고 오래 지속되는 상처를 경험한 후에 발생하고 셋째, 개인이 먼저 정의에 대한 의식을 가질 때만 가능하다. 넷째, 용서는 시간이 걸리는 길고 어려운 과정이며 다섯째, 용서가 이루어지기 위해서는 피해를 준 자가 먼저 사과를 해야 할 필요가 없고 여섯째, 피해를 준 자가 반드시 잘못을 의도하지 않을 수도 있다. 일곱째, 용서를 통한 해결을 위해 어려움은 피해의 정도나 피해 이전의 관계의 질과 같은 외적 변인에 따라 달라질 수도 있으며 여덟째, 항상 한 사람은 피해를 주고 상대방은 피해를 입는 것만도 아니며 아홉째, 사람은 다시 관계가 회복될 때 상대방을 신뢰하게 된다. 열 번째, 다른 사람을 용서하는 것은 상대에게 끼치는 사랑으로 자신과 상대방 모두에게 변화를 가져올 수 있으며, 마지막으로 용서는 선택으로 이루어지는 것이지 강요로 가능한 것이 아니다(Enright et al., 1991, 1995; 김광수, 1999 재인용).

이상과 같은 용서의 특성에 대한 이해는 용서의 효과적인 실천을 촉진하며, 일반적인 용서 과정에 대한 이해는 용서상담의 방향을 분명하게 하는 데 도움을 준다. 또한 이러한 특성을 고부갈등 상담에 활용해 볼 수 있다.

그리고 용서상담교육을 적용하기 위한 일반적인 용서의 과정은 용서이전단계(상처)와 용서과정단계(부정적인 심리적 결과 경험 및 자각, 문제해결의 필요성, 해결전략의 선택, 용서동기, 용서의 결정, 용서전략의 실행), 용서결과단계(문제해결-상처의 치료 및 내적 자유와 화해)로 구성된다.

이와 함께 용서를 실행하도록 돕기 위해서 몇 가지 중요한 전략들이 제시되고 있다(김광수, 1999; Freedmam, 1994). 이러한 전략들은 용서연구에서 사용될 용서상담 프로그램의 기초가 되며 사람들이 습득하여 활용할 수 있도록 교육해야 할 중요한 내용이 된다. 용서상담교육의 전략을 살펴보면 다음과 같다.

첫 번째 전략은 상처 및 상처의 영향에 대한 자각과 표현을 촉진하는 것이다. 상대방에게 '보내지 않는 편지'이기 때문에 자신을 있는 그대로 노출할 수 있다. 두 번째 전략은 상처 사건과 가해자에 대한 비합리적 사고를 합리적 사고로 전환시키는 것이다. 당위적 생각(반드시~해야 한다, ~해서는 안 된다), 이분법적 생각, 극단적인 생각이 있음을 알려주고, 이를 건강한 생각으로 바꾸기 위해 소망적 생각(친구라면 나에게 거짓말하지 않았으면 좋겠다, 그러나 거짓말할 수도 있다)을 하거나 긍정적이고 현실적인 생각으로 전환하는 반응을 훈련할 필요가 있다. 세 번째 전략은 상처를 입힌 사람과 사건에 대해서 인지적으로 재해석하는 것이다. 적절한 사회적 조망 능력을 사용하여 자신에게 상처를 입힌 사람과 상처를 가져온 맥락 속에서 다시 바라보는 것이다. 상대방에 대해서 더 깊고 새로운 이해를 하게 되는 것이다. 네 번째 전략은 상처를 준 사람에 대한 공감을 촉진시키는 것이다. 공감을 통해 상대방에 대한 복수심이나 분노 등이 감소될 수 있다. 다섯 번째 전략은 상처를 준 사람에 대한 동정심 혹은 측은한 마음을 발달시키는 것이다. 여섯 번째 전략은 자신과 상처를 준 대상이 비슷한 존재라는 사실을 통찰하는 것이다. 일곱 번째 전략은 상처를 받은 사람이 자신의 상처를 흡수하는 것이다. 상처를 흡수한다는 것은 상처가 곪아 터질 때까지 그 상처를 억압하고 품고 있는 것이 아니라 그것이 해소되기를 기다리는 것이다. 여덟 번째 전략을 상처로 변화된 자신을 수용하는 것이다. 따라서 이러한 용서전략들은 용서를 증진시키고 효과를 높이는 프로그램의 중요한 전략이 되고 있다. 이를 기반으로 1990년대 이후에 용서의 효과를 체계적으로 밝혀 보기 위해 Enright 등(1991)의 용서과정모형을 기초로 하여 김광수(1999)의 용서교육 프로그램이 시작되면서 우리나라에서는 용서상담 프로그램에 대한 연구가 지속적으로 진행되고 있다. 이러한 용서상담교육의 이해를 바탕으로 고부갈등 상담 시 적용하여 활용해 볼 수 있을 것이다.

4) 고부갈등 상담의 이야기치료

고부갈등 상담 시 가족치료에 사용되는 이야기치료를 적용해 볼 수 있다. 이야기치료에서는 문제를 외부화시키는 방법으로 문제를 객관화시키는 대화가 구성된다. 고부간의 문제에서 지배되는 이야기를 외부로 표출시키는 의인화 기법을 사용할 수 있다. 상담자는 내담자와의 신뢰가 형성되면 문제를 표출하기 위한 질문을 시작한다. 예를 들어, "시어머니의 명령적인 지시가 당신을 괴롭히는군요"라는 말보다 "시어머니의 명령적인 지시가 당신과의 관계에 갈등을 일으키게 만들었나 보군요"라고 말함으로써 사람에게 문제의 원인을 찾는 것이 아니라 문제의 결과에 무엇이 영향을 미치는지에 대해 질문을 한다. 즉, 문제를 외재화(extemalizing the problem)시킴으로써 문제가 자신들 밖의 것이라고 생각하도록 한다. 문제를 객관화시키는 방법이다.

문제의 외재화는 내담자의 문제를 내담자와 분리함으로써 문제를 객관화하여 의인화하는 작업을 하는 것이다. 문제의 외재화 치료기법은 내담자의 이야기를 존중하면서 내담자와 문제 사이에서 내담자에게 능력을 부여하는 공간을 마련해 주는 것이다. 문제의 외재화는 내담자의 내재화된 수치심과 죄책감을 분리하고, 내담자가 문제를 객관화시킴으로 문제와의 관계 속에서 새로운 통찰과 선택의 능력을 자극할 수 있다(양유성, 2019).

또한 문제의 외재화는 내담자의 이야기를 분석하고 내담자의 문제를 발견한다. 이 과정에서 상담자는 내담자의 문제를 분리해 내는데 이 과정을 '외재화 과정'이라고 한다. 내담자 안에 있는 문제를 하나의 독립된 '실체화'로 내담자 밖에 있는 '객체화'로 인식하도록 한다(변재봉, 2014).

가족치료에서는 문제의 외재화를 위해 상담자는 다음과 같은 방법을 사용한다.

첫째, 가족의 문제 이야기를 경청한다. 내담자 가족은 '문제로 가득 찬 이야기'를 시작한다. 가족 구성원 대다수는 문제가 자신의 탓이며 자신에게 책임을 돌리는 이야기를 한다. 상담자는 가족 구성원들이 구체적이지 않은 이야기를 할 때 상세하게 설명할 수 있도록 격려한다. 그들의 지배적인 이야기와 반대의 이야기가 나오도록 열린 자세로 임한다. 두 번째, 사람과 문제를 분리하기이다. 사람이 문제가 아니라 문제가 바로 문제이다. 치료자는 의인화 작업을 통하여 내담자와 문제를 분리하고 객관화한다. 그리고 외재화의 대상은 감정, 사회문화적 통념, 관습, 대인관계 문제는 제한이 없다. 세 번째, 문제의 영향력을 구체적으로 탐색한다. 문제의 맥락이 내담자의 삶에 어떠한 영향력을 끼쳐왔는지와 현재는 어떠한지를 탐색한다. 네 번째, 문제의 영향력을 평가한다. 앞 단계에서 독특한 결과의 중요성을 인식했다. 따라서 상담자는 독특한 결과의 영향에 대해 내담자가 스스로 정리하도록 한다. 그리고 내담자의 입장을 질문을 통해 문제가 끼치는 영향력에 대해서 내담자의 생각을 평가하도록 한다. 마지막으로 평가를 정당화하기이다. 상담자는 내담자가 이전과 다른 행동을 했을 때 어떠한 결과가 발생할지 내담자와 함께 구체적으로 탐색한다. 내담자의 독특한 결과에 대한 이유와 근거에 의한 평가에 대해서 질문함으로써 내담자의 독특한 결과를 정당화하도록 한다. 이와 같은 이야기치료의 기법을 고부갈등 상담 시 적용하면 고부간의 이야기를 객관적인 입장에서 살펴 가족관계를 개선하는 데 도움이 될 것이다.

요점 정리

- 인간관계에서 갈등은 피할 수 없는 요소이다. 고부갈등은 성격 부조화로 인한 대화의 단절과 역할기대의 불일치, 가치관의 대립, 모자간의 애정으로 인한 갈등, 세대차이 등으로 나타난다. 즉, 고부갈등이란 고부 사이에 서로 상치되는 가정 내의 위치와 견해 및 이해의 차이로 인해 일어나는 충돌로 정의될 수 있다.
- 고부관계의 표출행동으로 갈등표출 방법은 언어적 공격, 회피와 공공연한 언쟁 등이 있고 갈등 중재의 대상으로 아들(남편)의 역할이 중요하다. 하지만 이들은 대체로 중립적인 태도로 갈등을 악화시키지 않으려 할 뿐 올바른 조정자 역할에 어려움을 느낀다.
- 고부갈등은 권력구조적 측면, 역할구조적 측면, 애정구조적 측정, 세대차이 측면, 이해관계 측면 등 다양한 갈등요인으로 발생되고 있다.
- 이러한 갈등을 해결하기 위한 방안 중 개인적 해결 방안으로 시어머니와 며느리가 서로 애정과 신뢰를 바탕으로 존중하는 태도를 갖고 대화하려는 분위기를 만들어 상대방 입장에서 이해하려는 자세를 갖추는 태도가 중요하다.
- 고부간의 갈등을 최소화하기 위해서는 당사자뿐만 아니라 가족 전체가 거주형태의 변화나 융통성 있는 가족역할 분배, 고부와 아들(남편), 손자녀 등 모든 가족 구성원이 서로 이해하고 돕고자 하는 의식이 필요하다. 또한 독립과 의존의 적당한 조화의 추구로 부모세대와 자녀세대는 생활에 경계를 적절하게 유지하여 독립적이면서 유대감을 갖는 가족생활이 요구된다.
- 고부갈등 문제는 많은 여성들이 당면한 문제이므로 사회적 개입과 지원이 주어져야 한다. 노인 자신이 노후 소득을 보장하는 제도가 확립되어야 하고, 노후의 여가생활과 친목 및 평생교육적 차원에서 효율적인 교육 프로그램을 통해 독자적인 생활패턴을 가질 수 있도록 해야 한다. 또한 지역사회 기관에서 고부관계 개선을 위한 구체적이고 실질적인 의사소통의 기술과 방법을 교육하고 경로효친 사상을 현대적 의미에서 교육시키고, 대중매체 등에서도 건강한 고부관계의 모습을 제시해 주는 것이 요구된다.
- 용서상담교육은 용서를 통해 단순한 정서적 유익을 얻게 하는 차원을 넘어, 상처받은 자아가 안정되고 부정적인 측면까지 통합할 수 있는 성숙한 자아가 되게 한다. 따라서 다른 사람과의 관계나 공동체와의 관계에서 긍정적이고 탁월하게 상호작용할 수 있게 함으로써 고부갈등 상담에 활용할 수 있다.

- 이야기치료는 문제를 외재화시키는 방법을 통해 문제를 객관화시키는 대화로 구성된다. 고부간의 문제에서 지배되는 이야기를 외부로 표출시키는 의인화 기법을 사용하여 사람에게 문제의 원인을 찾는 것이 아니라 문제의 결과에 무엇이 영향을 미치는지에 대한 질문이 사용된다.

연습문제

1. 현대사회의 고부관계의 특성에 대해 생각해 보고 고부갈등의 다양한 원인을 설명하라.

2. 고부갈등 시, 표출행동에 대해 생각해 보고 아들(남편)의 바람직한 역할과 행동에 대해 제안하라.

3. 고부간의 갈등 요인으로 세대차이 측면의 갈등요인에 대해 알아보고 해결할 수 있는 방안을 논의하라.

4. 고부갈등의 개입방안으로 사회적 해결방안 측면으로 제시할 수 있는 다양한 방법을 논의하라.

5. 용서상담교육 및 이야기치료가 고부갈등상담의 개입방법으로 활용될 수 있는 이유와 장점에 대해 설명하라.

참고문헌

고정자(1975). 한국가정의 고부관계에 관한 연구. 동아대학교 대학원 석사학위논문.

고정자(1987). Minuchin 이론 체계 내에서 한국가정의 고부갈등에 관한 연구. 동아대학교 대학원 석사학위논문.

고정자, 김갑숙(1992). 부부갈등이 자녀 학대에 미치는 영향. 한국아동학회, 13(1), 80-98.

고정자, 김갑숙(1993). 고부관계 연구에 대한 고찰. 한국가정관리학회지, 11(1), 235-247.

곽종원(2005). 부부갈등 해소를 위한 목회상담학적 방법론 연구. 호서대학교 대학원 박사학위논문.

구자경(1999). 시어머니와 며느리가 지각하는 고부갈등. 이화여자대학교 대학원 석사학위논문.

권금주(2004). 며느리를 중심으로 본 고부갈등 대처 요인 고찰. **이화여자대학교 사회복지연구센터**, 5, 108-136.

김광수(1999). 용서교육 프로그램 개발. 서울대학교 대학원 박사학위논문.

김광수(2002). 용서 프로그램이 대인관계 상처경험자의 자존감, 불안, 분노에 미치는 영향. **청소년상담연구**, 10(1), 165-191.

김광수(2012). **용서상담프로그램-아동 및 청소년 또래 대인관계 문제개선과 정서능력 개발을 중심으로**. 서울: 학지사.

김미영(2007). 유교 가족 윤리와 여성정체성-삼종지도(三從之道)를 중심으로. **철학연구**, 33, 47-71.

김선희(2001). 한국 문화와 고부갈등의 문제. **철학과 현실**, 50(3), 161-172.

김양희(1986). 한국 도시 노인의 가족갈등에 관한 연구. 중앙대학교 대학원 박사학위논문.

문지영(2015). 며느리의 지각된 고부갈등과 자아탄력성 및 주관적 웰빙 간의 관계. 삼육대학교 대학원 석사학위논문.

박성혜(1994). 아동이 지각하는 부모-자녀관계와 또래지향에 관한 연구. 숙명여자대학교 대학원 석사학위논문.

박소영(2005). 며느리들의 시어머니와의 관계 경험에 관한 연구. 숭실대학교 대학원 석사학위 논문.

박소영(2008). 고부관계에서 남성의 경험에 관한 연구. 숭실대학교 대학원 박사학위논문.

박소영(2010). 고부관계에서 남성의 역할에 관한 연구. **한국가족복지학**, 28, 151-186.

박정숙(2005). **고부갈등 원인에 대한 성경적 대책 연구**. 총신대학교 대학원 석사학위논문.

박정희(2014). **고부관계의 심리학**. 학지사.

박태영, 박진영, 하태선(2011). 고부갈등을 겪고 있는 부부들을 위한 가족치료 사례연구: 남 편들의 자아분화를 중심으로. **한국가족치료학회지**, 1991, 23-51.

박현옥(1989). 고부갈등에 영향을 미치는 제 변인에 관한 연구: 고부동거 가족의 자부를 중심으로. 숙명여자대학교 대학원 석사학위논문.

변재봉(2014). 이야기상담(Narrative Counseling)에 대한 거킨의 해석학적 이해. 총신대학교 일반대학원 석사학위논문.

변재봉, 이관직(2015). 찰스커킨의 이야기해석학에 대한 목회상담학적 평가 및 적용. **목회**

와 상담, 25, 112-149.
성명옥, 이혜자(2002). 시어머니가 지각하는 고부갈등이 제 가족관계에 미치는 영향. 노인복지연구, 20(4). 185-206.
송경아(1988). 고부간의 갈등 원인 및 조정방안에 관한 연구. 동아대학교 대학원 석사학위논문.
양유성(2019). 이야기치료. 학지사.
양현주(2014). 용서상담프로그램이 또래관계 상처경험 청소년의 용서수준, 불안, 우울, 분노에 미치는 영향. 창원대학교 대학원 석사학위논문.
유가효(1976). 한국도시가족의 고부갈등의 실태와 전망. 서울대학교 대학원 석사학위논문.
유영주(1985). 신가족관계학. 교문사.
유영주(2004). 가족관계학. 양서원.
이경애(1981). 고부갈등에 관한 연구: 서울에 거주하는 시모를 중심으로. 숙명여자대학교 대학원 석사학위논문.
이광규(1974). 부계가족에서의 고부관계. 서울대학교 인류학 논문집, 1, 119-130.
이광규(1975). 한국가족의 구조분석. 일지사.
이기숙(1985). 한국 가정의 고부갈등 발생원에 대한 요인분석. 부산대학교 대학원 석사학위논문.
이명숙(1986). 며느리의 취업과 고부갈등에 관한 연구. 한국가정관리학회, 4(2), 45-58.
이영환(1986). 고부동거가족의 고부갈등에 관한 연구. 서울대학교 대학원 석사학위논문.
이용진(1981). 시모의 자녀양육 대행에 대한 취업모의 역할기대와 평가에 관한 연구. 고려대학교 대학원 석사학위논문.
이정연(1990). 며느리가 인지한 고부갈등과 대처행동에 관한 연구. 한국가정관리학회, 8(2), 135-145.
이정연, 정혜정, 장진경(1996). 젊은 며느리를 위한 고부관계 향상 교육 프로그램의 개발 및 평가. 한국가정관리학회지, 32(12), 13-26.
이태현(1968). 한국기혼여성의 고부간의 관계. 성신여대가정학논문집.
이현주(2016). 고부갈등이 결혼만족도에 미치는 영향. 인제대학교 교육대학원 석사학위논문.
임정자(1970). 가족생활과 시모와의 관계 고찰. 원광대논문집, 제5집.
정옥분, 정순화, 홍계옥(2005). 결혼과 가족의 이해. 시그마프레스.
정은미(2015). 며느리의 고부갈등 경험 연구. 백석대학교 기독교전문대학원 박사학위논문.
최신덕(1985). 오늘의 고부관계-입장을 바꿔 생각하라-가정에서의 바람직한 세대관계.

노장, 3호.

최연우(2015). 고부갈등이 자부(子婦)의 화병(火病)과 이혼의도에 미치는 영향. 대구가톨릭대학교 대학원 박사학위논문.

최재석(1980). 현실적 가정유형의 변화: 1955년과 1975년의 비교. 고려대학교 행동과학연구소, 5(1), 45-59.

하요상(2006). 용서교육 프로그램이 초등학교 아동의 용서수준과 정서지능에 미치는 영향. 서울교육대학교 교육대학원 석사학위논문.

한희선(1990). 시모갈등에 관한 연구: 서울시 시모 중심으로. 성신여자대학교 대학원 석사학위논문.

홍미자(2023). 장기간 시모와 동거한 기독교인 며느리의 관계 경험에 관한 현상학적 연구. 서울기독대학교 대학원 박사학위논문.

황춘선(1980). 한국가족에 있어서 고부간의 불화요인 및 그 해소방안. 대구교육대학 논문집, 15.

AI-Mabuk, R. H. (1990). *The commitment to forgive in parentally love-deprived colleage students.* Unpublushed doctoral dissertation. University of Wisconsin-Madison.

Enright, R. D., & The Educational Psychology Study Group. (1991). The moral development of forgiveness. In W. Kurtines & J. Gerwirtz (Eds.), *Handbook of moral behavior and development, 1,* 123-152, Hillsdale, NJ: Erlbaum.

Freedman, S. A. (1994). *Forgiveness education with incest survivors. Unpublished doctoral dissertation,* University of Wisconsin-Madison.

Levine, R. A. (1961). Anthropology and the study of conflict. *Introduction Journal of Conflict Resolution 5,* 3-15.

Olsen, D., & Stephens, D. (2011). *The couple's survival workbook: What you can do to reconnect with your partner and make your marriage work.* Echo Point Books & Media.

Rahim, M. A. (1983). A measure of styles of handling interpersonal conflict. *Academy of Management Journal, 26*(2), 368-376.

제9장
치매 노인 상담

치매란 정상적이던 사람이 나이가 들어가면서 뇌에 발생한 여러 가지 질환으로 인해 인지기능을 상실하여 일상생활을 수행할 수 없게 되는 상태를 말한다. 서구에서는 조현병으로 진단되기도 했으며, 치매에 대한 인식이 낮았던 우리나라에서는 나이가 들어 망령이 들었다는 의미로 노망으로 불리기도 했다. 이러한 치매는 노년기에 주로 발생하며 인구고령화가 급격하게 진행될수록 치매 노인의 증가로 인해 대상자 자신뿐만 아니라 가족은 다양한 부양 부담을 경험하게 되고, 국가나 사회도 치매 대상자 보호 문제로 부담을 가지게 됨으로써 중요한 사회문제로 인식되고 있다.

이 장에서는 노인을 대상으로 한 치매 상담을 올바로 이해하기 위해 노인성 치매의 개념과 일상생활 지원, 노인성 질환의 특성을 이해하고, 치매 노인 상담 개입을 효과적인 의사소통과 정서 지원, 상담 방법, 전문체계 중심으로 각각 알아보고자 한다.

1. 치매 노인의 이해

중앙치매센터에 따르면 2023년 기준 60세 이상 추정 치매 대상자 수는 101만 400명, 65세 이상 추정 치매 환자 수는 98만 4,601명이다. 유병률은 각각 7.40%, 10.41%로 집계됐다. 치매관리비용도 만만치 않다. 1인당 치매관리비용만 2,300

만 원에 달한다. 치매 대상자가 100만 명에 육박하면서 치매 · 건강관리대책이 강조되고 있다. 그동안 정부에서도 2011년 8월 치매관리법을 제정하고 5년 단위의 치매관리종합계획을 시행 중이지만, 오히려 치매 대상자는 늘어나면서 정작 효과성이 미비한 것 아니냐는 지적을 받아왔다.

특히 인구고령화 동시에 1인 가구가 빠르게 늘면서 독거노인 증가 문제도 꼽힌다. 문제는 독거노인의 경우 신체건강이 취약할 뿐 아니라 사회적 고립으로 인한 정서적 지지가 약화되어 치매 위험률이 높다는 것이다. 또 이들이 치매에 노출될 경우 돌봄과 건강 문제가 더욱 심화될 우려가 있다. 실제로 정서적 지지가 약화된 노인층은 치매 발병률 위험성이 그렇지 않은 노인보다 높게 나타났다.

1) 치매의 개념

노인성 치매란 정상적으로 생활해 오던 사람이 65세 이후 다양한 원인으로 인해 뇌 기능이 손상되면서 이전에 비해 인지기능이 지속적이고 전반적으로 저하되어 일상생활에 상당한 지장이 나타나고 있는 상태를 말한다. 즉, 치매는 뇌의 병변에 의하여 기억장애, 사고장애, 판단장애, 지남력 장애, 계산력 장애 등과 같은 인지기능이 감퇴하고, 정서장애와 성격 변화 등이 수반되어 일상적 사회활동과 대인관계에 장애를 초래하는 노년기의 대표적인 정신장애이다.

치매는 의학적으로 기억장애를 포함한 다발성 인지장애가 있으며, 이로 인한 일상생활에 장애가 있는 상태로 정의된다. 즉, 정상적으로 생활해 오던 사람이 후천적인 다양한 원인에 의해 기억, 언어, 판단력 등 여러 영역의 인지기능이 떨어져서 일상생활에 상당한 지장을 나타내는 상태를 말한다. 이로 인한 일상생활에 장애가 있는 상태로 정의된다. 정상적으로 생활해 오던 사람이 후천적인 다양한 원인에 의해 기억, 언어, 판단력 등 여러 영역의 인지기능이 떨어져서 일상생활에 상당한 지장을 나타내는 상태를 말한다(김정현, 조성희, 박현식, 김욱, 2022).

치매는 후천적으로 기억, 언어, 판단력 등의 여러 영역의 인지기능이 감소하여 일상생활을 제대로 수행하지 못하는 임상 증후군을 의미하며, 치매에는 알츠하이머라 불리는 노인성 치매, 중풍 등으로 인해 생기는 혈관성 치매, 이 밖에도 다양한 원인에 의한 치매가 있다.

(1) 알츠하이머 치매

치매의 원인 중 가장 대표적인 알츠하이머병은 1906년 독일 정신과 의사인 Alois Alzheimer에 의해 처음으로 보고되었다. 51세 여자 대상자 오거스트 디(August D)는 다른 대상자들과 달리 기억장애, 언어장애 및 행동 이상이 빠르게 진행되었는데, Alzheimer는 이 대상자의 뇌 조직에서 신경섬유농축체를 발견하였고, 이후 이러한 뇌병변을 보이는 질환이 알츠하이머병이라는 이름으로 불리기 시작했다. 이렇게 알츠하이머병이 발생하여, 인지기능의 감퇴가 나타나 치매가 발생한 상황을 알츠하이머 치매라고 부른다.

알츠하이머병의 정확한 발병 기전과 원인에 대해서는 아직 정확히 알려지지는 않았지만, 유전적 원인과 그 외의 여러 가지 요인들에 의해 '아밀로이드 베타'라는 단백질이 과도하게 만들어지게 되어 뇌에 쌓이게 되고, 이에 의한 뇌세포의 손상이 일어나는 것이 중요한 원인 중의 하나로 알려져 있다. 2050년 혼자 사는 고령가구 넷 중 하나는 알츠하이머 등 인지능력 취약계층일 것이라는 전망이 나왔다. 한국조세재정연구원은 '미시 모의실험을 활용한 고령층 알츠하이머병 대상자 인구 분포 예측 보고서'에서 2050년 65세 이상 1인 고령가구 중 치매 의심 증상이 119만 명에 이를 것으로 예측했다.

(2) 혈관성 치매

혈관성 치매는 알츠하이머병과 함께 가장 흔한 치매의 원인 질환으로, 혈관이 막히거나 터지는 뇌졸중에 의해 치매가 발생한 경우이다. 조금씩 진행하는 알츠하이머병과는 달리 혈관성 치매는 뇌졸중을 예방하면 더 이상의 진행을 막을 수 있다는 의미에서 혈관성 치매를 치료할 수 있는 치매로 분류하기도 한다.

혈관성 치매는 뇌경색에서부터 다양한 뇌혈관 질환에 의해 발생한다. 혈관성 치매의 위험인자에는 고혈압, 당뇨병, 고지혈증, 심장병, 흡연, 비만 등이 있다. 부드럽고 탄력적이어야 할 뇌혈관이 만성적인 고혈압이나 당뇨병 등에 의해 딱딱하고 두꺼워지며, 혈관은 좁아지거나 막히거나 터져 뇌의 원활한 혈액순환을 방해하고, 뇌 활동에 필요한 산소와 영양분의 공급을 차단함으로써 치매가 나타난다. 뇌혈관 중 큰 혈관이 막히면 운동장애나 언어장애가 바로 나타나고 치매가 곧바로 진행되지만, 작은 혈관이 막히면 처음에는 특별한 증상을 보이지 않다가 누적되면 다발성 경색 치매가 된다. 또한 우울 증상이 더 잘 나타나며, 혈관성 병적 변화가 나타난 자리의 위치와 정도에 따라 인지기능의 장애가 다양하게 나타난다(권중돈, 2024).

뇌혈관 질환은 크게 뇌출혈과 뇌경색으로 나눌 수 있는데, 이 두 질환 모두 치매를 일으킬 수 있다. 혈관성 치매는 다른 치매와 마찬가지로 나이가 듦에 따라 증가한다. 알츠하이머병 치매보다 보행 장애, 사지 마비 등의 신경학적 이상이 많고, 고혈압, 당뇨병 등의 성인병이 같이 있는 경우도 많으므로 생활상의 주의가 더 필요하다.

혈관성 치매는 꾸준한 약물 치료와 운동 및 식이 관리가 중요하다. 담배는 뇌졸중의 중요한 인자로 담배를 피우는 사람은 허혈성 뇌손상을 일으키기가 쉬우므로 반드시 담배는 끊도록 해야 한다. 혈중 콜레스테롤이 높은 대상자는 기름기가 많은 음식은 피하여야 한다. 더운 날씨에 땀을 많이 흘릴 때도 혈액이 농축되어 혈류 장애를 일으킬 수 있으므로 되도록 과도한 운동이나 사우나는 피하고 탈수를 방지하도록 물을 많이 마시도록 한다. 또한 따뜻한 곳에서 갑자기 추운 곳으로 나갈 때 혈관이 수축하여 뇌경색이 발생하기 쉬우므로 추운 날에는 외출을 삼가도록 한다. 혈관성 치매 대상자들은 중심 잡기가 힘들어 자주 쓰러지므로 외상을 입기 쉽다. 따라서 넘어지지 않도록 주의하여야 한다. 특히 비탈길을 오르다가 넘어져 다치기 쉬우므로 운동할 때는 평지 걷기를 권장하며, 또한 삼킬 때 사레가 자주 걸리므로 흡인성 폐렴에도 걸리기 쉽다.

혈관성 치매 대상자들은 증상이 갑자기 나빠지면 뇌경색, 뇌출혈의 재발 우려를 의심하여야 한다. 갑자기 인지기능이 나빠진 경우에도 뇌출혈이나 뇌경색이 재발하였을 수 있으므로 바로 병원을 찾도록 해야 한다.

(3) 파킨슨 치매

파킨슨병은 도파민 신경세포의 소실로 인해 발생하는 신경계의 만성 진행성 퇴행성 질환으로, 신경전달물질 중 도파민의 부족으로 운동신경망이 원활하게 작동하지 못하여 생기는 운동 신경장애이며, 운동 완만, 진전, 보행 장애 등이 특징적으로 나타난다. 파킨슨병은 서서히 진행되는 퇴행성 질환으로서 중년기와 노년기에 주로 발병한다. 파킨슨병은 주로 말기단계에서 치매 증상이 나타나며, 정신병적 증상과 우울증을 수반하는 경우가 많다. 파킨슨병은 약물을 복용함으로써 운동장애 증상을 완화해 줄 수 있지만 부작용으로 환각, 망상, 일시적인 혼란 상태나 비정상적인 움직임을 보일 수 있다(권중돈, 2024).

파킨슨병은 치매 다음으로 흔한 대표적인 퇴행성 뇌 질환이다. 우리 뇌 속에는 여러 가지 신경전달물질 있는데 그중에서 운동에 꼭 필요한 도파민이라는 신경전달물질이 있다. 파킨슨병은 중뇌에 있는 흑질이라는 뇌의 특정 부위에서 이러한 도파민을 분비하는 신경세포가 원인 모르게 서서히 소실되어 가는 질환으로, 운동 느림, 안정 시 떨림, 근육 강직, 자세 불안정 등의 증상이 발생한다. 파킨슨병은 주로 노년층에서 발생하고 연령이 증가할수록 이 병에 걸릴 위험은 점점 커지게 된다.

걸음걸이나 자세가 변하고 얼굴이 무표정해지는 것을 먼저 느낄 수 있고, 우울증, 소변장애, 수면장애 등의 증상이 나타나기도 한다. 그 밖에 뒷목이나 허리의 통증 등이 초기에 나타날 수 있고, 글씨를 쓸 때 글자의 크기가 점차 작아지거나 말할 때 목소리가 작아지는 것을 이유로 병원을 찾게 되며, 걸을 때 팔을 덜 흔들고 다리가 끌리는 느낌 등으로 병원을 방문하여 파킨슨병을 발견하는 경우도 있다.

2) 치매 대상자의 일상생활 지원

(1) 치매 증상의 이해

치매는 다양한 증상을 보일 수 있지만 〈표 9-1〉과 같이 인지 증상과 정신행동 증상으로 나눌 수 있다.

〈표 9-1〉 치매의 증상

인지기능 변화에 의한 증상	기억력 저하: 최근의 말이나 사건에 대해서 기억을 하지 못한다.
	언어기능 저하: 사물이나 사람의 이름이 기억나지 않는다.
	시간 지남력 저하: 날짜와 시간에 대한 감각이 없다.
	시공간능력 저하: 날짜와 시간에 대한 감각이 없다.
	수행능력 저하: 집안의 간단한 도구를 다루지 못한다.
정신행동 증상	성격변화: 예전의 성격이 강해지거나 충동의 조절이 안 된다.
	우울: 슬프거나 기분이 처진 것처럼 행동한다.
	초조: 가만히 있지를 못하고 목적 없이 자꾸 움직인다.
	환각: 실제로는 없는 소리나 사물, 사람을 보거나 듣는다.
	망상: 자신의 돈이나 사물을 다른 사람이 훔쳐갔다고 주장한다.
	무감동/무관심: 주변에 대한 관심과 흥미를 잃고 새로운 일을 시작하려는 의욕이 감소한다.

출처: 중앙치매센터 홈페이지(www.nid.or.kr).

(2) 치매의 단계별 증상과 특징

치매는 진행 정도에 따라 초기 치매, 중기 치매, 말기 치매로 나누어지며, 단계별 구체적인 증상과 특징을 살펴보면 다음과 같다(중앙치매센터, 2023).

① 초기 치매

초기 치매는 가족이나 동료들이 문제가 있음을 알아차리기 시작하나, 아직은 혼자서 지낼 수 있는 수준으로, 다음과 같은 증상과 특징을 보인다.

- '최근 기억의 감퇴'가 시작된다.
- 예전 기억은 유지되나 최근에 있었던 일을 잊어버린다.
- 음식을 조리하다가 불 끄는 것을 잊어버리는 경우가 빈번해진다.
- 미리 적어 두지 않으면 중요한 약속을 잊어버린다.
- 조금 전에 했던 말을 반복하거나 질문을 되풀이한다.
- 대화 중 정확한 단어가 떠오르지 않아 '그것' '저것'으로 표현하거나 머뭇거린다.
- '관심과 의욕'이 없고 매사에 귀찮아한다.

② 중기 치매

중기 치매는 치매임을 쉽게 알 수 있는 단계로 어느 정도의 도움 없이는 혼자 지낼 수 없는 수준이며, 다음과 같은 증상과 특징이 있다.

- 돈 계산이 서툴러진다.
- 전화, TV 등 가전제품을 조작하지 못한다.
- 오늘이 며칠인지, 지금이 몇 시인지, 어느 계절인지, 자신이 어디에 있는지 등을 파악하지 못한다.
- 평소 잘 알고 지내던 사람을 혼동하기 시작하지만 대부분 가족은 알아본다.
- 대답을 못 하고 머뭇거리거나 화를 내기도 한다.
- 다른 사람들이 말하는 것을 이해하지 못하여 엉뚱한 대답을 하거나 그저 "예"라고 대답한다.
- 익숙한 장소임에도 불구하고 길을 잃어버리는 경우가 많다.
- 옷을 입거나 외모 치장에 실수가 잦아져 도움이 필요하여 외출 시에도 다른 사람의 도움이 필요하다.
- 집안을 계속 배회하거나 반복적인 행동을 거듭한다.

③ 말기 치매

말기 치매는 인지기능이 현저히 저하되고 정신행동 증상과 아울러 신경학적 증상 및 기타 신체적 합병증 등이 동반되어 독립적인 생활이 거의 불가능한 수준으로, 다음과 같은 증상 및 특징이 있다.

- 식사, 옷 입기, 세수하기, 대소변 가리기 등에 대해 완전히 다른 사람의 도움을 필요로 한다.
- 대부분의 기억이 상실된다.
- 배우자나 자식을 알아보지 못한다.
- 혼자 웅얼거리거나 전혀 말을 하지 못한다.

- 의미 있는 판단을 내릴 수 없고, 간단한 지시도 따르지 못한다.
- 근육이 굳어지고 보행장애가 나타나 거동이 힘들어진다.
- 대소변 실금, 욕창, 폐렴, 요도감염, 낙상 등으로 모든 기능을 잃고 누워지낸다.

〈치매 자가진단 체크리스트〉

다음의 문항을 읽으면서 자신의 행동이나 생각 또는 느낌과 일치하는 것에 ✓ 표시를 하세요.

질문	예	아니요
1. 당신은 기억력에 문제가 있습니까?		
2. 당신의 기억력은 10년 전에 비해 저하되었습니까?		
3. 당신은 기억력이 동년의 다른 사람들에 비해 나쁘다고 생각합니까?		
4. 당신은 기억력 저하로 일상생활에 불편을 느끼십니까?		
5. 당신은 최근에 일어난 일을 기억하는 것이 어렵습니까?		
6. 당신은 며칠 전에 나눈 대화 내용을 기억하는 것이 어렵습니까?		
7. 당신은 며칠 전에 한 약속을 기억하기 어렵습니까?		
8. 당신은 친한 사람의 이름을 기억하기 어렵습니까?		
9. 당신은 물건 둔 곳을 기억하기 어렵습니까?		
10. 당신은 이전에 비해 물건을 자주 잃어버립니까?		
11. 당신은 집 근처에서 길을 잃은 적이 있습니까?		
12. 당신은 가게에서 사려고 하는 두세 가지 물건의 이름을 기억하기 어렵습니까?		
13. 당신은 가스불이나 전깃불을 끄는 것을 기억하기 어렵습니까?		
14. 당신은 자주 사용하는 전화번호(자신 혹은 자녀의 집)를 기억하기 어렵습니까?		

※ 6개 항목 이상에 '예'라고 표시될 경우 가까운 보건소에 가서 치매조기검진을 받아 보십시오. 점수가 높을수록 주관적 기억감퇴가 심한 것을 의미합니다.

[그림 9-1] 치매 자가진단 체크리스트

출처: 중앙치매센터(2023).

(3) 일상생활 지원

치매는 생각, 기억, 판단력과 같은 기능이 서서히 쇠퇴하여 일상생활을 어렵게 한다. 치매의 증상인 기억장애, 언어장애, 판단 및 인지능력장애, 일상생활 수행장애, 행동장애, 정신장애 등으로 인해 치매 대상자는 일상생활에 지원이 필요하며, 말기로 갈수록 확대해야 한다. 이러한 일상생활 지원의 목적은 대상자 상태를 정확히 파악하고, 남아 있는 정신 기능을 최대한 활용하며, 정상적인 신체기능으로 최대한 복귀하고 대상자에게 의미 있는 환경을 조성하는 것이다.

① 따뜻하게 응대하고 치매 대상자를 존중한다

- 인간의 존엄성을 지켜주는 보호를 해야 한다.
- 정면에서 야단치거나 부정하거나 무시하지 않는다.
- 따뜻하게 대한다.
- 대상자의 생활 자체를 소중히 여기고 환경을 바꾸지 않는다.

② 규칙적인 생활을 하게 한다

- 규칙적인 생활은 대상자의 혼란을 경감시키고 정신적 안정에 도움이 된다.
- 규칙적인 생활은 병을 조기 발견하는 데 도움이 된다.
- 대상자에게 맞는 일정을 만들어 규칙적인 생활을 하게 한다.

③ 대상자에게 남아 있는 기능을 최대한 살린다

- 치매가 있다고 모든 것을 못 하는 것은 아니라고 안내한다.
- 습관적으로 해오던 일들은 할 수 있다.
- 할 수 있는 일은 스스로 하도록 하여 남아 있는 기능을 유지하게 한다.

④ 항상 안전에 주의한다

- 치매 대상자는 사고 위험이 크다는 것을 본인과 가족에게 인식시킨다.
- 대상자에게 위험이 될 만한 물건은 없애고, 안전한 분위기를 조성한다.

3) 노인성 질환의 특성

(1) 인지장애

① 기억력 저하

- 약속을 잊고, 물건을 잃어버리는 경우가 많다.
- 수일 전 혹은 수 주일 전의 일에 대한 단기 기억력 저하가 먼저 생기고, 병이 심해지면서 장기 기억력 저하가 온다.

② 언어능력 저하

- 언어 구사 능력이 저하되어 대화 중 적절한 단어가 떠오르지 않아 말문이 자주 막힌다.
- 말은 짧고 자주 끊어지며 내용이 빈약하다.
- 앞뒤가 맞지 않아 이해할 수 없는 말을 한다.
- 타인의 이야기를 이해하는 능력이 저하되어 엉뚱하게 이해하거나 전혀 이해하지 못하는 경우가 많다.

③ 지남력 저하

- 시간개념이 떨어져 날짜, 요일, 시간을 자주 착각하여 실수한다.
- 심하면 낮과 밤을 구분하는 것도 어려워한다.
- 오랫동안 지내던 집도 자기 집이 아니라고 부인하고 가족의 얼굴을 보고도 알아보지 못하기도 한다.

④ 시공간 파악 능력 저하

- 공간개념이 떨어져 자주 다니던 곳에서도 길을 잃고 헤매게 되고 집 안에서 화장실과 안방을 구분하지 못하는 경우도 있다.

⑤ **실행 기능 저하**

- 옷매무새가 흐트러져 지저분한 인상을 준다.
- 자신의 위생 상태에 관심이 없어지고 이전에 하던 집안일도 하지 못하게 된다.
- 옷을 혼자서 입을 수 없어 속옷을 머리에 쓰거나 바지 위에 속옷을 입는 등 상식에서 벗어난 행동을 한다.

(2) 정신행동 증상

① **우울증**

- 말수가 줄고 의욕이 없으며 우울한 기분을 표현한다.
- 식욕이 감소하며 잠을 지나치게 많이 자거나 잠을 이루지 못하는 등 수면 양상이 변화한다.
- 자살에 관한 생각이 증가하며 자살을 시도하기도 한다.

② **정신증**

- 정신병적 증상으로 망상, 환청, 환시가 나타난다. 다른 사람이 자신의 것을 훔쳐 갔다고 주장하는 등 각종 의심이 증가하며 돌아가신 부모님이 집 밖에 와 계시다는 등 착각이 증가한다. 방 안에서 혼자 누군가와 대화를 나누거나 손짓하는 등의 증상을 보인다.
- 매우 당황해하고 불안해하거나 공포에 휩싸여 예기치 못한 행동을 보인다.

③ **초조 및 공격성**

- 쉽게 불안해하거나 이유 없이 자꾸 서성거리고 한자리에 오래 앉아 있지 못하며 초조한 것처럼 행동한다.
- 고집스럽고 이기적이며 논쟁적이고 자주 화를 내기도 하며 한번 화를 내면 걷잡을 수 없이 폭발적으로 나타나며 잠시 후에는 아무 일 없었다는 듯이 조용해진다.

④ 수면장애

- 얕은 잠을 자고 자주 깬다.
- 밤에 배회하고 그 여파로 낮잠을 지나치게 자며 이에 따라 낮과 밤이 뒤바뀌는 경우가 많다.

〈치매의 10가지 경고 증상〉

1. 일상생활을 방해하는 기억력 장애: 중요한 약속, 전화번호, 주변 사람의 이름이나 최근에 알고 있던 정보를 잊어버리며, 동일한 정보를 계속 묻는다.
2. 계획과 문제해결 능력의 문제: 어떤 일을 하면서 집중력이 이전보다 떨어지고, 계획을 세우고 일을 처리하는 데 어려움을 겪는다.
3. 친숙한 일을 제대로 하지 못함: 일상적인 집안일, 평소 즐기던 취미활동, 요리 등을 제대로 하지 못하며, 익숙한 장소를 찾는 데 어려움을 겪고, 좋아하던 놀이나 게임의 규칙을 기억하지 못한다.
4. 장소와 시간의 혼돈: 날짜, 계절, 시간의 흐름을 이해하지 못하고, 익숙한 길을 잃거나 집을 잘 찾아오지 못하는 경우가 생긴다.
5. 시각적 이미지와 공간적 개념을 이해하는데 어려움: 읽고, 거리를 판단하고, 색깔을 결정하는 데 어려움을 겪으며, 거울 속에 비친 사람이 집 안에 있다고 생각하거나, 거울 속의 사람이 누구인지를 이해하지 못한다.
6. 언어장애: 대화에 참여하거나 지속하는 데 어려움이 있고, 대화를 중간에 중단하거나 동일한 말을 반복하기도 하고, 올바른 단어를 찾으려고 애쓰지만 결국 틀린 단어를 사용하기도 하며, 간단한 단어를 잊어버리거나 사물의 이름을 정확하게 말하지 못한다.
7. 물건을 잘못 놓아두거나 되찾을 수 있는 능력의 상실: 늘 놓아두던 곳에 물건을 두고도 잊어버려서 찾지 못하거나, 다른 사람이 물건을 훔쳐 갔다고 주장하며, 점차 발생 빈도가 잦아진다.
8. 판단력 장애: 판단이나 의사결정에서 문제를 경험하고, 돈을 잘 다루지 못하며, 용모 단장이나 청결에 관심이 없어진다.
9. 일이나 사회적 활동에서의 철퇴: 취미생활이나 사회적 활동, 일, 운동 등을 멀리하거나 이들을 행할 때 어려움을 경험한다.
10. 기분이나 성격의 변화: 가정이나 일터 그리고 친구 관계에서 우울해하고, 두려워하고, 불안해하고, 의심하는 일이 많아지고, 혼란스러워한다.

[그림 9-2] 치매의 10가지 경고 증상

출처: Alzheimer's Association (2010).

⑤ **기타**

- 물건을 모아 숨긴다.
- 침을 뱉는 등의 문제행동을 보인다.

치매를 예방할 수 있다면 그것만큼 좋은 것은 없을 것이다. 그러나 현재로서는 치매를 예방할 수 있는 확실한 방법이 제시되지 않고 있으므로, 무엇보다도 치매를 조기 발견하여 적절한 치료를 하는 것이 노인은 물론 가족에게도 가장 바람직한 치매 대응 방법이라 할 수 있다. 혈관성 치매나 두부외상에 의한 치매 등은 발병 시점이나 사건을 확실하게 인식할 수 있지만, 알츠하이머병 치매는 발병 이후 일정 기간이 흐르기까지 정상적 노화에 의한 인지장애와 크게 다른 증상을 보이지 않으므로 조기 발견이 매우 어렵다. 그럼에도 [그림 9-2]의 10가지 경고신호는 치매를 조기에 발견할 수 있는 실마리이므로, 이에 해당하는 증상을 보일 경우 병원을 방문하여 정밀진단을 받도록 한다(권중돈, 2024).

2. 치매 노인 상담의 개입

노년기에 가장 피하고 싶은 질환인 치매 대상자는 기억 능력 및 지능이 저하되어 대화할 수 없는 경우가 많다. 그러나 생각하고 있는 모든 것을 말로 전할 수는 없어도 한정된 대화나 태도로 의사소통을 시도할 수 있다. 치매의 정도에 따라서 적절한 말이 나오지 않는가 하면 친숙한 사람의 이름이나 물품을 말할 수 없는 경우도 종종 있다. 중증이 되면 말수도 줄어들고 전혀 말이 없어져 버릴 수 있으므로 신체접촉, 문자, 그림 등을 활용하여 의사소통할 수 있다. 치매 대상자와의 적절한 의사소통은 치매 대상자들의 일상생활 유지 및 문제행동에 필수적이다.

1) 효과적인 의사소통

(1) 의사소통의 기본 원칙

① 의사소통은 마음을 주고받는 것이다

- 의사소통은 단순히 말을 주고받는 것이 아니라, 마음을 주고받으며 관계를 맺는 것이다.
- 의사소통 능력이 감퇴하더라도 감정은 오랫동안 유지된다. 언어능력의 장애가 심한 치매 대상자도 마음으로는 사랑과 행복을 느낄 수 있고, 이를 표정과 행동으로써 표현할 수 있다.

② 대화 내용은 간단명료하게 하는 것이 좋다

- 복잡하고 긴 내용은 한 번에 한 가지씩 구분해서 이야기하는 것이 좋다. 한 가지를 이야기한 후 잠시 기다려서 치매 대상자가 이해했음을 확인한 후에 다음 이야기를 하는 것이 좋다.
- 질문을 할 때는 한 번에 한 가지씩 묻는 것이 좋으며, "예" "아니오"로 대답할 수 있도록 묻거나(산책 다녀오실래요?), 두 가지 중 한 가지를 선택하도록 묻는 것이 좋다(커피 드실래요? 아니면 주스 드실래요?).
- 치매 대상자가 대화 내용을 잘 이해하지 못할 경우에는 잠시 기다렸다가 다시 한번 얘기해 본다. 그래도 이해하지 못한다면 표현을 쉽게 바꾸어서 이야기해야 한다.

③ 편안하고 조용하며 차분한 환경을 만들어 주어라

- 치매 대상자들은 긴장하지 않은 상태에서 의사소통을 더 잘할 수 있다. 그러기 위해서는 편안하고 차분한 환경을 만들도록 해야 하며, 의사 표현을 위해 애쓰는 대상자에게 재촉은 금물이다.
- 주의를 산만하게 만드는 소리 및 요소들을 제거하라. 치매 대상자는 불필요

한 정보를 걸러내는 능력이 저하되어 있기 때문에 주변이 시끄럽거나 산만하면 이해하는 데 더 어려움을 겪을 수 있다.

- 너무 춥거나 더운 곳, 너무 어두운 곳, 불편한 의자나 자세 등이 모두 의사소통을 방해할 수 있다.

④ 말뿐만 아니라 시선이나 표정, 행동도 중요하다

- 치매가 진행되어 언어기능이 떨어질수록 대상자는 비언어적 방법에 많이 의존하게 된다.
- 대화할 때는 치매 대상자를 마주 보고 시선을 마주치며 이야기를 나눈다. 상대방에게 관심을 기울이고 있음을 나타낼 뿐만 아니라 치매 대상자가 집중력을 유지하는 데에도 도움이 된다.
- 대화 내용에 어울리는 표정을 짓고, 적절한 몸짓을 사용하라. 대상자가 대화 내용을 이해하기가 수월해진다.
- 중요한 부분에서는 몸을 조금 앞으로 기울여 관심을 보이거나, 고개를 끄덕이거나 저으면서 대화에 적극적으로 반응하는 것이 좋다.

⑤ 귀가 잘 들리는지 확인하라

- 우선 치매 대상자가 당신 목소리를 잘 들을 수 있는지 확인하라. 노년에는 청력 저하가 매우 흔하다.
- 청력이 좋지 않은 노인은 높은 톤보다 낮은 톤이 훨씬 알아듣기 쉬우므로 목소리의 톤은 낮추되, 또박또박 정확하고 크게 말한다.

⑥ 대상자의 마음이 상처받지 않게 배려해 주어라

- 치매 대상자가 잘 표현하지 못할 때 재촉하거나 핀잔을 주기보다는 대상자를 격려하며 끈기 있게 기다려 주어라. 치매 대상자가 적절한 단어를 찾기 어려워하는 경우 힘겹게 단어를 기억해 내도록 내버려두기보다는 당신이 직접 그 단어를 말해 주는 편이 더 좋다.

- 치매 대상자가 틀린 단어를 사용하더라도 치매 대상자가 말하려고 하는 바를 이해하면 굳이 정확한 단어를 알려주지 않아도 되며, 불필요하게 잘못을 지적하며 자존심을 상하게 하지 않도록 조심해야 한다.
- 치매 대상자가 무슨 말을 하는지 이해가 가지 않을 때는 자세한 설명을 요청하거나 손가락으로 물건을 가리켜 보라고 부탁할 수 있다.
- 때로는 치매 대상자가 말하고 있는 내용보다 표현된 감정이 중요할 때가 있다. 말하는 것 이면에 감추어진 감정을 살펴보아라. 말씨, 어조, 그리고 다른 행동들이 단서가 될 수 있다.

(2) 치매 단계별 의사소통 문제

① 초기

- 대상자는 일관성 및 연결성이 손상되어 자주 확인하고 설명을 요구한다.
- 대화의 주제가 자주 바뀐다.
- 사용하는 어휘의 수가 점차 줄어든다.
- 물건이나 사람의 이름을 부르기가 어렵다.
- 과거, 현재, 미래 시제를 올바르게 사용하는 것을 어려워한다.

② 중기

- 애매모호한 내용을 이야기한다.
- 일관성이 없어지고, 혼동이 증가한다.
- 대화의 주제가 제한된다.
- 불특정 다수를 지칭하는 용어(이것, 그들, 그것)의 사용이 증가한다.
- 사용하는 어휘의 수가 초기 치매 단계보다 줄어든다.
- 올바른 이름을 지칭하지 못하는 '명칭 실어증'을 보인다.
- 대화 중에 말이 끊기는 횟수가 증가한다.
- 적절한 어구를 사용하지 못하는 경우가 늘어난다.

• 부적절한 명사, 부정확한 시제를 사용하는 경우가 늘어난다.

③ 말기

• 의사소통을 유지하는 데 어려움이 있다.
• 말이 없어진다(무언증).
• 대화할 때 시선을 맞추는 것을 어려워한다.
• 사용하는 어휘의 수가 현저하게 적다.
• 올바른 이름을 사용하는 것이 더욱 어려워진다.
• 자발적인 언어표현이 감소하여 말수가 크게 줄어든다. 심하면 스스로는 말을 안 하고 앵무새처럼 상대방의 말을 그대로 따라 한다.
• 발음이 부정확하여 치매 대상자의 말을 이해하기 어렵고, 치매 대상자는 다른 사람들이 이야기한 것을 제대로 이해하지 못한다.

(3) 치매 단계별 의사소통 방법

① 초기

• 간단하고 직접적인 언어로 요점을 설명하고 구체적으로 표현한다.
• 대상자가 집중력이 높은 시간대를 파악하여 대화한다.
• 유사한 의미의 다른 언어를 이야기해 준다.
• 대상자가 요청하기 전에 구체적인 방법과 정보를 제공한다.
• 대상자가 응답할 시간을 충분히 준다.
• 외래어나 약어로 된 단어는 사용하지 않는다.
• 대화 내용을 요약하여 정리하고, 중요한 내용은 반복한다.
• 대상자가 과거의 긍정적인 기억이나 사건을 회상하도록 돕는다.
• 대상자가 감정 상태를 표현할 수 있도록 돕는다.
• 대상자를 돕고자 하는 마음을 표현한다.

② 중기

- 대상자와 눈을 마주치며 이야기한다.
- 길고 복잡한 문장은 피하고, 대화 주제를 갑자기 바꾸지 않는다.
- 대상자에게 친숙한 물건을 활용한다.
- 의사소통의 내용을 이해하고 있다는 것을 확인시켜 준다.
- 대상자가 반응할 때까지 기다려준다.
- 대상자가 반응하지 않으면 반복하여 질문한다.
- 같은 표현을 반복하기보다 같은 의미의 다른 용어와 좀 더 단순한 표현을 사용한다.
- '그' 혹은 '그 사람'과 같은 불특정 인칭대명사나 명사보다는 대상자의 이름을 사용한다.
- 대상자가 자주 사용하는 단어와 문구를 활용한다.
- 친숙한 활동을 통해 대화를 시도한다.
- 대상자의 방에 있는 물건마다 이름표를 붙인다.
- 대상자의 행동을 개인적인 의미로 받아들이지 않는다.
- 대상자의 말을 경청하고 대상자의 말을 반복해서 이야기한다.
- 이용할 수 있는 모든 단서를 활용한다.
- 격려하고 칭찬한다.

③ 말기

- 대상자를 마주 보며 이야기한다.
- 대상자의 이름을 부르면서 이야기를 시작하고 상담자 자신의 이름을 말한다.
- 대상자가 좋아했던 음악을 함께 듣고 책을 읽는다.
- 편안하고 부드러운 모습으로 이야기한다.
- 낮은 톤으로 다정하고 차분하며 천천히 분명하게 말한다.
- 대상자가 응답하지 않더라도 계속해서 이야기한다.
- 대상자가 모든 것을 듣고 있다고 가정한다.

- 방 안에 아무도 없는 것처럼 이야기하지 않는다.
- 신체적 접촉을 적절히 활용하며, 대상자의 비언어적 메시지를 확인한다.
- 대상자가 이야기하는 모든 것에 반응한다.
- 대화가 끝난 뒤에는 항상 마무리 인사를 한다.

2) 치매 노인 상담 방법

치매 대상자들은 상태 완화를 위하여 의사의 진단과 처방에 따른 다양한 인지 학습 및 약물 복용을 하게 된다. 상담자는 이러한 처방과 진단을 가족이나 본인을 통해 듣고 가능한 한 대상자에 대한 상세한 병력을 파악할 필요가 있다.

(1) 회상

치매는 뇌의 신경세포가 계속해서 장애를 일으켜 생기는 상태이지만 남아 있는 건강한 신경세포가 대신 역할을 해 줄 수 있다는 점을 기억해야 한다. 치매의 주요 증상으로 나타나는 기억장애를 극복하기 위해서는 노인이 기억할 수 있는 과거 이야기를 하게 하고 그들의 과거 이야기를 들음으로써 기억력 상실을 완화할 수 있다. 이러한 회상 요법은 노인이 스스로 자신의 과거를 돌아봄으로써 잊고 있던 기억을 재생시키고 남은 삶에 대한 긍정적인 평가를 하도록 돕는다.

(2) 감정교류

치매 노인은 기억이나 지능에 장애가 있으므로 일상생활에 어려움이 있다. 그러나 기억이나 지능과 관계없는 감정의 움직임은 남아 있다. 상담자는 기쁨, 서글픔, 자신의 장애 악화에 대한 불안감, 가족에 대한 죄책감 등 노인에게서 나타날 수 있는 다양한 감정을 이해해 주고 이들에게 심리적인 안정감과 희망을 줄 필요가 있다.

(3) 기본적 욕구 충족

치매 노인은 습관적으로 해오던 일상생활을 할 수 없게 된다. 그러므로 생활의 리듬을 잘 지켜주는 것이 중요하고 이렇게 함으로써 이상행동을 다소 줄일 수 있다. 지나치게 많이 먹는다든가, 성적인 욕구를 강하게 보이는 등 치매 노인들이 보이는 일부 증상들은 기본적인 생리적 욕구와 맞닿아 있는 경우가 많다.

(4) 건강 상태 파악

상담자는 치매 노인들의 건강 상태를 파악할 필요가 있다. 치매 노인들에 대해 부양자가 식사를 제대로 공급하지 않거나, 혹은 과잉 공급하여 심각한 비만을 초래할 수 있기 때문이다. 부양자가 식사를 제대로 공급하지 않는 경우 일부 환자들에게는 심각한 영양결핍이 나타나기도 한다. 영양 상태는 치매 질환의 정도를 악화시킬 가능성이 높으므로 상담자는 내담자의 영양 상태를 포함하여 여러 측면의 건강 상태를 살필 필요가 있다.

3) 치매 노인 전문체계

(1) 치매안심센터

치매안심센터는 2017년 9월 치매국가책임제의 시행과 함께 1997년부터 운영되어 오던 치매상담센터의 변경된 명칭이다. 치매안심센터는 치매 예방, 상담, 조기진단, 보건복지자원 연계 및 교육 등 유기적인 치매 통합관리 서비스 제공으로 치매 중증화 억제 및 사회적 비용을 경감하고, 치매 대상자와 그 가족, 일반 시민의 삶의 질 향상에 기여하는 데 목적을 둔다. 치매안심센터는 치매 관련 상담 및 조기 검진, 치매 대상자의 등록 및 관리, 치매 대상자의 관리, 자원연계 계획 수립 및 실시, 쉼터 운영, 가족지원사업, 치매공공후견사업, 치매 예방과 인식개선 교육 및 홍보사업을 수행한다.

〈목적〉

- 치매의 위험이 높은 만 60세 이상 어르신을 대상으로 치매조기검진을 실시하여 치매환자를 조기에 발견 · 관리
- 치매환자 및 그 가족들의 삶의 질 제고

〈사업개요〉

- 사업주체: 시 · 군 · 구(치매안심센터)
- 대상자: 치매 또는 경도인지장애로 진단받지 않은 모든 주민
- 사업내용
  - 치매안심센터에서 1단계 치매선별검사를 실시하고, 그중에서 인지기능 저하자를 대상으로 치매안심센터와 지정 · 연계한 거점병원에서 진단검사 · 감별검사 실시

[사업수행 절차]

1단계		2단계		3단계
선별검사 (CIST, Cognitive Impairment Screening Test) 치매안심센터	▶	진단검사 (신경인지검사, 전문의 지료 등) 거점병원	▶	감별검사 (혈액검사, 뇌영상 촬영 등) 거점병원

- 만 60세 이상(초로기 환자도 선정 가능), 기준 중위소득 120% 이하인 경우 진단검사비 최대 15만원, 감별검사비 최대 11만원(병 · 의원급 8만원, 상급종합병원 11만원) 지원

*급여항목의 본인부담비용만을 지원범위 내 실비지원

**지자체 예산 사정에 따라 대상 기준을 달리 정할 수 있음

[그림 9-3] 치매조기검진사업

출처: 보건복지부 치매조기검진사업.

(2) 노인장기요양보험제도

치매 대상자의 증가와 가족의 부양부담 가중은 노인장기요양보험제도 개발과 도입의 가장 중요한 배경요인이었으며, 현형 치매 대상자와 가족을 위한 급여 및 서비스 중에서 매우 중요한 위치를 차지하고 있다. 고령이나 노인성 질병 등으로

일상생활을 혼자서 수행하기 어려운 이들에게 신체활동 및 일상생활 지원 등의 서비스를 제공하여 노후 생활의 안정과 그 가족의 부담을 덜어주기 위한 사회보험제도이다.

〈신청대상〉

- 소득수준과 상관없이 노인장기요양보험 가입자(국민건강보험 가입자와 동일)와 그 피부양자
- 의료급여수급권자로서 65세 이상 노인과 65세 미만의 노인성 질병이 있는 자

〈급여대상〉

- 65세 이상 노인 또는 치매, 중풍, 파킨슨병 등 노인성 질병을 앓고 있는 65세 미만인 자 중 6개월 이상의 기간 동안 일상생활을 수행하기 어려워 장기요양서비스가 필요하다고 인정되는 자

*장기요양등급: 1등급, 2등급, 3등급, 4등급, 5등급

〈등급판정 기준〉

등급구분	판정 기준
장기요양 1등급	일상생활에서 전적으로 다른 사람의 도움이 필요한 자로서 장기요양인정점수가 95점 이상인 자
장기요양 2등급	일상생활에서 상당 부분 다른 사람의 도움이 필요한 자로서 장기요양인정점수가 75점 이상 95점 미만인 자
장기요양 3등급	일상생활에서 부분적으로 다른 사람의 도움이 필요한 자로서 장기요양인정점수가 60점 이상 75점 미만인 자
장기요양 4등급	일상생활에서 일정 부분 다른 사람의 도움이 필요한 자로서 장기요양인정점수가 51점 이상 60점 미만인 자
장기요양 5등급	치매환자로서 장기요양인정점수가 45점 이상 51점 미만인 자

〈장기요양인정 및 서비스 이용절차〉

① (공단 각 지사별 장기요양센터) 신청 → ② (공단직원) 방문조사 → ③ (등급판정위원회) 장기요양인정 및 등급판정 → ④ (장기요양센터) 장기요양인정서 및 표준장기요양이용계획서 통보 → ⑤ (장기요양기관) 서비스 이용

[그림 9-4] 요양보험제도

출처: 보건복지부 요양보험제도

(3) 치매관리주치의 시범사업

보건복지부에 따르면 치매진단을 받은 외래 진료 환자를 대상으로 한 치매관리주치의 시범사업은 치매 대상자가 지역사회에서 거주하면서 치매관리주치의에게 치매뿐만 아니라 전반적인 건강문제까지 체계적으로 치료 · 관리할 수 있도록 서비스를 제공하는 데 중점을 두고 있다. 이 사업을 통해 앞으로 맞춤형 종합관리 계획 수립과 주기적인 대면 교육 · 상담, 비대면 관리, 방문치료(거동 불편 등으로 내원이 어려운 경우) 등을 제공한다. 치매 대상자는 치매에 전문적 치료와 관리를 제공하는 치매 전문 관리 서비스와 치매 전문 관리 서비스에 만성질환 및 전반적인 건강문제 관리까지 함께 제공하는 통합관리 서비스 중 선택할 수 있다.

〈표 9-2〉 치매관리주치의 지원 서비스 유형

구분	치매전문관리	통합관리 (치매전문관리 + 일반건강관리)
대상자	치매 환자	만성질환(고혈압, 당뇨병 등) 관리를 함께 받기 원하는 치매 환자
치매관리 주치의	신경과 또는 정신건강의학과 전문의, 치매전문교육 이수 의사	신경과 또는 정신건강의학과 전문의, 치매전문교육 이수 의사 중 일차의료 만성질환관리 사업 참여 의사
서비스 제공 의료기관	의원, 치매안심센터 협약 또는 광역치매센터 운영 병원 · 종합병원 * 광역치매센터 운영 상급종합병원 포함	일차의료 만성질환관리 사업 참여 의원
서비스 내용	치매관리 계획 수립 · 제공, 치매 교육 · 상담, 환자관리, 방문진료(의원만 해당) ※ 치매안심센터 연계, 진료 의뢰 · 회송, 기타 지역사회 서비스 연계 등	치매전문관리 제공 서비스 + 만성질환(고혈압 · 당뇨병 등) 일반건강관리

출처: 보건복지부(2024).

요점 정리

- 노인성 치매란 정상적으로 생활해 오던 사람이 65세 이후 다양한 원인에 의해 뇌 기능이 손상되면서 이전에 비해 인지기능이 전반적으로 저하되어 일상생활에 상당한 지장이 나타나고 있는 상태를 말한다.
- 치매에는 알츠하이머라 불리는 노인성 치매, 중풍 등으로 인해 생기는 혈관성 치매, 이 밖에도 다양한 원인에 의한 치매가 있다.
- 치매의 증상인 기억장애, 언어장애, 판단 및 인지능력장애, 일상생활 수행장애, 행동장애, 정신장애 등으로 인해 치매 대상자는 일상생활에 지원이 필요하며, 말기로 갈수록 확대해야 한다.
- 인지장애로 기억력 저하, 언어능력 저하, 지남력 저하, 시공간 파악능력 저하, 실행기능 저하 등의 특성이 나타나며, 정신행동 증상으로는 우울증, 정신증, 공격성, 수면장애 등이 나타난다.
- 치매 대상자들은 상태 완화를 위하여 의사의 진단과 처방에 따른 다양한 인지 학습 및 약물 복용을 하게 된다. 상담자는 이러한 처방과 진단을 가족이나 본인을 통해 듣고 가능한 한 대상자에 대한 상세한 병력을 파악할 필요가 있다.
- 치매안심센터는 치매 통합관리 서비스 제공으로 치매 중증화 억제 및 사회적 비용을 경감하고, 치매 대상자와 그 가족, 일반 시민의 삶의 질 향상에 기여하는 데 목적을 둔다.
- 노인장기요양보험제도는 고령이나 노인성 질병 등으로 일상생활을 혼자서 수행하기 어려운 이들에게 신체활동 및 일상생활 지원 등의 서비스를 제공하여 노후 생활의 안정과 그 가족의 부담을 덜어주기 위한 사회보험제도이다.

연습문제

1. 노인성 치매의 대표적인 특성을 이해하고, 이에 따른 효과적인 의사소통방법에 대하여 토의해 보라.

2. 치매 노인을 대상으로 하는 상담 개입 단계를 초기, 중기, 말기로 나누어 설명해 보라.

3. 치매안심센터에서 제공되는 프로그램 중 치매 대상자와 더불어 가족에게 지원되는 서비스와 그 이유에 대해 설명하라.

참고문헌

권중돈(2024). 치매와 가족 다학제적 접근. 학지사.

김정현, 조성희, 박현식, 김욱(2022). 노인복지론. 양서원.

보건복지부(2020). 요양보호사표준교재.

보건복지부(2024). 치매관리주치의 시범사업 안내.

중앙치매센터(2023). 2023 나에게 힘이 되는 치매 가이드북.

Alzheimer's Association. (2010). National Institute on Aging-Alzheimer's Association Research Framework.

Hickey, E. M., & Bourgeois, M. S. (2024). 치매와 인지-의사소통: 인간 중심 재활. 이미숙, 김수진 공역, 학지사.

제10장
노인 학대 상담

1. 노인 학대의 이해

노인 학대의 개념은 국가마다 고유한 문화와 가치관 및 사회적 관심에 따라 다양하게 정의되고 있다. 따라서 노인 학대를 정의할 때 포함되어야 할 범주에는 노인에게 가하는 고통 · 손상 · 피해의 종류, 피해를 입히는 부위, 수단, 상태, 장소, 의도와 적극성, 자의성 등으로 살펴볼 수 있다. 하지만 이러한 범주의 정의도 학자들마다 조금씩 다르므로 학대를 정확히 규명하는 것이 불확실하다. 따라서 노인 학대의 원인과 노인 학대의 구체적 행위 및 증상을 미리 알고 파악하는 것이 필요하다.

이 장에서는 노인 학대의 현황을 통한 원인과 유형 및 노인 학대 피해자의 행동적 특성을 알아보고자 한다. 더불어 노인과의 상담 시 효과적인 의사소통방법과 노인 학대 전문체계로 구성된 전문기관에 대해 알아보고, 노인 학대를 대처하기 위한 다양한 방안에 대해 살펴보고자 한다.

1) 노인 학대의 개념

UN에서 노인에 대한 부당한 처우 개선을 위하여 2006년 '세계노인 학대인식의 날'을 제정하였고, 2012년에 7회를 맞이하게 되었다(6월 15일은 세계 노인 학대 인식의 날). 노인 학대의 개념은 국가나 연구자에 따라 다양하게 나타나고 있다. 그것은 각 국가마다 고유한 문화와 가치관 및 사회적 관심을 갖고 있기 때문이다. 따라서 노인 학대를 정의하기 위해서는 개념 속에 포함되어야 할 몇 가지 범주가 필요하다. 즉, 노인에게 가하는 고통 · 손상 · 피해의 종류, 피해를 입히는 부위, 수단, 상태, 장소, 의도와 적극성, 자의성 등이다(서윤, 2007). 이러한 범주에 따라 각각에 대한 정의가 학자마다 조금씩 다르기 때문에 학대를 규명하는 것도 불확실한 양상을 보이는 경향이 있다. 다음에서는 각 학자에 따른 노인 학대의 정의를 살펴보고자 한다.

Fulmer와 O'Malley(1987)는 노인 학대와 방임으로 분류하였는데, 노인 학대란 노인에게 신체적 고통, 정신적 분노, 비합리적 감금 등을 고의적으로 가하거나 신체적 · 정신적 건강을 유지하는 데 필요한 일련의 서비스를 부양자가 고의적으로 박탈하여 심리적 · 신체적 · 경제적 상태가 부적절하거나 해로운 결과를 가져오는 행동이다. 그리고 방임은 부양자가 활용자원을 알고 있음에도 불구하고 노인에게 중요한 신체적 · 사회적 · 정서적 욕구를 충족시키지 못하는 것으로 규정하고 있다. 즉, 노인 학대를 신체적 학대와 정신적 · 경제적 학대 측면에서 학대, 방임 등으로 국한하고 있다.

Block과 Sinott(1979)는 학대의 종류를 신체적 · 심리적 · 경제적 착취, 강제로 거처를 외부로 옮기는 것, 약물을 과도하게 먹이는 것으로 분류하였다. Douglass와 Hickey(1981)는 노인 학대를 노인에 대한 부적절한 처우라고 정의하고, 적극적 방임, 소극적 방임, 언어 · 정서적 학대와 신체적 학대를 포함하였다. 적극적 방임은 부양자가 의도적으로 기본욕구를 제한하는 것이며, 소극적 방임은 노인을 홀로 남겨 놓거나 고립시키는 상황이라고 정의하였다.

Dubois와 Miley(1997)는 학대를 수동적 방치와 능동적 방치, 언어적 · 감정적 또는 정신적 학대로 분류하여 정의하고 있다. 수동적 방치(passive neglect)는 노인을 소외시키고 방치하거나 지지적 돌봄 없이 혼자 남겨 두는 경우를 말한다. 가해자는 돌보지 않는 결과가 무엇인지 깨닫지 못한다. 그리고 능동적 방치(active neglect)는 영양, 의료의 관심, 교제, 일상생활수행능력(ADL)의 보조와 같은 생활의 기본사항을 의도적으로 방치하는 행위이다. 언어적 · 감정적 또는 정신적 학대(verbal, emotional, psychological abuse)는 노인의 이름을 부르거나, 위협하거나 창피를 주는 행위이다. 노인의 권리침해(violation of elderly people's rights)는 노인이 반대하거나 싫어해도 노인의 주거지를 양로원이나 다른 곳으로 옮기도록 압력을 가했는지도 포함한다.

우리나라 학자들은 노인 학대가 주로 가정 내 노인의 배우자, 성인 자녀, 친척 등에 의해 발생되는 것으로 파악하고 있고, 학대 유형으로 신체적 · 정신적 · 경제적 학대 및 방임에는 동의하나, 언어적 · 성적 유기, 자기방임 등에 대해서는 의견이 다양하다.

노인 학대의 개념 정의에 있어서 논의되는 이유로는 첫째, 노인 학대 유형 또한 다른 가족 학대의 형태와 유사하게 복잡한 현상이므로 어떤 단일한 정의가 그 많은 측면을 포괄하기는 어렵기 때문이다. 둘째, 노인 학대가 학문적 관심에서 비롯하지 않고 사후에 보고된 사례를 중심으로 규정되었기 때문이다(권금주, 2007). 현재 한국의 경우 광의적 개념을 수용하는 대세이며, 「노인복지법」에는 특별한 언급이 없으나 노인보호전문기관의 업무수행지침에는 포함시키고 있어서 매우 포괄적으로 수용한다고 볼 수 있다.

「노인복지법」에서 노인 학대는 "노인에 대하여 신체적 · 정신적 · 성적 폭력 및 경제적 착취 또는 가혹행위를 하거나 유기 또는 방임을 하는 것"이라고 정의하고 있다. 즉, 노인 학대는 노인의 가족 또는 타인의 노인에게 신체적, 언어적, 정서적, 성적, 경제적으로 고통이나 장해를 주는 행위, 또는 노인에게 필요한 최소한의 적절한 보호조치를 제공하지 않는 방임, 자기 방임 및 유기를 말한다(서윤, 2007). 따라서 노인 학대란 노인 스스로 자신을 돌보지 않거나 노인의 부양자가 의도적, 비의도적으로 노인에게 신체적 · 정서적 · 성적 · 경제적 손해를 가하거나 부양의무를 소홀히 하는 것으로 정의할 수 있다(고재욱 외, 2018).

2) 노인 학대의 현황

(1) 학대 피해 노인 현황

학대 피해 노인에 대해 보건복지부와 중앙노인보호전문기관(2022)의 2021년 1

월 1일부터 12월 31일까지 한해 동안 전국 37개 지역노인보호전문기관에 신고 접수된 19,391건의 사례를 분석한 결과는 다음과 같다.

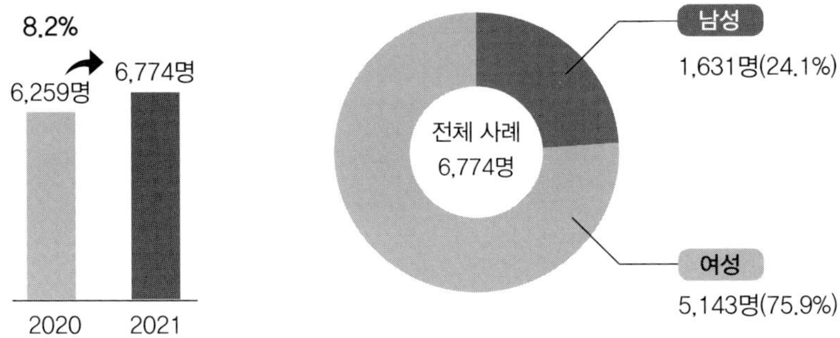

[그림 10-1] 학대피해노인 현황

출처: 보건복지부, 중앙노인보호전문기관(2022).

[그림 10-1]에 의하면, 학대 피해 노인은 6,774명으로 전년 대비 8.2% 증가하였고, 성별에서는 남성이 1,631명(24.1%), 여성 5,143명(75.9%)으로 나타났다.

(2) 학대 행위자 현황

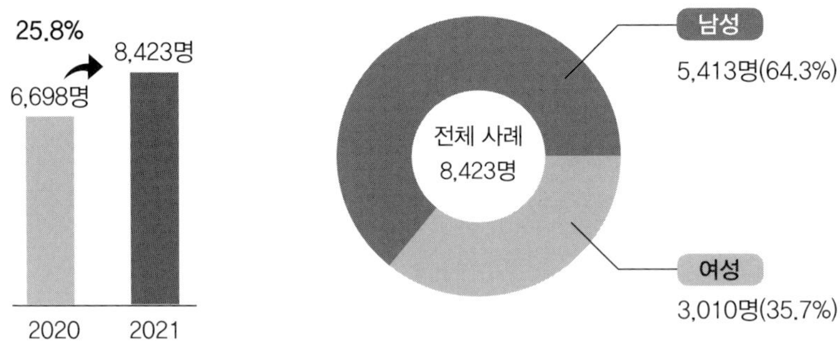

[그림 10-2] 학대행위자 현황

출처: 보건복지부, 중앙노인보호전문기관(2022).

[그림 10-2]에 의하면, 학대 행위자 현황은 총 8,423명으로 전년 대비 25.8% 증가하였고, 남성이 5,413명(64.3%), 여성은 3,010명(35.7%)으로 나타났다.

(3) 학대 발생 장소

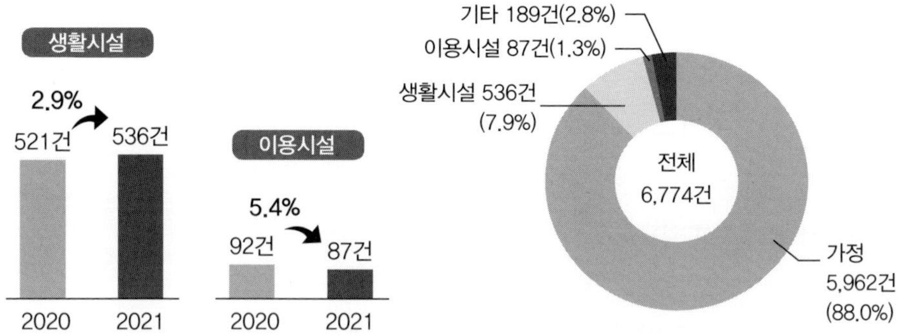

[그림 10-3] 노인 학대 발생 장소 및 특성

출처: 보건복지부, 중앙노인보호전문기관(2022).

[그림 10-3]에 의하면, 학대 발생 장소는 가정이 5,962건(88.0%), 생활시설 536건(7.9%), 이용시설 87건(1.3%) 등이었고, 생활시설은 전년 대비 2.9% 증가하였고, 이용시설은 전년 대비 5.4% 감소한 것으로 나타났다.

(4) 학대 발생 빈도 및 지속기간

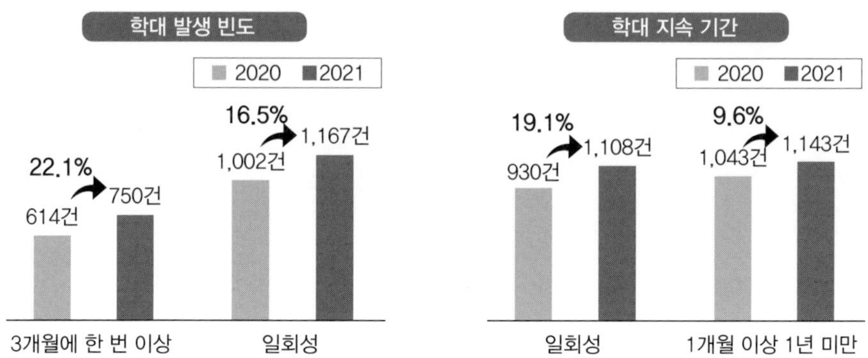

[그림 10-4] 학대 발생 빈도 및 지속시간

출처: 보건복지부, 중앙노인보호전문기관(2022).

[그림 10-4]에 의하면, 학대 발생 빈도는 3개월에 한 번 이상이 2021년 750건으로 전년 대비 22.1% 증가하였고, 일회성은 2021년 1,167건으로 전년 대비 16.5% 증가하였다. 그리고 학대 지속 기간은 일회성은 2021년 1,108건으로 전년 대비 19.1% 증가하였고, 1개월 이상 1년 미만은 2021년 1,143으로 전년 대비 9.6% 증가한 것으로 나타났다.

3) 노인 학대의 원인

노인 학대는 매우 복잡하고 다양한 요인들이 얽혀서 발생하게 되는 경우가 많고 문화적인 요인도 무시할 수 없어 관련 요인을 명확하게 제시하기는 어렵다(이해영, 2006).

McDonald는 노인 학대의 원인으로 ① 학대자의 개인적인 특성, ② 폭력의 세대 간 이전, ③ 의존성, ④ 스트레스, ⑤ 사회적 고립, ⑥ 사회구조적 요인 등을 들고 있으며, King은 노인 학대의 원인으로 ① 수명의 연장, ② 의존성, ③ 스트레스, ④ 학습된 폭력 등을 들고 있다.

Pillemer와 Suitor의 연구에서는 부양요구, 상호작용적 스트레스, 부양자의 특징 그리고 부양 맥락이 위험요인으로 확인되었으며, 특히 상호작용적 스트레스가 부양관계에서 폭력을 유발하는 가장 큰 위험요인으로 나타났다. 연구에 의하면 ① 노인에게 심각한 장애가 있을수록, ② 노인에게 더 많은 도움을 제공해야 하는 상황일수록, ③ 노인이 분열성 행동을 보일수록, ④ 부양자의 자아존중감이 낮을수록, ⑤ 부양자의 연령이 낮을수록, ⑥ 사회적으로 고립되어 있을수록, ⑦ 부양자가 노인의 배우자인 경우, ⑧ 노인과 부양자가 한집에서 생활하는 경우에 부양자가 폭력을 행사하고 싶은 충동을 갖거나 실질적인 폭력을 행사하는 것으로 나타났다.

Daniel은 노인 학대의 원인을 네 가지로 구분하여 정리하였다. 먼저 노인의 개인적 요인으로 의존성을 들었고, 노인과 부양자 간의 요인으로는 노인과 부양자 간의 해결되지 못한 과거의 갈등을 들었으며, 상황적 요인으로 부부문제, 경제적 어려움이나 재정적 스트레스, 장기간 계속된 부양부담에서 오는 스트레스를 꼽았다. 그리고 사회문화적 요인으로 노인이 부정적인 자존감을 가질 수밖에 없는 분위기를 조장하는 사회문화를 들었다.

이상을 바탕으로 노인 학대의 주요 원인들을 살펴보면, 노인 관련 요인, 가해자 관련 요인, 가해자와 피해자의 상호작용 요인, 가정환경적 요인, 사회문화적 요인 등으로 분류된다(서윤, 2007). 이에 대하여 다음과 같이 정리할 수 있다.

첫째, 노인 관련 요인으로 노인의 개인적 특성(성격, 정신장애, 알코올의존증, 무기력감 등), 노인의 의존성(장애, 질병, 치매 등) 등을 들 수 있다.

둘째, 가해자 관련 요인으로 가해자의 개인적 특성(성격, 정서 · 정신장애, 알코올의존증, 약물의존 등)을 들 수 있다.

셋째, 가해자와 피해자의 상호작용 요인으로 부양자의 부양 스트레스(신체적 · 정신적 스트레스, 부양미숙, 부양능력의 결여 등), 세대 간 학대의 전이, 피해자와 가해자의 불화 등을 들 수 있다.

넷째, 가정환경적 요인으로 경제적 문제, 가족 간의 불화, 재산문제, 힘의 갈등 등을 들 수 있다.

다섯째, 사회문화적 요인으로 노인차별, 가치관의 변화, 사회보장 및 노인복지 서비스의 결여 등을 들 수 있다.

4) 노인 학대의 유형 분류

노인 학대의 유형은 다양하게 분류되기도 하는데 학대의 발생 장소를 중심으로 가정 내 학대, 시설 내 학대, 자기방임 또는 자기학대의 세 가지로 분류된다. 또한 학대의 행위와 관련하여 신체적 학대, 정서적 · 심리적 학대, 언어적 학대, 재정적 · 물리적 학대, 성적 학대, 소극적 또는 적극적 방임 및 자기방임 등으로 분류되기도 한다.

여기서는 노인 학대의 유형을 발생 장소, 형태적 유형, 구체적 행위와 증상으로 분류하여 살펴보고자 한다.

(1) 노인 학대의 발생 장소

구분	정의
가정학대	노인과 동일 가구에서 생활하고 있는 노인의 가족 구성원인 배우자, 성인자녀뿐만 아니라 노인과 동일 가구에서 생활하지 않는 부양의무자 또는 기타 사람들에 의하여 행해지는 학대
시설학대	노인에게 비용(무료 포함)을 받고 제공하는 요양원 및 양로원 등의 시설에서 발생하는 학대
병원 내	병원 및 요양병원 등 의료기관 등의 장소에서 돌봄과 보호를 실행하고 책임을 지는 자 또는 병원장의 감독하에 돌봄 서비스를 제공하는 자에 의한 학대
공공장소	광장, 길거리, 학교, 역, 극장, 온천, 지하철 등 공공장소에서 노인에게 이루어지는 학대
기 타	가정 및 생활시설, 이용시설, 병원, 공공장소 외에서 발생하는 학대 *시설(이용, 생활시설) 및 병원 내에서 발생하는 입소자 간 다툼 등에 의한 학대는 기타로 분류

(2) 노인 학대의 형태적 유형

유형	정의
신체적 학대	물리적인 힘 또는 도구를 이용해서 노인에게 신체적인 손상, 고통, 장애 등을 유발시키는 행위 (폭행, 폭력, 흉기사용, 감금, 화상 등 신체적 손상을 주는 행위)
언어 및 정서적 학대	비난, 모욕, 위협, 협박 등의 언어 및 비언어적 행위를 통하여 노인에게 정서적으로 고통을 주는 행위
성적 학대	성적 수치심 유발 행위 및 성폭력(성희롱, 성추행, 강간) 등 노인의 의사에 반하여 강제적으로 행하는 모든 성적 행위
경제적 학대 (착취)	노인의 자산을 노인의 동의 없이 사용하거나 부당하게 착취하여 이용하는 행위 및 노동에 대한 합당한 보상을 제공하지 않는 행위
방임	부양의무자로서의 책임이나 의무를 의도적 혹은 비의도적으로 거부, 불이행 혹은 포기하여 노인의 의식주 및 의료를 적절하게 제공하지 않는 행위 (필요한 생활비, 병원비 및 이료, 의식주를 제공하지 않는 행위)

자기방임	노인 스스로가 의식주 제공 및 의료 처치 등의 최소한의 자기보호 관련 행위를 의도적으로 포기 또는 비의도적으로 관리하지 않아 심신 또는 사망으로 이어지는 경우
유기	보호자 또는 부양의무자가 노인을 보호하지 않고 버리는 행위

(3) 노인 학대의 구체적 행위와 증상

노인 학대예방센터 업무수행 지침에서 제시하고 있는 노인 학대의 구체적 행위와 증상들은 다음과 같다.

① 신체적 학대

신체적 학대(Biological Abuse)는 물리적 힘 또는 도구를 이용하여 노인에게 신체적 혹은 정신적 손상, 고통, 장애 등을 유발시키는 행위이다. 다음은 신체적 학대의 대표적인 행위이다.

판정지표	구체적 행위
① 노인을 폭행	• 노인을 밀치거나 넘어뜨린다. • 노인을 발로 찬다. • 노인을 주먹으로 폭행한다. • 노인의 몸을 벽에 박거나 바닥에 내리치는 행위 등을 가한다. • 노인의 머리나 목 또는 몸을 강하게 잡거나 흔든다. • 노인의 목을 조른다. • 노인을 손 또는 몸으로 강하게 억압하며 짓누른다. • 노인의 몸을 발로 밟는다. • 노인을 질질 끌고 다닌다. • 노인의 머리채를 잡아당기거나 움켜잡아 뽑는다. • 노인을 할퀴거나 꼬집는다. • 노인을 입으로 물어뜯는다. • 몽둥이, 빗자루 등의 도구로 노인을 폭행한다. • 물건을 던져 노인에게 상해를 입힌다. • 칼이나 흉기를 사용하여 노인에게 상해를 입힌다. • 담뱃불 또는 도구를 이용하여 노인에게 화상을 입힌다.

② 노인을 제한된 공간에 강제로 가두거나, 노인의 거주지 출입을 통제	• 노인을 집 안의 제한된 공간에서 나가지 못하게 통제한다. • 노인을 집 밖으로 나가지 못하게 통제한다. • 노인을 제한된 공간에 장치(자물쇠 등)를 설치하여 출입을 통제한다. • 노인을 집 밖으로 끌어낸다. • 노인을 집 밖으로 쫓아낸다. • 노인을 집에 들어오지 못하게 한다. • 노인의 거주지 주변 출입을 통제한다.
③ 노인의 신체를 강제로 억압	• 노인을 침대 등에 묶어 움직이지 못하게 한다. • 노인의 신체 일부 또는 모두를 사용하지 못하게 장치(예: 끈으로 묶어두기, 수갑 채우기, 손 · 발목 묶기 등)를 설치한다.
④ 신체적 해를 가져올 위험성이 큰 행위로 노인을 협박하거나 위협	• 칼이나 가위 등 흉기를 사용하여 노인을 협박하거나 위협한다. • 물건을 던지거나 기물파손을 하는 등의 행위로 노인을 협박하거나 위협한다.
⑤ 노인의 신체적 생존을 위협할 수 있는 행위	• 노인을 기본 생존 유지에 필요한 장치(가스, 난방, 전기, 수도)로부터 단절시킨다. • 노인을 기본 생존 유지에 필요한 식사 또는 음료를 보관하는 물품(전기밥통, 냉장고)으로부터 단절시킨다. • 노인을 기본 생존 유지에 필요한 식사 또는 음료로부터 단절시킨다. • 노인을 치료 및 생존 유지에 필요한 약물(심장관련, 당뇨, 혈압 등)로부터 단절시킨다.
⑥ 약물을 사용하여 노인의 신체를 통제하거나 생명을 저해	• 노인에게 의료적으로 불필요한 약물이나 주사를 강제로 복용 · 투입하게 한다.
⑦ 노인이 원하지 않거나 수행하기 어려운 노동	• 노인이 원치 않는 의사를 보였음에도 불구하고 일(노동)을 하도록 강요한다. • 노인을 강제로 수감하거나 위협하여 일(노동)을 강요한다. • 노인이 일을 수행하기 어려운 정신 및 신체적 상황임에도 불구하고 일(노동)을 하도록 강요한다. • 노인에게 정신 및 신체적 악화를 가져올 수 있는 일 또는 조건에서 일(노동)을 하도록 강요한다.

(2) 정서적 학대

정서적 학대(Psychological Abuse)는 비난, 모욕, 위협 등의 언어 및 비언어적 행위를 통하여 노인에게 정서적으로 고통을 유발시키는 행위이다. 다음은 정서적 학대의 대표적인 행위이다.

판정지표	구체적 행위
① 노인과의 접촉을 기피	• 노인을 쳐다보지 않고 무시한다. • 노인에게 말을 걸지 않거나 대화를 하지 않는다. • 노인의 말과 행동을 지속적으로 무시하고 반응을 보이지 않는다. • 노인의 일상생활(식사, 일상생활물품 사용 등)을 타 가구원과 별도로 사용하게 한다.
② 노인의 사회관계 유지를 방해	• 노인이 친구나 친지들과 만나거나 연락하는 것을 방해한다. • 노인의 친구나 친지 등이 방문하는 것을 싫어한다. • 비방이나 폭력적 행동 등으로 타인이 노인과의 관계를 유지하는 것을 싫어하게 만든다. • 노인의 일상적인 사회활동이나 종교활동을 노골적으로 방해한다. • 비방이나 유언비어로 노인의 경제활동을 저해한다. • 노인의 이성교제를 방해한다.
③ 노인을 위협·협박하는 언어적 표현이나 감정을 상하게 하는 행동	• '죽이겠다'라는 말로 협박한다. • '시설로 보낸다' 또는 '집에서 나가라' 등의 위협·협박을 한다. • 노인의 요구를 무조건 무시한다. • 노인에게 고함을 지르거나 욕을 한다. • 노인에게 혐오스러운 말을 한다. • 노인이 수치심을 느끼게 하는 모욕적인 말을 한다. • 자존심을 상하게 하는 말을 한다. • 노인에게 창피를 준다. • 노인을 비웃거나 조롱한다. • 노인을 재앙을 가져오는 사람으로 취급한다.
④ 노인과 관련된 결정사항에 대해 의사결정 과정에서 소외	• 노인의 거취 결정에서 노인을 배제한다. • 노인의 소지품 처분을 결정할 때 노인의 의사를 반영하지 않는다. • 노인을 집안 경조사에 참여시키지 않는다.

(3) 성적 학대

성적 학대(Sexual Abuse)는 성적 수치심 유발행위 및 성폭력(성희롱, 성추행, 강간) 등의 노인의 의사에 반하여 강제적으로 행하는 모든 성적 행위이다. 다음은 성적 학대의 대표적인 행위이다.

판정지표	구체적 행위
① 노인에게 성폭력을 행사	• 노인이 원치 않음에도 불구하고 강제적으로 성관계를 갖는다. • 노인이 원치 않음에도 불구하고 강제적으로 성관계를 강요 또는 시도한다. • 노인이 원치 않음에도 불구하고 입맞춤, 애무 등을 요구한다. • 노인이 원치 않음에도 불구하고 가슴이나 엉덩이 등 신체 일부를 만진다. • 판단능력이 없거나 의사표현을 할 수 없는 노인을 성폭행한다.
② 노인에게 성적 수치심을 주는 표현이나 행동	• 노인의 신체를 빗대어 혐오감을 주는 언행을 한다. • 성적 언행 등으로 노인에게 굴욕감이나 혐오감을 느끼게 한다. • 사람들이 보고 있음에도 불구하고 노인의 성적 부위를 드러내고 옷 또는 기저귀를 교체한다. • 사람들이 보고 있음에도 불구하고 노인을 알몸으로 목욕시킨다. • 원하지 않거나, 판단능력이 부족한 노인임에도 불구하고 성적 신체 부위를 몰래 촬영한다. • 노인이 원치 않음에도 불구하고 학대행위자의 성기 및 자위행위를 보게 한다. • 노인이 원치 않음에도 불구하고 포르노 잡지나 비디오를 보게 한다. • 원하지 않거나, 판단능력이 부족한 노인임에도 불구하고 노인의 성적 신체 부위 전체 또는 일부를 알몸으로 노출시켜 놓는다.

(4) 유기

유기(Abandonment Abuse)는 보호자 또는 부양의무자가 노인을 버리는 행위이다. 다음은 유기의 대표적인 행위이다.

판정지표	구체적 행위
① 의존적인 노인을 유기	• 노인과 연락을 두절하거나 왕래를 하지 않는다. • 노인을 시설, 병원에 입소시키고 연락과 왕래를 두절한다. • 인지기능을 상실한 노인(치매, 약물의존, 알코올의존증, 정신질환 등)을 고의적으로 가출 또는 배회하게 한다. • 노인을 낯선 장소에 버린다. • 배회하는 상태에서 발견된 노인에 대하여 부양의무자가 부양의무 이행을 거부한다.

(5) 경제적 학대

경제적 학대(Financial Abuse)는 노인의 의사에 반하여 노인으로부터 재산 또는 권리를 빼앗는 경제적 착취, 노인 재산에 관한 법률 위반 등 경제적 권리와 관련된 의사결정에 통제하는 행위이다. 다음은 경제적 학대의 대표적인 행위이다.

판정지표	구체적 행위
① 노인의 소득 및 재산, 임금을 가로채거나 임의로 사용	• 노인 소유의 부동산을 노인의 동의 없이 임의로 사용하거나 강제로 명의 변경한다. • 노인의 허락 없이 수표 및 기타 금융 · 법적 서류에 서명을 날조한다. • 노인의 허락 없이 노인의 신용을 이용하여 이익을 취한다(명의도용). • 노인의 허락 없이 노인명의로 은행 등에서 대출을 받는다. • 노인의 허락 없이 노인명의의 은행계좌, 보험 등을 해약한다. • 사기나 강압, 부당한 위력으로 유언장, 계약서, 위임장 등에 서명을 허위로 작성하거나 변조한다. • 대리권을 노인이 원하지 않는 방법으로 악용한다. • 노인 부양을 전제로 재산 상속을 약속 또는 증여하였으나, 부양의무를 이행하지 않는다.
② 노인의 재산에 관한 법률적 권리를 침해하는 행위	• 노인이 희망하는 재산 사용을 이유 없이 제한하거나 강요한다. • 노인 자신의 돈을 일상생활에서 마음대로 사용하지 못하게 한다. • 노인의 재산을 노인이 원하지 않는 방법으로 사용하도록 강요한다. • 노인의 재산관리 관련 결정을 제한하거나 강요한다. • 노인 명의의 재산을 불법적으로 소유하려고 협박한다. • 수표 및 기타 금융 · 법적 서류에 서명을 강요한다.

③ 노인의 재산 사용 또는 관리에 대한 결정을 통제	• 노인이 희망하는 재산 사용을 이유 없이 제한하거나 강요한다. • 노인 자신의 돈을 일상생활에서 마음대로 사용하지 못하게 한다. • 노인의 재산을 노인이 원하지 않는 방법으로 사용하도록 강요한다. • 노인의 재산관리 관련 결정을 제한하거나 강요한다. • 노인 명의의 재산을 불법적으로 소유하려고 협박한다. • 수표 및 기타 금융 · 법적 서류에 서명을 강요한다.

(6) 방임

방임(Neglect)은 부양의무자로서의 책임이나 의무를 의도적으로 거부, 불이행 혹은 포기하여 노인의 의식주 및 의료를 적절하게 제공하지 않는 행위이다. 다음은 방임의 대표적인 행위이다.

판정지표	구체적 행위
① 거동이 불편한 노인에게 의 · 식 · 주 등 일상생활 관련 보호를 제공	• 스스로 식사하기 힘든 노인을 방치한다. • 스스로 배변 처리가 어려운 노인을 방치한다. • 노인 스스로 청결유지(목욕, 빨래 등) 또는 환경관리(청소 등)가 불가능함에도 불구하고 이를 방치한다. • 심각한 질환(치매 등)이 있는 노인을 홀로 거주하게 한다. • 노인에게 안정된 주거공간을 제공하지 않고 떠돌게 한다. • 노인이 부적절한 주거공간(컨테이너 등)에 거주하는 것을 방치한다.
② 경제적 능력이 없는 노인의 생존을 위한 경제적인 보호를 제공하지 않음	• 경제적 능력이 없는 노인의 기본적 생존을 위한 생활비를 지원하지 않거나 중단한다. • 경제적 능력이 없는 노인의 생활 관련 업무(세금 및 각종 요금 납부)를 방치한다. • 경제적 능력이 없는 노인의 사회적 활동(용돈,종교활동비,경조사비 등)을 위한 경제적 지원을 제공하지 않는다.
③ 의료 관련 욕구가 있는 노인에게 의료적 보호를 제공하지 않음	• 노인에게 필요한 보장구(틀니, 보청기, 돋보기, 지팡이, 휠체어 등)를 제공하지 않는다. • 노인에게 필요한 의료적 처지를 제공하지 않거나 거부 · 방해하거나 혹은 소홀히 한다. • 질병으로 인해 거동이 불편한 노인의 간병을 소홀히 한다(악취, 욕창, 염증 등 발생).

(7) 자기방임

자기방임(Selp-Neglect)은 노인 스스로가 의식주 제공 및 의료처치 등의 최소한의 자기보호 관련 행위를 의도적으로 포기 또는 비의도적으로 관리하지 않아 심신이 위험한 상황이나 사망에 이르게 하는 행위이다. 다음은 자기방임의 대표적인 행위이다.

판정지표	구체적 행위
① 자신을 돌보지 않거나, 돌봄을 거부함으로써 노인의 생명이 위협받음	• 노인 자신이 의료처치 또는 약물복용 등 의사의 지시에 따른 치료 행위를 거부한다. • 건강, 생활, 환경 등의 위험한 상황에서 노인이 도움을 요청하지 않거나 거부한다. • 노인 스스로 생존을 위해 필수적인 의 · 식 · 주 관련 행위를 거부함으로써 생명이 위협받는다. • 일상생활 수행을 위한 신체적 · 정신적 능력을 상실한 노인이 돌봄을 거부함으로써 생명을 위협받는다. • 건강에 치명적임에도 불구하고 노인이 약물이나 알코올 남용을 지속한다. • 노인이 자살을 시도한다.

2. 노인 학대의 상담 개입

1) 노인 학대 피해자의 행동특성

(1) 노인 학대 피해자의 특성

현재까지의 노인 학대에 대한 선행연구는 피해자의 특성에 대하여 공통된 연구결과를 제시한 것은 거의 없다. Pillemer와 Finkelhor(1989)의 연구에 의하면, 노인 학대는 남자노인과 여자노인에게 동일하게 발생한다고 하면서, 한편으로는 남자노인들이 여자노인보다 두 배 정도의 학대를 당할 위험이 높다고 하여 자신들의 이러한 결론에 대하여 두 가지의 가능한 설명을 제시했다. 첫째, 남자노인들은 대부분 다른 사람과 함께 살기 때문에 혼자 사는 여자노인들보다 세 배 정도로 학대의 위험에 노출되어 왔고, 둘째, 남자노인은 자신의 배우자보다 연령이 높기 때문에 신체적으로 약하여 학대의 위험이 훨씬 높다는 것이다.

신체적으로 건강하지 못한 노인은 많은 보호를 필요로 하기 때문에 공식적 혹은 비공식적 부양자에게 더 많은 요구를 한다. 이러한 현상은 결국 지나치게 스트레스를 받고 있는 부양자들이 자신이 부양하고 있는 노인을 학대하게 만든다. 하지만 Pillemer(1986)의 연구에 의하면 신체적으로 학대를 받은 42명의 노인과 학대를 받지 않은 42명의 통제 집단의 노인에 대한 비교 연구에서, 노인에 대한 신체적 학대는 의존적인 노인을 부양하는 부양부담 때문에 발생하는 것이 아님을 밝혔다. 노인 학대의 희생자 노인들을 학대를 당하지 않은 노인과 비교해 볼 때 질병 혹은 장애를 가지고 있지도 않았고, 일상생활의 원조요청 측면에서도 비교집단보다 적게 의존하였다.

노인 학대 희생자들의 원조요청 태도의 특징을 살펴보면, 희생자 노인들은 원조요청의 반응을 나타내지 않고 오히려 체념, 위축, 우울, 공포, 분노 등의 반응을 나타내었다. 특히, 한국의 경우는 비신체적 학대의 상황보다 신체적 학대의 상황에서 더욱 원조요청을 하지 않겠다는 반응이 나타났는데, 이러한 현상은 가족의 체면, 수치심 때문이다.

노인 학대 희생자들의 특성 중 연령은 건강상태와 관련이 있기 때문에 나이가 많을수록 학대의 위험에 크게 영향을 미치는 원인이 된다. Bennett과 Kingston (1993)은 희생자들의 특징을 나이가 많은 노인(75세 이상), 여자노인, 성인 부양자와 함께 거주하는 노인, 신체적 및 정신적으로 장애를 가지고 있는 노인, 몸무게가 무거운 노인, 거동이 불편하면서 자제력이 없는 노인, 부정적인 개인성향을 가진 노인 등으로 요약한다.

따라서 노인 학대 피해자의 특성은 일반적으로 생각할 수 있는 것보다 훨씬 복잡하고 다양한 측면에서 학대의 영향을 받게 되기 때문에, 어떤 특정한 노인 집단이 노인 학대의 대상이 되는 것이 아니라 대부분의 노인들이 노인 학대의 위험에 처할 수 있다. 또한 우리의 경우 학대의 희생자인 노인은 학대자가 노인 자신의 성인자녀일 경우에 노인 자신에게 해를 입히는 자식을 키웠다는 수치심을 느끼기 때문에 학대의 사실을 알리거나 원조를 요청하지 않는다.

노인 학대는 배우자 학대 혹은 아동 학대와는 다르게 학대의 사실을 규명하는 데 여러 가지 어려움이 존재하는 특성이 있다. 다음은 노인 학대 피해사실을 규명하기 어려운 이유에 대해 살펴보고자 한다.

첫째, 피해자들은 자신의 기본적인 욕구를 충족시켜 줄 사람이 학대자 이외는 아무도 없기 때문에 심한 학대를 당할지라도 그들의 삶이 거절당하거나 무너지는 것이 두려워 알리지 않는다. 둘째, 학대는 학습된 행동으로서 노인 자신이 이전에 학대자 혹은 피해자의 경험을 가졌던 것으로 가족 학대의 다양한 상호작용이 일생을 통하여 반영되는 것이다. 셋째, 의존적인 아동, 배우자, 노인 등은 부양자에게 정서적, 신체적, 경제적으로 스트레스의 요인이 되기 때문에 학대 피해의 사실을 희생자 자신의 잘못으로 돌리는 경우가 많다. 넷째, 노인 학대는 다른 아동 학대, 배우자 학대 등과는 달리 노년기에 직면하는 사회적 관계망의 부족으로 사회적으로 고립되는 상황에서 발생하기 때문에 학대의 상황이 외부에 노출되지 않는다. 다섯째, 만약 학대의 사실이 '외부인'에게 알려지거나 보고되면 학대자는 희생자에게 보복, 유기, 시설입소 등의 더욱 심한 학대의 가능성이 있기 때문에, 피해자는 학대의 사실이 다른 사람에게 알려지게 되는 것을 두려워한다. 여섯째, 피해자는 언젠가는 학대가 곧 멈추게 될 것이라는 희망을 가지고 있다. 일곱째, 노인 학대의 경우에는 학대를 당하는 노인이 지역사회에서 자신의 가족체면 혹은 지위를 지키기 위해 학대 사실을 숨기려는 경향이 있다. 이로 인해 학대받는 노인과 학대자는 공공연히 학대의 사실을 드러내지 않으려는 상호 간의 '은밀한 공모'를 하게 된다.

(2) 노인 학대 피해자의 대처행동

대처(coping)는 스트레스 상황을 처리하면서 부정적인 감정 상태의 정서를 조절하기 위하여 사용되는 인지적 · 행동적 전략을 말한다(Comijs et al., 1999). 대처는 개인이 감당하기 어려운 외적, 내적 요구에 대응하기 위한 지속적인 노력으로서 개인의 특성이나 스트레스 종류에 따라 결정되는 경향을 가지고 있다. 이는 스트레스 원(stressor)을 예방하고, 줄이거나 제거하여 고통을 가장 적게 받고자 하는 의식적 · 무의식적, 건강한 · 건강하지 못한 노력 모두를 포함한다(Mathney et al., 1986).

이러한 대처유형에 대한 구분은 연구자마다 다르지만 Lazarus와 Folkman (1984)은 문제중심 대처와 정서중심 대처로 구분하였고, 양옥남(1995)은 적극적, 소극적, 공격적 대처로 분류하였다. 먼저 적극적 대처는 '분위기를 바꾸어 설득한다'거나, '미안한 마음을 갖도록 더 잘해 준다'거나, '복지관 직원, 종교단체, 상담센터 등에 상담'을 하거나, '자신의 잘못을 인정하고 말을 하는' 등의 대처행동으로 학대 상황을 바꾸어 갈 수 있는 합리적인 노력이라고 볼 수 있다. 소극적 대처는 '혼자 속으로 삭히거나, 어쩔 수 없는 일이라며 체념하거나, 마주하는 것을 회피하는 등'의 태도로서 학대 상황에 순응하여 계속 머무를 수 있는 대처행동이다. 공격적 대처행동은 즉시 소리치고 대응하거나, 상대방의 말을 막고 혼자 말을 하거나, 물건을 던지거나 때리거나, 더 비난하고 잔소리를 하는 것이다. 따라서 이러한 모습은 학대상황은 줄일 수 있으나 오히려 서로 간의 관계는 악화될 수 있다. 그러므로 학대대처행동은 스트레스 상황에서 부정적인 정서를 조절하기 위한 인지 · 행동적 전략이라고 볼 때, 스스로 대처능력을 향상시킬 수 있는 중요한 부분이라고 볼 수 있다(고보선, 허준수, 2005).

최해경(1993)의 '노인 학대에 대한 인식과 원조요청 태도에 관한 연구'에서 학대 피해 경험 노인의 원조요청 학대상황은 의료적 방임, 성적 학대, 심한 재정적 착취 등으로 신체 및 재산에 가해지는 학대에는 민감한 반면, 그 외에는 관대하게 반응하는 태도를 보였다. 그러나 언어적 학대에 대해 적극적 대처를 취하면 학대 상황이 감소하거나, 학대가 다시 발생되지 않았다는 연구결과(Comijs et al., 1999)를 볼 때, 학대에 대한 대처행동은 학대 재발생에 직접 관련이 있음을 알 수 있다.

가정 내의 노인 학대는 81.6%가 자녀와 배우자, 그리고 친족 사이에서 발생(노인 학대현황보고서, 2010-2012년)되기 때문에 가장 심각한 문제임에도 불구하고 숨겨지고 있으며, 노인들이 학대에 어떻게 대처하는지에 대한 연구 또한 미미하게 보고되고 있으나, 학대 대처행동은 중요한 부분으로서 정확한 실태파악과 함께 대안모색이 필요하다. 따라서 학대 피해 경험을 당한 노인들은 대부분 학대상황에서 어떻게 대처해야 하는지 알지 못하기 때문에 대처행동에 대한 상담이나 교육이 실시되면 보다 많은 피해를 줄일 수 있을 것이다.

2) 노인상담 시 효과적인 의사소통 방법

신체적 · 심리적 · 사회적 노화를 겪고 있는 노년기에는 의사소통상의 다양한 장애를 갖게 된다(권중돈, 2012). 의사소통의 방해요인을 갖고 있는 노인과 의사소통하기 위하여 일반적으로 숙지해야 하는 의사소통 원칙과 특수한 장애 및 질환을 갖고 있는 노인과의 의사소통 방법에 대해 살펴보면 다음과 같다.

(1) 일반노인과의 의사소통

- 노인을 대할 때 존경과 존엄을 가지고 접근해야 한다.
- 얼굴을 바라보고 눈높이를 맞춰 이야기한다.
- 노인과 상담 시 가장 편안한 의자 배열은 상대방과 45도 정도의 각도이다.
- 가까운 곳에서 위치하여 말한다.
- 노인은 침묵을 불편해하지 않는다. 침묵의 시간은 자신이 현재 겪고 있는 문제와 관련이 있다는 것을 믿고 있는 사건과 이슈를 노인이 생각하고 명확히 할 수 있는 기회를 제공한다.
- 천천히 이야기하되, 너무 높은 소리로 크게 이야기하지 않는다.
- 노인이 알아듣기 쉬운 말로 명확하게 이야기한다.
- 말로만 대화하지 말고 사진, 문자와 같은 비언어적 의사소통을 같이 활용한다.
- 스킨십과 신체언어(body language)를 적극적으로 사용한다. 가벼운 신체적 접촉은 노인의 긴장감을 풀어준다.
- 노인의 주장에 반대하거나 가치관을 바꾸려 하지 않는다.
- 자신의 고집을 부리지 말며, 노인의 고집을 꺾으려 하지 않는다.

- 노인의 신상에 관한 비밀보장을 철저히 한다.
- 노인의 평소 생활 습관이나 심정에 대해서 잘 인지한다.
- 노인의 청력이 나빠 듣지 못할 수도 있으므로 이야기를 듣고 있는지 다시 확인한다.
- 노인의 속마음을 알려 하기 전에 먼저 자신이 마음의 문을 열고 속마음을 털어놓는다.
- 노인의 이야기를 귀담아듣고 적극적으로 공감해 준다.
- 노인이 말할 기회를 많이 주고 귀담아듣는다.
- 이야기를 잘하거나 좋은 행동을 할 때 자주 칭찬한다.
- 표정은 밝게 하고, 자주 웃고, 유머 감각을 잃지 않는다.
- 다투거나 말싸움하지 말며, 비교나 반말, 욕을 하지 않는다.
- 이야기를 하다가 계속 흥분하거나 화를 내면 상황이나 말을 다른 내용으로 전환한다.
- 칭찬을 많이 하되, 광범위하게 칭찬하지 말고 잘한 행동이나 좋은 태도 등 구체적인 것을 두고 칭찬한다.
- 나쁜 행동을 할 때 위험한 행동이 아니라면 못 본 척한다.
- 대화에 방해가 되는 소음이나 소란한 환경에서는 대화하지 않는다.
- 복잡한 질문은 하나씩 끊어서 차근차근 묻는다.
- 노인이 질문에 대답하지 않는다고 하여 서두르지 말고 기다린다.
- 노인과 비슷한 점을 찾아내어 이를 상담 시 활용한다.
- 자신의 감정을 솔직히 표현하되, 부정적 감정은 가급적 표현하지 않는다.
- 자신의 이야기에 틀린 부분이 있으면 즉시 잘못된 부분을 인정한다.
- 할 수 없는 것은 할 수 없다고 하되, 시간을 두고 노인을 충분히 납득시킨다.
- 약속한 것이 있으면 반드시 지키고, 지키지 못할 약속은 하지 않는다. 정직은 의사소통 과정에 가장 중요한 요소이다.

(2) 학대 피해 노인과의 의사소통

- 노화로 인해 여러 기능이 저하된 노인들은 학대에 대처하기 어려울 뿐만 아니라, 학대에 대한 정신적 충격은 회복을 어렵게 한다는 것(서인균, 2010)을 파악해야 한다. 그러므로 올바른 대처 행동을 안내하여 위험상황에 대처할 수 있게 한다.
- 노년기의 노화로 인해 사회적 활동이 감소하고 사물의 판단과 활동 방향을 외부보다는 내부로 돌리는 행동양식을 갖게 된다. 신체 및 인지능력의 감퇴로 자아상이 변화되고 자신의 일을 누군가의 도움을 받아 해결하려는 수동적 조절이나 스트레스에 짓눌려 적극적인 노력보다 신비적 믿음이나 우연에 기대여 해결하려는 성향을 미리 파악한 후 대화해야 한다.
- 노년기의 신체적 노화와 구별하여 학대피해로 인해 자율신경계의 영향을 받는 순환기, 소화기, 호흡기 또는 기타 기관의 장애와 두통, 통증을 주관적으로 호소하는 신체화를 구별해 낼 수 있어야 한다.
- 학대 피해 노인은 지속적인 학대의 경험으로 학대에 대한 민감성이 약하여 학대상황을 제대로 인식하지 못하는 모습을 인지장애와 다른 관점으로 이해해야 한다.
- 학대 피해상황의 반복적 경험은 참아내고 견디는 행동의 반복으로 무기력하고 순응하는 태도를 보이기 때문에 어떤 문제든 바꾸어 볼 의지가 전혀 없는 노인으로 바라보지 않도록 한다.
- 조심성의 증가로 노인들은 '정답을 말하기'보다는 '오답을 말하지 않기'에 더욱 세심한 주의를 기울인다. 이는 자신감을 잃기 때문에 상황에 대한 확실성이 높아야만 어떤 결정과 반응을 하게 되는 것을 알아둔다.
- 학대 피해 노인의 삶의 질은 일반 노인보다 낮으며 특히 여성노인의 경우 슬프고 우울한 감정, 신경이 예민해지고 마음이 불안하여, 수면의 어려움을 경험하거나, 자신을 부정적으로 평가하는 경향(김재엽, 김희수, 2003)을 이해해야 한다.
- 학대상황의 노출로 적대감을 가지고 있는 노인들은 공격성, 분노, 격분, 울분

등의 부정적인 정서로 감정과 행동에 반영함을 파악한 후, 상처를 올바르게 표출할 수 있도록 해야 한다.

(3) 장애나 질병이 있는 노인과의 의사소통

청각장애나 시각장애를 갖고 있거나 치매와 같은 정신장애를 갖고 있는 노인과는 원활한 의사소통이 어렵다. 그러므로 장애노인이나 치매노인과 의사소통 시에는 특별한 의사소통 기술과 태도를 갖추어야 한다.

① 시각장애 노인과의 의사소통

- 여러 명이 있는 곳에서 시각장애인은 자신에게 말하고 있는지 혹은 다른 사람에게 말하는 것인지 확신하지 못하는 경우가 있으므로, 이름을 먼저 부르고 이야기한다.
- 시각장애 노인의 정면에 서서 말을 건넨다.
- 시각장애 노인과 대화를 시작할 때는 자기가 누구인지를 먼저 소개한다.
- 시각장애 노인은 만지고, 냄새 맡고, 듣는 것을 통해 상황을 인식한다는 사실을 기억한다.
- 시각장애 노인에게 주변 환경이나 상황을 자세히 설명해 준다.
- 대화할 때 너무 큰 소리로 이야기하지 않는다.
- 유머를 적절히 사용하여 대화 분위기를 편안하게 유도한다.

② 청각장애 노인과의 의사소통

- 청각에 장애가 있다고 하여 의사소통이 불가능하다는 생각을 버린다.
- 청각장애 노인에게는 몸짓 및 표정이 매우 중요하므로 색안경, 커다란 챙이 있는 모자로 얼굴을 가리는 것은 오해를 살 수 있으므로 주의한다.
- 과장된 표정과 몸동작을 보이지 않는다.
- 청각장애 노인이 오래 이야기할 때는 고개를 끄덕이고 몇 마디 말을 하여 여전히 경청하고 있음을 알린다.

- 청각장애 노인의 말을 완전히 이해할 때까지 듣고 함부로 추측하지 않으며 모르면 다시 물어본다.
- 적당히 크고 일정한 목소리 톤으로 약간 느리게 분명하고 간략히 이야기한다.
- 입술 모양을 정확하게 하여 청각장애 노인이 입 모양을 볼 수 있게 한다.
- 말끝을 흐리지 않도록 유의한다.
- 한 문장을 말하고 약간 쉰 후 다음 문장을 말한다.
- 새로운 주제에 대해 이야기하고자 할 때 얼마간 시간을 두고 이야기한다.
- 이야기 도중 다른 상황(예: 전화벨이 울린 경우)이 벌어진 경우 이를 설명해 준다.
- 말, 글뿐 아니라 지도, 도표, 그림 등을 적절히 이용한다.
- 글로 의사소통을 할 때는 글자는 정자(正字)로 쓴다.
- 글로 의사소통을 할 때는 청각장애 노인이 내용을 읽고 있는 동안 그의 표정을 관찰하여 내용을 이해하는지 재확인한다.

③ 언어장애 노인과의 의사소통

- 언어장애에도 불구하고 말을 통해 의사소통한다는 것을 기억한다.
- 언어장애 노인의 대화 속도는 비장애인만큼 빠르지 않으며 청각장애를 함께 지닌 경우, 상대방의 대화를 이해하는 데 더욱 많은 시간이 소요됨을 인지한다.
- 얼굴, 눈을 바라보고 대화에 충분한 주의를 기울인다.
- 소음이 있는 곳에서는 가까이 앉아서 이야기한다.
- 상대방의 말이 확실히 끝날 때까지 기다린 다음 적당하게 천천히 말한다.
- 상대방이 오랫동안 이야기할 때는 고개를 끄덕이고 몇 마디 말을 하여 여전히 경청하고 이해하고 있음을 알린다.
- 말하는 것이 힘들어 보일지라도 그가 말하고자 하는 것을 끝마칠 때까지 천천히 기다린다.
- 말을 완전히 이해할 때까지 경청하며 함부로 추측하지 않는다.

④ **치매 노인과의 의사소통**

- 대화를 하기 전에 노인의 주의를 끌도록 하고, 노인의 시력, 청력이 저하되지 않았는지 살펴보아야 한다.
- 치매노인의 말을 경청하고 존중한다.
- 치매노인이 혼자 있게 내버려두지 말고 대화를 나누되, 환자의 말의 속도에 맞춘다.
- 소란스럽거나 산만한 분위기에서 대화를 하지 않는다.
- 얼굴을 마주 보고 눈 맞춤을 유지하며, 언어 이외의 문자, 그림, 사진 등의 상징을 이용하거나 스킨십을 통하여 의사를 전달하는 것도 좋다.
- 발병 이전에 치매노인이 자주 사용하던 용어를 사용하고, 노인이 쉽게 알아들을 수 있는 말을 사용한다.
- 공격성이 없는 경우는 1m 이내의 가까운 거리에서 대화를 한다.
- 상담자(또는 간호자 및 부양자) 자신을 소개하고 치매 노인의 이름이나 존칭을 부름으로써 대화를 시작하고, "저를 알겠어요?"라는 식의 기억력 테스트를 하는 듯한 대화는 피한다.
- 과거를 회상하도록 하되, 시간, 장소 등 기본적인 현실 상황을 인식시킨다.
- 배고픔, 배변이나 배뇨 욕구 등 기본적인 생활상의 욕구가 충족되지 않아 불안해하는지를 잘 관찰하고 이를 충족시켜야 한다.
- 짧고 분명하며 익숙한 단어를 사용하고, 정보는 간단한 문장으로 전달하고, 천천히 그리고 낮은 목소리로 부드럽게 이야기하며, 명령조로 이야기하지 않는다.
- 치매 노인과 대립하기보다는 먼저 인정하고 받아들이는 것이 좋다. 즉, 치매 노인이 어떤 실수나 문제 행동을 했을 때 화를 내거나 말다툼을 하기보다 가벼운 웃음으로 넘길 수 있어야 한다.
- 치매 노인이 위축되어 있거나 초조한 징후를 보이면 대화를 중단하는 것이 좋다.
- 한 번에 한 가지씩 질문하거나 지시하며, 치매 노인에게 질문을 한 경우는 대

답을 기다리며, 반응이 없을 경우에 다시 반복하여 질문한다.

4) 노인 학대 전문체계

(1) 노년기 위기지원 전문체계

① 중앙노인보호전문기관

중앙노인보호전문기관은「노인복지법」제39조의 5 제1항에 따라 노인인권보호 관련 정책제언, 연구 및 프로그램의 개발, 관련 기관 협력체계 구축과 활성화 등의 임무를 수행하고 있다. 지역노인보호전문기관은「노인복지법」제39조의5 제2항에 따라 노인 학대 신고 접수, 조사, 개입 등의 사례개입과 노인 학대 예방을 위한 교육, 홍보, 대외협력사업을 수행하고 있다.

② 지역노인보호전문기관

노인 학대 접수와 노인 보호를 위해 학대신고 전화를 연중무휴 24시간 운영하고 있다. 접수된 학대사례는 스크리닝 척도를 통해 사례개입의 응급성을 판정하며 전문적인 개입을 제공한다. 학대사례가 응급으로 판정될 경우 12시간 이내, 비응급일 경우 48시간 이내, 잠재적 사례일 경우 72시간 이내에 현장 조사를 실시하여 학대로부터 피해 노인 보호와 의료지원을 하고 법률, 사회복지서비스를 지원한다. 학대 행위자를 포함한 가족 구성원에게도 중재 상담과 갈등조정 상담을 통해 부양 책임을 강화하고 가족 간 관계 개선을 지원하고 있다.

③ 보건복지부

노인보호업무와 관련한 법·제도적 정책을 수립하고 중앙노인보호전문기관을 지정하여 운영한다. 그리고 중앙 및 지역노인보호전문기관의 업무지도와 감독을 수행하며, 노인 학대예방센터의 인력, 자격관리와 교육훈련을 담당한다. 또한 관계 중앙행정기관과의 협력체계를 구축하고 지원한다.

④ 지방자치단체

〈광역시 · 도〉

지역노인보호전문기관 지정 운영 및 분관 설치를 지원하며 시 · 도 지정 노인보호전문기관에 대한 업무지도 및 감독을 한다. 또한 격리보호가 필요하여「노인복지법」제39조의 5 제1항 제2호의 보호조치를 의뢰받은 피해노인에 대한 행정적인 조치를 시행하며, 학대 피해 노인의 보호 및 지원을 위한 지역사회 내의 보호체계를 구축한다. 그리고 노인보호전문기관 활동에 대한 홍보와 지원을 위한 노인 학대예방사업을 실시한다.

〈시 · 군 · 구〉

「위기상황에 처한 자에 대한 긴급복지지원법」 시행에 따라 전문적 서비스 지원이 필요한 자에 대해 시 · 도 노인보호전문기관과 연계하여 지원사업을 실시한다. 그리고 행위자에 대한 인적사항 확인을 위한 주민등록등본 발급 등 제반업무 협조와 학대행위자의 연락처를 제공하며, 격리보호가 필요한「노인복지법」제39조의 5 제1항 제2호의 보호조치를 의뢰받은 학대 피해 노인에 대한 행정적인 조치를 실시한다. 또한 빈곤으로 인한 노인 학대 발생가정 및 부양가족으로부터 격리 · 보호가 필요한 학대 피해 노인에 대한 기초생활보장 수급자 선정 등의 경제적 지원 업무를 수행한다. 관할 지역 내 시설학대 발생 시, 피해 노인의 전원조치 등 시설학대 개입 지원 및 협조 업무를 수행하며 노인 학대예방과 노인보호전문기관 활동에 관한 홍보를 하며 노인보호전문기관의 분관설치 업무를 수행한다(정원철 외, 2022).

(2) 노인 학대에 대한 대처방안

① 법률상의 방지 대책

우리나라는 1997년 11월 국회에서「가정폭력범죄의 처벌 등에 관한 특례법안」이 통과됨에 따라 가정폭력에 대한 사회적 관심이 커지고 노인 학대의 개념화 및 사회문제로서의 인식 기반이 조성되고 있다. 하지만 국내에서는 아직 학대받는 노인을 위한 제도적 보장이 없고, 부양과 학대에 관련된 내용은 민법, 생활보호법, 형법에서 찾아볼 수 있는데 우리나라 민법에서는 노부모 부양을 사적 부양 우선 원칙으로 하여, 부양 의무는 원칙적으로 직계혈족 및 배우자 간, 기타 생계를 같이 하는 친족에 있으며(제974조)이런 의무는 원칙적으로 부양받는 사람이 자력이나 근로로 생활이 어려운 경우에 생기며(제975조), 부양 의무자 측도 자기의 사회적인 지위, 신분에 적합한 생활 정도를 낮추지 않고 부양할 수 있을 만큼의 부양 능력이 있어야 생긴다. 따라서 이 두 요건 중 한쪽이 소멸하면 부양의무 또한 소멸되는데, 부양의무는 부양이 가능한 경우에 한하며, 부양의 정도와 방법에 대해 당사자의 협정을 우선하여 협정이 안 될 때는 당사자의 청구에 의해 가정법원이 부양받을 사람의 생활정도와 부양의무자의 자력, 기타 제반 사정을 참작하여 정하도록 되어 있다(제977조). 이 법을 근거로 생활능력이 없는 부모가 자식에게 부양을 청구할 수는 있으나, 우리나라 민법은 부양청구권에 대한 규정이 막연하여 누구에게 실질적인 생활보장을 해 줄 수 있는 법률이 되지는 못하고 있는 실정이다.

② 학대 피해 노인에 대한 서비스

학대 피해 노인에게는 적절한 치료나 가족과의 분리와 같은 개입 서비스가 필요하며, 또한 노인 자신의 의존성을 줄이고 자립력을 높이기 위한 지원이 필요하다. 노인 학대 피해자는 남성보다는 여성이 많고 건강이 좋지 않은 노인, 사회활동 참여가 저조한 노인으로 의존적인 경우가 많다. 따라서 노인 학대를 예방하기 위해서는 피해노인의 자존감 향상, 의존성 감소를 위한 다양한 프로그램 개발이 필요하다.

③ 학대 피해 노인에 대한 사회적 지원체계 확립

노인이 쉽게 접근할 수 있는 외부 지원체계의 확립이 필요하다. 노인은 학대를 겪고도 참고 있거나 수동적 · 소극적으로 대응하는 경우가 대부분이다. 이는 피학대 노인이 학대 사실을 남에게 알리는 것을 꺼리는 성향이 있기도 하며 또한 외부 원조기관으로 무엇이 있는지, 외부의 원조를 어떻게 구해야 하는지 방법을 알지 못해서 그럴 수도 있다. 그러므로 노인 스스로도 학대에서 벗어나려는 노력을 하는 것이 필요하지만, 더불어 피학대 노인을 돕고 보살필 수 있는 외부 원조기관 및 서비스 프로그램이 마련되어야 한다. 또한 노인이 쉽게 접근할 수 있는 외부 지원체계가 확립되고 그에 대한 홍보가 이루어져야 한다. 학대받는 노인에 대한 외부 지원체계로 노인보호전문기관인 노인학대예방센터의 제 기능화를 위해 시 · 군 · 구 단위의 확대 실시가 무엇보다도 시급하다. 광역자치단체 단위의 노인학대예방센터는 노인 접근성의 문제와 인력배치의 열악성, 피해 학대 노인의 일시보호 수준의 미약성 등의 문제를 가지고 있을 수 있다. 이러한 문제를 해결하기 위해서는 운영비의 대폭적인 증대 및 노인학대예방센터의 확대 설치 · 운영이 절실히 필요하다.

〈부록: 보건복지부 양식〉

노인 학대 위험 체크표

접수번호		피해자명	
피해자 성별	▫ 남 ▫ 여	피해자 나이	□69세 이하 □79세 이하 □80세 이상
조사자명		기관명	
조 사 일	년 월 일 시		

요인	지표	심각 (2)	보통 (1)	없음 (0)	파악 불가
노인 관련	1. 신체적 학대 및 손상의 흔적				
	2. 의료보호 조치 필요				
	3. 노인 스스로 의식주 해결이 불가능				
	4. 학대자와 함께 있는 것에 불안정, 공포감 등으로 신변보호 요청				
	5. 비위생적 환경에서 오랫동안 방치된 흔적				
	6. 소방서, 경찰서에서 보호 요청				
	7. 집이 아닌 곳으로 피신한 상태				
학대 행위자 관련	8. 정신건강(정신질환, 알코올, 약물) 문제				
	9. 조사에 대한 거부, 협박 및 위협				
	10. 가족폭력, 아동학대 경험				
	11. 실업, 이혼, 자녀양육 등 급격한 스트레스				
	12. 경제적 불안정 또는 열악한 상태				
	13. 학대 행위자와 피해자 간의 상반된 의견				
가족 관련	14. 학대 행위자 외 부양자 전혀 없음				
	15. 다른 자녀의 부양 이행 거부, 회피				
	16. 가족원 간의 갈등 및 폭력				
	17. 가족의 사회적 고립				

<table>
<tr><td rowspan="3">생활
환경</td><td>18. 경제적 자원 동원 불가능</td><td></td><td></td><td></td><td></td></tr>
<tr><td>19. 사회적, 정서적 자원 동원 불가능</td><td></td><td></td><td></td><td></td></tr>
<tr><td>20. 노인 학대 지킴 역할 어려움</td><td></td><td></td><td></td><td></td></tr>
<tr><td colspan="2">총 점</td><td colspan="4">점</td></tr>
<tr><td>사정
결과</td><td colspan="5">□일반사례 □학대사례(가정보호, 격리보호)</td></tr>
<tr><td>상담원
의견</td><td colspan="5"></td></tr>
</table>

상담 동의서

나는 상담자가 나의 문제, 목표, 목적을 분명히 하도록 돕고, 나의 문제에 대한 대안을 제안해 줄 것이라고 생각합니다. 이를 위해서 나는 상담자의 요청대로 상담에 적극적으로 임할 것입니다. 또한 상담 목표를 성실히 실행할 것을 약속합니다. 그리고 나의 삶과 행동, 태도에 대해 내가 내리는 결정은 전적으로 나의 책임임을 인정합니다.

상담자: (서명)

내담자: (서명)

날짜: 20 년 월 일

집단상담 프로그램

서 약 서

본인은 ○○○○ 집단상담에 참여함에 있어 다음과 같은 사항을 성실히 준수할 것을 약속합니다.

1. 본 집단상담에 지각, 조퇴, 결석 없이 끝까지 성실히 참여한다.
2. 본 집단상담 중 알게 된 다른 집단원의 비밀을 타인에게 말하지 않고 비밀을 보장한다.
3. 다른 구성원의 말을 경청하고 그 사람의 감정을 이해하려고 노력한다.
4. 본 집단상담 진행 중 개인적인 생각과 느낀 점을 솔직하게 표현하여 마음에 남겨두지 않도록 한다.

20 년 월 일

이름 (서명)

요점 정리

- 노인 학대의 개념은 포함 범주에 따라 다양한 정의를 내릴 수 있다. Fulmer와 O'Malley (1987)의 노인 학대란 노인에게 신체적 고통, 정신적 분노, 비합리적 감금 등을 고의적으로 가하거나, 신체적 · 정신적 건강을 유지하는 데 필요한 일련의 서비스를 부양자가 고의적으로 박탈하여 심리적 · 신체적 · 경제적 상태가 부적절하거나 해로운 결과를 가져오는 행동을 말한다.
- 현대사회에서 노인 학대는 여성이 남성보다 많으며, 학대 행위자는 남성이 많다. 이러한 학대가 발생하는 장소는 가정이 88%로 가장 높은 것으로 나타났다.
- 노인 학대의 주요 요인으로 노인 관련 요인, 가해자 관련 요인, 가해자와 피해자의 상호작용 요인, 가정환경적 요인, 사회문화적 요인 등으로 분류될 수 있다.
- 노인 학대는 발생 장소에 따라 가정, 시설, 기타 공간에서 발생된다. 이러한 학대는 신체적 학대, 언어적 · 정서적 학대, 성적 학대, 경제적 학대, 방임, 자기방임, 유기 등의 형태로 나타난다.
- 노인 학대의 특징으로 배우자 학대 및 아동 학대와는 다르게 학대의 사실을 규명하는 데 여러 가지 어려움이 존재한다.
- 학대받는 노인들의 행동은 적극적, 소극적, 공격적 대처행동을 보인다. 그중 적극적 대처는 분위기를 바꾸어 설득하거나, 미안한 마음을 갖도록 더 잘해 주거나, 관련 전문기관을 찾아 상담을 받거나, 자신의 잘못을 인정하는 등의 대처행동으로 학대 상황을 바꾸어 갈 수 있는 합리적인 노력을 하는 모습을 보인다.
- 소극적 대처는 마음을 표현하지 않고 참고 견디거나, 마주하는 것을 피하는 행동으로 학대 상황에 순응하여 계속 머물게 하는 대처행동을 보인다.
- 공격적 대처는 즉시 소리치고 표현하거나, 상대방의 말을 막고 혼자 말을 하거나, 물건을 던지고 때리거나 더 비난하고 잔소리하는 모습을 나타낸다. 따라서 학대상황은 줄일 수 있으나 서로 간의 관계는 악화될 수 있다.
- 노인과의 원활한 의사소통을 위해서는 일반 노인 및 기타 장애나 질병이 있는 노인에 따라 필요한 의사소통 기술을 숙지하여 대화하는 것이 중요하다.
- 우리나라의 노인 학대 전문체계는 중앙노인보호전문기관, 지역노인보호전문기관, 보건복

지부, 지방자치단체(광역시 · 도, 시 · 군 · 구) 등에서 노인 학대 처리 및 예방을 위한 사업을 진행하고 있다.
- 학대 피해 노인에 대한 대처방안으로 법률상 방지 대책을 마련해야 하며, 학대 피해 노인을 위한 전문서비스와 함께 노인이 쉽게 접근할 수 있는 외부 지원체계의 확립이 필요하다.

연습문제

1. 고령화사회와 연관하여 노인 학대가 발생하는 가장 큰 원인에 대해 논의하라.

2. 노인 학대 피해자의 행동특성과 대처행동에 대해 설명하라.

3. 정서적 학대의 대표적 행위와 예방 대책에 대해 설명하라.

4. 노인과의 효과적인 의사소통방법과 기술에 대해 설명하라.

5. 노인 학대를 예방하기 위한 사회적 차원에서 요구되는 제도나 정책에 대해 논의하라.

참고문헌

강용구 외(2023). 노인복지론. 공동체.

고명석 외(2021). 노인복지론. 동문사.

고보선, 허준수(2005). 노인의 학대 대처행동 결정요인에 관한 연구. 한국노년학, 26(1), 125-141.

고재욱 외(2018). 노인복지론. 양서원.

권금주(2007). 노인 학대 과정에 관한 연구. 이화여자대학교 대학원 박사학위논문.

권중돈 외(2002). 치매와 가족. 학지사.

권중돈 외(2004). 인간행동과 사회환경. 학지사.

권중돈(2012). 치매환자와 가족복지. 학지사.

김원천(2010). 노인 학대유형의 분석에 관한 연구. 호서대학교 문화복지상담대학원 석사학위논문.

김재엽, 김희수(2003). 여성노인의 가정폭력피해실태와 정신건강. 한국노년학, 23(2), 51-65.

보건복지부(2004). 노인 학대예방센터 업무수행지침.

보건복지부(2018). 노인보건복지사업 안내.

보건복지부, 중앙노인보호전문기관(2022). 2021 노인 학대 현황보고서.

서윤(2000). 노인 학대 사례연구. 노인복지연구, 9(1), 155-188.

서윤(2007). 노인복지학개론. 학현사.

서인균(2010). 학대피해경험이 노인의 자살생각에 미치는 영향 연구. 원광대학교 일반대학원 박사학위논문.

신경안 외(2023). 노인복지론. 양서원.

심미영(2014). 노인 학대피해경험이 정신건강에 미치는 영향. 조선대학교 대학원 박사학위논문.

양옥남(1995). 노인학대에 대한 노인의 대처유형 연구. 이화여자대학교 대학원 석사학위논문.

이은희 외(2017). 새로 쓴 노인복지론. 학지사.

이해영(2006). 노인복지론. 창지사.

정상위(2004). 노인 학대에 관한 연구. 조선대학교 정책대학원 석사학위논문.

정원철 외(2022). 위기상담. 양서원.

최해경(1993). 노인 학대에 관한 인식과 원조요청 태도에 관한 연구. 전주대학논문집, 22, 273-286.

중앙노인보호전문기관 홈페이지, https://noinboho1389.or.kr/

Bennett, G., & Kingston, P. W. (1993). *Elder abuse: Concept, theories and interventions*. London: Chapman & Hall.

Block, M. R., & Sinnott, J. D. (1979). Methodology and results. In M. R. Block & J. D. Sinnott (Eds.), *The battered elder syndrome: An exploratory study* (pp. 67-84). MD: University of Maryland. Center on Aging.

Comijs, H. C., Smit, J. H., Pot, A. M., Boutler, L. M., & Jonker, C. (1999). Risk Indicators of Elder Mistreatment in the Community. *Journal of Elder Abuse & Neglect, 9*(4), 67-76.

Douglass, R. L., Hickey, T., & Noel, C. (1980). *A study of maltreatment of the elderly and other vulnerable adults*. Ann Arbor: Institute of Gerontology, University of Michigan.

Dubois, B., & Miley, K. K. (1997). *Social work: An empowering profession* (3rd ed.). Boston, MA: Allyn & Bacon.

Fulmer, T., & O'Malley, T. (1987). *Inadequate care of the elderly.* New York: Springe.

Lazarus, R. S., & Folkman, S. (1984). *Stress appraisal and coping.* New York: springer.

Matheny, K. B., Aycock, D. W., Pugh, J. L., Curlette, W. L., & Silva Cannella, K. A. (1986). A qualitative and quantitative synthesis with implications for treatment. *The Counseling Psychologist, 14*, 499-549.

McDonald, L. (1996). Abuse and neglect of elders. In J. E. Birren (Ed.), *Encyclopedia of Gerontology: Age, Aging, and the Aged, Volume 1* (pp. 1-10). San Diego, CA: Academic Press.

Pillemer, K. A. (1986). Risk factors in edler abuse: results from a case-control study. In K. A. Pillemer & R. S. Wolf (Eds.), *Elder abuse: conflict in the family* (pp. 239-263). New York: Aubum House.

Pillemer, K., & Finkelhor, D. (1989). Causes of elder abuse: Caregiver stress versus problem relatives. *American Journal of Orthopsychiatry, 59*(2), 179-187.

제11장

노인 자살 상담

노인 자살은 개인적인 현상이기도 하지만 사회문화적 현상과 밀접한 관계가 있다. 자살은 한 가지의 원인에 의해 일어나기보다는 다차원적인 원인으로 발생할 수 있으므로 자살현상을 올바르게 이해하기 위해서는 다각도의 접근이 요구된다. 이러한 자살 상담은 자살 사고를 가지고 있거나, 자살을 시도한 경험이 있거나, 자살 가능성을 지니고 있는 내담자를 대상으로 하는 전문적인 상담활동으로 삶의 위기에 대한 의지를 북돋아 주고 스스로 자기 삶의 주인이 되어 일어설 수 있도록 상담하는 것이 필요하다.

이 장에서는 상담자가 노인을 대상으로 한 자살 상담을 올바로 이해하기 위해 노인 자살 상담을 자살의 개념, 자살의 원인과 편견, 노인 자살의 특성으로 나누어 살펴보고 노인 자살 상담의 개입을 자살의 신호, 노인 자살 상담방법, 노인 자살 전문체계로 각각 알아보고자 한다.

1. 노인 자살의 이해

통계청에 따르면 2000~2020년 자살로 사망한 65세 이상 노인은 약 92,000명, 연평균 4,600명에 이른다. 이 통계를 단순히 산술적으로만 보자면 하루 평균 12.6명, 약 2시간마다 1명의 노인이 자살로 사망하고 있는 것이다. 굳이 OECD 회원국 중 '우리나라가 노인 자살 1위'인 것을 논하지 않아도 결코 간과하기 어려운 죽음의 수치이다. 모든 연령, 모든 이들의 죽음이 마찬가지이지만, 한 사회에서 60년 이상을 살아온 구성원이 자살로 생을 마감한다는 것은 매우 안타깝고 경각해야 할 일이다. 자칫 자살은 당사자가 선택하고 결정한 그 사람의 문제, 개인의 문제로 오해되지만, 엄밀하게 들여다보면 우리 사회가 생애 위기에 처한 구성원들이 안전하게 생존할 수 있는 보호시스템을 갖추었는가와 관련된 사회문제이기 때문이다. 또한 한 사회를 이끌어왔던 현재의 노인세대가 어떻게 삶을 마무리하는가는 다음 세대에게도 자신이 속한 사회를 신뢰하는 근거가 되며, 무엇보다 자신에게 도래할 노년 삶의 질을 예측하는 메시지가 된다.

1) 자살의 개념

(1) 자살

자살은 의도적으로 자신의 생명을 끊는 행위를 말한다. 자살의 영어 단어인 suicide의 어원은 'sui(자기 자신)'을 'cædo(죽이다)'의 합성어로, 자살이란 그 원인이 개인적이든 사회적이든, 당사자가 자유의사로 자신의 목숨을 끊는 행위를 말한다. 세계보건기구(WHO)는 '자살이란 자살행위로 인하여 죽음을 초래하는 경우로 죽음의 의도와 동기를 인식하면서 자신에게 손상을 입히는 행위'로 정의하고 있다.

코로나19 팬데믹 이후 사회적 고립과 경제난, 상대적 박탈 등에 따른 자살 사망자가 늘어나고 있는데, 통계청이 발표한 '2023년 사망 원인 통계'를 보면 인구 10만 명당 자살 사망자 수를 뜻하는 자살률은 27.3명으로 같은 수치를 기록한 2014년 이후 가장 높게 나타났다. 연령별로는 60대 자살률의 2022년 대비 증가율이 13.6%로 가장 높았다. 그 뒤는 50대 12.1%, 10대 10.4% 등 순이었다. 성별 자살률은 남성 38.3명, 여성 16.5명이었다. 사망 원인 중 자살의 순위는 전체 연령대로는 5위(4%)였는데, 10~30대에서는 1위, 40~50대에서는 2위였다. 국제비교로 보면, 한국의 연령표준화 자살률은 2023년 기준 24.8명으로 경제협력개발기구(OECD) 국가 중 가장 높았다. OECD 평균은 10.7명이었다.

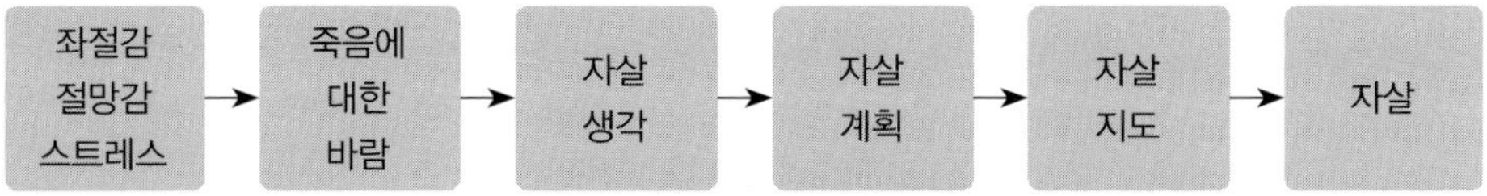

[그림 11-1] 자살 행동 과정

출처: Henry et al.(2004)

(2) 노인 자살

노인 자살은 65세 이상의 사람이 스스로 목숨을 끊는 일로, OECD 국가 중 가장 높은 자살률이며, 우리나라의 자살률이 낮아지지 않는 이유 중 하나는 노인 자살률의 증가 추세 때문이다. 노년기 자살은 퇴직으로 인한 사회적 지위의 상실, 배우자의 사망, 건강 악화, 만성질환, 신체적 · 정신적 장애, 사회적 고립, 재정적 어려움, 가족불화에 따른 절망감, 상실감, 무력감, 우울감을 느끼게 되어 발생한다.

우리 사회에서 청소년의 자살 현상은 사회적인 관심의 대상이 되고 있으나, 노인 자살은 그렇지 않다. 이는 청소년에 비해 노인에 대한 차별적 인식이 존재하고, 노인 공경 등 전통적 사상에 반하는 노인 자살에 대한 논의를 사회적으로 은폐하려는 경향이 있으며, 또한 노인층의 자살률이 그리 높지 않다고 생각하고 있다는 점이 그 이유가 될 수 있다(김형수, 김상호, 2009). 실제로도 청소년들은 약 200건의 자살 시도가 1건의 자살사망으로 이어지는 반면, 노인의 경우에는 4건의 자살 시도가 1건의 자살사망으로 이어지고 있다. 이는 다시 말해 노인 자살의 경우 훨씬 더 심각하다는 뜻으로 노인들은 실제로 굳은 자살의지를 가지고 결행에 옮기는 것이라고 할 수 있으므로 주변 사람들의 주의 깊은 관찰과 개입이 필요하다(김춘경 외, 2016).

2) 노인 자살의 원인

(1) 노인 자살의 위험요인(정관용, 2016)

노인 자살의 요인은 복합적이어서 그 현상을 이해하기란 쉽지 않다. 일반적으로 노인 자살과 관련된 요인으로는 퇴직에 따른 직업역할의 상실, 건강 약화, 만성질환, 신체적 · 정신적 장애, 사회관계 범위의 축소, 배우자의 상실, 경제적 불안정, 가정불화, 우울 증상 등을 들 수 있다. 이러한 다양한 요인 중 단일 요인에 의해 노인 자살이 발생하는 것이 아니라 여러 가지 요인들이 복합적으로 작용하여 발생한다(김형수, 김상호, 2009). 이러한 요인을 인구 사회학적인 요인과 심리적 요인, 사회 환경적인 요인으로 나누어 구체적으로 살펴보고자 한다.

① 인구 사회학적인 요인

배우자의 부재나 은퇴 등으로 인한 사회적 지위 상실, 경제적인 어려움으로 인한 우울감이 노인 자살에 중요한 요인으로 작용한다. 독거노인의 경우는 가족과 같이 생활하는 노인에 비해 스트레스 수준이 높으며, 특히 배우자가 있는 노인보다는 없는 노인이 스트레스 정도가 높게 보고되고 있다(김영주, 2009).

노인의 건강 상태는 객관적인 질병의 유무와 함께 본인 스스로 지각하는 지각된 건강상태 또한 중요한 요인으로 작용한다. 신체질병으로 인한 스트레스는 우울증을 유발하는 인자이며, 배우자가 없는 노인이 배우자가 있는 노인에 비해 건강문제나 가족 간의 갈등 스트레스를 더욱 많이 받고 있다. 1인 가구 노인은 다른 계층과 비교하여 스트레스와 우울 수준이 높게 나타나 자살 생각과 자살에 대한 위험이 크다. 또한 건강으로 인한 질병도 우울 과정을 거쳐 자살을 생각하게 하는 요인이다(김정현 외, 2022).

② 심리적인 요인

노인 자살의 심리적인 요인은 우울증이다. 노화로 인한 건강상태는 자살에 매우 중요한 영향을 주는데 그중 우울증은 많은 연구에서 자살과의 상관관계가 있으며 노인 자살의 가장 중요한 요인이다. 노인은 상대적으로 다른 연령대와 비교하여 스트레스의 대처능력이 낮기 때문에 노인이 갖고 있는 자살 생각은 초기에 적극적으로 치료되어야 한다(김정민 외, 2016). 무엇보다도 다른 연령층에 비해 노인의 스트레스에 의한 자살이 심각한 이유는 다른 연령층보다 충동적인 자살행위가 아닌 심사숙고형 자살행위가 많기에 자살 성공률이 높다는 점이다(이승민 외,

2024).

자살의 원인도 다른 연령층에 비해 단일요인이 아닌 만성적이거나 복합요인인 경우가 더 많다. 우리나라에서 노인 자살 원인으로 건강 문제 중 우울증이 가장 큰 요인으로 나타나고 있고, 미국의 경우에서도 자살을 시도하는 노인들의 과반수가 우울 증상을 가지고 있다. 자살 생각과 다양한 요인과의 상관관계에서 우울 성향, 스트레스, 자아통제감이 높은 관련성을 보이고 있는데, 특히 스트레스가 자살 생각과 관련성이 가장 높은 것으로 나타났다. 노인 우울에 대한 대처능력이 낮아 자살 생각과 행동을 유발할 가능성이 크다. 노인 스트레스와 우울은 현실에 대한 도피 욕구를 증가시켜 극단적인 자살을 생각하게 하는 요인이다(정관용, 2016).

③ 사회 환경적인 요인

사회적 지지란 사회 환경에서 다른 사람이 나에게 행동하는 다양한 방식의 지지를 포괄적으로 포함하는 개념이다. 사회적 지지에는 사회구성원들이 제공하는 노인에 대한 경제적 지원이나 문제해결에 필요한 정보제공, 심리적인 칭찬, 인정이 포함된다. 사회적 지지는 노인의 건강함 삶에 긍정적인 영향을 주는 것으로 보고되고 있으나, 고령화되면서 이와 같은 사회적 지지가 줄어들게 된다. 따라서 사회적 지지가 줄어든 노인은 우울감과 스트레스 증가의 주요 원인이 되어 노인 자살에 영향을 주는 요인으로 작용한다.

(2) 자살에 대한 오해와 진실(한국생명의전화, www.lifeline.or.kr)

자살은 한국의 대표적인 사회문제로 자리 잡았지만, 여전히 우리는 오해와 편견에 사로잡혀 있다. 우리가 알고 있는 오해와 편견만 바로잡아도 얼마든지 도움을 줄 수 있다. 이러한 자살에 대한 오해는 자살 위험에 처한 사람들을 도울 수 있는 기회를 놓치게 할 수 있으므로 자살에 대한 가장 흔한 오해와 진실을 이해하는 것은 매우 중요하다.

- 오해 1: 자살 생각이나 계획이 있는 사람들은 자신의 생각을 다른 사람에게

말하지 않으며, 자살은 어떤 경고 없이 일어난다.

- 진실 1: 10명 중 8명은 그들의 자살의도에 대한 경고 신호를 보낸다. 어떤 경고 신호들은 인식하기가 힘들다. 하지만 이 신호들이 무슨 뜻이며 어떻게 나타나는지 이해한다면, 그의 자살의도를 알 수 있다.

- 오해 2: 자살에 대해 이야기하는 사람들은 자살을 하지 않을 것이다.
- 진실 2: 자살 생각이나 자살시도는 '도움을 찾는 외침'이다. 도움을 찾아 외치는데도 주변에서 반응을 하지 않는다면 비극적인 결과가 생길 수 있다.

- 오해 3: 자살에 대해서 말하는 사람은 단지 주의를 끌고 싶기 때문이다.
- 진실 3: 아무리 사소한 일이라도 자살에 관해 이야기하거나 관심을 끄는 행동은 도움을 찾는 외침이므로 경청하고 반응을 해야 한다.

- 오해 4: 자살하는 사람들은 죽음에 대해 몰두하고 있다.
- 진실 4: 자살하는 사람들의 대부분은 경고 신호를 보낸다. 아무런 경고 신호도 없이 죽음에 몰두해 있는 사람들은 매우 적다. 대부분의 사람들은 자신이 겪고 있는 심한 정서적인 고통이 끝나기를 바라고 죽기를 원하지 않는다. 대부분은 이와 같은 양가적인 감정을 가지고 있다.

- 오해 5: 자살에 대해 직접적으로 이야기하는 것은 자살 시도를 하려는 사람들의 목숨을 끊게 할 수 있다.
- 진실 5: 자살과 자살감정에 대해 이야기하는 것은 자살하는 사람에게 그것에 대해 이야기해도 좋다는 것을 허용하는 것이다. 민감성을 갖고 보살피는 마음으로 이야기함으로써 당신이 그들을 보살펴 주며, 도와주고, 그와 함께 있다는 것을 전하게 된다.

- 오해 6: 자살하는 사람들은 모두 정신병적 행동을 하는 사람이다.

- **진실 6**: 자살을 시도하는 대다수는 정신병을 가졌다고 진단을 내릴 수 없다. 그들은 어떤 특정한 시기에 고립감을 느끼며, 극심한 불행감과 외로움을 느끼는 사람들이다. 자살 생각과 행동들은 그들이 대처할 수 없다고 느끼는 삶의 스트레스와 상실감의 결과일 수 있다.

- **오해 7**: 특별한 유형의 사람들만이 자살을 시도하거나, 자살을 하거나 혹은 자살 생각을 한다.
- **진실 7**: 자살에 대한 생각, 감정, 행동은 사회 계층, 종교집단, 연령, 사회 수준에 상관없이 누구에게나 일어날 수 있다.

3) 노인 자살의 특성

자살은 대개 양가감정을 갖는다. 즉, 자살을 실행에 옮기기 직전까지도 죽을까 말까 고민을 계속하며, 한편으로는 죽고 싶어 하지만 다른 한편으로는 살고 싶어 하는 마음이 동시에 존재하는 것이다. 많은 경우 자살은 파괴적 생각을 행동으로 옮길 만큼 충분한 에너지를 가지고 있는 회복기에 일어난다.

노인들은 현대인들이 현재 경험하는 삶이 무의미와 회의, 실존에 대한 불안을 더욱 크게 느끼고 있다. 특히, 가족들의 지원을 받기 어려운 노인은 경제적, 신체적, 정신건강 측면에서 매우 취약하다. 특히 독거는 자살률과 높은 연관성을 보이는데, 그 이유로는 함께 기거하는 가족이 없어 상대적으로 외로움을 더 많이 느끼며 지지체계의 부족으로 어려운 상황에서 삶을 쉽게 포기하기 때문이다. 또한 독거노인은 비독거노인보다 낮은 삶의 의미 수준을 보이며 높은 자살 생각과 우울 수준을 보인다는 연구결과가 이를 뒷받침하고 있다(권태균, 2023).

다음과 같은 자살의 특성을 이해해야 한다(이혜선, 육성필, 2006).

- **경고신호**: 징후가 나타날 때 민감하게 평가하고 적절한 시기에 개입해야 한다.
- **시간 제한성**: 적극적 경청, 질문, 정서적 고통 완화 등으로 최대한 시간을 확

보해야 한다.

- **양가감정:** 생사에 대한 확신이 없음을 이해하여 그 감정에 접근해야 한다.
- **의사소통방법:** 알리고 싶은 것, 말하고 싶은 것, 도움을 받고 싶은 것을 확인해야 하고, 대안을 생각할 수 있도록 지원해야 한다.
- **대인관계:** 대인관계 축소는 사회적 고립 야기로 우울감 발생을 높인다.
- **충동성:** 스트레스 과정에서 상황에 압도되어 통제력을 잃고 충동성이 생기면 그 순간 극단적 선택 확률이 높아진다.

2. 노인 자살 상담의 개입

노인들의 자살 시도와 자살 성공률이 증가하고 있다. 정서장애 환자의 사망원인 중 15%가 자살이라는 점을 볼 때 노인에게 우울 증상이 있을 경우 자살의 가능성을 충분히 평가해야 한다. 우울증 환자에게 자살에 대한 질문을 하게 되면 자살사고를 심어준다거나 자살 시도를 촉발하게 될 것이라는 공포감 때문에 자살에 대한 논의를 회피하는 경우가 있는데, 이는 잘못된 생각이다. 도리어 자살에 대해서 직접적으로 토론하는 것이 내담자를 안정시키게 되며, 내담자는 자신의 생각과 계획을 대부분 있는 그대로 이야기한다. 노인이 자살할 위험이 가장 높은 시기는 우울증에서 어느 정도 회복되었다고 평가되는 시기이기 때문에 심각한 위험시기가 지난 후에도 상담자는 수개월 동안 내담자의 상태를 주의 깊게 살펴야 한다(이호선 2022).

1) 자살의 신호

(1) 자살하려는 노인이 보내는 신호(한국자살예방협회, suicideprevention.or.kr)

① 자살하려는 마음을 감정으로 표현한다.

- 근심과 슬픔이 가득한 얼굴 표정을 짓는다.

- 자주 눈물을 흘린다.
- 감정을 잃어버린 듯 멍한 표정으로 지낸다.

② 자살하려는 마음을 말로 표현한다.

- “더 살아서 뭐 하나” “이만큼 살았으면 됐지” “살 만큼 살았다”
- “너희들에게 부담되기 싫다”
- “나는 아무짝에도 쓸모가 없다”

③ 자살하려는 마음을 행동으로 표현한다.

- 자꾸만 혼자 있으려고 한다.
- 옷차림이나 위생에 신경을 쓰지 않는다.
- 술을 많이 마신다.
- 병에 걸려도 약을 먹지 않는다.
- 재산이나 신변을 정리한다.
- 소중히 여기던 물건을 나누어 준다.
- 약을 구입하여 모은다.

(2) 노인이 자살 신호를 보낼 때는 이렇게 대처하라(한국자살예방협회, suicideprevention.or.kr)

- 자살을 어떻게 생각하는지, 자살에 대해 적극적으로 물어보라.
- 노인의 자살 신호를 감지했다면, 자살에 대해 생각하고 있는지 물어야 한다. 왜 죽으려고 하는지 묻고, 그 마음을 이해하고 공감해 주어야 한다.
- 노인의 말을 귀 기울여 주의 깊게 경청한다.
- 입장을 바꾸어 생각해 본다.
- 말의 내용뿐만 아니라 감정에 주의를 기울인다.
- 옳고 그름을 섣부르게 판단하지 않는다.
- ‘죽고 싶다’라는 말은 곧 ‘도와 달라’는 말이라는 것을 명심하고 문제를 해결

하려는 자세를 가진다.

• 자살 신호를 보내는 노인이 특히 위험하다는 것을 알아야 한다.

2) 노인 자살 상담 방법

노인 자살과 관련하여 가장 중요한 것은 우울 증상이 있는 노인이 자살을 하고자 하는 증상이나 양상이 보일 때 상담자가 신속하게 이를 알아차리는 것이다. 노년기에는 신체질환으로 인한 건강악화, 빈곤으로 인한 생활고와 관계 해체로 인한 외로움 및 고독 등과 같은 생활상의 어려움을 피하기 어렵다. 이러한 상황에 처한 노인은 더 이상 자신의 삶을 스스로 통제하기 어려움을 느끼고 무력감에 빠지며 자녀에게 짐이 되는 것을 부담스럽게 여기게 되어 자살을 생각하고, 불행히도 적지 않은 노인들이 자살로 생을 마감하고 있다. 이러한 노인 자살을 최근에는 개인의 선택으로 간주하여 관대하게 받아들이고, 자식에게 짐이 되지 않기 위한 노부모의 아름다운 마음으로 미화하는 사회 분위기마저 나타나고 있다. 그렇지만 노인 자살은 비극적으로 삶을 마무리하는 노인 개인뿐만 아니라 남은 가족의 삶과 우리 사회에 미치는 파장을 고려할 때, 시급하게 해결해야 할 사회문제임이 분명하다.

〈표 11-1〉 어떻게 내담자의 자살 증후를 알 수 있는가?

누가	죽음의 주제가 내담자에 관한 것인가를 물어보라.
언제	몇 년, 몇 월, 며칠, 몇 시 언제쯤 등 구체적 시간을 물어보라.
어디서	구체적 장소를 물어보라(집인지, 집이라면 안방인지, 부엌인지 등).
무엇을	자살 의도인지 구체적으로 물어보라.
어떻게	방법(목을 맬지, 뛰어내릴지 등), 도구(농약, 연탄, 칼 등)를 사용할 것인지 등을 자세히 물어보라(질문이 너무나 생생하고 구체적이라면 오히려 위험도는 증가함).
왜	자살의 이유를 물어보라(돈 문제인지, 불화인지, 건강인지 등).
자살할 가능성을 반드시 살피고, 자살 방지 계약을 맺으라!	

〈표 11-2〉 자살 방지 계약의 내용

1. 상담을 받는 동안에는 절대 자살하지 않는다. 2. 상담을 받는 동안 자살 사고, 자살 의도가 생길 경우 상담자에게 반드시 알린다. 3. 자살 방지 계약서 작성 시 반드시 문서화하고, 상담 시 필요한 경우 내담자에게 재확인시킨다.

(1) 노인 자살 상담자의 역할

과거 자살 생각을 가졌던 사람이 과거에 자살 생각이 없었던 사람에 비해 나중에 자살로 사망할 가능성이 높게 나타나고 있다. 자살 상담에 임하는 상담자는 자살 문제를 진지하게 받아들여야 하며 내담자의 내적 고통과 정서적 혼란 등을 이해하고 공감해야 하며, 상담자가 자살하려는 내담자들과 강력한 긍정적 관계를 맺는 것이 무엇보다 필수적이다. 자살 위기상담은 초기에 적절하게 대응하는 것이 매우 중요하다. 적절하게 대처한다면 한 생명을 구할 수 있다. 그러나 적절하게 대응하지 못하는 경우, 내담자는 더욱 마음의 문을 닫아 버릴 수 있다.

- 자살 위기에 처한 사람의 관점에서 이해하라.
- 정확한 평가를 위한 문제점을 점검하라.
- 구체적이고 직접적인 질문을 하라.

◈ 자살 상담에 임하는 자세(대한신경정신의학회, www.knpa.or.kr)

자살 상담은 심리치료나 일반적인 상담과는 다르게 위기의 종류, 내담자의 특성 등에 따라 다음의 기법들을 조절하여 사용해야 한다.

① 즉각적으로 개입한다

위기는 말 자체가 내담자가 극도로 정서적인 혼란을 경험하게 하는 위험에 처해 있다는 뜻이다. 위기에 처한 사람이 아무런 도움을 받지 못하고 위험한 상황에 오래 머물러 있을수록 불안과 고통이 심해지기 때문에 즉각적인 개입이 필요하다.

② 관심을 가지고 자신 있게 대한다

위기 상황에서는 일단 내담자를 어느 정도 안심시키는 것이 필요하다. 상담자가 자신 있게 문제를 해결하는 모델이 되어 정보를 제공하고 여러 대안들 중에서 선택을 하는 모습을 보인다면 내담자도 보다 적절하게 행동할 가능성이 높아진다.

③ 자세한 상황적 정보를 얻는다

위기가 발생하게 된 원인에 대해 사실적인 정보를 자세히 알아보아야 한다. 사실을 확인함으로써 문제해결의 실마리가 풀릴 뿐 아니라 내담자가 합리적으로 행동하고 있는가의 여부를 알 수 있으므로, 상담자는 그에 따라 치료계획을 세울 수 있다.

④ 위기 상황이 발생했다는 것을 내담자가 받아들이도록 지원한다

내담자가 자제력을 잃거나 감정에 압도당하지 않고 위기 사건을 탐색할 수 있도록 상담자가 도와주어야 한다.

⑤ 현실적인 희망과 기대감을 주어야 한다

상담자는 진실하고 현실적이어야 한다. 위기상황에서 내담자는 우울, 불안, 긴장 등을 가질 수 있다. 상담자는 내담자가 결국에는 위기를 극복할 것이라는 희망과 기대감을 심어주어야 한다.

⑥ 행동으로 옮기는 것이 중요하다는 것을 인식한다

위기를 경험하는 사람은 매일매일의 과제를 해결할 수 있는 실제적인 도움을 필요로 한다. 위기상담은 내담자가 실제 생활에서 적용할 수 있는 행동을 제시해 주어야 한다.

⑦ 사회적 지지의 네트워크를 재수립하도록 한다

내담자가 주변의 도움을 받도록 한다. 동료, 친구, 가족 등의 내담자가 위기를 경험하고 있는 동안 지지를 제공하고 일시적인 도움을 준다면, 내담자는 위기 상황을 해결하는 것에 자신의 에너지를 좀 더 집중해서 사용할 수 있다.

⑧ 집중적인 문제해결을 위해 노력한다

상담자는 내담자의 문제를 모든 각도에서 확인하고 내담자가 동의하면 어려운 상황을 해결하거나 개선하기 위한 전략들을 검토하여 그중의 하나를 시도해 볼 수 있다.

⑨ 내담자의 해결 능력을 고려한다

문제해결을 위한 전략은 어떤 것이든 내담자가 스스로 달성할 수 있다는 범위 내에서 이루어져야 한다.

⑩ 자립을 격려한다

내담자가 스스로 돌보고 독립성을 가질 수 있는 방법을 모색하는 시간을 가져야 한다. 자살 위기상담의 내담자 중에서 대다수 개인의 문제가 아니고 가족과 관련되어 있으므로 필요한 경우 가족치료의 개입이 필요하다.

(2) 노인 자살 상담의 목표(이호선 2022)

위기에 처한 사람들은 심리적 긴장과 무기력을 경험하고 있어서 자신의 상황을 객관적으로 파악하기 어렵다. 이러한 위기에 처한 사람들을 상담하기란 어렵지만 이러한 위기에서 탈출할 수 있도록 지원하는 것이 바로 상담자의 책임이다. 자살 위기상담자는 늘 긴장하고 많은 부담감을 가지고 상담에 임하지만, 벼랑 끝에 놓인 내담자들을 상대해야 하므로 생명을 살린다는 사명감으로 상담에 임해야 한다.

① 자살 사고의 위험 수준을 진단하여 타기관에 의뢰하거나 가족통지 여부를 결정한다

자살 위험 진단 척도를 사용하여 자살 가능성을 평가하고 진단하여 자살 위험성이 높을 경우는 내담자가 약물치료를 받을 수 있도록 하거나 가족에게 통지할 것인지를 결정하고, 비교적 자살 위험이 낮거나 상담관계를 통하여 내담자의 문제가 다루어질 수 있다고 여겨지면 상담을 진행한다.

② 자살 위기를 안정시킨다

내담자의 자살 위기는 상담 상황에서 긴급으로 진행된다. 상담자는 내담자의 자살 위기를 안정시키는 것이 무엇보다 중요하다.

③ 필요한 경우 내담자와 약물치료의 가능성과 방법, 그 효과에 대해 논의한다

상담자는 내담자와 충분한 논의를 통하여 약물치료의 장점과 현 상황의 변화 가능성 등을 내담자에게 인식시켜야 한다. 자살에 대한 충동은 약물치료를 통해 좋아지는 경우가 많기 때문에 이러한 정보를 알려주고 이에 대한 반응을 살피도록 한다.

④ 자살과 관련하여 내담자와 상담자 간의 일련의 계약을 선정하고 이에 대한 약속이행을 주지시킨다

내담자가 자살을 하겠다고 대답하면, 일차적으로 내담자를 안정시켜야 한다. 그 후 자살의 방법과 경로 등을 자세히 묻고 자살을 하게 될 경우 반드시 상담자에게 미리 알려 줄 것을 약속받는다. 만약 자살을 하지 않거나 보류하겠다고 하는 경우는 자살을 하지 않겠다는 계약서를 작성하고 이에 서명하도록 해야 한다. 그 외에 자살과 관련된 자세한 내용들은 분명한 기록으로 남기도록 한다.

⑤ 수면과 섭식 패턴이 안정될 때까지 신중하게 관찰한다

자살 의도를 가지고 있는 경우 대체로 수면이 불규칙하고 음식 섭취가 이루어지지 않는 경우가 많다. 상담과정을 통하여 충분한 수면과 적절한 음식섭취에 관해 함께 약속하도록 하며 내담자가 수면과 섭식에서 안정을 찾을 때까지 이에 대한 지속적인 관찰을 해야 한다.

⑥ 억압된 정서와 감정을 자유롭게 표현하도록 돕는다

자살을 생각하는 노인들은 감정에 대한 억압이 강하고 그만큼 자신들의 심리적 상처, 아픔, 정서 상태 등을 잘 표현하지 않는다. 이는 현재 겪고 있는 심각한 상황 때문이기도 하지만 동시에 노인의 의사표현 방식과 자기대처 방식이기도 하다. 상담자는 노인이 억압된 감정을 충분히 이야기하고 자신의 정서를 표현할 수 있도록 지원해야 한다.

⑦ 자살과 관련된 모든 것을 자세하게 말할 수 있게 한다

내담자가 자살과 관련한 자세한 내용과 상황, 그리고 계획까지 자세히 이야기하도록 지원하고 격려할 필요가 있다. 이것은 실제 자살의 과정을 파악하고 이에 대한 적극적인 대처를 위한 것으로 자살 상담에 있어서 중요한 목표가 된다.

⑧ 자살 사고를 중심으로 한 개인적 역사 및 사건을 확인한다

노인이 자살을 결심하거나 자살을 시도했던 이유는 대부분 최근 일어난 복잡다단한 일들과 풀릴 것 같지 않을 일들이 한꺼번에 노인에게 일어난 경우가 많다. 특히 사별을 경험했거나 환경 변화와 원치 않는 사건들이 일시에 발생할 경우 자살 의도가 자극될 가능성이 높으므로 상담자는 내담자 개인의 인생 역사와 더불어 최근 발생하여 내담자에게 영향을 미친 사건들을 탐색해야 한다.

⑨ 자살 사고가 없거나 미약하였던 이전의 기능 수준으로의 회복을 도모한다

자살을 시도하거나 자살을 생각하는 노인들과의 상담의 주요 목표는 이들이 안전하고 심리적으로 스스로를 지지할 수 있었던 이전의 기능 수준으로 회복되도록 돕는 것이므로 상담자는 이러한 목표를 기억하고 상담의 과정에 임해야 한다.

⑩ 자기효능감 및 자신의 삶에 대한 긍정적 시각을 모색한다

상담자는 자살을 생각하고 있는 내담자가 삶과 이 시기에 자신이 이루어 놓은 결과들에 대한 실패감, 생의 좌절감, 무가치감을 가지고 있는가를 탐색하고 보다 긍정적인 방향으로 삶을 바라보고 새로운 시각을 가지도록 도움을 줄 수 있다.

⑪ 자살에 이르기까지의 내면적 과정을 탐색하고 긍정적인 변화 모델을 살핀다

내담자의 내면의 세계를 탐색하고 그 세계 속에 나타나는 다양한 삶의 변인들을 살펴 이 변인들이 긍정적인 역할을 하도록 하는 것이다. 이때 상담자는 내담자가 가지고 있는 불안에 안정적으로 대처해야 한다.

⑫ 술이나 약물 의존 여부를 확인하며 별도의 치료계획을 세운다

자살 의도는 알코올에 의존하거나 특정 약물에 의존할 때 보다 강해질 수 있으므로 알코올이나 약물에 대한 의존 여부를 살펴 상담 과정에 이를 적용하도록 해야 한다.

(2) 노인 자살 상담의 개입(이혜선, 육성필, 2006)

① 1단계: (자살 의도) 질문을 하라

내담자는 누군가와 자신의 이야기를 하고 싶어 한다. 자살에 대해 직접적인 질문을 하라. 당신의 머릿속에 떠오른 질문이 '이 사람이 자살할 가능성이 있을까?'라면, 그 사람의 머릿속에서 이미 당신이 걱정하고 있는 일이 일어나고 있을 가능성이 매우 높다. 그러므로 의심스럽다면 질문을 하라. 긴장을 풀고 물어보라.

"몹시 힘들어 보이는데, 혹시 죽음이나 자살에 대해 생각하고 있나요?" "목숨을 끊는 것에 대해 생각해 본 적이 있나요?" "더 이상 살고 싶지 않다고 생각해 본 일이 있나요?" 또는 "잠이 들어서 영원히 깨어나지 않았으면 좋겠다고 바란 적이 있나요?" 하고 질문하라.

만일 어떤 사람이 죽음에 대해서 암시를 하는 것 같다면(예: "다 정리해 버리고 싶은 마음이에요.") 머뭇거리지 말고 직면하라. "지금 자살에 대해서 생각하고 있다는 말인가요?" 또는 "자살에 대해 생각해 보신 적이 있나요?"라고 질문하라.

② 2단계: 시간을 벌어라

내담자가 자살을 시도하려 한다는 것을 알았다면, 자살을 뒤로 미루고 대화와 상담을 나눌 수 있도록 하라. 이제 당신과 이야기하는 사람이 자살하려 한다는 것을 알았다면, 다음 질문은 정도에 관한 것이다. 이것은 평가를 위한 질문이다. 다음 부분에서 평가에 대해 좀 더 다루겠지만, 이 시점에서는 다음 두 가지 질문에 대해 대답하는 것이 중요하다.

- 10분 안에 죽기를 원하는가, 아니면 자살을 조금 뒤로 미룰 수 있는가?
- 우리가 이야기를 나눌 수 있을까?

이 질문들에 대한 대답이 "그렇다. 자살을 뒤로 미루고 대화를 나눌 수 있다"라면 우리는 시간이 좀 있는 것이다. 자살에 대해서 생각해 왔느냐는 질문을 받으면 대부분의 사람은 대화를 나누고 싶어 한다. 사실 그들은 몇 주, 몇 달 또는 몇 년 동안 누군가와 이야기하기를 기다려 왔다. 그렇기 때문에 어떤 사람이 자살하려고 한다는 당신의 두려움이 맞는 것으로 확인되었을 때, 경청의 과정을 시작하는 것이 좋다.

③ 3단계: 안전한 치료적 환경을 만들어라

상담을 시작하기로 하였다면, 안전한 환경을 만들어야 한다. 전화 상담일 경우 위험성이 높다고 판단되면 그의 위치를 확인하여 경찰, 전문가에게 연락해야 한다. 자살을 뒤로 미루고 대화를 나누기로 하였다면 다음의 두 가지 아주 중요한 것을 이루어 나갈 것에 동의할 필요가 있다.

- 안전한 환경을 조성한다.
- 자살이 해결할 수 있는 문제에 대해 알아본다.

안전한 환경을 만들어 간다는 것은 간단히 말해 그 사람이 가지고 있거나 근처에 두고 있는, 자신에게 해를 미칠 수 있는 어떠한 수단도 제거한다는 것을 의미한다. 이것은 칼이나 면도날, 권총 또는 그가 소지하고 있는 알약 같은 것을 달라고 요청하는 것이다. 만일 10층 건물의 창문 밖 난간에 기댄 채 뛰어내리겠다고 하는 사람과 대화를 하고 있다면 안에 들어와서 이야기하자고 하는 것이 안전한 환경을 만드는 길이다. 알약이나 칼을 치우는 것도 마찬가지다.

자살의 수단이 집에 있다면 그것을 버리겠다는 동의를 얻는 것이 중요하다. 때로 이것은 매우 어려운 일이지만 반드시 해야 할 일이다.

④ 4단계: 자살하려는 사람이 계속 이야기할 수 있게 하라

경청, 공감, 수용하라. 라포는 상대방이 자신의 이야기에 귀 기울이고 있다는 느낌에서 친밀감과 마음의 문을 여는 통로이다. 자살에 대해 놀라지 말고, 일상 이야기처럼 개방적으로 대화하라, 자살 생각에 대해 비난도 호감도 하지 말라. 대안과 해결할 방안이 많다는 입장을 취하라.

자살을 통해 얻을 수 있는 것이 무엇인지를 알아차릴 때까지 살아 있게 하는 것이다. 라포를 잘 형성했다는 것은 바로 상대방이 자신의 이야기에 진심으로 귀를 기울이고 있다고 느끼는 것이다.

내담자가 너무 흥분한 상태로 더듬거리거나, 중독이 되었거나, 정신병적인 상태 또는 조리 있게 말할 수 없는 상태가 아니라면 다 들어 주도록 하라. 자살하려는 사람들은 따뜻하고 유능하고 차분한 사람을 애타게 찾는다. 자살 생각에 쉽게 놀라지 않으며 자살에 대해 말로 표현하기를 불편해하지 않는 사람을 원한다. 당신이 바로 그 사람이어야 한다. 현재 당면한 문제에는 가능한 해결책이 많이 있다는 입장을 취하라. 고통스러운 감정, 몹시 당황하거나 압도당한 느낌을 완화시켜라.

더 많은 확인을 받을수록 더 많이 이해할 수 있다. 그리고 자살하려는 사람이 당신이 자신을 이해했다고 더 많이 믿을수록 상황은 더 잘 풀린다. 처음으로 자신의 자살성에 대해 드러낸 사람들에게 가장 도움이 되는 것은 이해와 수용이며, 인간의 고통에 대해 측은하게 여기는 마음이다. 또한 긍정적인 결과가 나타날 것이라는 굳건한 신념도 도움이 된다.

⑤ 5단계: 안전망을 형성하라

자살 위기자 주변 환경에 대한 안전망을 형성하기 위하여 동료, 친구, 가족을 개입시킨다. 상담자는 자살하려는 사람의 상태에 대해 비밀을 지키겠다고 약속해서는 안 된다. 내담자가 왜 현재의 위기를 겪게 되었는지에 대해서 파악하기 위해 그의 인생에 대한 가능한 모든 정보를 탐색하는 것이 필요하다. 자살을 하면 무슨 문제가 해결되는가? 왜 그 사람이 지금 자살을 하려고 하는가? 자살의 가족력이 있는가? 역할모델이 있었는가? 죽음과 삶의 이유에 대해서 탐색하고 자살 생각과 감정을 촉발한 문제에 대해 확인하는 작업을 더 잘할 수 있도록 도와줄 것이다.

만일 가족과 접촉할 수 있다면, 그들에게 당신 가족 중 한 사람이 자기 파괴적인 행위를 할 수 있다고 알리는 문제에 대해 신중하게 고려해 보아야 한다. 부모는 자신의 자녀가 어려움에 처해 있다는 것을 알 필요가 있다. 가족에게서 정보를 얻는다는 것이 얼마나 중요한지에 대해서는 아무리 강조해도 부족하다. 자살하려는 사람은 자신의 상태를 축소해서 당신에게 이야기할 수 있지만 가족은 좀 더 정확한 사실을 알고 있을 것이다. 가족이 관찰한 것은 종종 위험성을 평가하는 데 결정적 역할을 한다. 그러므로 처음으로 기회를 잡았을 때 가능한 한 많은 정보를 얻을 수 있도록 최선의 노력을 기울여야 한다.

⑥ 6단계: 생존계획을 수립하라

자살 위기자에 대한 안전한 환경조성, 지역의 위기상담 전화번호를 알려준다. 자살 위기자의 친구, 부모, 주위 사람과 연계해서 조치계획을 수립하라. 안전성을 확보하라. 언제든지, 그리고 진심으로 돌봐 줄 수 있는 사람을 가까이에 배치해 두는 것이 필요하다. 가능하면 같은 지붕 아래에 있는 것이 좋다.

자살하려는 사람의 주거지에서 자살의 도구인 칼, 약 등을 제거하는 것을 의미한다. 특히 충동적으로 자살을 시도하는 경우에는 이러한 안전한 계획은 자살 시도를 막는 중요한 방안이 될 수 있다.

⑦ 7단계: 자살방지 행동 동의서를 작성하라

자살방지 행동 동의서에 대한 표준화된 정의는 아직 없으나, 일반적으로 자살방지 행동 동의서는 내담자가 자신을 해치지 않는다는 동의이며, 자신이 자살위기에 있거나, 동의를 지킬 수 없을 때 도움을 요청하겠다는 상담자와 내담자 간의 동의를 의미한다(Rudd et al., 2006).

(3) 자살 상담의 대상자

① 자살 의도자

- 사는 것보다 차라리 죽는 것이 낫다고 생각하는 자
- 자살에 대한 구체적인 계획을 수립한 자
- 자살 실행을 위해 약물, 농약, 번개탄, 끈 등 수단을 사전에 준비해 놓은 자
- 최근 자살 실행 계획 장소 확인을 위해 자료 검토 또는 현장에 방문한 적이 있는 자
- 자살 실행에 대한 특정 일시를 사전에 정해 놓은 자
- 1년 이내 자살(자해) 시도력이 있는 자

② 자살 시도자

- 약물, 농약, 화학물질 등 자의의 중독 및 노출(의심 포함)이 되었거나 실행이 임박한 자
- 칼 등으로 손목이나 목과 같이 위험 부위의 자해 흔적이 뚜렷이 확인되었거나 실행이 임박한 자
- 질식, 압박, 고층 또는 움직이는 물체에 투신, 화기, 물에 뛰어드는 행동으로 신체 손상이 발생(의심 포함)하였거나 실행이 임박한 자
- 자해 및 자살을 목적으로 번개탄 등 유해 가스를 흡입하였거나 실행이 임박한 자
- 그 외 정신건강의학과 전문의, 경찰 등이 자살시도라고 판단한 경우

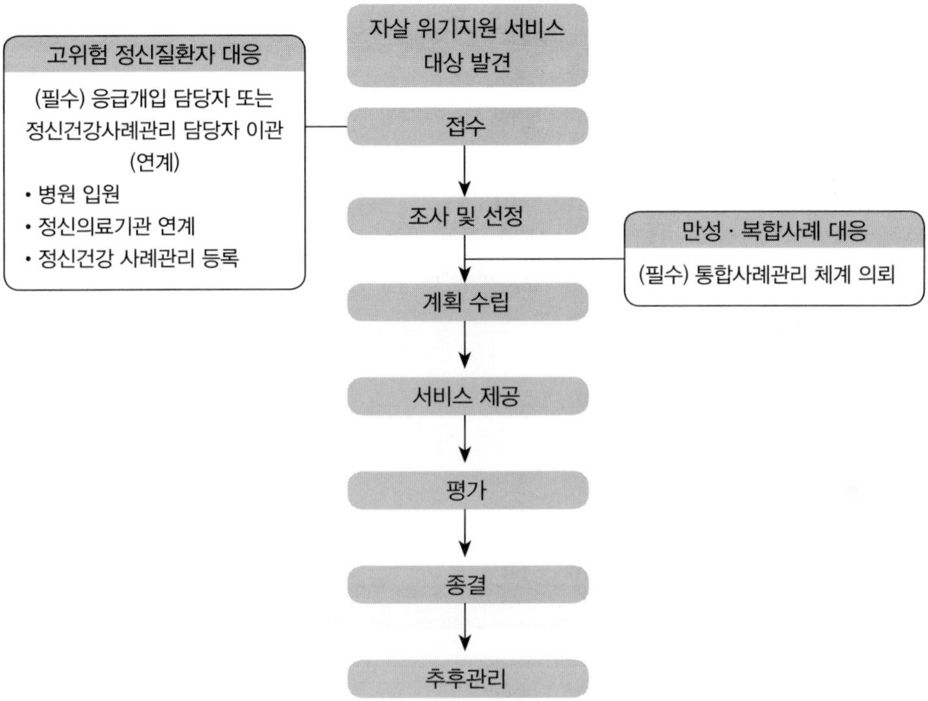

[그림 11-2] 자살 위기지원 서비스 흐름도

출처: 한국생명존중희망재단(2022).

3) 노인 자살 전문체계

(1) 노인 자살의 예방

자살에는 치료가 있을 수 없다. 자살에 대한 치료라고 할 때는 자살을 기도했으나 미수에 그친 경우의 치료와 자살 예방을 위한 치료를 의미하는 것이다. 따라서 자살기도 후에 시행되는 치료는 사후 대책에 불과하고 자살에 대한 최선의 치료는 예방이다(유옥, 2019).

① 광역 및 기초자살예방센터(정신건강복지센터)

〈목적〉

• 지역 자살의 특성과 욕구에 적합한 서비스가 제공될 수 있도록 지역 내 유관

기관 간 연계, 서비스 체계 구축 마련, 고위험군 발굴 · 개입 · 사후관리 등을 통해 자살예방 도모

〈역할〉

- (광역) 지역의 자살예방시행계획 수립 지원 및 정책연구 수행, 지역 자살의 특성과 욕구에 적합한 서비스가 제공될 수 있도록 유관기관 간 연계, 서비스 제공체계 구축
- (기초) 우울증 스크리닝 등 고위험군 발굴과 자살시도자, 유족 등에 대한 사후관리, 자살사망 발생기관에 대한 사후대응 등 지역사회 내에서 직 · 간접 서비스 제공 담당

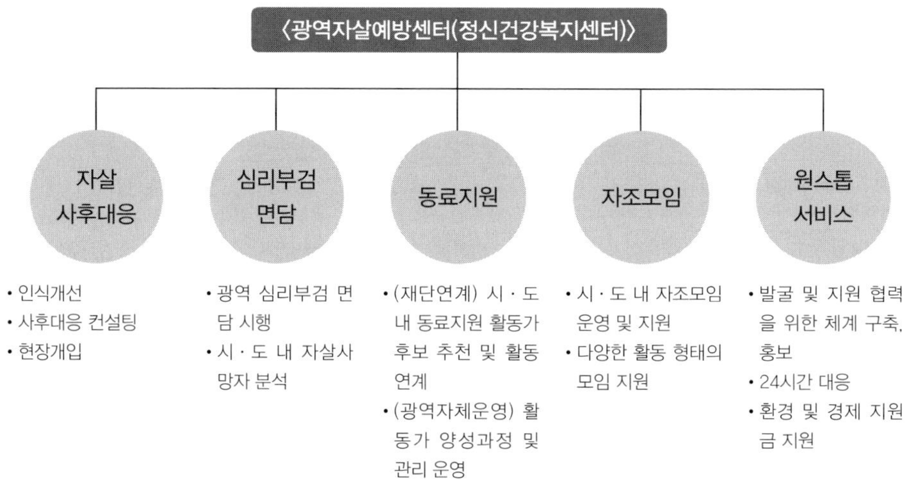

[그림 11-3] 광역자살예방센터 구조도

〈표 11-3〉 광역 및 기초자살예방센터의 역할

	광역	기초
자살예방센터 (정신건강 복지센터)	• 자살실태조사 및 심리부검 • 자살통계 분석 및 정보관리체계 구축 • 미디어 협력 및 대응 • 자살예방 협력체계 구축 • 자살위험자 지원 및 정신건강 증진 대책 • 자살예방을 위한 홍보 및 캠페인 • 자살위험 제거(수단관리) • 자살시도자 등에 대한 지원 • 전문인력의 양성 • 생명지킴이 양성 및 관리(강사양성) • 지역맞춤형 자살예방 프로그램 개발 및 보급, 효과성 평가 • 정신건강 선별검사 도구 개발, 보급 • 상담, 교육 프로그램의 개발 및 보급 • 자살 사후관리	• 고위험군 조기발견 및 연계체계 구축 • 자살위험자 지원 및 정신건강 증진 대책 • 자살예방을 위한 홍보 및 캠페인 • 자살위험 제거(수단 관리) • 자살시도자 등에 대한 지원 • 전문인력의 양성 • 생명지킴이 양성 및 관리 • 지역맞춤형 자살예방 프로그램 운영 • 선별검사 및 상담, 치료 • 자살시도자 위기 개입 및 사례관리 • 자살 유족 서비스

출처: 보건복지부(2024).

② 생명사랑위기대응센터

〈목적〉

• 응급실에 내원한 자살 시도자의 정서적 안정을 촉진하고, 필요한 치료 · 상담 서비스 등을 연계하여 자살 재시도 및 자살 예방

〈역할〉

• 응급실 내원 자살 시도자에 대한 즉각적인 개입을 통해 정서적 · 심리적 안정을 도모하고 의료비 지원, 단기 사후관리, 지역사회서비스 연계 등 제공

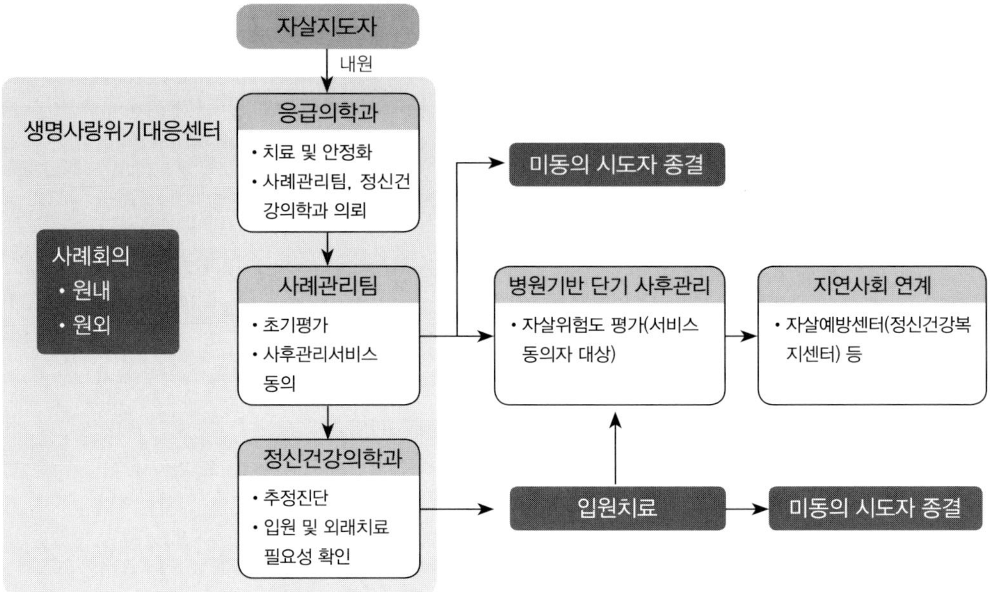

[그림 11-4] 생명사랑위기대응센터 업무 체계도

출처: 보건복지부(2024).

③ 자살예방상담전화(109)

〈목적〉

- 자살예방 전문상담을 통한 위기신호 조기 발굴 및 지역사회 연계
- '3자리로 기억하기 쉽고 자살예방 효과와 홍보 용이성 등을 고려하여, 긴급성을 담은 번호(109)'가 개통되어 통합 운영됨(24.1.1~).
- '① 하나의 생명도 + ⓪ 자살 Zero + ⑨ 구하자 빨리'라는 의미

〈역할〉

- 자살 위험자에 대한 즉각적인 개입을 통해 정서적 · 심리적 안정 제공
- 위험상황에 따라 긴급구조기관(경찰, 소방)으로의 신고 및 서비스 제공기관(자살예방센터, 정신건강증진센터, 통합사례관리체계)으로의 연계로 대상자별 상황에 맞는 서비스 제공

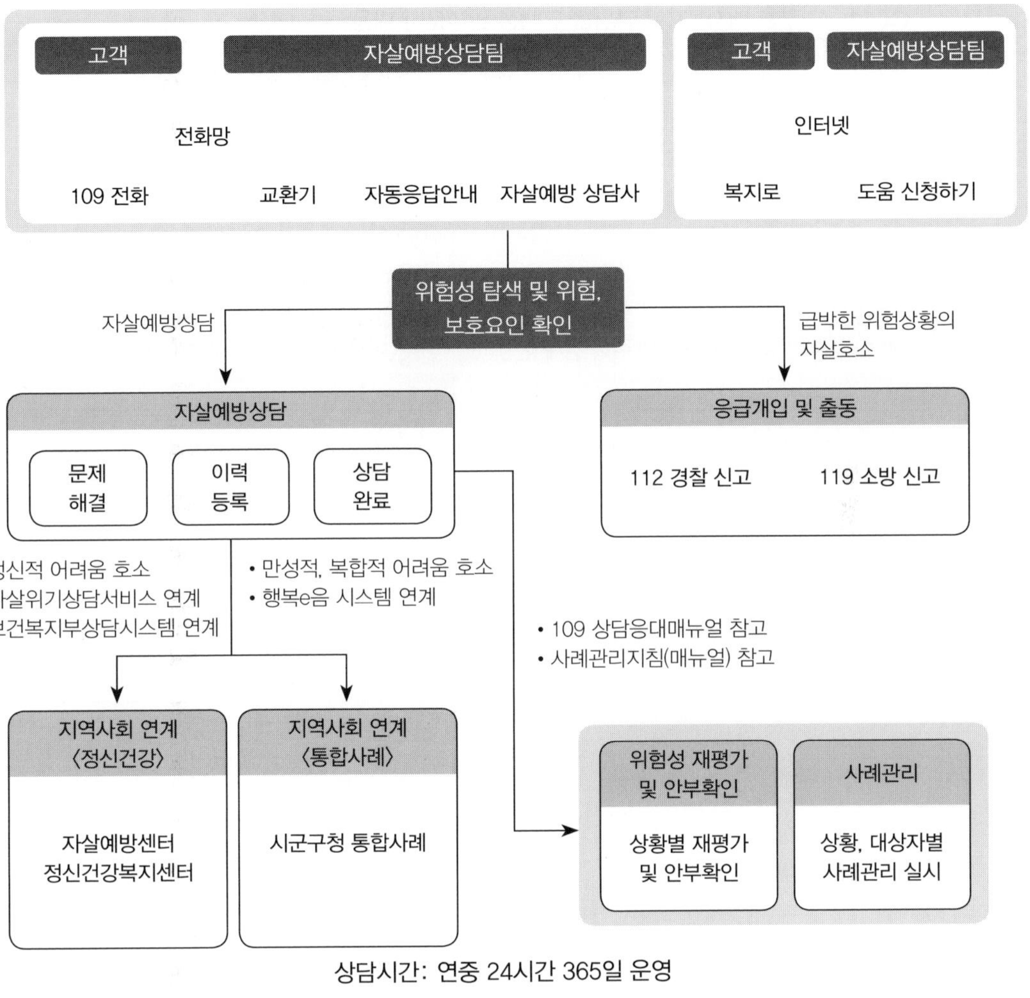

[그림 11-5] 자살예방상담전화(109) 운영체계도

출처: 보건복지부(2024).

〈표 11-4〉 활용 예시: 자살 고위험군 대상 안부문자 내용

1안	2안
[○○○○센터] 안녕하세요. ○○○○센터입니다. ○○○○센터에서는 지속적인 상담을 원하시는 경우 관련 정보를 안내해 드리고 있습니다. 필요하신 경우 아래 번호로 연락주세요. -○○○○센터 02-1234-5678 (평일 오전 9시~오후 6시) -24시간 자살예방상담전화 국번 없이 109(무료) -24시간 정신건강상담전화 1577-0199	[○○○○센터] 안녕하세요. ○○○○센터입니다. 요즘 어떻게 지내시는지 궁금한 마음에 문자 드립니다. 마음이 힘들어 도움이 필요하시면 언제든지 저희에게 연락주세요. -○○○○센터 02-1234-5678 (평일 오전 9시~오후 6시) -24시간 자살예방상담전화 국번 없이 109(무료) -24시간 정신건강상담전화 1577-0199

요점 정리

- WHO에서는 '자살이란 자살행위로 인하여 죽음을 초래하는 경우로 죽음의 의도와 동기를 인식하면서 자신에게 손상을 입히는 행위'로 정의하고 있다.
- 노년기 자살은 퇴직으로 인한 사회적 지위의 상실, 배우자의 사망, 건강 악화, 만성질환, 신체적 · 정신적 장애, 사회적 고립, 재정적 어려움, 가족불화에 따른 절망감, 상실감, 무력감, 우울감을 느끼게 되어 발생한다.
- 노인 자살과 관련된 요인으로는 퇴직에 따른 직업역할의 상실, 건강 약화, 만성질환, 신체적 · 정신적 장애, 사회관계 범위의 축소, 배우자의 상실, 경제적 불안정, 가정불화, 우울증상 등을 들 수 있다.
- 자살을 실행에 옮기기 직전까지도 죽을까 말까 고민을 계속하며, 한편으로는 죽고 싶어 하지만 다른 한편으로는 살고 싶어 하는 마음이 동시에 존재하는 것이다. 많은 경우 자살은 파괴적 생각을 행동으로 옮길 만큼 충분한 에너지를 가지고 있는 회복기에 일어난다.
- 자살이란 개인의 목숨을 스스로 끊는 것이므로 이를 개인적 문제라고 간주할 수도 있겠지만 그 수가 매우 많고 사회적 요인과 깊은 관련이 있으므로 사회문제로 간주하여 개입하는 것이 더 적합할 것이다.
- 노인 자살 상담자는 자살 위기에 처한 사람의 관점에서 이해하고, 정확한 평가를 위한 문제점을 점검하고, 구체적이고 직접적인 질문을 해야 한다.
- 노인 자살 전문기관으로 정신건강복지센터, 생명사랑위기대응센터, 자살예방상담전화 등이 있다.

연습문제

1. 우리나라 노인 자살률이 높은 이유를 조사해 보고, 이에 대한 개입방법에 대해 토의해 보라.

2. 노인 자살의 심각성에 주목하고, 노인의 자살 생각이나 자살 행동의 원인을 규명하고 노인 자살을 예방하기 위한 방안을 제안하라.

3. 자살의 대표적인 오해와 편견은 어떤 것들이 있는지 토의해 보라.

참고문헌

권태균(2023). 의미치료 기반의 노인 자살예방 프로그램 개발 및 효과: 자살 고위험군 노인을 대상으로. 서울대학교 대학원 박사학위논문.

김영주(2009). 농촌노인의 우울에 대한 사회적 지지의 매개효과. **노인복지연구**, 46(1), 77-105.

김정민 외(2016). 회상자극 소재와 노래 부르기를 적용한 원예활동이 복지관 이용 경증치매 노인의 대인관계와 우울 정도에 미치는 영향. **인간식물환경학회**, 153-154.

김정현 외(2022). **노인복지론**. 양서원.

김춘경 외(2016). **상담학 사전**.

김형수, 김상호(2009). 노인가족동반자살에 관한 연구. **노인복지연구**, 46(1), 157-172.

보건복지부(2024). 2024년 자살예방사업안내.

유옥(2019). **위기상담**. 정민사.

이승민 외(2024). **노인복지론**. 양서원.

이혜선, 육성필(2006). **자살심리치료의 실제**. 학지사.

이호선(2022). **노인상담**. 학지사.

정관용(2016). 고령사회의 노인상담이 우울 감소와 자살예방에 미치는 효과예측에 관한 연구. 서울벤처대학원대학교 박사학위논문.

통계청(2024). 2023년 사망 원인 통계.

한국생명존중희망재단(2022). 자살위기지원 서비스 매뉴얼.

보건복지부, 자살예방교육, https://edu.kfsp.or.kr
대한신경정신의학회, www.knpa.or.kr
한국생명의전화, 자살의 신호, 자살에 대한 오해와 진실, 즉각적인 위험을 나타내는 경고 신호, www.lifeline.or.kr
한국자살예방협회, suicideprevention.or.kr

Henry, O., Ai-Vym C., Cunningham, C., & Brian A. L. (2004). Recent developments: Suicide in older people. *British Medical Journal, 329*(16), 895-899.
Rudd, M., Mandrusiak, M., & Joiner, T.E., Jr. (2006). The case against no-suicide contracts: The commitment to treatment statement as a practice alternative. *Journal of Clinical Psychology, 62*(2), 243-251.

제12장 노인 죽음과 죽음 준비

1. 노인 죽음의 이해

인간은 살기 시작하는 순간 죽기를 시작하는 유한한 존재이다. 인간은 살면서 죽음을 의식하고 이에 죽음의 문제를 가장 중대하게 생각하지 않을 수 없다. 죽음은 생명체의 생리적 기능이 완전히 멈춘 상태를 의미하며 이는 호흡과 심장 박동 그리고 뇌 활동이 중단되는 것을 포함한다. 죽음은 이러한 생리적인 기능 정지 외에 개인 삶의 마지막 단계로서 특별한 의미를 지닌다. 이 과정에서 노인은 삶의 마지막을 준비하며 자신과 주변 사람들에게 남긴 흔적과 의미를 되돌아보게 된다.

이 장에서는 노인의 죽음에 대한 개념과 태도 그리고 죽음 수용과정과 상담 개입의 중요성을 살펴보고자 한다. 이를 통해 노인의 마지막 삶의 단계를 이해하고 노인의 죽음 준비에 필요한 실질적인 접근을 제시하고자 한다.

1) 노인 죽음의 개념

노인은 병고를 겪거나 노화 과정으로 기능적 쇠퇴를 경험하면서 다른 연령대보다 죽음에 대한 관심을 더 가지게 된다. 죽음에 대한 인식은 노인이 남아 있는 시간을 통해 어떻게 죽음을 이해하고 준비하는가에 따라 진정한 가치 발견과 현재의 삶에 더욱 충실하게 된다. 이는 노인이 자신도 언젠가는 죽음을 맞이할 것이라는 인식을 통해 인생의 기쁨과 슬픔에 대한 특별한 통찰을 가지게 되며, 자신이 소중히 여기는 가치에 대해 다시금 생각해 보는 기회를 갖게 되는 것이다. 이러한 과정은 노인의 삶의 질을 높이고 의미 있는 삶을 영위하는 데 중요한 역할을 한다(장경은, 2010).

(1) 죽음의 개념

- **생리적 개념**: 죽음은 생물학적 관점에서 생리적 기능의 정지를 의미한다. 이는 신체의 여러 시스템이 작동하지 않게 되는 것을 포함하며, 임상적으로는 심장과 호흡의 정지로 판단할 수 있다.
- **심리적 개념**: 죽음은 개인의 정체성과 삶의 의미에 대한 깊은 고찰을 유도하기도 한다. 노인은 자신의 죽음을 인식하면서 삶의 기쁨과 슬픔을 되새기고, 남은 시간의 소중함을 깨닫게 된다. 이 과정에서 죽음에 대한 두려움과 수용 그리고 내세에 대한 생각 등이 심리적 반응으로 나타날 수 있다.
- **철학적/영적 개념**: 죽음에 대해 철학적 또는 영적 차원에서 고민하게 된다. 이는 죽음은 단순한 생리적 현상 이상으로 존재의 의미와 영혼, 그리고 내세에 대한 신념과 연결된 의미로 해석하기도 한다.
- **문화적 개념**: 문화권에 따라 죽음을 다루는 방식은 다르게 나타난다. 일부 문화에서는 죽음을 자연스러운 삶의 일부분으로 받아들이고 축하의 대상으로 여기는 반면, 다른 문화에서는 죽음을 두려워하고 슬픔의 상징으로 여기기도 한다. 이러한 문화적 배경에 따라 죽음에 대한 태도와 반응은 다르게 나타날 수 있다.

(2) 죽음의 유형

죽음의 유형에는 생물학적 죽음, 의학적 죽음, 사회적 죽음, 법적 죽음이 존재한다. 먼저 생물학적 죽음은 인간의 생리적 기능이 완전히 정지된 상태로, 호흡과 심장 박동이 멈추고 동공이 확대되는 상태이다. 그러나 뇌세포의 사멸로 뇌기능이 완전히 정지된 상태인 뇌사를 생물학적 죽음으로 인정할 것인가에 대한 논쟁으로(이영균, 1997) 2000년 장기 이식 관련 법률이 시행되어 뇌사가 공식적인 죽음으로 인정되었다. 의학적 관점에서의 생물학적 죽음은 모든 체세포의 기능이 상실되어 인체의 세포가 불가역적인 상태로 변화하는 것을 의미한다(문국진, 1980). 법적 죽음은 의사가 공식적으로 죽음을 판정하고 이를 통해 법적인 죽음을 인정하는 경우를 말한다. 그리고 사회적 죽음은 생명은 유지되고 있지만 인간으로서 기능을 상실하여, 사회적으로는 죽은 자로 취급되는 상태를 말한다. 이는 지속적인 식물인간 상태가 대표적인 예로 들 수 있으며(노유자, 안영란, 2000). 이러한 사회적 죽음의 판정은 자의적으로 이루어질 수 없고 반드시 의학적 또는 법적 죽음이 전제되어야 한다.

2) 노인의 죽음 관점과 태도

노인들은 다른 연령층보다 죽음을 덜 걱정한다. 이러한 차이는 인생 경험, 가치관, 사회적 역할, 그리고 죽음을 바라보는 문화적 맥락에서 비롯된다고 할 수 있다. 노인들은 오랜 생애 동안 여러 차례의 상실과 이별을 경험하게 되며 이때 죽음을 보다 현실적이고 불가피한 것으로 받아들이는 경향이 있다.

죽음은 누구에게나 일어나는 현상이지만 노인 인구에서 더 흔히 나타난다. 노년기에는 신체적, 정신적 기능의 저하가 서서히 나타나면서 죽음을 더욱 가깝게 느끼게 된다. 이에 노인들은 자신의 삶을 돌아보며 미처 정리하지 못한 문제를 해결하거나, 남겨질 가족들을 위한 준비를 통해 평온한 죽음을 맞이하고자 한다. 이는 노인들은 죽음에 대해 젊은 사람보다 더 생각하게 되고 죽음 자체보다는 언제, 어떻게 죽느냐 하는 임종기에 대한 관심이 더 큰 것을 의미한다(Mathews, 1979). 이와 같은 실질적인 죽음 준비는 노인이 죽음을 마지막 생애 과업으로 인식하기 때문이다. 노인의 이러한 관념은 인생의 마지막 주기에 접어들면서 죽음을 두려워하기보다는 이를 자연스러운 삶의 마지막 과정으로 여기면서 형성된다.

죽음에 대한 노인의 관점은 다음과 같다.

(1) 죽음의 사회심리학적 관점

노인들은 신체적 능력이 감소하기 전부터 사회심리적으로 죽음을 경험하고 있다고 볼 수 있다. 나이가 들면서 노인들은 점차적으로 사회와의 연결을 단절하고 고립된 상태에 놓이게 된다. 이러한 고립은 그들이 주변 환경이나 활동에 참여하지 않도록 만들어, 결국 사회적으로 무익하고 쓸모없다고 판단 받게 된다. 이와 같은 사회적 죽음은 개인이 사회적으로 소외되고 의미를 잃어가는 과정을 나타낸다. 한편 생물학적으로 살아있지만 회복의 가능성이 없는 혼수상태나 심리적으로 무기력한 상태는 심리적 죽음으로 간주된다. 이는 외적으로는 존재하나, 내적으로는 삶의 의미를 잃어가는 과정을 보여 준다(박재학 외, 2010)

(2) 죽음의 인간 상호관계적 관점

죽음은 단순히 생물학적이거나 임상적인 문제로만 한정될 수 없다. 인간 상호관계의 관점에서 임종을 맞이하는 사람의 심리적 동요와 주변에 있는 사람들과 환경의 상호작용으로 복잡한 감정을 겪게 된다. 이러한 감정은 의식적이거나 무의식적으로 죽음의 현실을 거부하거나 회피하려는 경향으로 나타낸다. 이는 죽음이 개인의 삶에 미치는 영향 외에도 주변 사람들과의 관계와 환경에까지 깊이 연결되어 있음을 의미한다(박재학 외, 2010).

(3) 노인의 죽음에 대한 태도

노인의 죽음 준비 태도는 노년기에 접어들며 경험하는 다양한 신체적, 정서적 변화와 밀접한 관련이 있다. 노인들은 죽음을 인생의 자연스러운 마무리로 인식하며 죽음에 대한 준비 과정을 통해 삶의 의미를 재발견하고자 한다. 이 과정에서 자신이 걸어온 길을 돌아보며 남은 시간을 어떻게 의미 있게 사용할 것인가에 대한 깊은 고찰이 이루어진다. 이러한 죽음을 준비하는 태도는 단순히 죽음을 수용하는 데 그치지 않고 자신이 남길 가치와 유산을 생각하는 과정으로 이어진다.

일반적으로 노인들이 젊은 세대보다 죽음을 더 두려워할 것이라고 인식하지만 다양한 연구에서(Bengtson et al., 1977) 오히려 노인들이 죽음에 대해 상대적으로 더 수용적인 태도를 보인다. 특히 죽음이 임박할수록 삶의 방향을 근본적으로 바꾸기보다는 과거의 기억을 되돌아보거나 정신적 활동을 통해 죽음을 준비하는 경향이 있다. 이러한 죽음 태도는 노인들이 자신의 죽음을 보다 평온하게 수용하려는 심리적 반응이며 죽음에 대한 복합적인 감정이 반영된 것으로 볼 수 있다. 따라서 노년기의 죽음에 대한 태도는 삶을 재평가하며 마무리하는 과정으로 죽음을 준비하는 마음가짐에 따라 태도가 결정된다.

죽음에 대한 노인의 태도는 다음과 같은 특성이 있다(서혜경, 2009 재인용).

- **죽음에 대한 경험과 의식**
  - **죽음에 대한 빈번한 경험**: 노년기에는 부모, 배우자, 친구의 죽음을 경험하게 되어 죽음에 대한 의식이 높아진다.
  - **죽음에 대해 자주 생각함**: 노인세대는 다른 세대보다 죽음에 대해 더 자주 생각하게 된다.

- **죽음에 대한 두려움**
  - **두려움의 변화**: 연구에 따르면, 죽음에 대한 두려움은 45~49세에서 가장 강하게 나타나며, 70~74세에서 가장 낮다(Bengston et al., 1977).
  - **노인의 두려움 감소**: 노년기로 갈수록 죽음에 대한 수용력이 증가하고, 두려움은 줄어드는 경향이 있다(Woodruff-Pak & Thompson, 1988).

- **죽음의 구체적 맥락과 상황**
  - **주변 환경에 대한 관심**: 노인들은 자신의 죽음을 둘러싼 구체적인 맥락과 상황에 대해 큰 관심을 가진다(Kastenbaum et al., 1992).
  - **죽음의 과정에 대한 구체적 관심**: 죽음의 과정을 이해하고 준비하려는 경향이 있다.

• **갈등과 과제**

−**수용과 열망의 갈등:** 노인들은 죽음을 받아들이는 것과 삶에 대한 열망 사이에서 갈등을 경험한다.

노인의 죽음 태도는 다양한 요인에 의해 영향을 받게 된다. 구체적으로 살펴보면 '개인적인 요인'으로는 개인의 성격, 연령, 종교적 신념, 정신적 성숙도와 지능, 정신건강 상태, 그리고 상실이나 죽음에 대한 과거 경험이 포함된다. 또한 삶을 얼마나 충만하게 실현했는지 역시 중요한 변수로 작용할 수 있다. 이러한 개인적 특성은 각자가 죽음을 받아들이고 준비하는 방식에 큰 차이를 만들어 낸다. '인간관계의 요인'은 죽음을 앞둔 사람과 그 주변 인물들 간의 상호작용에서 죽음에 대한 태도에 큰 영향을 미친다. 특히, 환자가 주위로부터 받는 인정과 지지의 정도가 그가 죽음을 수용하는 방식에 중대한 역할을 한다. 인간관계가 깊고 긍정적인 지지를 제공할수록 죽음에 대한 불안이 완화될 수 있다.

'환자의 질병 특성' 또한 죽음에 대한 태도에 영향을 미친다. 질병이 주는 통증의 정도와 지속성, 육체적 · 정신적 약화 정도 그리고 약물의 사용이나 치료 과정에서의 조절력 상실 등은 환자의 심리적 상태에 중요한 영향을 끼친다. 이에 죽음이 빠르게 진행되는지 천천히 진행되는지에 따라 죽음을 받아들이는 방식도 달라질 수 있다.

마지막으로, '생애주기적 특성'은 죽음에 대한 인식과 태도를 결정하는 주요 요인이다. 영 · 유아기, 청소년기, 성인기, 중년기, 노년기 등 각 생애 단계마다 죽음에 대한 접근 방식과 태도는 다르게 나타난다. 노년기는 특히 죽음에 더 가까워지며 삶을 되돌아보는 과정에서 죽음을 자연스러운 마무리 단계로 받아들이는 경향이 있다.

3) 노인의 죽음 수용과정

노년기는 상실의 시기로 인식된다. 노인은 실제로 죽음을 수용하는 과정에 대한 적응이 필요한 시기라 할 수 있다. 노인의 죽음 수용과정은 복합적인 인지적 특성과 개인의 신념 체계가 맞물려 형성된다. 이는 노인들은 죽음을 점차 현실적이고 구체적인 것으로 인식하는 경향성과 관련이 있다. 이러한 인식은 노인들이 노화 과정에서 신체적 약화와 질병을 경험하면서 자신의 유한성을 자각하게 되는 데 기인한다. 이에 죽음을 더 이상 먼 미래의 추상적 개념이 아닌 곧 다가올 현실로 이해하게 된다. 특히 주변의 친구나 배우자 그리고 동료들의 죽음을 경험하면서 노인들은 죽음의 불가피성을 더욱 명확히 알게 되고 이는 삶의 마지막 과정에 대한 수용적인 태도를 촉진하게 된다.

그러나 이 과정은 또한 심리적 갈등을 동반한다. 죽음의 현실을 직면하는 것은 고통과 상실의 감정을 불러일으킬 수 있으며, 이러한 갈등은 노인들이 죽음에 대한 태도의 혼란을 초래하기도 한다. 이에 개인의 신념 체계는 죽음 수용과정에 중요한 역할을 한다. 예를 들면, 종교적 신앙을 가진 노인들은 죽음을 신의 뜻이나 자연스러운 생의 순환으로 받아들이며, 이를 통해 죽음을 보다 평온하게 수용하는 경향이 있다. 이는 기독교 신자들은 죽음을 천국으로의 전환점으로 여기고, 불교 신자들은 윤회와 해탈의 과정으로 이해함으로써 죽음을 삶의 또 다른 형태로 해석하게 된다. 이처럼 신념은 죽음에 대한 두려움을 완화하는 데 중요한 역할을 하기도 한다. 반면, 종교적 믿음이 없는 경우에도 철학적 · 윤리적 신념은 죽음 수용에 영향을 미친다. 죽음을 피할 수 없는 자연적 과정으로 인식하는 태도는 노인들로 하여금 죽음을 준비하고 삶을 마무리하는 데 보다 차분한 마음을 유지하도록 돕는다. 이러한 신념 체계는 죽음에 대한 개인의 생각을 정리하고, 남은 시간을 보다 긍정적으로 활용할 수 있도록 한다. 결국, 노인의 죽음 수용 과정은 단순히 육체적 쇠퇴의 결과가 아니라, 평생 동안 구축해 온 신념과 가치체계를 통해 깊이 형성되는 것이다. 이는 죽음의 불가피성에 대한 인식을 도울 뿐만 아니라 죽음 준비 과정을 보다 의미 있는 삶의 정리로 전환되는 중요한 심리적 기반이 된다. 이처럼 노인들이 죽음을 수용하는 방식은 그들의 삶을 어떻게 바라보았는지를 반영하며 이는 결국 삶의 마무리를 어떻게 할 것인가에 대한 깊은 성찰로 이어진다.

노인의 죽음 수용 과정에서의 인지적 반응은 다음과 같다.

(1) 죽음 수용에 대한 인지 반응

- **현실적 인식**: 노인들은 죽음을 구체적인 사건으로 인식하며 이는 신체적 약화와 질병 경험에 기인한다.
- **유한성 자각**: 자신의 유한성을 점차적으로 자각하게 되어 죽음을 먼 미래의 추상적 개념이 아닌 가까운 현실로 인식한다.
- **주변의 죽음 경험**: 친구, 배우자, 동료의 죽음을 경험하면서 죽음의 불가피성을 더욱 명확히 이해하게 된다.
- **수용적 태도**: 죽음을 삶의 마지막 과정으로 받아들이게 되며 심리적 갈등을 동반하더라도 수용적인 태도를 취하게 된다.
- **신념 체계의 영향**
  - **종교적 신념**: 신앙이 있는 경우에는 죽음을 신의 뜻이나 생의 순환으로 인식하여 평온하게 수용하기도 한다.
  - **철학적/윤리적 신념**: 종교적 믿음이 없는 경우도 죽음을 자연적 과정으로 인식하고 차분한 태도를 유지한다.
- **긍정적 삶의 정리**: 죽음에 대한 인식으로 남은 시간을 의미 있게 활용하게 된다.

(2) 사별과 애도

노인은 인생의 후반부에 이르러 주변의 소중한 존재들을 잃는 경험을 자주 겪게 되며 이러한 사별은 그들의 심리적 상태와 죽음에 대한 인식에 영향을 미친다. 친구, 배우자 혹은 가까운 가족의 죽음은 노인에게 단순한 상실 이상의 의미를 갖게 하고 이는 그들의 삶의 의미와 정체성을 재평가하게 만드는 계기가 되기도 한다. 특히, 가족이나 친구들의 죽음을 경험하면서 죽음의 과정에 대한 이해가 깊어지고, 죽음을 준비하는 심리적 과정이 활성화된다. 이에 사별 후 느끼는 슬픔과 상실감을 다루는 애도의 과정은 노인이 자신의 죽음을 준비하는 방식에 영향을 미치게 된다. 예를 들면, 배우자를 잃은 노인은 그 상실을 통해 죽음의 불가피성을 더욱 실감하게 되고, 남은 여생을 어떻게 의미 있게 보낼지를 숙고하게 된다. 이러한 과정에서 노인은 자신이 살아온 삶과 기억을 되새기고 남겨진 가족과의 관계를 재정립하는 시간을 갖게 된다.

이러한 애도 과정은 노인이 경험하는 감정의 복잡성을 드러내며 애도를 통해 노인은 자신의 감정을 표현하고 사별의 아픔을 겪으며 자연스럽게 죽음에 대한 인식이 깊어지게 된다. 따라서 노인의 사별과 애도 경험은 죽음을 어떻게 바라보고 준비하는지에 대한 인식을 통해 자신의 삶을 더욱 의미 있게 마무리하고 남은 시간에 대해 존재와의 관계를 되새기는 기회를 갖게 되는 것이다. 이에 사별을 통해 어떤 심리적 변화를 겪는지 애도 과정에서의 감정적 회복과 죽음에 대한 심리적 준비에 대해 살펴볼 필요가 있다.

- **배우자 사별**: 배우자 사별은 노년기의 부부에게 가장 큰 스트레스를 유발하는 사건으로, 객관적 · 주관적으로 심각한 변화를 초래한다. 통계적으로 여성이 사별 비율이 높으며, 홀로 된 여성들은 새로운 자유와 독립성을 추구하고자 재혼하지 않는 경우가 많다. 반면, 홀로된 남성들은 타인과의 유대가 필요함을 인식하게 되며 새로운 삶의 적응 과제를 마주하게 된다. 배우자 사별 후의 적응은 대개 1년 정도 소요되며 이후 사회 참여와 정서적 안정이 증가하면서 새로운 역할과 생활양식을 갖추게 된다. 적응 요인으로는 성별, 연령, 사별 예측 여부와 경제적 · 사회적 계층이 있으며, 여성이 남성보다 일반적으로 더 쉽게 적응한다.
- **부모 사별**: 부모의 죽음은 아동기, 사춘기, 성인기에 걸쳐 장기간의 영향을 미친다. 어린이들은 부모의 죽음으로 인해 사랑과 애정의 감소, 격리감, 상실감 등을 경험하게 되며 이는 생활의 큰 변화를 가져온다. 나이가 많은 부모의 죽음은 어느 정도 준비할 기회를 제공하지만 젊은 부모의 죽음은 더욱 큰 스트레스를 유발한다.
- **성인 자녀의 사별**: 성인 자녀의 죽음은 노인 부모에게 매우 고통스럽고 부모의 정체성을 위협하며 죄책감과 고립감 그리고 불안을 초래한다. 성인 자녀를 잃는 경험은 배우자나 부모를 잃는 것만큼이나 고통스럽고 특히 문화적 배경에 따라 슬픔의 정도가 다르게 나타난다. 성인 자녀의 죽음은 부모의 정

체성에 심각한 영향을 미친다.

- **유아의 사별:** 유아의 죽음은 부모에게 매우 심각한 상실감을 안기며 이로 인해 부모는 회복하기 어려운 슬픔에 빠진다. 어린이의 죽음은 가장 비통한 경험으로 부모는 죄책감과 과도한 책임을 느끼게 된다.

① 사별 이론(서혜경, 2009)

◈ Freud의 정신분석학적 이론

Freud의 사별 이론은 1917년에 발표된 저서 『애도와 우울증』에서 시작되었다. Freud는 슬픔과 우울증을 구별하며 정상적인 슬픔과 병리적인 슬픔의 차이를 강조하였다. 슬픔은 고인과의 과거 관계를 되돌아보며 이와 연결된 감정을 점진적으로 분리하는 과정이다. 이 과정은 고통스러운 경험이지만 시간이 지나면서 고인과의 이별을 수용하고 새로운 대상을 향한 감정을 재투자할 수 있게 된다. Freud는 슬픔이 정상적인 심리적 과정이며 시간에 따라 극복될 수 있다고 주장하였다. 그러나 이 이론은 주로 우울증 환자에 대한 임상 경험에 기초하고 있다는 비판을 받았으며, 그럼에도 불구하고 슬픔과 고인과의 분리를 다루는 방식은 이후 이론적 발전에 기여하였다.

◈ Lindmann의 슬픔 이론

정신과 의사인 Lindmann은 슬픔의 임상적 과정을 다루었다. 이에 보스턴 코코넛 클럽 화제로 가족을 잃은 사람들과 제2차 세계대전 중 가족을 잃은 사별가족들을 대상으로 하는 정신분석적 인터뷰를 통해 슬픔의 다섯 가지 요소로 구성된 증후군을 제안하였다. 이는 ① 신체적 장애, ② 고인에 대한 몰두, ③ 죄책감, ④ 적대감, ⑤ 혼란스러운 행동으로 예고된 슬픔이며 이 개념을 통해 죽음을 앞둔 사람과 가족 간의 거리감을 나타내는 슬픔의 단계를 설명하였다.

병리적 슬픔은 신경쇠약, 우울증, 고인과의 동일시로 나타난다. 병리적 슬픔에 처한 사람은 강한 상실감에 압도되어 육체적, 정신적 균형이 깨진 상태이다. 만성적 슬픔은 수년간 지속되는 비탄으로 나타나며 과거의 추억에 사로잡혀 사회적 적응이 어려운 경우를 의미한다. **억눌린 슬픔**은 비탄의 시작 단계에서 두드러진 고통의 징후가 없고, 상황을 잘 통제하는 것처럼 보이는 사람에게 나타난다. 또 다른 형태로 억눌린 슬픔은 사건에서 벗어나기 위해 적극적으로 활동하는 사람들에게서 경험될 수 있다.

예고된 슬픔은 감정을 나누고 이별을 준비할 기회를 제공한다. 이는 특히 말기 환자와 그 가족이 겪는 경험으로, 불가피한 죽음 앞에서 서로의 감정을 인식하고 시간을 계획하는 데 도움을 준다. 따라서 비정상적인 슬픔 반응(억눌린 슬픔, 만성적 슬픔, 병리적 슬픔)은 사건을 받아들이지 않으려는 태도와 분노, 자책감, 슬픔이 완전히 해소되지 않은 심리적 상태가 원인이 된다.

비정상적인 슬픔에 대한 진단은 다음과 같다(Lindermann, 1944).

- 세월이 흘러도 지나친 슬픔에 싸여 있음
- 다섯 가지 생존욕구(적절한 영양 섭취, 적절한 수분 섭취, 규칙적인 운동, 휴식, 사회적 지지망 형성)가 제대로 충족되지 않음
- 사소한 일에 지나치게 심한 반응을 보임
- 자기 파괴적 충동
- 술이나 약물 남용
- 고인의 물건을 치우지 않음
- 사회적인 삶의 스타일이 갑자기 변화함
- 장기적인 공포가 있음

② 사별 노인의 애도 유형

노년기에는 배우자를 포함한 가까운 가족, 친지, 친구의 사망을 경험하게 되며, 이러한 사별은 심리적 · 신체적 · 사회적으로 큰 영향을 미친다. 특히 오랜 시간 함께해 온 배우자의 죽음은 깊은 슬픔과 함께 원망, 죄책감, 상실감, 불안 등의 정서적 반응을 유발하며, 신체적으로는 피로, 불면, 현기증 등이 나타날 수 있고 이는 건강 문제로 악화되기도 한다.

사별의 양상은 문화적, 종교적, 인구사회학적 배경에 따라 다양하게 나타난다. 예를 들어, 미국에서는 사별자가 빠르게 감정적 유대를 정리하고 일상으로 복귀하는 편이지만, 일본에서는 고인과의 정서적 유대를 지속하려는 경향이 있다(서혜경, 2009).

Wortman과 Silver(1989)는 노인의 애도 반응을 네 가지 유형으로 설명하였다.

- 정상적 애도: 사별 직후의 사별자의 아픔(distress) 수준은 높지만 추후에는 아픔이 점점 낮아지는 유형
- 만성적 애도: 사별 직후나 후일에도 아픔이 모두 높은 수준으로 나타나는 유형
- 지연된 애도: 즉각적인 아픔은 낮으나 후일에 높은 수준의 아픔을 경험하는 유형
- 결여된 애도: 사별 직후나 후일에도 사별의 아픔이 낮은 것으로 특징지어지는 유형

◈ 예견된 슬픔과 애도

예견된 슬픔(anticipatory grief)은 노인들이 자신이나 사랑하는 사람이 임종을 앞둔 상황에서 미리 겪는 심리적 과정이다. 이 역시 사별에 대한 정서적 준비로 볼 수 있으며, 죽음을 수용하는 과정에서 중요한 역할을 한다. 예견된 슬픔은 노인들이 죽음과 사별을 미리 인식하고, 이에 대한 정서적 대비를 통해 애도 과정을 준비하게 된다. 이러한 예비적 애도는 실제 사별 후에도 감정적으로 안정적인 회복을 가능하게 할 수 있다. 그러나 반대로 예기치 못한 사별은 큰 충격과 비정상적인 슬픔을 유발할 수 있으며, 이 경우 죽음을 수용하는 과정이 더욱 복잡하고 길어질 수 있다.

◈ 사회적 지지와 애도

사별 후 애도는 개인의 심리적 회복뿐만 아니라 주변 사람들과의 사회적 지지 속에서 이루어진다. 사별한 노인들이 사회적 관계 속에서 충분한 애도 과정을 겪

지 못하는 경우 죽음을 수용하는 데 어려움을 겪을 수 있으며 이는 우울이나 고립감으로 이어질 수 있다. 반면, 가족이나 친구들로부터 정서적 지지와 이해를 받는 상황에서는 죽음과 사별을 더 원활하게 받아들이면 안정된 심리상태로 변화될 수 있다. 따라서 노인의 죽음 수용 과정과 사별 그리고 애도는 서로 긴밀히 연결되어 있다. 사별을 경험한 후에 제대로 된 애도 과정을 경험하는 것이 죽음을 수용하는 데 도움이 되며 이는 상실과 죽음에 대한 적응을 도울 수 있다.

③ 사별 노인의 적응

사별을 경험한 노인은 깊은 충격과 상실감 속에서도 점차 일상으로 복귀할 수 있어야 하며, 이를 위해 가족과 지인들의 따뜻한 위로와 정서적 지지, 충분한 휴식과 수면을 제공하는 것이 중요하다. 아울러, 고인에 대한 기억을 자연스럽게 떠올리며 애도의 과정을 겪도록 돕는 것도 회복에 긍정적인 영향을 준다. 애도 과정을 통해 상실의 고통을 이겨내고 삶을 재정비해 나가는 단계는 다음과 같다(Kastenbaum et al., 1992).

- **죽음의 현실을 받아들이기**: 사별 후 회복의 첫 단계는 고인의 죽음을 사실로 인식하는 것이다. 고인이 더 이상 이 세상에 없다는 사실을 마음속으로 받아들이고, 그 부재를 인정할 수 있어야 진정한 애도가 시작된다.
- **관계의 시점을 과거로 전환하기**: 고인과의 관계를 현재형으로 계속 유지하려는 마음은 자연스럽지만, 시간이 지나면서 그 관계를 추억 속에 자리 잡게 하는 과정이 필요하다. 즉, 고인을 기억 속의 소중한 존재로 받아들이는 것이 건강한 애도의 한 부분이 된다.
- **감정의 흐름을 인정하고 수용하기**: 사별은 다양한 감정 반응을 동반한다. 슬픔, 분노, 허탈감, 혼란 등 복합적인 감정이 나타나는 것은 자연스러운 일이며, 이를 억누르기보다는 있는 그대로 느끼고 표현하는 것이 중요하다. 감정을 억제하면 애도의 과정이 지연되거나 왜곡될 수 있으므로, 정서적인 표현과 해소가 필요하다.

- **상실을 통한 삶의 의미 되새기기**: 죽음을 경험한 이후, 남은 이들은 그 상실이 자신에게 어떤 의미를 주는지를 되돌아보게 된다. 상실을 통해 삶의 가치와 의미를 다시 성찰하고, 죽음이라는 불가피한 현실을 수용하는 과정은 애도를 마무리짓는 중요한 단계가 된다.
- **새로운 삶의 역할 정립하기**: 사별 이후에는 고인을 중심으로 형성되어 있던 삶의 일부가 변화하게 된다. 남겨진 사람은 자신만의 새로운 정체성을 찾아가야 하며, 이전과는 다른 역할과 책임을 수용하면서 삶을 재구성해 나가는 과정이 필요하다.

④ 애도 이론

- **Bowlby의 애착 이론과 애도의 관계**: Bowlby는 애착 이론을 통해 상실의 경험을 설명하였다. 그는 애착 대상을 잃은 아이들이 겪는 저항과 절망, 분리 과정을 관찰하면서, 이러한 개념을 성인의 사별 경험에 적용할 수 있다고 주장하였다. 중요한 애착 대상의 상실은 깊은 외로움을 유발하며, 이는 사별 후 개인이 경험하는 주요 감정 중 하나이다. 정신적으로 건강한 애도는 시간이 오래 걸리며, 병리적으로 보였던 반응도 정상적인 애도 과정에서 나타날 수 있다.
- **Caplan(1961)의 위기와 스트레스 이론**: Caplan은 사별을 겪은 사람들이 무력감에 빠지고, 더 이상 기존의 대처 전략이 효과를 발휘하지 못하는 위기 상태에 처한다고 설명했다. 이 과정에서 사회적 지지의 질이 애도 과정에 중요한 영향을 미친다.
- **Parkes(1964)의 슬픔 모델**: Parkes는 슬픔을 통해 인간이 상실을 재구성하는 과정을 묘사하였다. 그는 사별을 겪은 사람들의 내면세계가 상실의 경험을 통해 변화하고, 새로운 세계관을 형성해야 한다고 보았다.
- **Worden(1982)의 애도 과업 모델**: Worden은 애도 과정을 네 가지 과업으로 구분했다. 첫째는 죽음의 현실을 받아들이는 것이고, 둘째는 슬픔을 표현하는 것, 셋째는 고인이 없는 환경에 적응하는 것, 넷째는 고인에 대한 감정을 재

정립하고 다른 사람과 새로운 관계를 맺는 것이다.

- **Raphael(1977)의 슬픔 모델:** Raphael은 사랑하는 사람의 죽음에 대한 초기 반응을 쇼크와 불신으로 설명하고, 이어서 고통과 분리감을 경험하게 된다고 주장하였다. 시간이 지나면서 애착의 끈은 서서히 완화되며, 결국 상실을 극복하고 세상과 다시 통합되는 과정을 거친다.

⑤ 애도 과정

애도 과정은 개인마다 다르게 경험한다. 이는 죽음이 인간의 문화적 맥락 속에서 다르게 받아들여지기 때문이다(권말숙, 홍주영, 2019). 예를 들어, 오랜 투병 후의 사별은 갑작스럽거나 예상하지 못한 죽음에 비해 비교적 짧은 시간 안에 애도가 이루어질 수 있다. 이는 오랜 기간 투병을 지켜본 가족들은 지속적인 지원이 이루어졌으며, 반대로 갑작스러운 사별을 겪은 경우는 장기적인 위로와 지지가 필요하기 때문에, 애도의 과정은 능동적으로 수행되어야 한다. Freud는 애도의 과정을 다음과 같은 12단계로 설명하였다.

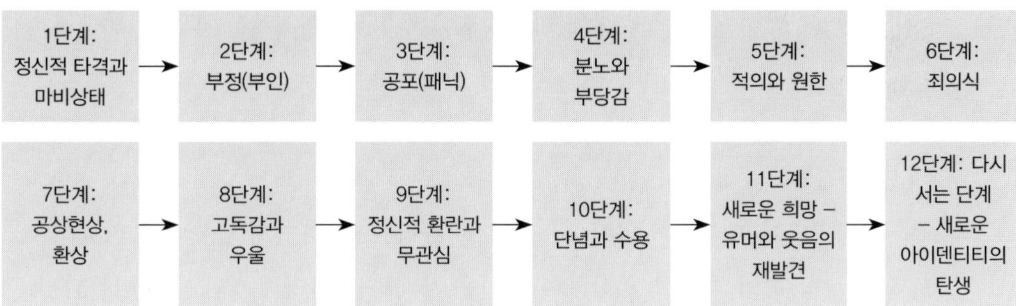

[그림 12–1] Freud의 12단계의 애도 과정

◈ 1단계: 정신적 타격과 마비상태

사랑하는 이의 죽음으로 인한 충격에 일시적으로 현실 감각이 마비되는 상태이다. 이는 일종의 방어기제 역할을 하며 짧은 기간 동안 경험되는 경우는 긍정적인 의미가 있지만 이 상태가 오래 지속되면 건강에 악영향을 미칠 수 있다.

◈ 2단계: 부정(부인)

죽음이라는 현실을 이성적으로 수용하기 어렵다는 의미에서, 죽음을 완강히 부정하는 단계이다.

◈ 3단계: 공포(패닉)

가까운 사람의 죽음에 직면하게 되면 공포에 사로잡혀 일상생활에 어려움을 겪게 된다. 이 공포는 애도 과정에서 자주 나타나는 현상이며 빠르게 이 상태에서 벗어나는 것이 중요하다.

◈ 4단계: 분노와 부당감

애도는 단순한 슬픔뿐만 아니라 분노의 감정도 수반된다. 특히 사고나 질병으로 인해 갑작스럽게 사랑하는 사람을 잃게 되면 유족들은 강한 부당함을 느끼게 된다.

◈ 5단계: 적의와 원한

주위 사람들, 특히 의료진에 대해 적대감을 느낄 수 있다. 이는 고인을 끝까지 돌봐준 의료진에게 향하기도 한다.

◈ 6단계: 죄의식

죄의식은 비탄의 행위에서 나타나는 주요한 반응으로, 과거의 잘못이나 현재의 실패, 혹은 상상 속의 과오를 후회하며 자신을 자책하는 심리적 상태를 의미한다. 이 단계에서 개인은 자신이 소중한 존재를 잃은 데 대한 책임을 느끼고, 이러한 감정은 깊은 슬픔으로 이어진다.

◈ 7단계: 공상현상과 환상

공상 중에는 고인이 된 사람이 여전히 살아있는 것처럼 상상하게 되며 이는 실생활에서도 그들과 상호작용하는 방식으로 나타난다. 이러한 환상은 상실의 아픔을 덜어주려는 무의식적인 노력의 일환으로 볼 수 있다.

◈ 8단계: 고독감과 우울

깊은 고독감과 우울은 비탄의 자연스러운 반응이며 이는 건강한 슬픔의 과정이다. 그러나 이러한 상태는 일시적이어야 하며 극복하기 위한 노력이 필요하다. 이때 주변의 지지와 도움이 큰 역할을 한다.

◈ 9단계: 정신적 환란과 무관심

일상생활에서 목표를 잃고 느끼는 공허감은 삶에 대한 무관심으로 이어질 수 있다. 이러한 상태는 자신이 삶의 의미를 잃었다는 신호로 이를 극복하기 위한 의식적인 노력이 요구된다.

◈ 10단계: 단념과 수용

이 단계에서 개인은 자신이 처한 상황을 명확히 인식하게 되며 사랑하는 사람이 더 이상 이 세상에 존재하지 않는 아픈 현실을 용감하게 마주하기 시작한다. 이는 수용의 과정으로 고통스러운 진실을 받아들이려는 진실한 노력이 담겨 있다.

◈ 11단계: 새로운 희망 – 유머와 웃음의 재발견

유머와 웃음은 건강한 삶의 필수 요소로 비탄의 과정을 극복했음을 나타낸다. 이는 개인이 슬픔을 넘어 새로운 희망을 찾고 있음을 반영한다.

◈ 12단계: 다시 서는 단계–새로운 아이덴티티의 탄생

비탄의 과정을 극복하는 것은 과거로 돌아가는 것이 아니다. 사랑하는 이를 잃은 고통을 겪은 후 개인은 새로운 아이덴티티를 획득하게 되며 이때 더 성숙한 인격체로의 변화를 의미한다.

⑥ 애도 작업

애도는 사별 후 남겨진 사람들이 상실을 심리적으로 극복하고, 삶을 이어갈 수 있도록 돕는 중요한 과정이다. 노인들이 사별을 경험할 경우 상실은 단순히 사랑하는 사람의 죽음에 그치지 않는다. 자신이 속한 사회적 관계망의 붕괴와 정서적 지지의 상실 등 다양한 차원에서 영향을 받는다. 이처럼 죽음을 수용하는 과정에서 애도 과정을 통해 상실의 고통을 인식과 적응으로 결국에는 상실을 통합하여 살아가는 삶의 의미를 재구성하게 된다. 애도 작업은 다음과 같다(서혜경, 2009).

- 다른 사람의 지원을 받기
- 상실의 사실을 인정
- 슬픔 표출
- 적개심과 죄책감을 말로 표현
- 새로운 관계를 형성
- 슬픔에 대한 불건전한 반응 줄이기

(3) 한국 노인에게 인식된 좋은 죽음

한국 노인들이 인식하는 '좋은 죽음'은 삶 전체에서 자녀와의 관계와 사회적 역할 그리고 죽음 준비까지 포괄하는 복합적인 개념이다. 이는 한국 사회의 가족 중심적 가치관과 전통적인 죽음 문화에서 기인하며 '좋은 죽음'은 개인의 삶과 자녀와 후손의 복에 의미도 연결된 것이다. 이는 단순히 고통 없이 죽는 것 이상의 자손과의 관계를 중요하게 여기는 견해가 담겨 있다. 이에 노인의 죽음 인식에 대한 이해를 통해 죽음 수용 방식과 죽음 준비 과정을 엿볼 수 있다.

한국 노인에게 인식된 좋은 죽음의 주요 내용은 다음과 같다(김미혜, 권금주, 임연옥, 2004).

① 좋은 죽음의 의미

첫째, 부모를 앞선 자녀가 없는 죽음은 바람직한 것으로 인식된다. 둘째, 자녀가 임종을 지켜주는 죽음이 중요한 요소로 고려되며, 이는 가족 간의 유대를 강조하는 대목이다. 셋째, 자식에게 부담을 주지 않는 죽음 또한 중요한 가치로 여겨진다. 넷째, 자녀의 교육과 결혼을 마친 후에 맞는 죽음과 같은 부모로서 역할을 다하는 것을 '좋은 죽음'으로 인식한다. 마지막으로, 고통 없는 죽음, 천수를 다한 준비된 죽음을 복으로 여긴다.

② 준비된 죽음의 필요성

노인들이 '좋은 죽음'을 준비하는 것은 삶의 질을 높이는 데 필수적이다. 이는 노인에게 죽음은 준비되고 수용해야 할 삶의 중요한 부분으로 자리 잡고 있기 때문이다. '좋은 죽음'은 단순한 임종의 순간이 아니라 남은 삶을 어떻게 의미 있게 마무리할 것인가에 대한 고민과 연결된다. 이러한 죽음 준비는 노인들에게 건강하고 긍정적인 삶과 안정감을 제공하는 과정이다.

③ 좋은 죽음의 특징

한국 노인들이 인식하는 '좋은 죽음'의 주요 특징은 크게 두 가지로 볼 수 있다. 첫째, 노인에게 인식된 죽음은 자녀 관계와 관련이 깊다. 이는 자녀들에게 짐이 되지 않도록 미리 준비된 죽음으로 자녀와의 관계는 매우 중요하며 자녀가 건강하고 행복한 상태에서 임종을 지켜봐 주는 것에 의미를 크게 둔다. 둘째, 삶의 책임을 다한 후 죽음을 맞이하는 것을 바람직하게 생각하며, 이는 노인들은 죽음이 삶의 연장선에서 책임 있게 맞이해야 하는 부분으로 인식하는 점을 시사한다. 마지막으로, 죽음을 미리 준비하는 유언 작성이나 장례 절차와 같은 준비는 노인에게는 죽음을 받아들이는 시간의 필요성을 나타낸다.

2. 노인 죽음과 죽음 준비의 상담 개입

인간의 죽음은 단계에 따라서 진행된다. 노년기는 인생의 마지막 단계로서 배우자와의 사별, 퇴직, 신체기능의 저하 그리고 죽음의 가까운 시기 등 여러 심리적 · 정신적 도전에 직면하게 된다. 또한 이 시기에 죽음은 개인의 삶의 태도와 사회적 맥락에 따라 다양한 의미를 부여받게 된다. 이러한 죽음에 대한 자각은 삶의 마무리를 준비하는 데 있어 중요한 과정이며 남은 시간을 어떻게 보내야 할지를 결정하고 의미 있게 만드는 중요한 기회가 된다. 이러한 죽음 준비 과정은 오히려 심리적 건강에 긍정적인 영향을 미치며, 노인이 남은 인생의 어려움에도 적극적으로 대처할 수 있게 된다.

1) 노인 죽음의 의미

노인의 죽음은 인생의 지혜와 경험을 다음 세대에게 전달하는 기회를 제공하며 남아 있는 가족과 친구들에게는 기억과 애도의 순간이 된다. 또한 삶의 가치와 사랑, 관계의 중요성을 재조명하게 되며 우리가 어떻게 서로를 이해하고 지지하며 살아갈 것인지에 대한 성찰을 불러일으킨다. 따라서 노년기의 죽음은 죽음을 인식하고 그와 관련된 변화를 능동적으로 받아들이는 시기로 볼 수 있다. 우리나라에서는 죽음에 대해 다양한 의미를 부여해 왔으며, 이러한 해석들은 문화적 · 사회적 맥락 속에서 여러 방식으로 나타난다. 이에 죽음에 대해 부여된 의미를 살펴보면 다음과 같다(이지영, 이가옥, 2004).

- 죽음은 인간이 시간 속에서 살아가는 삶의 여정이 끝나는 시점이다.
- 죽음은 현세에서의 존재의 소멸이며 존재가 무로 돌아가는 상태이다.
- 죽음은 삶의 연장으로 또 다른 세계로의 진입이나 윤회, 환생, 영생을 의미할 수 있다.
- 죽음은 소중한 것의 상실로 삶 속에서 경험해 온 가족, 대인관계, 물질적 가치 등을 잃는 과정이다.
- 죽음은 형벌로 인식되기도 하며, 삶에서의 잘못에 대한 결과로 여겨질 수 있다.
- 죽음은 고통스러운 삶으로부터의 해방이자 평안으로 받아들여지기도 한다.
- 죽음은 잘못된 관계를 극복하고 사랑했던 사람과 재결합할 수 있는 계기로 여기며 인간관계를 회복하는 기회가 되기도 한다(권중돈, 2004).

2) 노인 죽음과 죽음 준비의 상담 방법

(1) 죽음 준비와 호스피스

노인의 죽음 준비 과정에서 호스피스는 중요한 영역으로 포함된다. 호스피스는 말기 환자의 신체적, 정서적, 영적 고통을 완화하며, 죽음을 앞둔 사람과 그 가족이 평온한 이별을 준비할 수 있도록 돕는 전인적 돌봄을 제공하기 때문이다. 이는 의료적 돌봄 이상으로 죽음을 준비하는 과정에 핵심이 되는 역할을 한다.

구체적으로 살펴보면 다음과 같다.

첫째, 호스피스는 임종을 앞둔 노인이 더 이상 적극적인 치료를 받을 수 없는 상황에서도 삶의 질을 유지하는 데 중점을 둔다. 신체적 고통을 줄이기 위한 의료적 개입과 정서적 지지와 영적 안정감을 제공하여 노인들이 평화롭게 죽음을 수용할 수 있도록 돕는다. 이는 남은 시간을 보다 의미 있고 존엄하게 보낼 수 있도록 하는 중요한 과정이다.

둘째, 호스피스 돌봄은 단순히 신체적인 고통을 완화하는 것에 그치지 않고 죽음을 앞둔 노인이 느끼는 두려움과 불안을 다루는 정서적 · 영적 지원을 포함한다. 이러한 과정은 죽음을 받아들이는 데 필요한 정서적 준비로 가족들 역시 호스피스를 통해 임종 과정을 준비하고 정서적 회복을 도울 수 있는 기반을 갖게 된다.

셋째, 호스피스의 철학은 생명의 마지막 순간에도 삶의 존엄성과 가치를 유지하는 데 중점을 둔다. 이는 노인들이 자신의 삶을 돌아보고 남은 시간 동안 삶의 의미를 찾는 시간을 제공하며, 죽음이라는 필연적 과정을 수용할 수 있게 만든다. 이러한 철학적 접근은 노인들이 스스로 죽음을 준비하는 과정에서 매우 중요한 의미를 지닌다.

마지막으로, 호스피스는 환자뿐만 아니라 가족들도 함께 이별을 준비할 수 있도록 돕는다. 가족들은 호스피스의 지지를 통해 임종을 준비하게 되며 사별 후에도 애도 과정에서 심리적 지원을 받는다. 이에 남겨진 가족들이 사별의 고통을 건강하게 극복할 수 있도록 돕는 역할을 한다.

(2) 노인 죽음에서의 상담 방법

① 회상 기법

회상기법은 내담자가 이미 가지고 있는 긍정적 기억을 되살려 현재의 슬픔을 완화하는 데 도움을 준다. 상담자는 내담자가 과거의 따뜻한 기억을 회상하도록 유도함으로써 그 기억이 현재의 슬픔을 견디고 안정을 찾도록 돕는다. 이에 삶을 회상하는 과정에서 내담자에게 던질 수 있는 유익한 질문들은 그들의 과거와 현재를 성찰하고 삶의 의미를 발견하는 데 큰 도움이 된다. 상담자는 질문을 통해 내담자의 삶을 깊게 탐색할 수 있다. 따라서 질문 기법으로 내담자가 자신의 삶을 회고하는 것은 죽음을 준비하는 과정에서 의미 있는 대화를 끌어내는 데 유용하다.

먼저, 내담자가 성장한 가정환경에 대해 물어보는 것은 중요한 시작점이 된다. '어떤 가족 속에서 자랐는가?'라는 질문은 부모와 형제 관계, 가정 내에서의 경험을 돌아보게 하여 내담자의 정서적 형성 배경을 이해하는 데 도움을 준다. 또한 어릴 적 꿈에 대한 질문은 내담자가 어떤 기대와 목표를 가졌었는지 그리고 그 꿈들이 얼마나 이루어졌는지를 반추하게 한다.

직업과 경력에 관한 질문은 삶에서 중요한 역할을 했던 일들에 대한 내담자의 만족도와 갈등을 살펴보는 기회를 제공한다. 예를 들어, '당신이 일하면서 좋았던 점과 어려웠던 점은 무엇이었는가?'라는 질문은 직업이 삶에 미친 영향을 구체적으로 검토하게 만든다.

삶에서 가장 후회되는 것이 무엇인지 묻는 질문은 내담자가 과거에 해결되지 않은 감정적 상처나 아쉬움을 털어 놓을 수 있는 기회를 제공한다. 또한 '돈이 당신 삶에서 어떤 역할을 했는가?'라는 질문은 경제적 자원과 삶의 질의 관계를 탐구하는 중요한 통찰을 불러일으킬 수 있게 된다.

삶에서 중요한 사람이나 관계에 대한 질문은 내담자가 어떤 관계에서 깊은 의미를 찾았는지 이해하게 한다. 또한 '죽음에 대한 경험이 있거나 죽음에 대해 어떤 생각을 가지고 있는가?'라는 질문은 내담자가 죽음을 어떻게 받아들이고 있는지에 대한 심층적인 대화를 이끌어 낼 수 있다. 그리고 내담자의 삶에 대한 철학과 종교적 신념을 탐색하는 질문은 그들이 삶을 어떻게 해석하고 있는지, 그리고 그 해석이 현재 삶에 어떤 영향을 미치는지를 알아볼 수 있는 좋은 기회를 제공한다. '존경하는 인물이 있거나 본받고 싶은 사람이 있는가?'라는 질문은 내담자가 가진 이상적인 모델을 통해 현재 자신의 삶을 재해석하는 데 도움을 줄 수 있다. 현재 내담자가 해결하고 싶은 문제가 있는지, 그리고 죽음을 앞두고 어떤 사람과 함께 하고 싶은지에 대한 것도 상담에서 중요하게 작용한다. 이는 내담자의 죽음 이후에 대한 생각이나, 장례식에 대한 선호를 표현함으로써 자신의 마지막을 준비하는 과정에서 감정적 안정을 찾을 수 있다. 마지막으로, '지금 가장 희망하는 것이 무엇인가?'라는 질문은 현재 내담자의 가장 절실한 욕구를 탐색하게 하여 남은 삶을 어떻게 의미 있게 채울 수 있을지에 대한 구체적인 방향성을 제공할 수 있다.

② 애도 상담

비탄과 슬픔에 빠진 사람들을 지원하기 위한 효과적인 방법은, 그들의 감정과 과정에 공감하고 적절한 방식으로 동반자가 되어 주는 것이다(Stearns, 1984).

애도에서의 상담 방법은 다음과 같다.

- **곁에서 지지하기:** 고통받는 사람의 곁에서 실질적인 도움을 제공하는 것은 침묵 속에서의 기다림과 말 없는 기도와 관심을 통해 이루어진다. 이러한 지지는 상실 경험자에게 큰 위로가 될 수 있다.
- **감정을 표현할 기회를 제공하기:** 슬픔에 빠진 사람들에게는 공감을 통해 자유롭게 자신의 감정을 표출할 수 있도록 돕는 것이 필요하며 이 과정에서 감정적 안정을 찾을 수 있다.
- **상투적인 표현 지양하기:** 슬픔 앞에서 불편함을 느낄 때 흔히 사용되는 상투적인 표현들은 오히려 상처를 줄 수 있다. 고통을 축소하거나 어색한 격려의 말을 사용하는 대신에 진정으로 감정을 존중하며 깊이 공감해야 한다.
- **다양한 슬픔의 반응 존중하기:** 비탄은 보편적인 감정이지만 사람마다 다르게

경험한다. 슬픔에 대한 반응과 치유의 과정은 각기 다르므로 각자의 속도와 방식에 맞춰 슬픔을 받아들이도록 존중하는 것이 중요하다.

- 기억을 되새기도록 돕기: 사랑하는 사람에 대한 기억은 남아 있는 사람들에게 큰 위로가 된다. 고인에 대한 구체적인 기억을 나누도록 돕는 것은 슬픔 속에서 사랑과 추억의 의미를 찾는 과정이다.
- 선택을 격려하기: 슬픔에 잠긴 사람들이 삶의 책임감을 되찾고 건설적인 선택을 할 수 있도록 돕는 것이 중요하다. 무기력한 상태에서 벗어나 점차 삶을 유지할 수 있도록 격려해야 한다.
- 희망의 메시지 전달하기: 고통 속에서 희망을 잃지 않도록 돕는 것이 중요하다. 슬픔을 함께 나누는 사람들이 긍정적인 태도와 희망의 메시지를 전달하는 것은 고통을 이겨내는 원동력이 된다.
- 장기적인 관계 유지하기: 장례식 이후 몇 주 동안 슬픔에 잠긴 사람은 특히나 공허함을 느끼기 쉽다. 이때 인간적인 도움과 따뜻한 관심을 유지하며 혼자가 아니라는 사실을 경험하는 것이 중요하다.
- 공동체의 지원 활용하기: 슬픔에 잠긴 사람을 돕는 일은 공동체가 함께 짊어져야 할 과제이기도 하다. 물리적으로 가까운 거리에 있는 이웃이나 기관을 통해 유용한 정보와 실제적인 도움을 제공받을 수 있다.

③ 배우자 사별 상담(박재학, 2010)

◈ 충분한 애도 기간 가지기

배우자의 사별로 인한 슬픔은 시간이 지난 후에 더 격렬하게 나타난다. 사별은 성인에게 가장 강렬한 경험 중 하나로 특히 남겨진 배우자에게는 감정적, 신체적, 정신적 영향을 미친다. 장례 절차가 마무리되고 시간이 지난 후에 배우자의 죽음을 실감하게 되고 홀로 남은 노인은 깊은 슬픔을 느낄 수 있다. 이때의 애도는 더욱 격렬하고 장기화되며 우울과 스트레스 정도가 심화된다. 따라서 상담자는 배우자의 사망 직후뿐만 아니라 일정 시간이 경과한 이후의 애도 과정도 예상하고 이에 대비해야 한다.

◈ 상실 단계와 우울 증상에 대해 충분히 검토하기

상실을 경험한 노인은 애도 과정에서 우울 증상이나 자살 충동을 겪을 수 있다. 상담자는 이러한 상황을 대비하여 충분히 애도할 수 있도록 도와야 하며 필요한 경우 전문적인 도움을 연계할 수 있도록 한다.

◈ 사망에 대한 죄책감 해소하기

상담자는 사별을 경험한 노인이 배우자의 사망에 대해 충분한 애도 과정을 경험하도록 하되, 그 책임이 본인에게 있지 않다는 사실을 인식하게 돕는다. 장기간 고인을 돌보았던 헌신이나 병간호의 어려움을 상기시켜, 죄책감에서 벗어나도록 도와주는 것이 중요하다.

◈ 용서할 수 있는 시간 갖기

상담자는 남은 배우자나 유가족이 고인의 생전 기억을 나누며 긍정적 · 부정적 기억을 정리할 수 있도록 돕는다. 이는 남은 사람들이 서로를 지지하는 관계망을 형성하게 되며, 이 과정에서 고인을 용서하는 마음은 삶에 긍정적인 영향을 미칠 수 있다.

◈ 좋은 추억 기억하기

상담자는 유가족이 고인의 생전 추억을 나누고 좋은 기억을 회고할 수 있도록 돕는다. 시간이 지남에 따라 부정적 기억보다 긍정적 기억이 남기 마련이다. 상담자는 고인에 대한 긍정적 기억을 나누되, 고인의 죽음을 이상화하지 않도록 주의해야 하며 이는 가족 간의 연대감을 강화하는 데 유익한 자원이 될 수 있다.

◈ 유가족과의 만남과 연대 도모하기

사별 후 노인은 자녀와 함께 사는 경우도 있지만 혼자 사는 경우도 늘고 있다.

특히 노인의 경우 사회적 관계에서 멀어지는 경향이 있으므로, 상담자는 노인이 가족들과의 관계를 유지하고 고립되지 않도록 관심을 가져야 한다.

◈ 고립감 대처하기

사별 후 남성 노인은 여성 노인보다 고립감을 더 많이 느낄 수 있으며, 현실적인 어려움을 호소하기도 한다. 상담자는 내담자의 성향과 적응 정도를 고려하여 사회적 관계를 유지할 수 있도록 돕고, 고립감이 커지지 않도록 주의 깊게 살펴야 한다.

◈ 사별 후 생활 계획 설정 돕기

상담자는 사별 이후에도 남은 배우자가 일상생활을 충실히 유지할 수 있도록 주거 문제나 경제 문제 등 발생 가능한 변화와 관련된 계획을 수립하는 데 도움을 준다.

◈ 신체적 변화에 주목하기

사별 후 나타나는 격화된 감정은 신체에도 영향을 미친다. 슬픔으로 인한 통증, 식욕 부진, 불면증 등은 상실을 경험한 사람들에게 일반적으로 나타나는 증상이기도 하다. 감정을 억누를수록 신체화 증상은 더 강해질 수 있으므로, 상담자는 노인의 건강 상태를 주의 깊게 살펴보아야 한다.

④ 웰다잉

노인의 죽음 영역에서 웰다잉(Well-Dying)은 삶의 마지막을 의미 있게 준비하는 중요한 과정으로 죽음 준비의 철학적·실천적 영역에 포함된다. 웰다잉은 단순히 죽음을 맞이하는 것에 그치지 않고 삶의 마지막 순간까지 존엄성을 유지하며 고통 없이 평온하게 임종을 맞이할 수 있도록 준비하는 것을 의미한다. 이 과정에서 개인의 신체적·정서적·사회적·영적 측면이 통합적으로 고려되며 죽음에 대한 긍정적 수용과 이별을 위한 준비가 이루어진다.

웰다잉의 특징은 첫째, **죽음의 수용**이다. 웰다잉은 죽음을 피하거나 부정하는 대신 그것을 자연스러운 삶의 일부로 받아들이는 과정으로 죽음에 대한 두려움을 줄이고 남은 삶을 보다 의미 있게 만들어 가는 것에 초점을 둔다. 이에 죽음과 관련된 의사결정을 스스로 하는 기회를 통해 자신만의 방식으로 삶을 정리하고 마무리할 수 있게 된다.

둘째, **삶의 정리와 관계의 완성**이다. 웰다잉을 통해 자신이 살아온 삶을 돌아보고 미처 해결하지 못한 관계나 감정적 문제들을 정리하게 된다. 가족과 친구들 그리고 주변 사람들과의 관계를 되돌아보며 화해나 감정적 정리를 하거나, 유언 등을 통해 남은 사람들에게 자신이 남기고자 하는 메시지를 전달하는 과정도 포함된다. 이는 임종을 앞둔 개인뿐 아니라 남겨질 가족들에게도 정서적으로 중요한 준비 과정이 된다.

셋째, **정서적 · 영적 준비**이다. 웰다잉 과정에서는 개인의 내면적 성찰이 중요한 역할을 한다. 죽음에 대한 두려움을 완화하고 내면의 평화를 찾기 위한 정서적 · 영적 지원이 제공된다. 이 과정에서 종교적 신념이나 영적 가치관이 중요한 역할을 할 수 있으며 자신의 삶과 죽음의 의미를 재해석하게 된다.

〈웰다잉의 상담 적용(Corazzan, 1980)〉

- 상담은 죽음을 준비하는 과정에서 내담자가 느끼는 정서적 불안과 두려움을 다루는 데 도움을 줄 수 있다. 상담자는 내담자가 죽음을 자연스러운 과정으로 받아들이도록 돕고, 이를 통해 내담자의 두려움이나 불안을 감소시키는 역할을 한다.
- 웰다잉 과정에서 상담은 내담자가 자신의 삶을 돌아보고, 해결되지 않은 감정적 문제들을 정리하며, 남은 삶을 의미 있게 살아갈 수 있도록 돕는다.
- 죽음이 임박한 상황에서 내담자가 영적 평안을 찾고 삶의 의미를 재정립할 수 있도록 지원한다.
- 웰다잉 상담은 가족과의 관계를 강화하는 데에도 기여할 수 있다. 내담자가 사랑하는 이들과의 소중한 시간을 보내고, 미처 나누지 못한 감정이나 생각

을 표현할 수 있도록 돕는 것은 웰다잉의 중요한 과정이다. 상담자는 가족과의 대화를 조율하거나 서로의 감정을 이해하는 데 도움을 줄 수 있는 중재자로서 역할을 할 수 있다.

- 웰다잉은 죽음 준비 과정에서 개인이 죽음을 수용하고 평온한 마음으로 삶을 마무리할 수 있도록 돕는 데 중점을 둔다.

⑤ 용서

노년기 용서는 삶의 질 향상과 발달 과업에서 중요한 역할을 수행하는 요소이다. 노인들은 과거의 아픔을 되새기며 자신에게 상처를 준 사람들과의 불편하거나 단절된 관계를 떠올리며 정서적 고통을 경험하기도 한다(Foulk, Ingersoll-Dayton, & Fitzgerald, 2017). 특히 과거 대인관계에서 겪었던 갈등이나 상처는 해결되지 않은 채 남아 분노, 비통함 혹은 배신감과 같은 감정을 유발하며, 이는 노년기에 삶을 돌아보는 과정에서 부정적인 영향을 미칠 수 있다(Cheavens et al., 2016; Derdaele et al., 2019).

이러한 상황에서 용서는 노인이 자신의 과거를 주체적으로 재해석하고 그 안에서 삶의 의미를 발견하여 자아통합(ego-integrity)에 도달하는 데 있어 중요한 역할을 한다(정영숙, 2011). 노인을 대상으로 한 용서 관련 메타분석 연구에 따르면 용서 개입을 통해 과거의 상처와 관련된 정서적 상태가 개선되었으며(López et al., 2021), 이러한 개입은 부정적인 감정을 완화할 뿐만 아니라 삶의 만족도, 주관적 행복감, 심리적 안녕감 같은 긍정적인 측면을 향상시키는 데 기여한 것으로 나타났다(López et al., 2021). 이는 용서가 노년기 심리적 건강과 전 생애에 대한 통합적 수용에 핵심적인 요소임을 의미하며 노인상담의 적용에 필요성을 시사한다.

◈ 미술치료 기법

용서를 주제로 하는 상담에서 미술치료 상담 기법은 노인의 감정을 표현하고 부정 정서를 해소하는 데 효과적인 방법이 될 수 있다. 예를 들면, 점토를 활용한 작업은 노인이 과거의 상처나 용서의 대상을 구체적으로 떠올리고 그와 관련된 감정을 형상화하여 표현하도록 돕는다. 이러한 과정에서 억눌린 감정을 표출하게 되고 타인과 자신을 수용하는 감정을 자연스럽게 드러낼 수 있게 된다. 이에 노인들은 용서의 대상을 떠올리며 점토를 다양한 형상으로 표현하거나, 그 대상을 용서하는 마음으로 점토 항아리와 같은 상징적 작품을 완성할 수 있다. 이를 통해 과거의 상처를 회상하면서도 그 감정의 흐름을 자연스럽게 받아들이고, 점토 작업을 통해 정서적 해소를 경험하게 된다. 또한 집단상담의 경우 작업을 완료한 후 작품 감상을 통해 서로의 경험을 나누는 시간은 용서를 통한 심리적 치유와 내적 평화를 촉진하는 경험을 제공한다. 따라서 노년기 상담에서 용서를 다루는 미술치료는 노인이 삶을 주체적으로 돌아보고 과거의 상처를 수용하는 경험을 통해 정서적 건강과 통합적인 삶의 수용을 이끌어 내는 데 중요한 상담 효과가 있다(정여주, 2018).

3) 노인 죽음의 전문체계

노인의 죽음 준비를 돕는 전문체계는 신체적, 정서적, 사회적 필요에 따라 다양한 방식으로 제공되며, 노인들이 삶의 마지막을 의미 있게 준비할 수 있는 서비스를 제공한다. 이러한 전문적 지원기관은 노인의 요구와 상황에 맞게 서비스가 제공되며 삶의 마무리를 준비하는 과정에서 실질적인 도움을 받게 된다.

〈표 12-1〉 용서를 적용한 노인 대상 미술치료 상담 내용 구성의 예시

<table>
<tr><td>단계</td><td>도입</td><td>운영방법</td><td colspan="2">개인 또는 소집단(70분)</td></tr>
<tr><td>주제</td><td colspan="4">용서와 화해의 점토 작업</td></tr>
<tr><td>활동 목표</td><td colspan="4">• 억눌렸던 감정을 표출하고 정서적 해소를 돕는다.
• 용서와 화해의 감정을 경험하며, 자신과 타인을 수용하는 태도를 함양한다.
• 촉각 자극을 통해 신체 감각을 활성화하고, 대근육과 소근육 운동을 증진시킨다.</td></tr>
<tr><td>활동도구 및 준비</td><td colspan="4">• 점토, 도예 도구, 스펀지, 수건, 분무기, 우드락, 신문지
• 준비 및 주의사항: 본 활동은 상담자와 참가자 간에 신뢰 관계가 형성된 이후 진행한다.
• 점토는 비닐에 싸서 빠르게 건조되지 않도록 준비한다.
• 물수건과 마른 수건을 준비하며, 세면대가 없을 경우 물통에 물을 준비한다.</td></tr>
<tr><td>과정</td><td colspan="3">활동 내용</td><td>시간(분)</td></tr>
<tr><td>도입</td><td colspan="3">• 상담자는 참가자와 인사를 나누고 근황을 묻는 시간을 가진다.
• 참가자에게 인생에서 용서하거나 용서를 받고 싶었던 상황을 떠올리도록 유도한다.</td><td>10분</td></tr>
<tr><td>전개</td><td colspan="3">• 대상 설정
–용서의 대상에 대해 구체적으로 생각하고, 관련된 감정을 점토를 통해 표현하도록 한다.
• 점토 작업
–참가자들이 용서를 생각하며 점토를 손으로 만져보고, 떠오르는 감정을 점토 형상으로 표현하도록 한다.
–이 과정에서 감정의 흐름을 자연스럽게 받아들이도록 격려하며, 자유롭게 다양한 형태를 만들도록 안내한다.
–용서의 마음을 담아 상징적 의미를 지닌 작품을 만들 수 있다.
• 작품 감상 및 나눔
–완성된 작업물을 거리를 두고 바라보며 감상을 하고, 이 과정에서 서로의 감정과 경험을 나눈다.
–참가자들은 용서를 표현한 작품을 통해 느껴지는 정서와 생각을 공유하며 내면의 변화를 인식하도록 한다.</td><td>50분</td></tr>
<tr><td>정리</td><td colspan="3">• 사용한 도구들을 정리하고, 다음 회기의 요일과 시간을 안내하며 프로그램을 종료한다.
• 변형 활동
–점토 작업으로 만든 항아리에 용서의 상징을 담아 특정 자리에 두거나, 야외에 묻어 마음을 상징적으로 정리하는 활동을 추가할 수 있다. 이 프로그램은 노년기에 경험하는 억눌린 감정을 표현하고 해소함으로써, 심리적 건강과 긍정적인 자아통합을 돕는다.</td><td>10분</td></tr>
</table>

출처: 정여주(2018)에서 내용 발췌하여 표로 재구성함.

(1) 호스피스 및 완화의료 센터

- 중앙호스피스센터 웹사이트, https://hospice.go.kr:8444/?menuno=17
- 기관 정보: 한국호스피스완화의료학회 및 보건복지부의 호스피스 서비스 정보 제공 사이트에서 관련 센터와 병원을 찾을 수 있다.
- 제공 서비스: 임종이 임박한 노인들에게 신체적 고통 완화와 정서적 지원을 제공하는 의료 서비스이다. 그리고 통증 완화, 임종 돌봄, 가족 상담, 심리적 안정 서비스를 제공한다. 죽음을 준비하는 과정에서 노인과 가족이 함께 할 수 있는 프로그램이 운영된다.
- 특징: 죽음 준비 과정에서 고통을 완화하는 데 중점을 두며 신체적, 정신적 돌봄을 통합적으로 제공하며 전문적인 의료진과 상담가가 연계된 체계적 돌봄 서비스를 받을 수 있다. 반면에 죽음 준비 초기 단계의 노인보다는 말기 환자들에게 주로 초점을 맞추는 경향이 있어 의료적 돌봄에 집중하다 보니 정서적 지원이 상대적으로 약할 수 있다.

(2) 대한웰다잉협회

- 대한웰다잉협회 웹사이트, http://www.daehanwelldying.org/
- 기관 정보: 대한웰다잉협회는 보건복지부의 인가를 받은 비영리 민간단체로서, 죽음 준비 교육과 웰다잉 문화 확산을 목표로 다양한 프로그램을 제공한다. 주로 노인층을 대상으로 하며 노인들이 삶의 마지막을 준비하는 과정에서 심리적 안정을 얻고 삶의 질을 향상할 수 있도록 돕는 것을 중점으로 두고 있다.
- 제공 서비스: 죽음 준비 교육, 웰다잉 관련 상담, 연명의료의향서 작성 지원 등 여러 실용적이고 심리적인 지원 프로그램을 운영하며 죽음에 대한 이해를 돕기 위한 교육 세미나와 가족을 위한 웰다잉 안내서도 제공한다.
- 특징: 정부의 인가를 받은 공신력 있는 기관으로 노인들의 정신적 안정과 사회적 지원에 다양한 프로그램이 제공된다. 또한 연명의료의향서 작성과 같은 법적 지원을 통해 노인들이 죽음을 준비하는 데 필요한 실질적인 도움을

받을 수 있다. 그러나 많은 프로그램이 수도권에 집중되어 있다는 점과 일부 노인들에게는 웰다잉의 개념 자체가 아직 생소할 수 있어 프로그램의 참여가 제한적일 수 있다.

요점 정리

- 노년기는 죽음을 더욱 가까이 인식하게 되는 시기로 죽음은 생리적 기능의 정지라는 생물학적 의미를 넘어 삶의 마지막 단계로서 중요한 의미를 지닌다. 노인들은 죽음을 준비하며 삶의 의미를 재발견하고 남은 시간을 어떻게 보내야 할지 성찰하게 된다.
- 노인의 죽음은 생리적 · 심리적 · 철학적 · 문화적 차원에서 이해할 수 있다. 생리적으로 죽음은 심장 박동과 뇌 활동의 중단을 의미하며, 법적 · 의학적 판정을 통해 공식화된다. 심리적으로는 죽음을 인식하며 삶의 기쁨과 슬픔을 돌아보게 되고 철학적/영적 관점에서는 삶과 죽음의 본질적 의미를 탐구한다. 노년기의 죽음에 대한 태도는 죽음을 삶의 자연스러운 마무리로 수용하며 남은 시간을 더욱 의미 있게 보내려는 노력을 하게 된다.
- 노년기는 가족, 배우자, 친구 등 소중한 사람들과의 이별을 자주 경험하는 시기로 이러한 사별은 노인의 심리적 상태와 죽음에 대한 인식에 영향을 미친다. 특히 배우자의 죽음은 노인에게 정서적, 신체적, 사회적으로 심각한 변화를 일으키며 삶의 의미와 정체성 혼란을 경험하게 된다. 이러한 과정에서 노인은 자신의 삶을 돌아보고 남은 시간을 어떻게 의미 있게 보낼지에 대한 고민을 통해 죽음에 대한 준비와 수용의 과정에 들어간다.
- 사별과 애도 이론에서 Freud는 슬픔은 고인과의 감정을 점진적으로 분리하는 정상적인 심리적 반응으로 보며, 병리적 슬픔이 우울증으로 이어질 수 있음을 강조했다. Lindmann은 슬픔을 신체적 장애, 죄책감, 적대감 등으로 나타나는 다섯 가지 증후군으로 설명하며, 예견된 슬픔 개념을 통해 준비 과정을 제시했다. Bowlby는 애착 이론을 통해 상실이 깊은 슬픔과 외로움을 유발하지만 이는 정상적인 애도 과정임을 설명했다. Worden은 애도의 과정을 죽음의 현실을 받아들이기, 슬픔 표현, 새로운 환경에 적응, 고인과의 관계 재정립이라는 네 가지 과업으로 구체화했다.
- 노인의 사별과 애도 과정은 단순한 슬픔의 표현을 넘어 죽음에 대한 수용과 삶의 의미를 재조명하는 기회가 된다. 이러한 과정을 통해 노인은 남은 삶을 의미 있게 정리하고, 가족 및 주변인들과의 관계를 새롭게 재구성할 수 있다. 가족과 상담자는 이러한 애도 과정에 대해 이해하고 적절히 지원함으로써 노인의 심리적 회복을 도울 수 있다.

연습문제

1. 노인이 죽음을 생리적, 심리적, 철학적, 문화적 차원에서 어떻게 이해할 수 있는지 설명하라.

2. Freud, Lindmann, Bowlby, Worden의 이론에 근거하여 노인의 사별과 애도 과정을 설명하고, 각 이론이 상담 현장에서 어떻게 활용될 수 있을지 논의하라.

3. 배우자 사별을 경험한 노인이 죽음을 자연스러운 과정으로 수용하지 못하는 경우 그 원인을 제시하고 이를 해결하기 위한 상담 방법에 대해 서술하라.

4. 노인의 사별과 애도 과정에서 상담자가 노인의 심리적 회복을 돕기 위해 사용할 수 있는 구체적인 개입 방법을 제시하라.

참고문헌

권말숙, 홍주영(2019). 간호대학생의 좋은 죽음에 대한 인식: 사전의료의향서에 대한 지식 및 태도. 학습자중심교과교육연구, 19(3), 825-843.

권중돈(2004). 노인복지론. 학지사.

김가혜(2023). 웰다잉 측정도구 개발. 서울대학교 대학원 박사학위논문.

김미혜, 권금주, 임연옥(2004). 노인이 인지하는 '좋은 죽음' 의미 연구-'복(福) 있는 죽음'. 한국사회복지학, 56(2), 195-213.

노유자, 안영란(2000). 국내 호스피스 기관의 사별 관리 실태. 한국호스피스 완화의료학회지, 3(2), 126-135.

문국진(1980). 외상과 기존 병의 사인경합. 중앙의학, 39(4), 268-272.

박재학, 김정훈, 이순배, 이희정(2010). 노인상담론. 파워북.

서혜경(2009). 노인죽음학 개론. 경춘사.

이영균(1997). 삶의 질 측정지표와 측정모형에 관한 소고: 공공관리부문의 질 향상을 위한 정책 방향, 1-36.

이지영, 이가옥(2004). 노인의 죽음에 대한 인식. **한국노년학**, 24(2), 193-215.

장경은(2010). 빈곤 여성 노인들은 어떻게 죽음을 인식하고 준비하고 있을까?: 여성노인 수급자의 죽음에 대한 태도. **한국사회복지학**, 62(4), 325-347.

정여주(2018). **노인미술치료 이론과 실제**. 학지사.

최은영(1996). 준비된 죽음. **새가정 장학회**, 108-109.

Bengtson, V. L., Cuellar, J. B., & Ragan, P. K. (1977). Stratum contrasts and similarities in attitudes toward death. *Journal of Gerontology, 32*(1), 76-88.

Caplan, G. (1961). *An approach to community mental health*. New York: Grune & Stratton.

Cheavens, J. S., Cukrowicz, K. C., Hansen, R., & Mitchell, S. M. (2016). Incorporating resilience factors into the interpersonal theory of suicide: The role of hope and self-forgiveness in an older adult sample. *Journal of Clinical Psychology, 72*(1), 58-69.

Corazzan, M. (1980). *The theory and practice of loss therapy: Bereavement counseling*. Greenwood Press.

Derdaele, E., Toussaint, L., Thauvoye, E., & Dezutter, J. (2019). Forgiveness and late-life functioning: The mediating role of finding ego-integrity. *Aging & Mental Health, 23*(2), 238-245.

Foulk, M. A., Ingersoll-Dayton, B., & Fitzgerald, J. (2017). Mindfulness-based forgiveness groups for older adults. *Journal of Gerontological Social Work, 60*(8), 661-675.

Kastenbaum, R., Cole, T. R., Achenbaum, W. A., & Jakobi, P. L. (Eds.). (1992). *Voices and visions of aging: Toward a critical gerontology*. Springer Publishing Company.

Lindeman, E. C. (1944). Next steps in education for racial understanding: A philosophical approach. *The Journal of Negro Education, 13*(3), 407-413.

López, J., Serrano, M. I., Giménez, I., & Noriega, C. (2021). Forgiveness interventions for older adults: A review. *Journal of Clinical Medicine, 10*(9), 1866-1882.

Matthews, S. H. (1979). *The social world of old women: Management of self-identity*. Sage Publications.

Murdock, G. P. (1949). *Social structure*. The Macmillan Company.

Nelson, F. (1980). *Living and choosing in the face of death.* Greenwood Press.

Parkes, C. M. (1964). The effects of bereavement on physical and mental health: A study of the medical records of widows. *British Medical Journal, 2*(5404), 274-279.

Raphael, B. (1977). Preventive intervention with the recently bereaved. *Archives of General Psychiatry, 34*(12), 1450-1454.

Stearns, P. N. (1984). *Living through personal crisis.* Ballantine Books.

Woodruff-Pak, D. S., & Thompson, R. F. (1988). Classical conditioning of the eyeblink response in the delay paradigm in adults aged 18-83 years. *Psychology and Aging, 3*(3), 219-229.

Worden, J. W. (1982). *Grief counseling and grief therapy: A handbook for the mental health practitioner*. New York: Springer Publishing Company.

Wortman, C. B., & Silver, R. C. (1989). The myths of coping with loss. *Journal of Consulting and Clinical Psychology, 57*(3), 349-357.

제13장

건강한 가족관계를 위한 상담

1. 건강한 가족의 이해

가족(family)이란 결혼, 혈연, 입양 등을 통해 결합된 집단으로, 구성원이 상호작용과 의사소통을 통해 공통의 문화를 유지하고 영구적인 관계를 형성하는 1차 사회집단이다(권중돈, 2004). 가족의 개념은 시대와 문화, 연구자의 관점에 따라 다양하게 정의될 수 있으며, 현대적 관점에서는 가족에 대한 정의는 개인의 주관적 경험과 문화적 배경을 함께 고려해야 한다(제석봉 외, 2016). 가족은 개인이 처음으로 접하게 되는 사회적 · 심리적 환경이자, 개인의 성장과 발달에 중대한 영향을 미치는 근본적인 터전으로 개인의 성장과 발달에 지대한 영향을 미친다. 노인에게 가족은 물질적 · 기능적 · 심리적 지원을 통해 노인의 자아정체감과 사회적 통합을 도우며, 노인의 사회적 관계의 중심축이자 부양체계로서의 역할을 하게 된다. 이에 노인상담에서 건강한 가족관계는 노인의 정신적, 정서적 안녕을 유지하는 데 있어 중요하게 다루어야 하는 영역이다.

이 장에서는 노년기의 건강한 가족관계를 위한 노인상담에서의 주요 개념과 이와 관련된 이론 및 노인상담에서 주로 다루는 실제에 대해서 살펴보고자 한다.

1) 노년기 가족의 개념

(1) 가족의 개념

가족은 인간생활주기의 모든 단계에서 성장에 필요한 자원이 되는 가장 중요한 체계이며 어떤 다른 사회집단보다도 구성원 간의 유대관계가 밀접한 특성을 지닌다(조근영, 2002). 특히 노년기는 일반적으로 60세에서 65세 이후의 시기로 심리적 안정감과 유대감, 소속감을 제공할 수 있는 환경이 중요하다. 그러나 현대의 핵가족화와 사회적 변화는 노인들이 가족과 가까이서 생활하기 어려운 구조가 되었다. 노인의 은퇴는 직업에서의 역할 상실과 사회적 고립감을 가져오며 이는 수입 감소와 재정적 어려움으로 이어질 수 있다. 이에 노화와 은퇴로 인한 다양한 문제에 직면하는 과정에서 신체적 쇠퇴와 여러 노인성 질환으로 인한 어려움은 자녀에 대한 의존성 증가되는 경향이 있다. 따라서 노인에게 가족은 이러한 심리적 · 사회적 지원을 제공하는 기본적인 단위이자 가족 중심적인 생활 기반을 필요로 하는 중요한 지지체계로 자리 한다(권중돈, 2004).

가족에 대한 체계적인 접근은 고유한 가족 특성을 보다 깊이 이해할 수 있는 방법이 된다. 가족은 전체성, 상호의존성, 순환적 인과관계, 항상성, 경계, 하위 체계, 역할 및 규칙과 같은 특성을 지니고 있다. 체계 이론에 따르면, 개인의 정서적 및 행동적 문제는 개인만의 문제가 아니라, 그가 속한 가족 구성원 간의 상호작용과 밀접하게 관련되어 있다. 따라서 가족의 독특한 체계적 특성을 이해함으로써 개인의 문제를 보다 효과적으로 파악할 수 있게 된다(제석봉 외, 2016)

한편 가족학에서는 가족생활주기와 가족 구성원 범위에 따라 노인가족을 독신가구, 부부가족, 직계가족, 방계가족, 복합가족 등으로 분류한다. 이러한 가족생활주기는 가족의 성장과 변화 과정을 시간의 흐름에 따라 단계별로 분류한 것이다. 구체적으로 살펴보면 독신가구는 혼자 생활하는 노인으로 구성되며, 혈연 관계를 형성하지 않으므로 독립적 가구로 분류된다. 또한 노부부끼리 생활하거나 미혼 자녀와 동거하는 경우는 부부가족에 속하며, 기혼 아들 또는 손자녀와 함께 사는 경우는 직계가족으로, 기혼 딸과 동거할 때는 방계가족으로 분류된다. 그리고 기혼 아들과 기혼 딸이 함께 거주할 경우 복합가족이라 한다. 최근에는 다양한 비정형 가족 유형이 증가하고 있다. 노년기 형제끼리 동거하는 과도기 가족, 혈연 관계가 없는 사람들과 함께 사는 집단 가구, 기혼 자녀가 사망하여 노인과 손자녀가 함께 생활하는 중간세대 결여형 가족 등이 여기에 포함된다(권중돈, 2004)

(2) 노인 가족의 발달 과제

가족생활주기의 시작이 결혼이라면, 부부가 노년기에 접어들면서 가족 발달의 마지막 단계로 나아가게 된다. 이 시기는 가족 구성원 모두가 다양한 상실을 경험하는 시기로, 부모 세대는 나이가 들며 노화에 따른 변화를 겪고, 의사소통 능력과 신체 기능이 저하되며 경제적 자립 또한 어려워질 수 있다. 노년기 부부는 배우자, 형제, 친구 등 소중한 사람의 죽음을 맞이하게 되는 상황과도 직면하게 되며, 자녀 또한 부모의 죽음을 수용해야 할 때가 오게 된다. 이 시기의 주요 과제는 지금까지 쌓아온 가족 간의 신뢰를 유지하면서 이러한 상실을 어떻게 수용하고 극복해 나갈 것인가 하는 점이다.

노인 가족 구조는 다양한 형태로 나타날 수 있다. 자녀와 함께 거주하거나 따로 살지만 좋은 관계를 유지하는 경우, 또는 자녀와의 교류가 전혀 없는 경우 등 여러 상황이 있을 수 있다. 어떤 경우든 가족 구성원 간의 경계와 역할은 필연적으로 변화를 요구받는다. 특히, 노인가족은 부모와 자녀의 관계에서 돌봄을 제공하던 역할과 돌봄을 받는 역할이 역전되는 상황을 고려해야 한다.

노인 가족의 주요 발달 과제는 다음과 같다(김유숙, 2006).

첫째, 노년기 부부는 신체적, 사회적 약화에 대응하면서 부부관계를 유지하는 과제에 직면하게 된다. 은퇴는 그동안 해오던 사회적 역할과 관계를 상실하게 하는 중요한 변화 중 하나로, 배우자와 함께 새로운 생활 패턴에 적응하는 것이 필수적이다. 특히 배우자의 생존 여부는 심리적 안녕에 큰 영향을 미친다. 반려자의 죽음을 경험한 노년기는 깊은 고독과 상실감에 빠질 수 있으며, 자살과 같은 극단적인 선택으로 이어질 위험이 존재하므로, 배우자를 잃은 노인은 자녀 부부와의 관계를 더욱 소중히 여기게 된다.

둘째, 노년기에 접어든 부모 세대는 이제 중년에 들어선 자녀에게 가정 내 주요 역할을 점차 이양하는 과정에 돌입하게 된다. 가족 내에서 지도력이나 권한을 자연스럽게 자녀에게 넘겨주며, 자녀가 중심적 역할을 맡도록 돕는 것이 필요하다.

셋째, 부모 세대가 오랜 세월 쌓아온 경험과 지혜를 가족 내에서 발휘할 수 있는 기회를 갖는 것이 중요하다. 특히 손자와의 관계는 자녀와의 관계보다 긴장감이 적고 더 애정 어린 관계를 형성할 수 있는 기회가 될 수 있다. 많은 조부모들은 손자와의 교류를 통해 자신의 어린 시절을 회상하며 삶의 즐거움을 느끼며, 이러한 관계를 통해 가족 내에서의 돌봄과 같은 역할을 수행하게 된다. 이처럼 노인 가족은 상실과 역할 변화 속에서도 서로의 관계를 재정립하고, 축적된 지혜와 경험을 가족에게 나누며 건강한 가족관계를 이어가는 또 다른 발달과제에 직면하게 된다.

2) 가족의 체계와 기능

가족 체계는 각 구성원의 상호작용과 역할 그리고 규칙이 세월에 따라 변화하며 고유한 특성을 띠게 된다. 노인 가족에게는 노인의 신체적, 심리적 변화와 같은 문제들이 가족 체계 전반에 영향을 미치며 이로 인해 가족 내 역할과 의사소통, 관계적 역동성에도 변화가 요구된다. 따라서 노인을 둔 가족과의 상담에서 가족 체계와 그 특성에 대한 이해는 필수적이다. 이는 노인 구성원의 요구와 역할 변화가 가족 내 다른 구성원들에게 어떻게 영향을 미치는지 그리고 노인의 삶의 질을 높이기 위해 가족 전체가 어떻게 조정되고 지원해야 하는지를 파악할 수 있기 때문이다. 실제 노인 가족상담에서는 이러한 가족 체계와 특성을 고려하여, 가족 구성원들이 서로의 역할과 경계를 재조정하고, 변화된 관계에 적응하도록 돕는 것이 중요하다. 특히 노인의 의사소통 방식이나 결정 과정에서의 역할 변화를 다루고, 노인의 심리적 안정과 자존감을 유지할 수 있는 방법을 찾는 데에 가족 규칙이나 경계 설정을 활용할 필요가 있다. 예를 들어, 노인이 더 이상 이전의 역할을 수행하지 못하게 되면서 나타나는 의존성을 다루는 데 있어 자녀와의 경계 재정립이 필요할 수 있으며, 이는 가족 기능성을 높이고 노인의 정서적 안정을 돕는 데 기여한다. 이러한 가족 체계에 대한 이해를 통해 상담자는 노인과 가족이 서로의 변화를 존중하고 수용하면서 긍정적인 상호작용을 형성할 수 있도록 도울 수 있다.

(1) 가족의 체계

가족상담에서 필수적인 출발점은 가족 체계를 먼저 이해하는 것이다. 가족은 복잡한 관계와 상호작용으로 얽혀 있으며 이는 가족 구성원의 문제를 바라보는 방식에 중요한 영향을 미치기 때문이다. 특히 개인을 대상으로 진행한 상담이 성공적이었다 해도 그 개인이 속한 가족의 관계적 역동이 변화하지 않으면 문제가 다시 일어날 가능성이 크다(제석봉 외, 2016). 이는 가족 내 개별 구성원의 정서와 행동적인 문제는 단순히 개인의 문제가 아니라 가족구성원 간의 상호작용의 결과로 근본적인 문제개입을 위해서는 가족 체계 전체에 대한 이해가 전제되어야 함을 의미한다.

이에 가족상담에서는 체계 이론을 통해 가족의 구성 방식과 기능을 이해할 수 있다. 이는 가족은 저마다의 독특한 체계적인 특성이 있으며 상담에서 동일한 원리를 적용하더라도 그 가족만의 고유한 방식으로 해석되기 때문이다. 이러한 가족 체계는 특정 원칙과 특성에 따라 작동하며 가족 구조와 기능이 유지되는 방식이 가족의 정체성을 형성하고 가족 구성원 간의 관계를 규정한다.

가족 체계의 주요 특징은 다음과 같다(제석봉 외, 2016).

① 전체성

가족이 독립적 개체로서 체계적 특성을 갖는 것은 구성원 간의 상호작용과 관계 때문이다. 이러한 상호작용이 가족을 하나의 독립체로 만드는 것이다. Collins, Jordan과 Coleman(2007)은 음악적인 비유를 통해 한 곡의 멜로디를 이루듯이 가족 또한 구성원의 역동과 상호작용으로 이루어진다고 설명했다. 이에 가족은 독자적인 규칙과 의사소통 패턴 그리고 외부 환경과의 관계를 바탕으로 형성된 고유의 정체성을 가진다.

② 가족관계의 상호의존성

가족 내 한 구성원이 다른 구성원과 분리되어 이해될 수 없다는 상호의존성은 가족 체계의 핵심 요소이다. 이는 개별 구성원의 문제는 가족 내 관계적 상호작용 속에서 그 맥락이 이해될 수 있고, 문제 행동 역시 그 패턴 안에서 설명될 수 있기 때문이다. 예를 들면, 가족 구성원들의 상호의존성은 정신병리적 환경에서 많이 확인되고 있는데, 이는 가족 구성원 한 명의 향상 혹은 퇴행이 다른 가족 구성원에게 긍정적이거나 혹은 부정적으로 영향을 미치기 때문이다(Goldenberg & Goldenberg, 2008; Nichols & Schwartz, 2008). 이에 가족 구성원의 변화는 가족관계 전체 체계에 영향을 미치며 이는 상호적인 영향을 주게 된다.

③ 순환적 인과관계

가족관계는 단순한 직선적 원인–결과로 이해되기 어려운 순환적 특성을 지닌다. 예를 들어, 부모의 특정 반응이 자녀의 행동을 강화하고, 자녀의 행동이 다시 부모의 반응을 촉발하는 식으로 피드백 고리가 형성된다. 이는 시간이 지남에 따라 뿌리 깊어지게 되며 가족상담에서는 이러한 반복되는 상호작용의 순환적 패턴을 찾아내는 것이 중요하다.

④ 가족 항상성

가족은 하나의 조직적 단위로서 안정성과 질서를 유지하기 위해 평형과 균형을 지향하는데, 이를 가족 항상성이라고 한다. 가족 항상성은 가족 구성원들이 공통으로 따르는 규범과 규칙, 그리고 상호 보완적인 피드백 고리를 통해 유지된다. 그러나 가족 구성원이 새로운 발달적 요구에 직면하거나 외부 환경에 따라 적응해야 하는 상황이 발생하면, 기존의 가족 항상성은 위협받게 되고 가족 내 불안정성이 증가할 수 있다. 예를 들어, 이혼, 연로한 부모를 돌봄, 성인 자녀의 합가와 같은 경험들은 가족의 평형을 흔들며 가족 항상성에 중대한 변화를 초래할 수 있다.

⑤ 가족 경계

가족 경계는 가족 구성원을 외부 환경으로부터 보호하고 가족 안에서의 에너지와 정보가 적절히 교류될 수 있는 역할을 한다. 이러한 경계는 가족의 내부와 외부를 구분 짓는 방법으로 가족 체계와 사회의 다른 체계와의 접촉하는 경계 지점을 나타나기도 한다. 이러한 가족 경계는 개방성과 융통성에 따라 크게 모호한 경계, 명확한 경계, 경직된 경계로 구분된다. 모호한 경계는 지나치게 개방적이어서 가족 구성원들 간의 과도한 간섭과 상호 의존을 초래하여 개인의 자율성과 정체성 발달에 어려움을 줄 수 있다. 반면, 경직된 경계는 지나치게 폐쇄적이어서 가족 구성원들 간에 감정과 생각을 나누지 않으며 관심과 배려가 부족하여 관계가 소원해질 위험이 있다. 이와 같은 경계가 극단적일 경우 가족 내 역기능 문제가 발생할 가능성이 크다. 그리고 명확한 경계는 건강한 가족관계를 유지하는 데 중요한 요소로서 가족 구성원 간에 적절한 정보 교류와 관여가 이루어지면서 서로의 자율성이 존중된다. 가족상담에서는 이러한 경계를 진단하여, 지나치게 모호하거나 경직된 경계를 지닌 가족에게 적절한 개입을 통해 적절한 경계 형성을 도울 필요가 있다. 예를 들면, 지나치게 개방적이어서 개인의 자율성이 침해되는 경우에는 각자의 역할과 책임을 명확히 하도록 돕는 개입이 유용할 수 있으며, 경직된 경계가 문제일 경우 가족 구성원 간의 감정과 의견을 공유하는 활동을 통해 유대감을 형성하는 것이 중요하다.

⑥ 가족 하위 체계

가족 내 특정 기능을 수행하는 하위 체계가 존재하며, 이는 부부, 부모, 형제자매 하위 체계 등으로 나뉜다. 각각의 하위 체계는 고유한 기능을 지니며 관계 속에서 상호작용한다. 구체적인 하위 체계는 다음과 같다.

〈가족 유형별 하위 체계〉

- **부부 하위 체계:** 부부 하위 체계는 남편과 아내로 이루어진 체계로, 애정과 친밀감을 기반으로 형성된다. 이 체계는 서로의 능력과 개성을 존중하며 상

호 발전을 위해 지원하는 것이 중요하다. 특히 가족 내 다른 하위 체계나 가족 외부 체계의 간섭을 최소화하고, 부부만의 독립적인 시간과 공간을 확보하는 것이 필요하다. 이를 통해 부부가 상호 간의 유대감을 유지하고 강화할 수 있다.

- **부모 하위 체계**: 부모 하위 체계는 자녀가 있을 때 형성되며, 자녀의 발달과 성장을 위해 양육과 지도를 주요 기능으로 수행한다. 부모는 자녀의 발달 단계에 따라 애정과 통제의 균형을 유지하면서, 권위 있는 역할을 적절히 수행해야 한다. 부모 하위 체계는 자녀에게 건강한 성장 환경을 제공하고, 자녀가 가족 내외의 역할을 이해하도록 돕는 중요한 역할을 담당한다.
- **부모-자녀 하위 체계**: 부모-자녀 하위 체계는 세대가 다른 부모와 자녀로 구성된다. 이 체계에서는 위계 구조와 부모의 권위가 확립되어 있어야 하며, 이를 통해 자녀와 다른 가족 구성원들의 성장과 발달을 지원할 수 있다. 부모는 권위와 통제를 적절히 사용하여 자녀가 사회적 책임과 역할을 인식하게 돕는 것이 필요하다.
- **형제자매 하위 체계**: 형제자매 하위 체계는 동일한 세대의 형제자매로 구성되며, 성별과 역할 그리고 권력에 따라 위계 구조가 형성될 수 있다. 이 하위 체계는 협동, 경쟁, 협상, 갈등 해결 등 중요한 사회적 기술과 대인관계 기술을 습득하는 과정에서 기능한다. 이에 형제자매 간의 관계를 통해 각 구성원은 대인관계에서 필요한 다양한 기술을 학습하고 성장할 수 있다.
- **기타 하위 체계**: 가족 내에는 세대, 성별 또는 서로의 관심에 따라 다양한 하위 체계가 존재할 수 있다. 가족 구성원은 이러한 여러 하위 체계에 동시에 속하여 각 하위 체계에서 역할과 권력을 행사하게 된다.
- **가족역할(Family Roles)**: 가족 내에서는 각 구성원이 지위와 위치에 따라 반복적 패턴을 가지며 역할을 수행한다(Epstein, Bishop, Ryan, Miller, & Keitner, 1993). 이는 가족 내 상호작용을 반영하며 특정 구성원이 '희생양' 역할을 수행할 경우 가족의 증상을 전달하는 기능을 하게 된다.
- **가족규칙(Family Rules)**: 가족은 역할, 의사소통, 문제해결 등에서 반복되는 상

호작용을 통해 암묵적으로 규칙을 형성한다. 이는 가족 간에 반복적으로 발생하는 상호작용 패턴에서 형성되며 가족 구성원들의 행동과 사고방식, 그리고 관계에서의 상호작용을 조직하는 규범적 역할과(Muller et al., 2001) 가족의 성장 및 변화를 경험하는 과정에서 기존의 가족 정체성을 유지하도록 돕는 기능을 한다.

(2) 가족의 기능

가족의 역할은 문화와 시대에 따라 변화되기도 하지만 가족이 개인과 사회의 복지를 위한 중요한 기능을 수행한다는 점에서 가족의 의미는 지속적으로 중요하다. 이에 가족 기능은 가족 구성원 간의 명확한 의사소통과 공동 경험을 통해 개인과 가족 전체의 성장을 촉진하는 것으로 볼 수 있다. 특히, 의사소통 과정에서 주고받는 메시지의 일치성과 불일치는 중요한 요소로 작용하며 가족 간의 분명한 의사소통 경험을 통해 개인과 가족들의 성장 변화를 증진하는 요인이 된다(Stair, 1971). 이는 가족의 기능과 노인의 관계는 일상생활을 통해 노인의 정신건강에 중요한 영향을 미치기 때문이다(Donaldson & Watson, 1996).

가족의 기능에 대한 학자들의 정의를 살펴보면 다음과 같다(조근영, 2002).

Murdock(1949)은 가족의 주요 기능을 성적 기능, 생식, 경제적 지원, 사회화 교육의 네 가지로 분류하였다. 이는 가족이 구성원 간의 성적 안정과 사회적 재생산, 경제적 자원 제공, 그리고 자녀 교육을 통해 사회의 일원으로 성장할 수 있는 토대를 제공함을 의미한다. Burgess와 Locke(1981)는 Murdock의 기능에 추가하여 가족이 애정, 보호, 오락, 종교적 역할까지 수행한다고 주장하며, 가족이 단순히 기능적인 역할을 넘어 감정적 지지를 제공하는 공동체로서의 의미를 강조하였다.

Ogburn은 가족 기능을 주기능과 부기능으로 나누었으며, 주기능에는 성적 안정과 경제적 부양을 포함시키고, 부기능으로는 교육, 보호, 위안, 사교 등의 역할을 제시하였다. 이러한 구분은 가족이 수행하는 다양한 역할들이 필수적인 것과 부수적인 것으로 나뉘며, 문화적 수준에 따라 가변적일 수 있음을 반영한다(조근영, 2002 재인용). 한편, Miller와 Janosik(1980)은 가족의 기능을 목표 달성을 위한 개인 및 구성원들의 역할 수행으로 설명하였다. 이는 가족이 특정 목표를 실현하기 위해 구성원 간의 상호작용이 유기적으로 이루어지는 집단임을 시사한다. Schffle은 생물학적 및 경제적 생존 보장, 정신적·도덕적 지지, 재산 보존 등을 가족의 본질적인 기능으로 정의하였으며 가족의 존재가 구성원의 안정적 생활에 필수적임을 강조하였다(조근영, 2002 재인용).

가족 기능은 고유 기능, 기초 기능, 부차적 기능으로 구분할 수 있다. 고유 기능은 가족 내부에서 이루어지는 기본적인 역할로 애정, 생식, 양육과 같은 기능을 포함한다. 이는 가족이 구성원들에게 안정감을 제공하고, 출생과 정서적 지지를 제공하게 되는 기본적인 기능이다. 기초 기능은 경제적 기능으로, 생산과 소비를 통한 경제적 상호의존을 바탕으로 기능하며 외부적으로는 노동력 제공과 생활 보호의 역할을 수행한다. 마지막으로 부차적 기능은 고유 및 기초 기능에서 파생된 것으로 교육, 보호, 오락, 종교 등의 역할을 통해 가족 구성원들이 안정적인 생활을 영위할 수 있도록 돕는다.

이론적으로 Friedman(1986)은 가족의 근본적인 기능을 개인과 사회의 욕구를 충족시키는 것으로 보며 특히 정서적 기능을 강조한다. 가족이 심리적 욕구를 충족함으로써 구성원의 인성을 유지하고 안정감을 제공하는 기능을 수행하게 된다. 가족은 구성원 간의 상호작용을 통해 심리적 지원을 제공하며, 구성원들의 건강한 발달을 지지하는 중요한 역할을 담당한다. 또한 Jackson, Satir, Halley 등의 학자들은 가족을 지속적인 의사소통과 상호작용을 통해 기능을 유지하는 의사전달 체계로서 가족의 원활한 기능 수행을 위해서는 의사소통이 필수적임을 강조하였다.

3) 노년기 가족관계의 변화와 적응

노인에게 가족은 노인이 신체적, 정서적 변화에 적응하도록 돕고, 삶의 마지막 시기를 보다 평안하게 보낼 수 있도록 지원하는 삶의 원동력이 된다. 특히 노인은 배우자의 죽음, 건강의 악화 그리고 은퇴와 같은 큰 변화를 겪게 되며 이에 가족들의 관심과 가족관계의 질은 중요하다(이장호, 2011). 그러나 세대가 다른 가족 구성원과의 견해 차이와 생활양식이 서로 다른 역할기대는 가족 간의 불화를 초래하기도 한다.

건강한 가족관계는 노인의 삶의 질을 유지하고 향상하는 데 중요한 요소이며, 가족 구성원 모두가 서로를 이해하고 지지하는 관계를 형성하는 것이 필수적이다. 이에 지지적인 가족의 기능은 크게 세 가지로 나눌 수 있다. 첫째, 정서적 지지의 기능이다. 노인은 고령화로 인해 신체적 능력이 감소하고, 사회적 역할이 축소되면서 심리적 불안과 고독감을 경험할 수 있다. 가족은 이때 노인의 감정을 이해하고, 심리적 안정을 도모할 수 있는 정서적 지지를 제공해야 한다. 둘째, 정보와 의사소통의 기능이다. 노인의 신체적, 정신적 건강 상태에 대한 정보를 공유하고 중요한 결정을 내릴 때 노인 가족의 의견을 존중하며 소통하는 과정은 건강한 가족관계에서 중요한 역할을 한다. 셋째, 돌봄과 지원의 기능이다. 노인이 일상생활에서 겪는 어려움을 해결하고 필요한 도움을 제공하는 것은 가족의 중요한 역할 중 하나이다.

노인상담에서 건강한 가족관계를 위한 변화를 다룰 때 적용할 수 있는 이론들은 가족 내 상호작용을 이해하고 지원하는 데 중요한 기준이 된다. 이러한 이론들은 노인의 정서적, 심리적 안녕을 위한 가족의 역할을 강조하며 건강한 가족관계를 형성하는 데 실질적인 도움을 준다.

대표적인 이론들은 다음과 같다.

(1) 가족 체계 이론

가족 체계 이론(Family Systems Theory)은 가족을 상호 연결된 하나의 시스템으로 바라본다. 이 이론에 따르면, 가족 내 한 구성원의 변화나 문제가 다른 구성원들에게 영향을 미치며, 이는 가족 전체의 역동성에 변화를 일으킬 수 있다. 특히 노인이 겪는 신체적 · 정서적 변화는 가족 구성원들에게도 영향을 미치기 때문에 가족 체계 이론에서는 가족의 상호작용 패턴을 변화시키고 건강한 관계를 유지하는 방법을 모색한다. 상담에서는 노인의 문제를 가족 차원에서 접근하여 구성원 간의 관계를 재정립하고 상호작용의 질을 개선해 나가는 데 중점을 둔다. 이 이론은 가족이 어떻게 구성되고 기능하는지와 가족 고유의 특성과 구조를 이해하는 데 중요한 틀을 제공한다.

가족은 각기 다른 방식으로 조직되고 구조화되기 때문에 노인상담에서는 가족 체계 이론의 원리를 가족에게 적용하여 고유한 체계적 특성을 파악하는 것이 필요하다. 이러한 관점에서 가족 체계는 특정한 원칙과 특성에 따라 작동하며 그 구조와 기능은 가족에게 형성된 원칙에 따라 유지되고 변화한다(제석봉 외, 2016).

(2) Bowen의 가족 체계 이론

Bowen의 가족 체계 이론(Bowen Family Systems Theory)은 가족 내 정서적 관계와 다세대적 영향에 주목한다. 이 이론은 가족 내에서 반복되는 정서적 패턴과 갈등을 이해하고, 이를 해결함으로써 개인과 가족 전체의 정서적 건강을 도모하는 데 초점을 맞춘다. 노인상담에서 이 이론은 노인이 가족 내에서 경험하는 갈등이나 불안이 이전 세대에서 이어져 왔을 가능성을 고려하며, 이를 해결하기 위해 가족 구성원들이 정서적 분화를 통해 독립성을 기를 수 있도록 돕는다.

(3) 애착 이론

애착 이론(Attachment Theory)은 인간이 태어날 때부터 형성하는 중요한 관계와 애착의 질이 평생에 걸쳐 개인의 정서적 건강에 영향을 미치기 때문에 노인이 가족 구성원들과의 관계에서 느끼는 안정감이나 불안감은 어린 시절의 애착 경험과도 연결될 수 있다. 이에 상담에서는 노인이 느끼는 애착의 패턴을 이해하고, 가족 구성원들이 서로에게 정서적 안정감을 제공할 수 있는 방법을 모색함으로써 건강한 가족관계 형성에 도움을 준다.

(4) 구조적 가족치료

구조적 가족치료(Structural Family Therapy)는 가족 내의 구조와 위계를 분석하고, 각 구성원의 역할과 경계를 재조정하여 건강한 상호작용을 이루는 것을 목표로 한다. 이는 노인의 역할이 가족 내에서 변화하는 과정에서 발생하는 갈등이나 혼란을 해결하는 데 유용하다. 이에 상담에서는 가족 내 위계를 명확히 하고, 역할 혼란을 해소하는 작업을 통해 가족 구성원들이 노인과의 관계에서 상호 존중과 책임을 실천할 수 있도록 돕는다.

(5) 스트레스 대처 이론

스트레스 대처 이론(Stress and Coping Theory)은 사람들이 스트레스를 어떻게 인식하고 대처하느냐에 따라서 가족 내에서 발생하는 스트레스 상황을 다룰 때 유용하다. 노인이 겪는 신체적 쇠약이나 독립성 상실 그리고 배우자의 죽음은 가족 전체에 스트레스를 유발할 수 있다. 이에 상담에서는 가족 구성원들이 이러한 스트레스를 함께 인식하고, 효과적인 대처 전략을 찾아갈 수 있도록 돕는다. 이를 통해 스트레스를 관리하고 정서적 지지를 강화함으로써 가족 내 갈등을 줄이고 건강한 관계를 유지할 수 있다.

2. 건강한 가족관계를 위한 상담 개입

1) 노인 가족상담의 이해

가족 단위의 상담은 가족 구성원의 고정관념을 재검토하여 객관적으로 상황을 파악하게 하며, 편견과 감정에 대한 통찰을 가능하게 한다. 이것은 노인을 돌보는 선택적 방법을 발견하여 가족적 결합을 굳게 하는 계기가 된다(이장호, 2011). 한편, 가족을 정의하는 방식에서 중요한 요소는 가족이 다른 집단과 구별되는 특성에 있다. 가족은 비자발적 관계로 형성되며 상호작용의 형태에 관계없이 쉽게 해체되지 않는다(Yerby, Buerkel-Rothfuss, & Bochner, 1995). 특히, 가족은 높은 헌신과 깊은 친밀감으로 연결되어 있다는 점에서 다른 집단과 차별화된다. 이러한 관계적 특성을 통해 가족은 다양한 상호작용이 일어나는 가족 체계로서 이해할 수 있다(Longress, 2000).

(1) 가족문화

노인 가족상담에서 상담자가 가족문화를 이해하는 것은 상담 과정에서 가족 구성원 간의 서로 다른 입장 이해와 세대 간의 갈등을 조율하며, 나아가 상호 지지를 통한 심리적 건강을 돕기 위한 실마리를 제공한다. 이에 상담자는 문화적 민감성, 특히 내담자의 문화적 배경에 따른 의사소통 방식의 차이와 문화적 표현의 의미를 이해하고 접근하는 것이 중요하다. 가족문화는 각 구성원의 가치관과 행동 양식에 영향을 미치며 세대 간의 상호작용 방식, 의사소통 스타일, 갈등 해결 방법 등에 다양한 영향을 미친다. 특히, 노인과 자녀 세대 간의 문화적 차이는 서로 다른 시대적 배경과 가치관으로 인해 갈등의 원인이 될 수 있다.

먼저 상담자는 노인과 가족 구성원이 속한 문화적 배경을 이해함으로써 그들의 관계에서 드러나는 독특한 표현 방식을 파악해야 한다. 이를 통해 표면적인 행동이나 발언 이면에 숨겨진 감정과 의미를 보다 정확히 이해할 수 있다. 예를 들어, 전통적인 가족문화에서는 자녀가 부모에 대한 존경과 순종을 중시하는 반면, 현대적 가치관을 가진 자녀는 독립성과 자율성을 우선시할 수 있다. 상담자는 이러한 차이를 인식하고 이를 바탕으로 가족 간 의사소통 방식을 탐색하여, 서로의 입장을 수용할 수 있는 방안을 모색할 수 있다.

또한 상담자는 노인과 가족이 보여 주는 표현의 변화에 주목해야 한다. 가족 내에서 변화하는 의사소통 방식이나 정서적 표현은 각 구성원의 내적 변화를 반영할 수 있다. 예를 들어, 상담 과정에서 자녀가 부모에게 좀 더 개방적인 표현을 사용하거나 노인이 자녀의 의견을 경청하는 방식으로 변화하는 모습을 보일 수 있다. 이러한 변화는 가족 구성원이 서로를 이해하고, 고정된 역할에서 벗어나 새로운 관계를 형성하려는 의지를 나타내는 신호가 될 수 있다.

상담자는 가족문화에 대한 이해를 바탕으로 가족 구성원 간의 세대 차이와 가치관 차이를 인정하는 분위기를 조성해야 한다. 이를 위해 가족 내 문화적 규범과 관습에 대해 개방적인 태도로 질문을 던지고, 자녀 세대와 노인 세대가 각자의 입장을 설명할 수 있는 기회를 제공하는 것이 필요하다. 이러한 대화는 각 세대가 서로의 문화적 배경과 가치관을 존중하고 상호 이해 증진을 도울 수 있다.

(2) 가족 스트레스

가족 스트레스는 가족 생활 주기에서 나타나는 다양한 변화와 사건에 대한 가족 구성원의 적응과 대처 과정을 설명하는 개념이다. 노인상담에서 가족 스트레스는 노인의 삶에 있어 변화와 사건에 대한 가족 구성원의 적응과 대처 과정을 설명하는 중요한 개념이다. 노년기에 가족은 자녀의 독립, 은퇴, 건강 문제, 배우자 사별과 같은 일련의 변화와 상실을 경험하게 되며 이러한 변화가 노인과 가족 모두에게 긴장과 스트레스를 유발할 수 있다.

스트레스 개념에 대한 연구는 1950년대 Selye의 생체 실험을 통해 시작하였고, 이후 정신생리의학이라는 분야가 확립되었다(김유숙, 2006). 이는 일상에서의 스트레스 사건이 정신 및 신체 건강에 중요한 영향을 미칠 수 있고 가족 또한 스트레스 사건으로 인해 긴장을 경험하게 될 때 이전의 평온한 상태를 유지하기 위해 다양한 노력을 기울이게 된다는 전제에서 출발한다. 이는 노인의 생활 주기에서 발생하는 스트레스 사건을 이해하는 데 있어 중요한 시사점을 제공한다.

노년기에 발생하는 다양한 사건들은 일반적인 가족 변화의 일부로 다수의 가족이 경험할 수 있는 자연스러운 과정으로 볼 수 있다. 가족 발달 연구에선 노년기에 경험하는 중요한 가족 스트레스 요인으로 배우자의 사별과 역할 상실을 언급한다(김유숙, 2006). 노인의 역할 변화는 일상생활에서 의사결정, 가사, 자녀 양육 조언과 같은 역할의 변화를 포함하며, 이에 따른 스트레스는 상담에서 중요하게 다루게 된다. 그러나 노인과 가족 구성원들은 역할 상실과 변화에 대해 적응하는 과정에서 각자 다른 방식으로 스트레스를 경험하게 되는데, 이때 역할 상실은 심리적 어려움을 초래할 수 있다. 따라서 노인가족이 겪게 되는 스트레스는 노인과 가족의 생활방식에 영향을 미치는 스트레스의 원인과 그에 대한 대처 능력을 포함하는 개념으로, 노인상담에서는 가족 생활에 혼란을 초래하는 일상 사건에 대한 노인의 경험과 대응 방식을 포괄적으로 다루어야 한다.

노인 가족의 스트레스 사건은 다음과 같다.

- 배우자의 사망
- 이혼
- 별거
- 감옥이나 다른 기관에 수용
- 가까운 가족 구성원의 사망
- 심각한 개인적 상해나 질병
- 자녀 결혼
- 실직 및 은퇴
- 결혼생활의 조정(reconciliation)
- 가족 구성원의 건강이나 행동의 변화

이처럼 가족은 규범적 스트레스와 비규범적 스트레스를 겪으며 상황에 따라 기존의 자원이나 대처 전략을 조정해야 할 필요가 있다. Hill(1949)은 이러한 스트레스 상황에서 가족이 어떻게 반응하고 적응하는지 이해하기 위해 ABC-X 모델을 제시하였다. Hill이 제안한 ABC-X 모델은 가족이 위기 상황에 직면했을 때 이를 어떻게 인식하고, 보유한 자원을 통해 어떻게 대처하며, 궁극적으로 어떤 위기 반응(X)을 나타내는지를 설명하는 틀로 활용되어 왔다. 따라서 이 모델은 스트레스 사건 자체와 가족의 자원, 스트레스에 대한 가족의 인식이 상호작용하여 스트레스에 대한 실제적 반응을 결정한다고 본다(제석봉 외, 2016).

그러나 이 모델은 한 시점의 단일 위기 상황을 중심으로 구성되어 있어, 시간이 지남에 따라 변화하고 누적되는 스트레스에 대한 가족의 적응 과정을 충분히 설명하기에는 한계가 있었다. 이에 ABC-X 이론이 '이중 ABC-X 이론'으로 발전하게 되면서 가족의 위기 경험을 보다 현실적으로 적용하게 되었다.

McCubbin과 Patterson(1982)은 Hill의 기존 ABC-X 모델을 확장하여 '이중 ABC-X 모델(Double ABC-X Model)'을 제시하였다. 이 모델은 위기 이후의 가족

변화를 시간적 흐름 속에 따라 역동적으로 조망하며, 단일한 사건이 아닌 일련의 연속적인 스트레스 경험과 그에 따른 가족의 적응 과정을 포괄적으로 설명하고자 하였다. 특히 초기 스트레스 사건뿐 아니라 그 이후에 이어지는 추가적인 스트레스 요인들(aA), 위기 대응 과정에서 변화하는 가족 자원(bB), 그리고 복합적으로 형성되는 인식과 해석(cC), 이후 시간 경과에 따라 나타나는 가족의 적응 수준(xX)까지 이론에 포함하여, 보다 입체적이고 실제적인 가족의 위기 대처 과정을 설명한다.

이중 ABC-X 모델 이론의 각 요소는 다음과 같다.

ABC-X	이중 ABC-X	확장 의미
A (단일 스트레스 사건)	aA (Pile-up of stressors [initial + ongoing])	누적된 스트레스 사건(초기 사건 + 후속 사건들): A 사건의 누적 확장(A → aA)
B (기존 자원)	bB (double resource)	기존 + 새롭게 획득한 자원: B 자원의 확장(B → bB)
C (스트레스에 대한 인식)	cC (Perception of aA, bB, and the original crisis)	스트레스, 자원, 위기에 대한 종합적 인식: C 인식의 확장(C → cC)
X (위기 발생 여부)	xX (Family adaptation [maladaptation vs bonadaptation])	적응 결과(부적응 vs. 긍정적 적응): X 위기의 결과(X → xX)

이처럼 이중 ABC-X 모델은 가족이 위기 이후 어떤 방식으로 적응해 나가는지를 설명한다. 이 모델은 위기 상황에서의 스트레스 경험이 단회적인 사건에 국한되지 않고 시간의 흐름 속에서 누적되며, 그에 따라 가족의 자원과 인식 역시 변화한다는 점에 주목한다. 이러한 관점에서 기존 ABC-X 모델의 틀을 보다 포괄적이고 역동적으로 보완한 구조이다.

이론에서 사용되는 각 요소는 다음과 같은 의미를 지닌다.

첫째, aA 요인은 초기의 스트레스 사건뿐 아니라 이후에 연이어 발생하는 다양한 스트레스 요인들을 포함하며, 시간의 흐름 속에서 누적되는 스트레스의 총체를 의미한다. 이는 ABC-X 모델의 A 요인을 확장한 개념이다.

둘째, bB 요인은 가족이 위기를 경험하는 과정에서 활용할 수 있는 자원을 의미하는데, 이는 기존에 갖고 있던 자원뿐만 아니라 새로운 상황에 대응하며 추가적으로 획득하거나 개발한 자원을 모두 포함한다. 이는 B 요인의 확장이다.

셋째, cC 요인은 가족이 누적된 스트레스(aA), 자원(bB), 그리고 초기의 위기 상황(X)을 어떻게 인식하고 해석하는지를 의미하며, 이는 기존 C 요인보다 더 복합적이고 통합적인 해석을 요구하는 요소로 확장되었다.

마지막으로, xX 요인은 가족이 위기 상황 이후 어떻게 적응하였는지를 나타내며, 그 적응의 결과는 부적응(maladaptation)에서 긍정적 적응(bonadaptation)에 이르는 연속선상에서 설명된다. 이는 X 요인을 시간의 흐름에 따른 적응 결과로 확장한 것이다.

이와 같이, 이중 ABC-X 모델은 단일 사건의 영향에만 초점을 맞추는 것이 아니라, 시간이 지남에 따라 복합적으로 누적되는 스트레스와 자원의 변화, 그리고 인식의 전환을 고려하여 가족의 적응 과정을 보다 역동적으로 설명하는 틀을 제공한다.

(3) 가족상담의 적용 범위

가족상담의 주요 목표는 가족 구성원들이 치료에 어떻게 참여할 수 있는지를 발견하고 그들이 정서적 및 행동적으로 어떠한 상호작용을 하는지를 이해하는 것이다. 이를 통해 상담에서는 각 가족 구성원의 역할을 명확히 하고 치료 과정에서 가족들의 참여를 독려하여 가족 간의 의사소통 문제해결 그리고 위기 대처 방법을 돕게 된다.

가족상담에서의 기본 전제는 다음과 같다.

- 가족은 자율적이고 목표 지향적인 체계로서 가족이 환경 변화에 적응하고 문제 상황을 개선하려는 능력과 욕구를 가진 변화의 주체이다.

- 가족의 문제는 각 발달단계에서 가족 구성원이 달성해야 할 과제의 실현과 관련이 있으며, 가족 주기가 전환되는 시점에서는 위기나 문제행동이 발생할 가능성이 높다.
- 구성원들은 저마다 개성과 욕구, 기대, 가치관, 문제해결 능력이 다르므로 인격과 차이가 존중되어야 한다.
- 가족 문제나 개인의 정서와 행동의 문제는 한 사람의 병리적 요소뿐만 아니라 가족 체계와 밀접히 연관되므로 이를 개인의 문제나 단순한 피해와 가해의 구도로 보기보다 가족 체계 내 맥락 속에서 이해해야 한다.
- 가족은 구성원과 외부 환경과의 상호의존적 관계 속에서 역동적으로 작용하므로 가족 내 상호작용을 개선하고 환경적 요인을 조정하면 문제를 해결하고 기능을 회복할 수 있다.
- 가족상담은 치료모델에 따라 목표가 다르지만 공통적으로 가족의 행동 변화와 기능 향상에 중점을 둔다.

인간의 문제를 상담에 적용해 본다면 대부분 개인 상담뿐만 아니라 가족상담에서도 다룰 수가 있다. 가족상담은 가족 간의 관계 변화를 통해 치유와 성장을 촉진하는 데 중점을 두고 있다. 특히 삶을 지배하는 중요한 힘이 '개인'이 아닌 '가족 체계'에 내재한다고 보고 있으며 이러한 체계 안에서의 변화는 가족의 삶에도 긍정적인 영향을 미칠 수 있다고 믿는다(김영애 역, 2015).

가족상담은 가족관계를 통해 개인의 내면을 이해하는 데 중점을 둔다. 특히 개인의 변화를 목표로 하기보다는 가족 전체의 상호작용을 개선하고 가족 간의 관계 변화를 이루고자 한다. 이러한 가족의 체계적인 변화는 서로에게 긍정적인 영향을 미치고 함께 성장할 기회를 얻게 된다. 그러나 가족상담과 개인상담은 성격발달과 증상 발현 그리고 치료적 접근 방식에서 차이가 있다. 특히 가족상담에서는 가족 상호작용이 개인의 성격 형성에 미치는 영향을 강조하며(Robinson, 1975), 가족 문제의 해결을 위해 가족 전체의 역동적 관계를 다룬다. 또한 자녀의 정서적 문제, 우울증, 의사소통 문제, 중독, 경제적 갈등 등 다양한 주제에 대해 적용될 수 있으나 가족 간 적대감이 높거나 구성원 간 무관심이 두드러진 경우에는 가족상담이 적합하지 않을 수 있다(Brown & Brown, 2005). 이러한 점에서 가족상담은 개인상담과 구별되며 이에 미국부부가족치료학회(AAMFT)에서 제시한 가족치료의 적용 대상에 한국 상황에서 발생하는 문제들을 보완한 가족상담의 적용 범위는 다음과 같다(장혁표, 제석봉, 김정택, 2000).

- 가족 구성원 간 소통의 어려움
- 죽음, 이별, 질병, 실직, 별거, 이혼, 경제적 위기 등 삶의 위기에 대한 대처 문제
- 시부모나 노부모의 병환, 은퇴 등 가족 발달 단계에 따른 적응 문제
- 우울증, 불안 등 정서장애
- 폭력적인 행동, 심한 적대감과 분노 조절 문제
- 알코올 및 약물 남용 문제
- 체중이나 식습관의 급격한 변화, 원인 모를 피로감
- 반복적인 경제적 무절제 및 과소비
- 부부 갈등과 외도 문제
- 성과 관련된 문제
- 결혼생활과 가정생활에 대한 지속적인 불만, 가족 갈등 및 긴장

반면 가족상담이 적절하지 않는 경우는 다음과 같다(Brown & Brown, 2005).

- 가족의 저항이 매우 강하여 상담 참여 시 신체화 증상이나 다른 문제가 발생할 가능성이 있을 때
- 가족 구성원 간에 적대적 행동과 불신이 심한 경우
- 외부 전문 서비스 정보가 필요한 약물 남용, 알코올 문제, 병적인 폭력 상황
- 가족원들이 서로 분리되고 무관심하여 단절된 느낌이 강할 때
- 꾸준한 치료가 필요한 만성적인 정신건강 문제(예: 우울증, 불안장애 등)를 겪

을 때

(4) 가족상담의 진단

가족상담에서 가족을 평가할 때 사용하는 기준과 접근방식은 상담자의 관점에 따라 다르다. 예를 들면, 어떤 상담자는 가족 간 갈등 해소 방식이나 권력 분배에 주목하여 가족 내에서 권력이 특정 인물에게 집중되는지, 혹은 공평하게 분배되는지를 평가하지만(Fisher, 1976), 또 다른 상담자는 가족 구성원들이 서로 원활하게 소통하고 각자의 노력을 지지하며 공동의 목표를 얼마나 공유하는지에 더 중점을 두기도 한다(장혁표 외, 2000). Fisher(1976)는 가족 평가에 대한 선행연구와 이론적 배경을 기반으로 다섯 가지의 개념적 도식을 도출하였다. 이에 먼저 구조적 기술(역할, 분열, 동맹, 경계, 상호작용 및 커뮤니케이션 유형, 갈등과 그 해결, 가족의 인생관)은 가족평가에 대한 일차적 차원을 제공한다. 다른 한편, 문화적 측면(사회계급, 인종, 도시 대 농촌 또는 교외 거주)은 가족을 관찰하고 평가하는 데 있어 기본적인 배경이 된다.

가족상담의 임상적 관점에서 평가의 기준은 〈표 13-1〉와 같다.

〈표 13-1〉 임상적 측면에서의 가족평가 범주

① 구조적 기술
- 역할: 상보성, 수용, 혼란, 적절성
- 분열: 동맹, 희생양
- 경계: 내적 · 외적 경계
- 상호작용 및 커뮤니케이션 유형: 관계를 맺는 규칙 및 규범
- 갈등 및 해결 유형
- 인생, 사람, 외부 세계에 대한 가족의 관점

② 통제와 제재
- 권력과 지도력
- 유연성
- 통제의 행사
- 의존성-상호의존성

③ 정서와 욕구
- 정서적 표현의 방법과 규칙
- 욕구충족: 주고받기
- 욕구 대 도구적 과업의 상대적 중요성
- 지배적인 정서

④ 문화적 측면
- 사회적 지위
- 환경적 스트레스
- 문화적 유산
- 사회적 · 문화적 관점

⑤ 발달적 측면: 발달단계에서의 구조적 · 정동적 · 문화적 측면의 적합성

출처: Fisher (1976).

(5) 건강한 가족상담의 접근

건강한 가족관계를 위한 상담 방법은 가족 구성원 간의 소통과 지지, 그리고 문제해결 능력을 강화하는 것을 목표로 한다. 이러한 상담 방법은 각 가족의 특성에 맞춰 적용되며, 다양한 접근 방식을 통해 가족 내 상호작용을 개선하고 갈등을 해결하는 데 도움을 준다. 이에 건강한 가족관계를 위한 상담 방법은 가족 간의 소통, 역할 이해, 정서적 지지, 문제해결 능력, 그리고 상호 존중을 기반으로 하여 각 특성에 맞는 다양한 방법을 제공함으로써 가족 구성원이 보다 건강하고 안정적인 관계를 유지할 수 있도록 돕는 데 그 목적이 있다. 이에 대한 구체적인 특성은 다음과 같다.

① 의사소통 개선

가족 구성원 간의 소통 부족은 오해와 갈등을 유발하는 주요 원인 중 하나이다. 상담에서는 서로의 감정을 존중하고 효과적으로 표현할 수 있도록 돕는 방법을 사용한다. 예를 들어, 적극적 경청 훈련과 비난이 아닌 '나 전달법'을 통해 자신의 감정을 전달하는 기술을 습득하게 할 수 있다. 이를 통해 가족 구성원은 서로의 생각과 감정을 깊이 이해하고, 관계 속에서 신뢰를 쌓아 나갈 수 있다.

② 역할 재정립

가족 내 역할 혼란이나 불균형은 갈등을 일으킬 수 있다. 노인상담에서는 가족 구성원 각각의 역할과 책임을 명확히 하도록 돕는 방법이 중요하다. 이를 위해 상담자는 가족 구성원이 각자의 기대와 현실 사이에서 역할을 재조정하도록 돕고, 상호 간의 기대를 명확히 함으로써 가족 내의 갈등을 줄일 수 있도록 지원한다. 이를 통해 가족은 각자의 역할을 이해하고 존중하며, 책임감 있는 관계를 유지할 수 있다.

③ 정서적 지지의 강화

가족 구성원 간의 정서적 지지는 노인의 정신적 안녕에 영향을 미치기 때문에 상담에서는 정서적 지지를 어떻게 강화할 수 있을지에 대해 초점을 맞춘다. 이에 감정 표현을 자유롭게 할 수 있는 환경을 조성하고, 공감 능력을 증진시키는 다양한 활동과 대화법을 제공하여 가족이 서로의 감정을 존중하고 돌보는 관계를 만들 수 있게 돕는다. 이를 통해 노인가족은 질 높은 심리적 유대감을 형성하고, 정서적 안정감을 제공하는 안전한 기반을 마련할 수 있다.

④ 문제해결 능력 향상

가족 내에서 발생하는 다양한 갈등과 문제를 효과적으로 해결하는 능력은 건강한 관계의 중요한 요소이다. 이를 위해 상담에서는 문제해결을 위한 단계적 접근법을 제공한다. 예를 들어, 문제를 명확히 정의하고, 각자의 관점을 이해한 이후에 가족과 함께 해결책을 모색하는 과정에서 협력적 대화를 촉진하는 방법을 제시한다. 이를 통해 가족은 문제를 단순히 회피하지 않고, 서로의 의견을 존중하며 실질적인 해결책을 찾아 나가는 능력을 기를 수 있다.

⑤ 상호 존중 촉진

건강한 가족관계의 핵심은 상호 존중이다. 상담에서는 가족 구성원이 서로의 차이를 인정하고 존중하는 태도를 기르도록 돕는다. 서로의 가치를 인정하고, 다름을 존중하는 대화법을 배우며, 이러한 존중을 기반으로 긍정적인 관계를 형성해 나가는 방법을 교육한다. 이를 통해 가족은 서로의 개성과 필요를 이해하고 존중하는 분위기를 만들어 나갈 수 있다.

2) 건강한 가족관계를 위한 상담 방법

노인은 오랜 시간 동안 일상생활 속에서 고유한 의사소통 방식과 문제해결 양식을 형성하여 이를 통해 자신만의 생활 방식을 유지해 나가려는 성향이 있다. 이는 노인이 이미 형성한 고유한 방식이 상담 과정에서 쉽게 변화하지 않을 수 있음을 추측해 볼 수 있다. 따라서 상담자는 노인의 기존 생활방식과 의사소통 방식을 존중하면서, 변화를 강요하기보다는 점진적이고 긍정적인 방식으로 새로운 방법을 제시해야 한다. 또한 노인이 경험한 과거와 삶의 맥락을 충분한 이해를 바탕으로 상담을 진행해야 하며, 노인이 스스로 변화를 받아들일 수 있도록 돕는 것이 중요하다.

노인의 고유한 생활방식과 의사소통 방식이 상담 과정에서 쉽게 변화하지 않을 수 있다는 점은 노인 가족상담에서 가족 구성원 간의 갈등을 다루게 될 때도 중요한 고려사항이 된다. 노인은 오랜 시간 동안 자신만의 방식으로 가족과 상호작용해왔기 때문에 가족 구성원들이 이를 변화시키려 할 경우 갈등이 발생할 수 있다. 따라서 상담자는 각 가족 구성원의 관점과 노인이 기존에 고수해 온 방식을 존중하여 점진적으로 변화할 수 있는 방법을 제시해야 한다. 가족 간의 갈등이 해결되기 위해서는 각 구성원의 과거 경험과 감정적인 맥락을 충분히 이해하고 이를 바탕으로 상호 존중과 신뢰를 구축하는 것이 필요하다. 또한 노인이 가족 내에서 변화의 주체로서 스스로 받아들일 수 있도록 지원하고, 가족 전체가 긍정적인 상호작용을 할 수 있도록 도와야 한다. 이를 통해 가족 내 갈등을 해결하고, 노인 가족의 건강한 가족관계를 회복하게 된다.

노인상담에서는 개인치료와 가족치료의 접근에는 차이가 있다. 개인치료는 과거의 실패 경험을 통찰하고 이를 통해 증상에서 벗어날 수 있도록 돕는 데 중점을 둔다. 반면, 가족치료에서는 가족이 변화보다는 현 상태를 유지하려는 경향이 있음을 인식하고, 가족 구성원 간의 반복적 상호작용을 조정하여 안정적인 변화가 가능하도록 돕는다. 상담자는 노인과 가족을 하나의 단위로 보고, 구성원의 문제를 유발하는 행동 유형을 재구성함으로써 노인의 자립과 건강한 정서적 유대감을 형성하도록 지원하게 된다. 이는 가족이 변화함에 따라 노인의 삶에 긍정적 변화를 가져올 수 있다는 점이 노인상담에서 중요한 원리가 된다.

(1) 상담자의 역할

노년기 건강한 가족상담을 수행하는 상담자의 역할은 가족 구성원 간의 상호작용을 촉진하고, 노인의 정서적 안정을 돕는 역할을 한다. 상담자는 가족 내 갈등을 완화하고, 소통과 지지를 강화하는 방향으로 가족관계를 재정립하는 데 중점을 둔다. 이러한 역할을 수행하는 과정에서 상담자는 노년기 특유의 변화와 가족의 역동성을 고려하며, 가족 구성원 모두가 건강하고 긍정적인 관계를 유지할 수 있도록 지속적인 지지를 제공하는 것이 중요하다.

상담자의 역할에 따른 종합적인 접근은 다음과 같다.

첫째, 정서적 지지와 공감의 제공자로서의 역할이다. 노인은 신체적 변화, 사회적 역할의 축소, 상실과 같은 다양한 도전에 직면하게 될 때 가족 내 갈등의 원인이 되기도 한다. 이에 상담자는 노인과 가족 구성원들이 서로의 감정을 공감할 수 있는 환경을 조성해야 한다. 이를 통해 노인 가족 구성원들도 자신들의 감정을 건강하게 표현할 수 있는 기회를 얻게 된다.

둘째, 효과적인 의사소통 촉진자로서의 역할이다. 가족 내 소통 부족은 노년기 가족관계의 주요 문제 중 하나이다. 상담자는 가족 구성원들이 서로의 감정을 표현하고 이해할 수 있도록 돕는 역할을 해야 한다. 이에 자신의 감정을 '나 전달법'과 같은 방법으로 표현하는 기술을 교육함으로써 가족 구성원 간의 소통이 보다 개방적이고 긍정적인 방향으로 이루어지도록 돕는다.

셋째, 갈등 해결을 돕기 위한 역할이다. 노년기에는 경제적 문제, 역할 변화, 돌봄의 부담 등으로 인해 가족 간의 갈등이 발생할 수 있다. 상담자는 이러한 갈등을 해결하기 위해 중립적 입장에서 문제를 명확히 하고 각 구성원의 의견을 경청하며, 해결 방안을 함께 모색하는 과정을 이끌어야 한다. 이를 통해 가족 구성원들이 갈등을 건설적으로 해결하고, 보다 긍정적인 관계를 유지할 수 있도록 지원한다.

넷째, 가족 체계 안에서 역할 재정립을 돕는 조력자의 역할이다. 노인의 신체적, 정신적 변화는 가족 내 역할 분담과 기대에 변화를 초래할 수 있다. 상담자는 이러한 변화 속에서 가족 구성원 각각의 역할을 명확히 하고, 노인의 새로운 역할을 존중하는 방향으로 가족의 기능을 재조정하는 데 도움을 주어야 한다. 이를 통해 가족 구성원 간의 상호 책임과 존중이 강화된다.

다섯째, 상호 존중의 안내자 역할이다. 노년기 가족상담에서는 특히 상호 존중과 돌봄의 가치가 강조된다. 상담자는 가족 구성원들이 노인의 욕구와 감정을 존중하고, 돌봄을 통해 서로를 지원하는 건강한 관계를 형성하도록 돕는다. 이를 위해 상담자는 가족 구성원들이 서로의 차이를 이해하면서 노인 돌봄의 책임을 함께 나눌 수 있는 환경을 조성해야 한다.

(2) 상담 방법

① 체계적 가족상담

노인 내담자의 인식과 행동은 가족 체계의 구조와 형태에 큰 영향을 받는다. 이는 노인 내담자가 가족 내에서 관계 체계와 의사소통 체계를 구성하며, 상호작용을 통해 가족이라는 체계를 형성한다(Schlippe & Schweitzer, 1999). 따라서 노인 내담자의 문제는 개인의 성격이나 특성에서 비롯된 것이 아니라, 가족 간의 갈등과 가족 체계의 복잡성, 다양한 환경과 밀접하게 연결되어 있다.

개인상담에서는 상담자가 해결되지 않은 갈등과 문제를 명확히 규명하는 것이 주된 과제라면, 가족상담에서는 내담자의 증상과 해결에 초점을 맞춘다. 그러나 부부나 가족이 함께 상담을 받을 때는 상황이 더욱 복잡해진다. 이는 각기 다른 문제로 상담실을 찾거나 경우에 따라서는 특정 구성원의 문제가 가족상담의 원인이 되기도 하고, 가족 전체가 문제의 원인이 되기도 한다. 따라서 노인 가족상담에서 상담자가 누구를 주요 치료 대상으로 삼아야 하는지에 대한 접근은 신중히 고려되어야 한다.

대다수 가족상담 전문가들은 커플이나 가족을 하나의 전체 체계로 보고 이를 치료 대상으로 삼는다. 이러한 전문가들은 '관계적' 또는 '체계적' 접근을 취하며 전체 가족을 위해 참여하는 구성원이 달라지더라도 일관된 계획을 이어간다. 이에 상담 목표는 대개 가족관계와 기능의 개선에 초점을 두며, 이는 참여하는 모든 구성원이 합의한 내용을 기반으로 설정된다. 관계적 접근을 따르는 상담자들은 개별 구성원의 특성을 간과하지 않고 대인관계 맥락 속에서 이들을 종합적으로 고려하여 가족 내 긍정적 변화를 이끌어 내고자 한다(김영애 역, 2015).

가족상담의 개입전략은 개인 문제보다 갈등을 겪고 있는 가족 체계와 노인 내담자의 환경 체계의 변화에 중점을 두어야 한다(Boszormenyi-Nagy, & Spark, 1995). 이는 역기능을 겪고 있는 체계 자체에 관심을 기울여야 하며, 상담자는 사람들 간의 역기능적 구조를 발견하고 이를 변화시키기 위한 노력을 해야 한다. 이에 상담자는 먼저 노인 내담자가 자신의 문제를 정의하고, 해결하고자 하는 문제를 결정하며 성공적인 해결을 위한 방법을 시도하도록 돕는다. 치료 과정은 약 10회 정도의 제한된 시간 안에서 이루어지며 역기능적인 관계 유형과 행동 유형을 찾는 가족상담 기법을 통해 내담자의 문제해결을 지원한다.

〈노인 내담자를 위한 체계적 가족상담의 개입 전략〉(최광현, 2007)

- 노인 내담자에게 가족 항상성의 상호 과정들을 이해하도록 한다.
- 노인 내담자의 가족 체계 안에서의 역할을 이해하고 수용하게 한다.
- 다세대전수의 사이클을 변화시키기 위한 최소한의 행동변화 요소를 파악하고 실제로 내담자가 실천하도록 한다.
- 노인 내담자와 그의 가족이 갖고 있는 문제체계의 변화를 위한 자원을 촉진시킨다.

② 구조적 가족상담

구조적 가족상담은 가족 구조를 변형시켜 가족 구성원들이 자신의 문제를 잘 다루기 위해 고안되었다. 치료의 목표는 가족의 구조적인 변화에 있으며 문제의 해결은 부수적인 것으로 여긴다(김영애 역, 2015). 구조적 가족치료 접근에서는 상담자가 내담자들이 개별적인 정신건강 문제와 이와 관련된 다양한 어려움을 해결할 수 있도록 하기 위해 경계, 위계, 하위 체계 등의 구조를 바탕으로 가족상담의 방향을 설정한다(Minuchin & Fishman, 1981).

◈ Minuchin의 이론

Salvador Minuchin의 구조적 가족치료 이론은 단순함, 포괄성, 그리고 실용성을 겸비하여 가족치료 분야에서 가장 널리 사용되는 모델 중 하나이다. 이론의 핵심 개념인 경계선, 하위 체계, 제휴, 상보성 등은 개인과 가족, 그리고 사회적 맥락을 통합하여 가족을 이해하고 치료하는 데 명확하고 체계적인 틀을 제공한다는 점에서 특히 주목받았다.

◈ 구조적 가족치료 접근의 핵심

모든 가족이 특정 구조를 지니고 있으며, 이 구조는 가족이 행동할 때만 명확히 드러난다는 것이다. 가족의 전체 구조를 고려하지 않고 단일 하위 체계에만 개입할 경우, 지속적인 변화를 도출하기 어렵다는 관점이 이 접근의 핵심을 이룬다. 예를 들면, 어머니가 아들과 지나치게 밀착된 관계에 있다면, 이는 남편과의 거리감을 포함하는 가족 구조의 일부로 이해할 수 있다. 이와 같은 상황에서 모자 관계에만 집중하여 치료를 진행할 경우, 가족 전체의 변화를 유도하기는 어려울 것이다.

◈ 주요 개념(강영신 외, 2018)

경계선이란 가족 구성원 간의 신체적, 심리적 거리를 조정하는 역할을 하며, 가까움, 거리, 위계 및 가족 규칙을 명확히 구분하도록 돕는 규칙이다(Minuchin &

Fishman, 1981). 이러한 경계선은 고정된 것이 아니라, 가족의 필요와 환경적 요인에 따라 유동적으로 변할 수 있는 특징을 가진다. 구조적 가족치료 이론에서는 경계선을 세 가지 유형으로 분류하여 설명한다.

- **명확한 경계선:** 명확한 경계선은 구성원들이 자신만의 정체성을 유지하면서도, 서로 감정적 유대감을 형성할 수 있는 건강한 경계이다(Colapinto, 1991). 문화적 차이에 따라 이러한 경계가 적절하게 나타나는 방식은 다를 수 있지만, 모든 가족은 자신들만의 고유한 기준으로 밀접함과 거리를 조율한다. 예를 들어, 문화에 따라 신체적 거리에 대한 기대가 다를 수 있다.
- **융합된, 흐릿한 경계선:** 융합되거나 흐릿한 경계선은 구성원들 간의 자율성이 제한된 채 과도하게 밀착된 관계를 형성한다. 이런 유형의 가족에서는 구성원들이 각자의 독립성을 희생하면서까지 서로에 대한 강한 유대감을 유지하려고 하며, 이는 가족 간의 경계에 대한 명확한 구분이 부족한 상태를 초래한다(Colapinto, 1991). 이러한 가족의 특징적인 행동으로는 대화에 끼어들거나, 타인의 생각을 대신 추정하며, 과도한 보호와 주의를 기울이려는 행동들이 있다. 또한 가족 내 불일치가 나타날 때 이를 위협으로 받아들이고, 개인의 욕구를 희생하며 충성심을 보이기도 한다.
- **경직된 경계선:** 구조적 가족치료에서 '경직된 경계선'은 가족 간 관계가 너무 멀리 떨어져 있어서 정서적인 연결이 부족한 상태를 말한다(Colapinto, 1991). 이에 가족에서는 구성원 간 감정적 교류가 적고 상호 지지하거나 서로 보호하지 않는 모습을 보인다. 예를 들어, 가족 중 누군가에게 문제가 생겨도 다른 사람들은 별로 신경 쓰지 않거나, 각자 자기 방식대로 행동하는 자유는 있지만 반대로 가족 간에 서로에게 충실하거나 헌신에 대한 기대가 낮은 편이다. 또한 가족은 상호작용보다는 같은 공간에서 각자 다른 활동을 하는 병렬적 상호작용을 지속하는 경향이 있다. 그러나 이런 경직된 경계선이 꼭 문제가 있는 것은 아니다. 가족의 문화적 배경이나 삶의 단계에 따라 표현되는 방식이 다를 수 있기 때문이다. 따라서 가족 구성원들이 문제를 겪고 있지 않다

면 단순히 경계선이 경직되었다고만 판단하기는 어렵다.

3) 건강한 가족상담의 전문 체계

노인 가족상담을 지원하는 주요 기관들은 노인의 정서적 안정과 삶의 질 향상을 목표로 다양한 프로그램과 서비스를 제공한다. 이러한 기관들은 가족 내 문제를 해결하고, 가족 구성원 간의 이해를 높이며 노인의 건강한 노년기를 지원하는 데 중요한 역할을 한다.

가족상담이 제공되는 주요 기관은 다음과 같다.

(1) 노인복지관

- **특징 및 역할**: 노인복지관은 전국에 걸쳐 지역사회를 기반으로 한 노인 지원 기관으로, 노인의 전반적인 복지와 관련된 다양한 프로그램을 운영한다.
- **특징 및 장점**: 노인복지관은 지역사회와 밀착되어 있어 접근이 용이하고, 노인과 가족을 위한 통합적인 서비스를 제공하여 노인의 사회적 고립감 해소에 기여한다. 반면 일부 지역에서는 특정 서비스에 대한 접근성이 낮을 수 있다.
- **제공 서비스**: 상담 치료, 건강 및 여가 프로그램, 가족상담 프로그램, 교육 프로그램을 포함하여 노인과 가족이 함께 참여할 수 있는 프로그램을 제공한다.

(2) 한국건강가정진흥원

- **웹사이트**: https://www.kihf.or.kr/web/lay1/S1T78C114/contents.do
  한국건강가정진흥원(Healthy Family Support Center)은 한국의 건강한 가정 환경 조성을 목표로 다양한 연령층을 위한 지원 프로그램을 제공하며, 특히 노인들의 복지와 삶의 질 향상을 위해 여러 맞춤형 서비스를 운영하고 있다. 이 기관은 노인을 위한 상담과 정보 제공, 가족 내 갈등 해결, 정서적 지원 프로그램 등을 통해 노인이 안정적이고 만족스러운 노년기를 보낼 수 있도록 돕는다.

- **특징 및 장점**: 전국 각 지역에 위치한 정신건강복지센터는 우울증, 불안, 치매와 같은 다양한 정신건강 문제에 대한 상담과 치료를 제공한다. 상담은 무료 또는 저렴한 비용으로 이용할 수 있으며 지역사회와의 밀접한 연계로 접근성이 높다.
- **제공 서비스**: 우울증 예방 및 치료 서비스, 심리 상담, 치매 관련 서비스, 정신건강 캠페인 및 교육이 제공된다.

요점정리

- 건강한 가족의 이해는 가족결혼, 혈연, 입양 등을 통해 형성된 사회 집단으로, 구성원 간 상호작용을 통해 정서적 유대와 공동 문화를 형성하며, 시대와 문화에 따라 다양한 정의를 가질 수 있다. 노년기 가족은 노인의 물질적 · 정신적 안정을 지원하는 중요한 지지체계로, 노인의 정서적 안녕과 사회적 통합을 도모하기 위해 건강한 가족관계 형성이 필수적이다.
- 노년기 가족은 은퇴, 신체적 쇠퇴, 배우자 사별 등 특수한 상황에서 노인의 심리적 안정과 유대감을 제공하는 핵심적 역할을 한다. 노인가족은 독신가구, 부부가족, 직계가족 등 다양한 유형으로 분류되며, 현대에는 비정형 가족도 증가하고 있다. 노년기 가족은 신체적 · 사회적 변화에 적응하며, 구성원의 신뢰와 지지를 통해 상실을 극복하고 새로운 역할과 경계를 정립해야 한다.
- 가족의 체계와 기능은 전체성, 상호의존성, 순환적 인과관계, 항상성, 경계 등의 특성을 기반으로 구성원의 문제와 변화를 이해한다. 가족역할과 규칙은 상호작용 속에서 형성되며, 정서적 유대와 자율성을 조화롭게 유지한다. 가족의 주요 기능은 생식, 경제적 지원, 정서적 지지 등을 포함하며, 노년기에는 특히 고독감 완화와 삶의 질 향상에 기여한다.
- 노년기 가족관계의 변화와 적응은 노년기 가족의 신체적 · 정서적 변화, 은퇴, 사별 등 큰 전환기를 겪으며, 정서적 지지와 돌봄을 통해 안정감을 제공한다. 건강한 가족관계를 형성하기 위해 세대 간 상호작용과 지지를 중시하며, 상담자는 이를 바탕으로 노인의 정서적 안녕을 돕는다.
- 건강한 가족관계를 위한 상담 개입은 가족 구성원의 상호작용을 이해하고 객관적 시각을 통해 가족결합을 강화한다. 가족문화는 세대 간 갈등 조율과 상호 이해를 돕는 핵심 요소이며, 가족 스트레스는 ABC-X 모델을 통해 평가하고 관리할 수 있다. 가족상담은 정서적 문제, 가족 간 갈등, 삶의 위기에 대해 효과적인 대처를 지원하며, 상담자는 가족 체계와 문제의 맥락을 분석해 변화와 치유를 도모한다.

연습문제

1. 노년기 가족이 겪는 주요 변화와 이러한 변화 속에서 가족 지지가 필요한 이유를 예를 들어 설명하라.

2. 세대 간 문화적 차이로 인한 갈등의 예를 들고, 이를 해결하기 위한 상담자의 접근법을 제안하라.

3. 가족상담이 효과적으로 적용될 수 있는 상황과 그렇지 않은 상황의 예를 들어 설명하라.

참고문헌

강영신, 임채원, 김선미(2018). 최신 가족상담: 이론 및 사례개념화 실제. 학지사.

건강보험심사평가원(2020). 건강보험심사평가원 통계.

고세인, 서영석(2022). 가족관계에서 상처를 입은 여성 노인의 용서 경험. 한국심리학회지: 상담 및 심리치료, 34(4), 1253-1293.

국가정신건강정보포털(2021). 정신건강통계.

권석만(2013). 현대이상심리학. 학지사.

권중돈(2004). 노인복지론. 학지사.

권중돈, 김유진, 엄태영(2011). 노인돌봄서비스 이용 독거노인의 자살생각에 영향을 미치는 요인에 관한 연구: 자살 시도 경험과 음주 행위와의 관계를 중심으로. 노인복지연구, 51, 297-320.

김경옥(2023). 노인우울증에 영향을 미치는 요인에 관한 연구: 노인실태조사(2020년)를 이용한 분석. 중앙대학교 건강간호대학원 석사학위 논문.

김도환(2001). 노인이 지각한 가족지지, 자아존중감 및 우울과의 관계 연구. 노인복지연구, 13, 113-144.

김동배, 손의성(2005). 한국노인의 우울 관련변인에 관한 메타분석. 한국노년학회, 25(4), 167-187.

김두섭, 김정식, 송유진, 최양숙(2005). 가족구조와 관계의변화 및 전망. 정보통신정책연구원.

김보라(2023). 노인의 우울과 불안에 대한 수용전념치료(ACT) 단일사례연구. 우석대학교 대학원 석사학위논문.

김영애 역(2015). **Nichols의 가족치료 이론과 실제, 6판**(The Essentials of family therapy, 6th ed.). 시그마프레스 (원전은 2014년 출판).

김유숙(2006). **가족상담**. 학지사.

서혜경, 정둘순, 최광현, (2006). **노인상담입문: 이론과 실제**. 집문당.

이장호(2011). **상담심리학**. 동문사.

장혁표, 제석봉, 김정택(2000). **가족치료**. 중앙적성출판사.

정여주(2020). **노인미술치료 이론과 실제**. 학지사.

정영숙 (2011). 한국 여성노인의 잘 나이들기: 성숙한 노화 개념의 탐색. **한국고전여성문학연구, 23**, 5-56.

제석봉, 김춘경, 천성문, 이영순, 김미애, 이지민(2016). **가족치료**. 정민사.

조근영(2002). 치매노인가족의 가족기능에 관한 연구. 이화여자대학교 사회복지대학원 석사학위논문.

최광현(2007). 노인 내담자를 위한 체계적 가족상담적 접근. **한국기독교상담학회지, 14**, 235-260.

Anderson, S. A. & Sabatelli, R. M. (2003). *Family interaction: A multigenerational development perspective* (3rd ed.). Boston, MA: Pearson Education.

Boszormenyi-Nagy, I., & Spark, G. (1995). *Unsichtbare Bindung*, 5. Aufl. Stuttgart: Klett-Cotta.

Brown, J. H., & Brown, C. S. (2005). **부부치료: 효과적 임상을 위한 개념과 기술**(Marital Therapy: Concepts and skills for effective practice). 김영희 역. 박학사 (원전은 2002년 출판).

Burgers, J., & Locke, S. (1981). A Holistic Model of Individual and Family Health based on a continuum of choice. *ANS*, July: 27.

Cheavens, J. S., Cukrowicz, K. C., Hansen, R., & Mitchell, S. M. (2016). Incorporating resilience factors into the interpersonal theory of suicide: The role of hope and self-forgiveness in an older adult sample. *Journal of Clinical Psychology, 72*(1), 58-69.

Colapinto, J. (1991). Structural family therapy. In A. S. Gurman & D. P. Kniskern (Eds.), *Handbook of family therapy* (Vol. 2, pp. 417-443). New York: Brunner/Mazel.

Collins, D., Jordan, C., & Coleman, H. (2007). *An introduction to family social work* (2nd ed.). Belmont, CA: Thomson.

Derdaele, E., Toussaint, L., Thauvoye, E., & Dezutter, J. (2019). Forgiveness and late life functioning: The mediating role of finding ego-integrity. *Aging & Mental Health, 23*(2), 238-245.

Donaldson, J. M., & Watson, R. (1996). Loneliness in elderly people: An important area for nursing research. *Journal of Advanced Nursing, 24*, 952-959.

Epstein, N. B., Bishop, D., Ryan, C., Miller, I., & Keitner, G. (1993). The McMaster Model: View of healthy family functioning. In F. Walsh (Ed.), *Normal family process* (pp. 38-160). New York, NY: Guilford.

Fisher, L. (1976). Dimensions of Family Assessment: A Critical Review. *Journal of Marriage and Family Counseling, 2*(4), 367-382.

Foulk, M. A., Ingersoll-Dayton, B., & Fitzgerald,J. (2017). Mindfulness-based forgiveness groups for older adults. *Journal of Gerontological Social Work, 60*(8), 661-675.

Friedman, M. M. (1986). *Family Nursing: Theory and Assessment,* 2nd ed., N.Y.: Appleton-Centry-Crofts.

Goldenberg, H., & Goldenberg, I. (2008). *Family therapy*: An overview. Belmont, CA: Thomson.

Hill, R. (1949). *Families under stress: Adjustment to the crisis of war separation and reunion.* New York, NY: Harper and Brothers.

Longress, J. F. (2000). *Human behavior in the social environment.* Itasca, IL: Peacock.

López, J., Serrano, M. I., Giménez, I., & Noriega, C. (2021). Forgiveness interventions for older adults: A review. *Journal of Clinical Medicine, 10*(9), 1866-1882.

McCubbin, H. I., &Patterson, J. M. (1982). Family adaptation to crises. In H. I. McCubbin, A. E. Cauble, & J. M. Patterson (Eds.), *Family stress, coping, and social support* (pp. 26-47). Springfield, IL: Charles C Thomas.

Miller, T. R., & Janosik, H. J. (1980). *Family-Focused Care.* New York, McGrow-Hill Book comp.

Minuchin, S., & Fishman, H. C.(1981). *Family therapy techniques.* Cambridge, MA: Harvard. University Press.

Muller, J. C., Van Deventer, W., & Human, L. H. (2001), Fiction writing as metaphor for research: a narrative approach. *Practical Theology in South Africa, 16*(2), 76-96.

Murdock, G. P. (1949), *Social Structure.* N.Y.: The Mcmillan Company.

Nichols, M. P., & Schwartz, R. C. (2008). *Essentials of family therapy* (4th ed.). Prentice-Hall.

Robinson, L. R. (1975). Basic concepts in family therapy: A differential comparison with individual treatment. *American Journal of Psychiatry, 132*(10), 1045-1054.

Schlippe von A., & Schweitzer, J. (1999). *Lehrbuch der systemischen Therapie und Beratung,* Vandenhoeck & Ruprecht.

Smith, N. (1980). *Modes of Counseling with Elderly Clients.* In C.J. Pulvino, & N. Colangelo (Eds.), *Counseling for the Growing Years: 65 and Over.* Educational media corporation: Minneapolis, MN.

Stair, R. (1971). *The family as treatment unit, Changing Family.* New York, Grune and Stratton.

Yerby, J., Buerkel-Rothfuss, N., & Bochner, A. P. (1995). *Understanding family communication.* Gorsuch Scarisbrick.

찾아보기

인명

내용

저자 소개

이준원(Lee Junwon)

서울대학교 대학원 교육학 박사(교육상담 전공)

현) 동아대학교 교육학과 교육상담 전공 교수

한국상담학회 부산울산경남 상담학회 운영위원

상담심리전문가, 수련감독전문가, 청소년상담사 1급

박성실(Park Sungsil)

부산대학교 대학원 교육학 석사(상담심리 전공)

동아대학교 대학원 교육학 박사(교육상담 전공)

현) 성실심리상담센터 센터장

부경대학교, 울산대학교 출강 및 객원상담원

전문상담사 1급, 가족상담사 1급, 청소년상담 수련감독

이명희(Lee Myunghee)

신라대학교 대학원 사회복지학 석사(사회복지 전공)

동아대학교 대학원 교육학 박사(교육상담 전공)

현) 동아대학교 교육학과 겸임교수

희망찬심리상담센터 센터장

한국사회복지상담학회 이사

고영희(Go Younghee)

신라대학교 대학원 사회복지학 석사(사회복지 전공)

동아대학교 대학원 교육학 박사(교육상담 전공)

현) 부산디지털대학교 사회복지대학원 겸임교수

동아대학교 교육대학원 강사

한국사회복지상담학회 이사

장인영(Jang Inyoung)

동아대학교 대학원 교육학 석사(교육상담 전공)

동아대학교 대학원 교육학 박사(교육상담 전공)

현) 교육부 학생맞춤통합지원사업 컨설팅 위원

초량초등학교 교육복지사

EBS미디어원격평생교육원 운영교수

황선민(Hwang Seonmin)

동아대학교 대학원 교육학 석사(교육상담 전공)

국립부경대학교 대학원 교육학 박사(상담심리 전공)

현) 온보듬심리상담센터 자문위원

한국해양대학교 학생상담센터 주무관

한국해양대학교 학생군사교육단 전담상담관

노인상담

Counseling for the Elders

2025년 6월 25일 1판 1쇄 인쇄
2025년 6월 30일 1판 1쇄 발행

지은이 • 이준원 · 박성실 · 이명희 · 고영희 · 장인영 · 황선민
펴낸이 • 김진환
펴낸곳 • ㈜ 학지사
04031 서울특별시 마포구 양화로 15길 20 마인드월드빌딩
대표전화 • 02-330-5114 팩스 • 02-324-2345
등록번호 • 제313-2006-000265호

홈페이지 • http://www.hakjisa.co.kr
인스타그램 • https://www.instagram.com/hakjisabook

ISBN 978-89-997-3442-7 93180

정가 23,000원